Mensajes para edificar a los CREYENTES NUEVOS

WATCHMAN NEE

Living Stream Ministry
Anaheim, California • www.lsm.org

Primera edición: abril del 2007.

ISBN 0-7363-3076-3
(juego de 3 tomos)
ISBN 0-7363-3079-8
(mensajes 35-50)

Traducido del inglés
Título original: *Messages for Building Up
New Believers*
(Spanish Translation)

Publicado por
Living Stream Ministry
2431 W. La Palma Ave., Anaheim, CA 92801 U.S.A.
P. O. Box 2121, Anaheim, CA 92814 U.S.A.

Impreso en los Estados Unidos de América

07 08 09 10 11 12 / 9 8 7 6 5 4 3 2 1

CONTENIDO

PREFACIO

En 1948, una vez reanudado su ministerio, Watchman Nee conversó, en numerosas ocasiones, con los hermanos acerca de la urgente necesidad de suministrar a los creyentes una educación espiritual apropiada. Él deseaba que tuviéramos como meta proveer las enseñanzas más básicas a todos los hermanos y hermanas de la iglesia, a fin de que tengan un fundamento sólido en lo que respecta a las verdades bíblicas, y manifestar así el mismo testimonio en todas las iglesias. Los tres tomos de *Mensajes para edificar a los creyentes nuevos* contienen cincuenta y cuatro lecciones que el hermano Watchman Nee impartió durante su entrenamiento para obreros en Kuling. Estos mensajes son de un contenido muy rico y abarcan todos los temas pertinentes. Las verdades tratadas en ellos son fundamentales y muy importantes. Watchman Nee deseaba que todas las iglesias locales utilizaran estas lecciones para edificar a sus nuevos creyentes y que las terminaran en el curso de un año y luego que las mismas lecciones se repitiesen año tras año.

Cuatro de las cincuenta y cuatro lecciones aparecen como apéndices al final del tercer tomo. Si bien estos cuatro mensajes fueron dados por Watchman Nee en el monte Kuling como parte de la serie de mensajes para los nuevos creyentes, ellos no se incluyeron en la publicación original. Ahora, hemos optado por incluir esos mensajes como apéndices al final de la presente colección. Además de estos cuatro mensajes, al comienzo del primer tomo presentamos un mensaje que dio Watchman Nee en una reunión de colaboradores en julio de 1950 acerca de las reuniones que edifican a los nuevos creyentes, en donde presentó la importancia que reviste esta clase de entrenamientos, los temas principales que se deberán tratar y algunas sugerencias de carácter práctico.

CAPÍTULO TREINTA Y CINCO

LA RECREACIÓN

Lectura bíblica: 1 Co. 10:23; 6:12; 10:31

I. UN REQUISITO PREVIO

Una persona verdaderamente consagrada jamás tendrá problemas con respecto a sus actividades recreativas. Sin embargo, este asunto representa un serio problema para los que no se han consagrado de manera absoluta al Señor. Entre los hijos de Dios, la recreación no existe para los que son consagrados. A fin de que este asunto quede claro, uno primero tendrá que haber resuelto lo relacionado a su consagración. Si nuestra consagración no se ha definido, tampoco podrá ser esclarecido definitivamente el asunto de nuestras actividades recreativas. Una persona que no se ha consagrado podría aprobar aquello que Dios desaprueba. Por esto, primero tenemos que dilucidar definitivamente el asunto de nuestra consagración.

II. EL PROPÓSITO DE LA RECREACIÓN

Después que se ha resuelto el asunto de nuestra consagración, podemos hablar del propósito que tienen nuestras actividades recreativas.

A. Para cuidar de nuestra familia

Queremos abordar el tema de la recreación no debido a nuestra necesidad personal, sino por causa de nuestros niños, es decir, por el bien de las próximas generaciones. Las actividades recreativas no representan un problema para aquel que se ha consagrado, pero en nuestra familia existen, además, otras personas. Así pues, tenemos niños, como tenemos hermanos y hermanas. Si ellos también son personas consagradas al

Señor, entonces no tendremos ningún problema. Sin embargo, con frecuencia, ellos no lo son; por lo tanto, la actitud que nosotros adoptemos les afectará mucho. Por ello, la clase de recreación que les permitamos tener y la que no les permitamos, constituirá una gran diferencia para ellos. Así pues, abordamos el tema de la recreación debido a que deseamos guiar a nuestra familia en la dirección correcta.

B. Para nosotros mismos

A veces, nosotros mismos también necesitamos divertirnos. ¿Hasta qué punto podemos considerar apropiada tal clase de diversión? ¿Cuáles son los límites apropiados establecidos para un cristiano? Así pues, es necesario que, delante del Señor, veamos algunos principios fundamentales.

¿Qué clase de recreación debieran permitirles los padres a sus niños? ¿Qué clase de recreación se puede considerar apropiada para los cristianos? Por ser hijos de Dios, todos nosotros deberíamos tener esto bien en claro. Si en lo que concierne a este asunto se produce alguna ruptura, el mundo entrará en nuestra familia, y una vez que haya logrado infiltrarse, será difícil alejar al mundo de nuestros niños. A fin de resguardar a nuestra familia para el Señor, tenemos que darle la debida importancia al asunto de la recreación.

III. LOS PRINCIPIOS SUBYACENTES AL ASUNTO DE LA RECREACIÓN

A. Una necesidad del ser humano

La recreación es bíblica y es compatible con la voluntad del Señor. En primer lugar, tenemos que reconocer que la distracción es una necesidad para el hombre. Como cristianos, debemos evitar caer en los extremos. Los seres humanos necesitamos recreación. Muchas personas tienen horarios que las mantienen muy ocupadas; si ellas no tuvieran ninguna distracción, serían propensas a enfermarse al punto de que su salud se deteriora rápidamente. El principio básico detrás de toda actividad recreativa es que ésta deberá proveer alguna clase de diversión a nuestra vida. Esta es una necesidad muy sentida especialmente entre los más jóvenes. No deberíamos esperar que nuestros jóvenes estudien desde la mañana hasta la noche; ellos deben tener alguna clase de recreación. No debemos esperar que ellos realicen la misma actividad durante todo el día. Ellos deben tener algunas diversiones. Pero primero tenemos que estar claros acerca de este principio subyacente. El Señor hizo referencia a los muchachos en la plaza que tocaban flautas y bailaban (Lc. 7:32). Este tipo de baile es distinto del que se practica en un salón de baile. Tanto bailar como tocar la flauta eran el resultado del gozo que estos muchachos experimentaban. No hay nada erróneo en festejar así. De hecho, tales expresiones son necesarias. El principio básico de toda recreación es la diversión. Una persona que ha estado laborando durante cinco, seis u ocho horas y ha estado haciendo lo mismo una y otra vez, fácilmente se cansará. Hacer lo mismo una y otra vez, rápidamente genera en nosotros tensión nerviosa y fatiga física. Por lo tanto, existe la necesidad de experimentar un cambio, un recreo. Este recreo aliviará nuestro cansancio. Un cambio de actividad hace que una persona se recupere de su fatiga.

Después de que un niño ha estado estudiando por ocho horas en la escuela, necesita jugar en su casa; esto le dará un momento de recreación en medio de sus actividades cotidianas. Pero saltar y jugar durante ocho horas no es un recreo. Tenemos que reconocer la necesidad de recreo y diversión en nuestras vidas, pero no podemos convertir nuestras vidas en una vida de diversión y recreo. Una persona puede dejar de trabajar para distraerse cuando se siente agotada, pero no debe procurar divertirse todo el día. A algunos les gusta irse a nadar en el verano, y no me parece que haya nada malo en ello. Me parece que está bien que uno practique la natación durante media hora o una hora cuando se sienta cansado, pero si uno se queda en el agua durante todo el día como si fuera un pato, esto ya deja de ser un recreo. Quisiera hacerles notar que siempre que una persona tiene problemas con el asunto de la recreación, en realidad el problema no es la actividad recreativa en sí, sino que el problema radica en el vivir de dicha persona.

Algunas personas dicen que los cristianos no tienen recreación, pero en realidad no saben lo que dicen. ¿Podría llamarse recreación a algo que uno indulgentemente practica todo el día y toda la noche? Tales actividades esclavizan a la persona; no pueden considerarse una mera diversión. En otras palabras, el problema de muy pocas personas radica en las actividades recreativas en sí. La mayoría de los problemas surgen debido a lo complaciente que es el hombre con respecto a tales actividades. Algunos se dedican a ciertas actividades durante tres días y tres noches seguidas. Tal recreación llega a ser su vida. Únicamente tal clase de persona dirá que es muy difícil ser un cristiano. Todo aquel que tiene problemas con respecto a sus actividades recreativas es una persona que se va a los extremos. Tales personas han hecho de la recreación, su vida. Tenemos que tener bien en claro que todo hombre necesita un recreo, pero no necesita complacerse a sí mismo. Los hombres tienen necesidad de darse una tregua, pero esto no quiere decir que toda su vida deba girar en torno a la necesidad de darse un descanso. Todas las cosas me son lícitas, mas no todas son provechosas; todas las cosas son lícitas, mas yo no me dejaré dominar de ninguna. Si practicamos algo dándole rienda suelta día y noche, esto significa que estamos esclavizados a dicha actividad. Cometemos un grave error si nos permitimos practicar cualquier actividad recreativa de esta manera.

B. Cuatro clases de recreación

Hay cuatro clases de recreación. Un cristiano puede hallar esparcimiento en cuatro clases de actividades:

1. El descanso

La mejor actividad recreativa para un cristiano consiste en descansar. Si uno está cansado, debe descansar. Cuando el Señor Jesús y Sus discípulos se hubieron cansado de trabajar, Él les dijo a los discípulos: "Venid vosotros aparte a un lugar desierto, y descansad un poco" (Mr. 6:31). Tenemos que comprender que el reposo del Señor era una actividad recreativa. Él no dijo simplemente que descansaran por un momento, sino que fueran a un lugar desierto y descansaran un poco. Con frecuencia, cambiar de atmósfera al ir a un lugar solitario en las montañas o cerca de un río, le permite a uno hallar descanso. Esta es la actividad recreativa más común para un cristiano.

2. Un cambio de actividad

Si una persona se siente cansada después de haber realizado la misma labor por mucho tiempo, después de cierto lapso puede realizar una labor distinta. En lugar de dedicar ocho horas seguidas a una misma labor, puede dedicarse una o dos horas a hacer algo diferente. Quizá esta persona tenga que trabajar sentada la mayor parte del tiempo. Entonces, ella podría darse un recreo al realizar otra labor que le permita estar de pie. Tal vez tenga que efectuar una labor intelectual todo el tiempo, entonces podría hallar esparcimiento al realizar un trabajo manual. En cuanto tal persona haga esto, sentirá que su cansancio se ha desvanecido. Nosotros no procuramos tener la clase de distracción que procura el mundo. Siempre que haya un cambio en la actividad que realizamos, encontraremos una manera de aliviar nuestro cansancio. Para ello, podemos reorganizar un poco nuestra vida. El principio detrás de la recreación es la distracción. Siempre y cuando cambiemos la clase de trabajo que realizamos, obtendremos el recreo que necesitamos.

3. Los pasatiempos

Al mismo tiempo, en nuestra vida cristiana hay cabida para algunos pasatiempos apropiados. A algunos hermanos les gusta tomar fotografías. A otros, les gusta criar pájaros, cultivar flores o pintar. Estos pasatiempos son legítimos dentro del marco de la vida cristiana. A algunos les gusta la música; quizás ellos compongan algunas canciones y las toquen en el piano. A otros les gusta practicar la caligrafía. Todos estos son pasatiempos apropiados.

No importa de qué clase de recreación se trate, ya sea que se trate de descanso, un cambio de actividad o un pasatiempo, tiene que haber algo que una persona pueda practicar y dejar de practicar cuando quiera. Si una persona no puede abandonar alguna actividad, ello denota que algo no marcha bien. Es correcto, por ejemplo, tomar fotografías, examinarlas y aprender algo de las mismas; pero estamos en contra de cualquier actividad que controle la vida de una persona. La recreación debe de ser algo que uno fácilmente realiza y deja de realizar. Es correcto que un joven toque el violín, pero si no puede dejar de tocarlo, ello representa un problema. El problema con muchos creyentes jóvenes es que no son capaces de dejar de practicar ciertas actividades recreativas. Si ellos descubren que están esclavizados por alguna actividad, tienen que tomar medidas al respecto. Estos creyentes tienen que cortar sus vínculos con tales actividades, de lo contrario no serán capaces de seguir avanzando apropiadamente en su vida cristiana y serán esclavizados. La recreación debe de ser una actividad que uno pueda practicar o dejar de practicar con entera libertad. Uno jamás debería ser esclavizado por ella. Este es un principio subyacente. Debemos recordar que a fin de que cierta actividad constituya una diversión apropiada, ya sea que se trate de un pasatiempo, un cambio de actividad o un mero descanso, ésta no debe esclavizar a la persona.

Algunos jóvenes gustan de coleccionar estampillas, y no hay nada de malo en coleccionar estampillas. De hecho, tal pasatiempo puede proporcionarnos muchos beneficios, nos puede enseñar acerca de la geografía y la historia de los países del mundo, pero se convierte en un problema cuando uno está esclavizado a tal afición. Cualquier clase de recreación que nos provee esparcimiento apropiado sin que ésta ejerza dominio sobre nosotros, constituye un recreo legítimo.

Los padres deben de enseñar a sus hijos a divertirse de manera apropiada. Jamás debieran hacer que sus hijos busquen entretenimientos impropios debido a que no se les proveyó la clase de recreación apropiada. He conocido a muchos padres muy estrictos que perjudicaron a sus hijos de esta manera. Sus hogares se parecían más a instituciones que a hogares. Y como resultado de ello, sus hijos se escaparon del hogar para divertirse de modo inapropiado. Tenemos que tener en claro que nuestros hijos necesitan tener recreación. Nosotros mismos podemos proseguir con diversión o sin ella, pero nuestros hijos tienen que tener alguna clase de recreación. Si les privamos de su derecho a jugar, se aburrirán e inquietarán cuando estén en el hogar, y siempre que puedan, se escaparán para hacer otras cosas a nuestras espaldas.

4. Los juegos

Existen muchos juegos, tales como el ajedrez, los juegos de

pelota y la equitación, que pueden ser considerados como actividades apropiadas, incluso si tales actividades implican ganar o perder. En tales juegos, ganar o perder depende de la habilidad. Es correcto que los niños jueguen tenis de mesa, básquetbol, voleibol, ajedrez o practiquen la equitación. Todas estas actividades son apropiadas y no hay nada pecaminoso en ellas. Los padres deben ser generosos al respecto y guiar a sus hijos a actividades recreativas apropiadas. Quizás las personas mayores no tengan tiempo para los deportes más exigentes, pero no deberían de prohibir que los más jóvenes los practiquen. Queremos que nuestros hijos separen un tiempo para el Señor, pero también debemos atender a su necesidad de divertirse. Debemos permitir que tengan cierta recreación.

Hemos mencionado cuatro formas de recreación: descansar, cambiar de actividad, los pasatiempos y los juegos. Un cristiano podrá disfrutar de cualquiera de estas actividades recreativas, pero no deberá ser dominado por ninguna. Esto es incorrecto. Cuanto más joven sea un creyente en el Señor, más cuidadoso debe ser en no ser dominado por nada. Quizás este asunto no sea un problema para nosotros en la actualidad. Tal vez a nosotros no nos importe mucho si tocamos el piano o no, pero esto probablemente sí le importa mucho a un nuevo creyente. Y por ello, cada vez que lleva a cabo una de estas actividades, se sentirá inquietado por su conciencia. Al inicio de la vida cristiana, cuanto más se involucra uno en cualquier actividad recreativa, más dominado será por ella. Así pues, en cuanto uno experimente cualquier clase de esclavitud en relación con tales actividades, deberá detenerse inmediatamente.

C. Las actividades recreativas tienen como propósito realzar nuestra labor

En tercer lugar, tenemos que preguntarnos por qué necesitamos la recreación. La recreación tiene como propósito que uno labore mejor. Nuestras actividades recreativas tienen un propósito, no son distracciones por amor a las distracciones. Yo no participo del deporte debido a que ame los deportes, sino que juego porque quiero laborar mejor. No duermo porque me encante dormir, sino porque podré trabajar mejor después de haber dormido. Para mí, cultivar plantas no es un fin en sí mismo, sino que ello me permite laborar mejor después de haberme recreado cultivando mi jardín. El propósito de todas estas actividades recreativas es que yo pueda realzar mi trabajo. Ellas tienen que ayudarnos a servir mejor a Dios. Algunas personas tienen crisis nerviosas o físicas debido a que hacen lo mismo día y noche durante dos o tres semanas seguidas. Tales hermanos y hermanas debieran permitirse cierta clase de diversión. Ellos pueden cambiar de actividad; pueden tocar el piano o practicar algún deporte. Deberían hacer estas cosas únicamente para recuperarse de su fatiga. Todo ello tiene como propósito que sean más eficientes en su labor. Después que ellos se han recreado con tales actividades, podrán laborar y servir al Señor con nuevos bríos.

A veces, una persona debiera darse un descanso saliendo a visitar la campiña, tal como lo hizo el Señor Jesús, o debería viajar o salir de paseo por un corto tiempo. Esto también es muy bueno. O quizás juegue con sus niños en casa. Tales actividades no constituyen enredos para esa persona, sino que cumplen el propósito de ayudarla a laborar mejor. Si alguna actividad resulta en la disminución de nuestro rendimiento laboral, seguramente ésta no corresponde al principio correcto que debe de determinar toda actividad recreativa. Toda recreación debe hacer que laboremos mejor. Nos agotaremos con facilidad si día y noche hacemos lo mismo una y otra vez. Es por ello que deberíamos salir a trotar, a cultivar plantas o jugar por un rato. No es que nosotros fomentemos tales actividades, pero sí consentimos con ellas. El principio básico que debe determinar tales actividades es que las mismas deben hacer que mejore nuestro rendimiento en lugar de frustrar nuestra labor.

Disfrutar de vacaciones después de haber trabajado por dos o tres meses es correcto; pero si tenemos vacaciones todos los días es ociosidad; ya no son vacaciones. Un cristiano tiene que aprender a trabajar mientras esté en la tierra y a no ser perezoso. Es admisible que las personas tengan alguna forma de recreación con el propósito de incrementar su eficiencia laboral, pero por ello no deberíamos dar cabida a las críticas de los demás. No queremos ir al extremo y no queremos traer vergüenza al nombre de Dios.

D. El azar no debe estar involucrado en nuestras actividades recreativas

En cuarto lugar, toda forma de recreación debe requerir únicamente de cierta habilidad y no debe de involucrar el azar. Podríamos afirmar que la única clase de actividad recreativa apropiada es aquella que requiere sólo de habilidad y nada de suerte. Cualquier actividad recreativa que implique tanto cierta habilidad como la intervención de la suerte, es una especie de juego de azar y no es una actividad recreativa propiamente dicha. Y toda actividad que únicamente implica la intervención del azar y no requiere de habilidad alguna, constituye un juego de azar, y los cristianos deberían evitarla. Así pues, todo cuanto implique la intervención de la suerte es una clase de juego de azar. La recreación cristiana debe implicar únicamente el uso de ciertas habilidades y no la intervención del azar. Un juego de dados depende completamente de la suerte, un cristiano jamás debe involucrarse en tal clase de juego, pues no es sino un juego de azar. Los jóvenes pueden jugar al ajedrez porque éste es un juego que depende de la habilidad de los participantes y no constituye un juego de azar.

Existen dos clases de recreación: las que requieren de habilidad y las que involucran la intervención del azar. En un juego de dados interviene la suerte del participante. Por tanto, se trata de un juego de azar. Un cristiano no debe involucrarse en ninguna clase de juego de azar. A ciertas personas, antes de ser salvas les encantaba jugar al *mah jong*. Para tal juego se requiere de un poco de habilidad y de mucha suerte. Un cristiano no debiera participar ni siquiera en juegos que requieren tanto de habilidad como de suerte.

El *mah jong* es un juego de azar, incluso cuando no hay dinero de por medio. Tales juegos suscitan en el jugador cierta clase de esperanza, cierta clase de oración. El jugador tiene la expectativa de que la suerte estará de su lado. Esta clase de esperanza es errónea. Jugar *mah jong* aún si ello no involucra dinero es incorrecto.

Jugar billar implica cierta habilidad. Aun cuando es un juego en el que se gana o se pierde, no hay nada malo con el juego en sí. Sin embargo, si hay dinero de por medio, está mal; sería erróneo participar de tal juego, pues se ha convertido en una clase de apuesta.

Podríamos afirmar que algunos juegos son de por sí juegos de azar, mientras que otros no lo son. Sin embargo, uno puede hacer que un juego que no implica apuestas, se convierta en un juego en el que se apuesta. Esto ya cambia las cosas. A veces, hasta algo tan inofensivo como salir a comer puede llegar a convertirse en una clase de apuesta. Jugar a los dados es un juego de azar en sí mismo, aun cuando no haya dinero de por medio. Un cristiano no debería participar en esta clase de juego. Por ser cristianos, tenemos ciertos principios que determinan los juicios que emitimos. Cuando afirmamos que podemos hacer algo o que no podemos hacer algo, estamos siguiendo ciertos principios. Es correcto jugar un juego que requiere de cierta habilidad y es incorrecto participar de un juego que requiere de suerte. Cualquier clase de juego que requiere de habilidad es permisible, pero cualquier juego que depende de la intervención del azar no es permisible para un cristiano, pues se trata de un juego de azar.

Más aún, no deberíamos de involucrarnos en nada que el mundo pueda considerar un juego de azar. Tenemos que regirnos por ciertos principios. Tenemos que saber determinar si algún juego es un juego de azar y saber definir lo que es un juego de suerte. Todo lo que requiera la intervención de la suerte es un juego de azar.

Algunos hermanos suelen preguntar si a los cristianos nos es permitido salir a cazar, pescar o apresar aves. En la Biblia, la caza comenzó con Nimrod (Gn. 10:8-9) y tal parece que no fue del agrado del Señor. La pesca es permisible. Una vez que usted tiene bien en claro el principio subyacente, sabrá lo que debe hacer con respecto a muchas otras actividades. En conclusión, es una actividad correcta si implica únicamente la habilidad del participante, y es una actividad incorrecta si requiere de la intervención del azar. Los juegos en los que se apuesta se hallan totalmente descalificados. Un creyente tendría que haberse degradado mucho para tener que preguntar si a los cristianos les es permitido apostar.

Podemos conservar algunas de las aves que han sido domesticadas por muchos años y son como animales domésticos; tales pájaros no podrían sobrevivir en libertad. Pero tenemos que liberar a aquellas aves que son capaces de sobrevivir en su medio natural. Existen tanto palomas domésticas como palomas silvestres. Podemos aplicar los mismos principios a estos asuntos.

E. La recreación debe de satisfacer nuestras necesidades

En quinto lugar, nuestras actividades recreativas tienen que satisfacer nuestras necesidades. No debemos tener recreación si no tenemos necesidad de ella. No deberíamos de involucrarnos en una actividad recreativa que no responda a cierta necesidad. Hay muchos hermanos que están tan ocupados que piensan que no necesitan ninguna actividad recreativa. Otros hermanos, en cambio, no tienen nada que hacer durante todo el día y todo el tiempo piensan en distracciones. Aquellos que verdaderamente necesitan divertirse no sienten tal necesidad, mientras que los que no tienen tal necesidad, piensan que la tienen. No es necesario que hablemos a todos acerca de nuestra necesidad de divertirnos ni es nuestra intención dar licencia a los hijos de Dios. No queremos recomendar a ciegas cualquier clase de actividad recreativa. Lo que verdaderamente queremos decirles a los hijos de Dios, es que deben de ser capaces de juzgar por ellos mismos cuáles son sus necesidades. El principio que nos rige debe ser siempre el de vivir para el Señor y reconocer que todo nuestro tiempo le pertenece a Él.

Nuestra vida está medida por el tiempo. El tiempo no es la vida misma, pero sirve para medir nuestra vida. Un hombre no debiera desperdiciar su tiempo en un sinfín de cosas para luego descubrir que ya no tiene tiempo para Dios. Desperdiciar una hora es desperdiciar una hora de vida. Desperdiciar dos horas es desperdiciar dos horas de nuestra vida. Si dedicamos una hora a recrearnos, esa hora tiene que redundar finalmente en beneficio de nuestra labor. Si no hay necesidad de usar esa hora así, entonces tal actividad será un desperdicio de nuestro tiempo. Desperdiciar nuestro tiempo equivale a desperdiciar nuestra vida. Si podemos usar una hora más para el Señor, podremos cosechar una hora más de resultados concretos. Si gastamos una hora en una actividad recreativa y tal actividad puede hacer que trabajemos mejor, eso será una inversión y no un desperdicio.

Por tanto, la diversión debe estar basada en nuestra necesidad. Esta también puede estar basada en un consejo procedente de los hermanos más maduros en el Señor o de nuestro médico. A veces un hermano más maduro habrá de aconsejarnos que nos distraigamos un poco debido a que él puede percibir que en nuestro ser se está acumulando cierta tensión. Otras veces, tal vez nuestro médico nos aconseje en contra de ciertas actividades y sus serias consecuencias. Nuestras actividades recreativas tienen el propósito de satisfacer ciertas necesidades, no son sólo para divertirse por amor a la diversión. Yo he elegido cierta clase de actividades recreativas y las realizo no solamente por divertirme, sino a fin de laborar mejor. Una persona que trabaja mucho, a veces puede necesitar un tiempo de esparcimiento y otras veces tal vez no. Así pues, la regla general consiste en que las actividades recreativas son para quienes las necesitan. Aquellos que no tienen la necesidad no tienen que realizarlas.

Sabemos que los jóvenes necesitan recreación. Es evidente para nosotros que nuestros adolescentes necesitan divertirse. Algunos padres no necesitan de tales actividades y, por ello, llegan a pensar que sus hijos tampoco las necesitan. Sin embargo, privar a nuestros hijos de las actividades recreativas no hará sino conducirlos hacia la senda del mal. Tenemos que saber reconocer tal necesidad, aun cuando no tengamos la plena certeza de nuestra propia necesidad. El principio de esto es que las actividades recreativas son para aquellos que las necesitan; aquellos que no las necesitan podrán vivir sin tales actividades.

F. Nuestras actividades recreativas deben corresponder a nuestra condición física

En sexto lugar, todas las actividades recreativas deberán corresponder con la condición física de la persona que las practica. Esta debe ser la primera consideración cuando se trata de alguna actividad recreativa. Todos tenemos que tomar esto en cuenta al involucrarnos en cualquier actividad recreativa. Nuestra expectativa es que nuestro cuerpo se beneficie con tal actividad y no sea perjudicado. Si nuestro cuerpo es perjudicado a causa de tal actividad, estaremos violando el principio rector de toda recreación. Estamos aquí para que nuestra aptitud física sea mejorada. Si determinada actividad recreativa perjudica a nuestro cuerpo, tal actividad no es correcta. Supongamos que una persona ha contraído tuberculosis; si desea practicar alguna actividad recreativa, deberá elegir una actividad que no empeore su estado de salud. Una hermana que tenga alguna dolencia cardiaca, probablemente requerirá practicar alguna actividad recreativa en ciertas ocasiones; pero tal actividad tendrá que aliviar su fatiga en vez de empeorar su condición cardiaca.

Durante mi juventud, tenía un amigo que era una persona muy mala. Después de haber creído en el Señor, este amigo mío sufrió un gran cambio y se convirtió en una persona maravillosa. Antes de convertirse, a él le encantaba jugar básquetbol. Después de haberse salvado, comenzó a sentirse culpable cada vez que practicaba este deporte. Así pues, él decidió jugarlo una última vez y luego abandonar tal práctica. Después de su último juego, vomitó sangre y murió. Esto no puede ser considerado como una actividad recreativa. Tal actividad no correspondía a su aptitud física. Este amigo mío creía que podría predicar el evangelio después de haber disfrutado de un último juego. Él nunca pensó que podría morir después de ese juego. ¡Qué gran desperdicio fue eso!

Espero que lleguemos a comprender que nuestro cuerpo es del Señor. Por tanto, si nos divertimos, es para el Señor, y si nos abstenemos de la diversión, también es para el Señor. No hacemos nada para nosotros mismos. Si nos involucramos en cierta clase de actividad recreativa, tenemos que recordar que es para el Señor. Asimismo, si nos abstenemos de divertirnos, no debemos olvidar que lo hacemos para el Señor. Ya sea que uno se divierta o no, el principio detrás de ello es no causarle perjuicio al cuerpo. Siempre será insensato causar daño al cuerpo, pues no solamente es un error causar daño a nuestro cuerpo con actividades inapropiadas, sino que también es erróneo dañarlo con actividades que se consideren apropiadas. Los hijos de Dios no son dueños de sus propios cuerpos. Al realizar cualquier actividad recreativa, debemos preguntarnos primero si ella habrá de causar algún perjuicio a nuestro cuerpo. Debemos practicar únicamente aquellas actividades que son beneficiosas para nuestro cuerpo. No haga algo simplemente porque le gusta hacerlo. Suponga que una hermana padece del corazón y que al ver a su hermano jugando baloncesto, desea unírsele, a raíz de lo cual, ella agrava sus problemas de salud. No está mal que su hermano juegue tal deporte, pero sí es erróneo que la hermana, quien sufre del corazón, esté participando de tal juego. Es nuestra expectativa que los hijos de Dios sepan darle importancia a este asunto. Todo cuanto hacemos, debemos hacerlo como parte de nuestro servicio al Señor. Aun si nos divertimos un poco hoy día, nuestra meta tiene que ser servir mejor al Señor.

No deseo ver que los creyentes mueran jóvenes. Siempre he abrigado la esperanza de que en la iglesia haya más hermanos y hermanas de edad avanzada. Les ruego que no se olviden que ser ancianos en el mundo es muy diferente de ser ancianos en la iglesia. En el mundo, cuanto más uno envejece, más senil se pone. Los más jóvenes son los que más prosperan. Sin embargo, en la iglesia, cuanto más años vive uno, más avanzado está. En el mundo, los jóvenes no pueden avanzar a menos que los de más edad mueran primero, porque los de más edad siempre son un obstáculo para los más jóvenes. Sin embargo, esto no sucede en la iglesia. Cuanto más uno avanza en edad, se pone más fresco y puede captar asuntos más elevados y más profundos. Una iglesia en la que no haya hermanos y hermanas mayores, será una iglesia muy pobre y derrotada. No me gusta ver que en la iglesia un hermano tras otro muera joven por haber descuidado su propio cuerpo. Si esto sucede, en lugar de que tal persona llegue a constituir una fuente de suministro para la iglesia, las lecciones que el Señor le impartió se habrán desperdiciado. La iglesia no debiera sufrir tal pérdida. Simplemente no se puede permitir semejante pérdida.

Si practicamos algún deporte o participamos en algún juego, no podemos esforzarnos por romper récords de competencia como si fuéramos atletas. Los atletas profesionales no están motivados por el deporte en sí, sino por el anhelo de superar ciertos récords. Nosotros debemos practicar cualquier deporte como uno que juega un juego y debemos hacerlo para beneficio de nuestro cuerpo.

G. Debemos elegir la clase de recreación que mejor corresponda a nuestra manera de ser

En séptimo lugar, la recreación no sólo está relacionada con nuestra aptitud física, sino también con nuestra manera de ser. Si uno disfruta de lo que hace, eso tiende a estar más relajado mentalmente así como a estar más contento psicológicamente. Si uno no disfruta de lo que hace, eso se convierte en una labor y deja de ser una recreación. Algunas hermanas aman las flores. Si usted les pide que rieguen las plantas durante media hora, tales hermanas no manifestarán cansancio alguno, aun cuando se trate de una tarea que podría fatigar a otra clase de persona. De hecho, es probable que antes de realizar tal actividad, tales hermanas se hayan sentido tensas o preocupadas; pero después de realizar tal labor, ellas se sienten descansadas. Sin embargo, si usted le pide a una persona que siente aversión hacia las plantas y detesta la jardinería, que riegue las plantas durante media hora, esta tarea sería una carga para tal persona. Por lo tanto, también existe una relación entre nuestras actividades recreativas y nuestra manera de ser. Así pues, al elegir ciertas actividades recreativas, usted tiene que optar por aquella actividad que le permita relajar sus nervios y tranquilizar su mente, como se muestra en los ejemplos que mencionamos anteriormente. Para todas las personas existe una determinada clase de recreación que se adapta mejor a ellos. Para algunos, la jardinería es una recreación, para otros no. A algunos les gustan los perros y los gatos, mientras que otros están nerviosos y asustados cuando tales animales están cerca. Tenemos que encontrar una actividad que sea de nuestro agrado. Esta clase de actividades recreativas hará que trabajemos mejor.

Si me propusieran ir al mar, esto no sería recreación para mí; en cambio, ir a la orilla de un río, sí. Otros hermanos son diferentes. Para ellos, cuanto más fuerte sean las olas, mejor. Les alegra, por ejemplo, ver que un barco es mecido por las olas del mar; estas son las cosas que les agradan y les causan felicidad. Tales actividades refrescan sus mentes. Esto se relaciona con la manera de ser del individuo. Uno tiene que elegir la clase de recreación que corresponde a su propia manera de ser de tal manera que esa actividad restaure su energía física. Si usted elige hacer algo que va en contra de su manera de ser, se sentirá agotado y no querrá continuar con tal actividad.

H. Cuidando de no causar ningún tropiezo a los demás

En octavo lugar, por ser cristianos, tenemos que ser un ejemplo para los demás en todo asunto. No queremos ser piedra de tropiezo para ninguno, incluso en este asunto de la recreación. Nosotros vivimos para el Señor y para los hermanos; no vivimos para nosotros mismos. No debiéramos preocuparnos únicamente por nosotros mismos e ignorar a los demás. No debemos quejarnos diciendo: "¿Por qué se fijan tanto en lo que yo hago?". ¿A quién pues habrían de mirar si no es a usted? ¡Por supuesto que los demás lo estarán observando! Si una ciudad está puesta sobre un monte, ¿quién no la vería? ¡Por supuesto que los demás la verán! No importa cuál sea nuestra convicción, tenemos que darle debida importancia a la influencia que ejercemos sobre nuestros hermanos más jóvenes cuando ellos vean lo que hacemos. Tenemos que preguntarnos a nosotros mismos si lo que hacemos será causa de tropiezo a los demás. Somos hijos de Dios y hemos creído en el Señor. Por tanto, debemos ser personas sensibles. Tenemos que darnos cuenta de que somos responsables ante Dios y ante los muchos hermanos y hermanas que son más jóvenes que nosotros.

Si uno piensa que puede comer carne, esto no representa problema alguno, pero si al hacerlo está causando tropiezo a su hermano, no debe comer carne. No es incorrecto que uno coma carne, pero está mal si al comerla uno hace tropezar a otros. Del mismo modo, no hay nada de malo en tener recreación, pero es incorrecto hacer tropezar a los hermanos con ello.

Tenemos que tomar en cuenta qué pensarán los más débiles acerca de las muchas cosas que hacemos. No deseo ser una piedra de tropiezo para los más débiles. Al referirse a esto, el Señor no dijo que no seamos piedra de tropiezo para los fuertes. Más bien, Él dijo que no debemos ser piedra de tropiezo para los débiles. Entre nosotros, hay muchos cuya conciencia es débil. Ellos creen que no se debería ir a los templos. Por ello, a fin de cuidar de la conciencia de tales hermanos, yo no iré a ningún templo, aun cuando yo sé que los ídolos nada son. A la luz de este principio, no deberíamos participar de ninguna actividad recreativa que pudiera causar que algún hermano tropiece.

Entonces, ¿qué debe hacer uno si tiene paz en su conciencia para hacer algo, pero otros no? En este caso no basta con preocuparse por tener nuestra conciencia en paz. También debemos recordar que la conciencia de la otra persona será inquietada por nuestras acciones. Por ello, tenemos que evitar aquellas cosas que hagan tropezar a otro. No basta con declarar que uno no tropezará. Recuerden que podrían causar tropiezo a los demás. No basta con decir que su conciencia está en paz; usted debe recordar que quizás la conciencia de otros no tiene paz. No deben decir: "Esto no me hará pecar". No se olviden que otros podrían caer en pecado a causa de esto. Quizá lo que usted vaya a hacer no represente ningún problema para usted, pero aun así, eso puede ser un problema para otro. ¿Qué hacer? Tenemos que desechar muchas actividades recreativas por el bien de nuestros hermanos.

Tenemos que comprender que muchas cosas son lícitas, mas no todas son provechosas. Por tanto, tenemos que ser cuidadosos en cuanto a nuestra conducta; cuanto más cuidadosos seamos, mejor. Tenemos que aprender a optar siempre por el camino más apropiado. Debemos aprender a conducirnos cuidadosamente. Nosotros permitimos que nuestros hermanos y hermanas disfruten de actividades recreativas y esto es permisible, pero a veces, alguna de estas actividades podría hacer tropezar a otros. Si esto sucede, es mejor dejar de practicar tales actividades. Tenemos que ser cuidadosos especialmente con respecto a quienes con facilidad caen en cautiverio. Hay personas que fácilmente son afectadas y con facilidad caen en tal clase de cautiverio. Tenemos que ser cuidadosos con respecto a ellas. Son muchos los que tropiezan fácilmente. Si somos un poquito negligentes al respecto, ellos tropezarán. Por esto debemos darle a este asunto la debida importancia.

I. No debemos hacer nada que los gentiles consideren inapropiado

En noveno lugar, no deberíamos involucrarnos en ninguna actividad recreativa que a los gentiles les pueda parecer inapropiada. Esto no implica que podamos hacer todo cuanto los gentiles consideren apropiado. Estos son los dos principios que deben regir nuestra conducta con relación a los gentiles. No necesariamente haremos aquello que los gentiles aprueban, pero ciertamente jamás haremos algo que ellos no aprueben. ¿Comprenden esto, verdad? Hay muchas clases de entretenimiento que los gentiles aprueban, pero nosotros no podemos involucrarnos en ellas. Ellos consideran apropiado ir al cine, jugar juegos de azar y salir a bailar. Estos son los entretenimientos básicos que ellos eligen, pero nosotros no los aprobamos. Por supuesto, nosotros jamás haríamos las cosas que los propios gentiles desaprueban.

No vale la pena discutir con la gente acerca de las recreaciones que consideramos apropiadas. En ciertos lugares, hay ciertas personas que consideran que no nos es permitido los juegos de pelota. Nuestro testimonio es para el Señor y no para los juegos de pelota. Nuestra predicación no consiste en dar testimonio a favor de los deportes; por lo que, no es necesario que nosotros testifiquemos a favor de ninguno de ellos. Las normas que nos rigen no deben ser inferiores a las de los gentiles. Quizá en algunos lugares los incrédulos piensen que jugar al ajedrez es una actividad inapropiada. En principio, tanto jugar ajedrez como al "Go" (un juego de salón) es decoroso, pero nosotros no damos testimonio a favor de tales cosas. No es necesario que desperdiciemos nuestro tiempo dando sermones sobre el ajedrez. Así como podemos jugar ajedrez, también podemos dejar de jugar ajedrez. Nosotros damos testimonio del Señor; no estamos aquí para testificar de tales minucias. No debemos discutir con los inconversos acerca de tales cosas. Nosotros, pues, podemos hacer muchas de las cosas que los gentiles aprueban y no haremos nada que ellos consideren inapropiado.

Por ejemplo, en ciertos lugares es probable que se considere inapropiado salir a pescar. Tenemos que aceptar su punto de vista y no salir a pescar. Nosotros damos testimonio a favor de Cristo y no a favor de la pesca recreativa. Nosotros hemos sacrificado todo por el Señor. ¿Qué podría significar ese pasatiempo para nosotros? No debemos permitir que ninguno sea inquietado por alguna actividad recreativa que practiquemos. Dondequiera que estemos, no debiéramos hacer nada que los demás consideran equivocado. Las normas que nos rigen no deben ser inferiores a las normas establecidas entre los gentiles, en especial cuando se trata de un asunto como la recreación. Es inútil discutir con los demás por causa de este asunto. Conozco ciertos misioneros occidentales que perjudicaron su relación con los nativos sólo por causa de que ellos querían seguir practicando su propia actividad recreativa. Es tonto perjudicar la obra del Señor por causa de un pasatiempo insignificante. Debemos darle importancia a los asuntos más importantes y ser flexibles acerca de los otros asuntos. Por ejemplo, algunos hermanos tienen que laborar entre los musulmanes, los cuales no comen carne de cerdo. Cuando se encuentran entre ellos, quizás traten de comerla públicamente debido a que piensan que, por ser cristianos, está bien que ellos coman carne de cerdo. Pero la carne de cerdo está prohibida en aquel lugar. Si la comen, no podrán laborar entre aquellas personas. Por el bien de la obra, no debemos involucrarnos en conflictos sobre asuntos insignificantes.

En la actualidad, quizás haya algunos que quieran ir a la provincia de Sikang. En Sikang no se practica la pesca. La gente de aquel lugar nunca ha pescado en toda su vida. Sería incorrecto que usted insistiera en que se practique la pesca y, al hacerlo, provoque fricciones entre usted y los santos de esa localidad. Algunos de los misioneros británicos que fueron a la India irritaron a los hindúes con respecto a ciertos asuntos recreativos. No vale la pena hacer tal cosa.

Les he expuesto estos nueve principios. Tenemos que aplicarlos cuidadosamente. Las fuentes de entretenimiento que son comunes entre los gentiles están completamente descartadas para nosotros. Estas actividades recreativas incluyen tres categorías principales: ir a bailar, los juegos de azar e ir al cine. Tales actividades deben ser completamente descartadas por nosotros. Nuestra carga es presentarles únicamente estos nueve principios de una manera constructiva. No debemos sacrificar ninguno de estos nueve principios.

IV. LA RECREACIÓN APROPIADA NO AFECTA LA ESPIRITUALIDAD DE UNA PERSONA

A. Los conejos e ilustraciones del Sr. Hopkins

Finalmente, permítanme contarles un breve relato. La "Conferencia de Keswick" es una especie de conferencia internacional muy importante que se lleva a cabo en Inglaterra. Todos los años, durante una semana se reúnen allí unas cinco o seis mil personas procedentes de todo el mundo. Me parece que Dios ha usado grandemente estas conferencias. Entre sus oradores podemos hallar a Andrew Murray y F.B. Meyer, quienes tenían un profundo conocimiento del Señor. En esa época, el Sr. Stock Meyer estaba en Alemania, el Sr. Melton en Francia, Andrew Murray en Holanda y Evan Hopkins en Inglaterra. El Sr. Hopkins era conocido como el teólogo de Keswick. Él fue la primera persona en comprender la verdad con respecto a la crucifixión de los creyentes juntamente con Cristo. Él era el esposo de Hannah Whitall Smith, quien escribió *"El secreto del cristiano para una vida feliz"*. Sin la ayuda del Sr. Hopkins, la señora Penn-Lewis no habría podido difundir la verdad de que estamos juntamente crucificados con Cristo, debido a que en Gran Bretaña no se aceptaba que una mujer predicara. El Sr. Hopkins era una persona muy decorosa delante del Señor. Aun así, él tenía un pasatiempo; le encantaba dibujar cuando tenía tiempo para ello. En un principio, hacía dibujos serios, pero después, cuando nació su nietecita, él comenzó a dibujar conejitos por causa de ella. Cada vez que regresaba de dar algún sermón, se ponía a dibujar conejos para su nietecita. Así que, a lo largo de su vida, él dibujó miles de conejos. Después, algunos editores publicaron un libro con los dibujos de los conejos que hizo el Sr. Hopkins. Él era una persona muy inteligente; en sus dibujos, cada conejo tenía un rostro diferente. Además, a él también le gustaba la caligrafía fina. Él transcribió toda la oración del Señor en un chelín inglés. No estoy diciendo que ustedes deben imitarlo. Simplemente les digo esto para mostrarles que las actividades recreativas no afectan la espiritualidad de una persona. Al contrario, uno puede percibir el aspecto humano de una persona por medio de los pasatiempos que ella practica. Por favor recuerden que los siervos de Dios no son formalistas; eso se usa en catolicismo, no en el cristianismo. Los cristianos son personas sencillas, simples y naturales.

B. George Müller oró pidiendo una madeja de lana para una niñita

George Müller era una persona que tenía mucha experiencia en la oración. En cierta ocasión, una niñita llamada Abigail le pidió que orara pidiendo una madeja de lana de colores. El hermano Müller oró pidiendo esto, y la niñita recibió lo que él había pedido. Esta niñita creció hasta convertirse en una de las cristianas más destacadas de Inglaterra. Al leer la biografía de esta hermana podemos asombrarnos de las lecciones que ella pudo aprender del Señor. Si se practica la recreación de una manera apropiada, ésta no debilitará a una persona. Al contrario, si delante del Señor nos regimos por los principios apropiados para las actividades recreativas, éstas nos elevarán y harán que nuestro cuerpo y nuestra mente recuperen su salud.

Capítulo treinta y seis

NUESTRAS PALABRAS

I. LAS PALABRAS REVELAN EL CORAZÓN DE UNA PERSONA

El hablar de una persona ocupa gran parte de su vida, y de hecho, representa una parte crucial de su vida. El Señor Jesús dijo que de la abundancia del corazón habla la boca (Mt. 12:34). Mediante sus palabras, una persona expresa lo que está en su corazón, es decir, las cosas que tiene en su corazón. No es fácil conocer a una persona al sólo observar su conducta, pero es muy fácil conocer a alguien por medio de sus palabras. Con frecuencia, la conducta de un individuo puede causar una impresión o dar la concepción errónea de tal persona, e incluso provocar juicios equivocados acerca de ella; pero es fácil conocer a una persona por medio de sus palabras, debido a que nadie reprime o controla sus palabras con facilidad. De lo profundo del corazón del hombre habla su boca. El hombre habla de la abundancia de su corazón. Si con su boca una persona miente y engaña, esto quiere decir que en su corazón hay mentiras y engaño. Si una persona mantiene su boca cerrada, nos será difícil conocer su corazón, pero una vez que habla, su corazón será puesto al descubierto. Si una persona permanece callada, nadie podrá conocer su espíritu. Pero una vez que esta persona habla, otros podrán tocar su espíritu por medio de sus palabras, y se hará evidente en qué condición se encuentra tal persona delante de Dios. Después de haber creído en el Señor, tenemos que pasar por un entrenamiento fundamental en cuanto a la manera en que vivimos y hablamos. Debemos abandonar completamente nuestra antigua manera de vivir. Desde el día en que creímos, debemos comenzar todo de nuevo, lo cual incluye aun nuestra manera de hablar. Tenemos que atender a la manera en que hablamos y rendirle la debida consideración.

II. TOMAR MEDIDAS CON RESPECTO A LA MENTIRA

Hay cuatro o cinco pasajes en la Palabra que nos indican cómo debe ser nuestro hablar. Juan 8:44 dice: "Vosotros sois de *vuestro* padre el diablo, y los deseos de vuestro padre queréis hacer. Él ha sido homicida desde el principio, y no ha permanecido en la verdad, porque no hay verdad en él. Cuando habla mentira, de lo suyo habla; porque es mentiroso, y padre de mentira". Cuando el diablo habla mentira, de lo suyo habla. Él es un mentiroso. Más aún, él es el padre de los mentirosos. En este mundo no hay nada que abunde tanto como las mentiras. Satanás cuenta con tantos mentirosos como el número de gente que posee, pues tiene tantas personas hablando mentiras para él como la cantidad de súbditos que tiene bajo su mano. Satanás requiere de mentiras para poder establecer su reino y necesita mentiras para derribar la obra de Dios. Todo aquel que es nacido de Satanás es capaz de mentir y participa de la obra que consiste en mentir. Pero una vez que uno es salvo y se convierte en hijo de Dios, la primera lección que debe aprender delante de Dios, es la de tomar medidas con respecto a sus palabras. Debemos rechazar todas las mentiras. También debemos rechazar toda palabra inexacta, exagerada o distorsionada. Debemos rechazar tanto las mentiras que decimos deliberadamente como aquellas que decimos sin percatarnos. Los hijos de Dios deben desechar toda mentira. En tanto persista alguna mentira, Satanás tendrá una posición de donde atacarnos.

A. Las mentiras son algo común

Uno no sabe cuán bien miente, hasta que intenta rechazar toda mentira. Cuanto más se esfuerza por rechazar las mentiras, más se dará cuenta de lo bien que miente. Se dará cuenta, entonces, que mentir es la inclinación misma de su corazón. En este mundo circulan muchas más mentiras de las que nos imaginamos. Nunca sabremos cuánto mentimos hasta que nos propongamos desechar toda mentira. Si tratamos de rechazarlas, entonces tendremos una idea de la inmensa cantidad de mentiras que decimos. Hay demasiadas mentiras en el mundo y en nosotros mismos hay muchas mentiras. Es triste ver que incluso entre los hijos de Dios parezca inevitable encontrar mentiras. ¡Cuán lamentable es que las mentiras tengan cabida entre nosotros! La Palabra de Dios es seria y explícita. Todo aquel que miente es un hijo del diablo, y el diablo es el padre de los mentirosos. No hay nada más lamentable en este mundo que el hecho de que la simiente satánica de la mentira permanezca en los corazones de los hijos de Dios. Simplemente no podemos ser creyentes por muchos años y, aun así, permanecer indiferentes con respecto a las mentiras que decimos. Sería demasiado tarde si esperamos que pasen los años para empezar a tomar medidas con respecto a la mentira. Tenemos que aprender a hablar con exactitud tan pronto creemos en el Señor.

B. ¿Qué es mentir?

1. Hablar con doblez

Ser una persona que habla con doblez es mentir. Una persona miente cuando primero dice una cosa e inmediatamente después, al dirigirse a otra persona, dice algo diferente. Miente cuando primero dice que sí y luego dice que no, cuando primero dice que algo es bueno y luego dice que es malo; o cuando en primera instancia concuerda en que algo es correcto, pero después afirma que ello está errado. Esto no esto es tener una mente indecisa; esto es mentir.

2. Hablar regidos
por lo que nos agrada o desagrada

Estamos acostumbrados a decir a los demás lo que nos agrada, pero nos callamos lo que nos desagrada. Solemos hablar sobre lo que nos conviene, pero callamos aquello que no nos conviene. Esta es otra manera de mentir. Mucha gente, deliberadamente, cuenta sus relatos a medias. Tales personas callan aquellas cosas que podría beneficiar a otros, especialmente lo que podría beneficiar a sus enemigos. En su lugar, ellos difunden las cosas que habrán de herir, dañar o causar perjuicio a los demás. Esto es mentir. Muchos no hablan de acuerdo a la verdad o a la realidad, sino lo que les agrada o desagrada. Muchas palabras no están basadas en hechos, sino en sentimientos. Tales personas tocan ciertos temas porque les encanta hablar al respecto y hablan sobre ciertas personas porque sienten preferencia por ellas. Estas personas cambian de tono si la conversación gira en torno a personas o temas que no son de su agrado. Esta clase de hablar está completamente regido por lo que a uno le agrada o desagrada; es hablar conforme a las emociones, y no conforme a la verdad y la realidad. Recuerden, por favor, que esto es mentir. Las palabras inexactas son un pecado muy grave. Engañar deliberadamente es más grave todavía y constituye un pecado mucho más serio delante de Dios. No debemos hablar de acuerdo a nuestras emociones, sino de acuerdo a los hechos. Nosotros o no deberíamos decir nada, o solamente deberíamos hablar conforme a los hechos y la verdad. No podemos hablar de acuerdo a nuestros sentimientos. Si lo hacemos, estamos mintiendo deliberadamente delante de Dios.

3. Hablar conforme a nuestras expectativas

Más aún, tenemos que aprender a dejar a un lado nuestros propios sentimientos y no debemos tener ninguna expectativa acerca de otros. Hoy en día, mucho de lo que se dice, representan esperanzas en lugar de hechos. Así pues, nuestras palabras no trasmiten los hechos sino que únicamente comunican nuestras expectativas. Es frecuente que una persona hable mal acerca de cierta hermana o hermano, según sus sentimientos y no conforme a los hechos. Tal persona espera que dicha hermana sea tan mala como se la imagina; sin embargo, habla como si fuera verdaderamente mala. O, en otros casos, esperando que un hermano va a tropezar, habla como si ya hubiese tropezado. Así que, esta persona habla conforme a lo que ella espera que suceda, no conforme a lo que realmente ha sucedido. ¿Detectan cuál es el problema fundamental aquí? Con frecuencia, una persona habla conforme a la expectativa que abriga en su corazón y sus palabras no comunican lo que realmente acontece. Así pues, tal persona, en lugar de hablar sobre lo que sucede concretamente, habla de lo que ella anticipa que habrá de suceder.

4. Añadir nuestras propias ideas

¿Por qué las palabras pueden sufrir tantas alteraciones al ser transmitidas de boca en boca? Con frecuencia, una afirmación cambia completamente después que ha circulado por tres o cuatro personas. ¿Por qué? Esto se debe a que todas ellas han añadido sus propias ideas, en lugar de investigar los hechos. Nadie procura descubrir los hechos concretos, pero todos procuran añadir sus propias ideas. Esto es mentir.

Hay un principio básico que debe regir lo que hablamos: al hablar, no debemos hacerlo respondiendo a nuestros sentimientos ni a nuestras expectativas. Una persona está mintiendo cuando no habla conforme a la verdad y a la realidad, sino conforme a sus expectativas e intenciones. Debemos aprender a hablar según los hechos y a no expresar nuestras propias ideas. Si estamos dando nuestra opinión, debemos dejar bien en claro que se trata de nuestra opinión. Asimismo, si nos referimos a un hecho concreto, tenemos que establecer que se trata de un hecho. Tenemos que aprender a distinguir nuestras opiniones de los hechos concretos. No debiéramos mezclar los hechos con nuestras ideas al respecto. Lo que nosotros pensamos acerca de una persona y lo que es realmente dicha persona, son dos cosas distintas. A lo más podremos afirmar que los hechos indican una cosa, pero que nosotros tenemos ideas diferentes al respecto.

5. Exagerar

Existe otra clase de mentira que es muy común en la iglesia: las exageraciones. Les ruego tengan en cuenta que los números inexactos y las palabras inexactas, así como la tendencia a usar expresiones grandilocuentes, palabras poderosas o palabras exageradas, constituyen diferentes maneras de mentir, porque en todas ellas hay falsedad.

Hoy en día, si usted desea saber en qué condición se encuentra el corazón de un santo delante del Señor, todo lo que tiene que hacer es decirle algo y pedirle que lo transmita a otros. Inmediatamente usted podrá saber dónde está el corazón de esa persona en relación con el Señor. Una persona que teme a Dios, que ha aprendido las lecciones debidas y que ha recibido la disciplina de Dios, siempre considerará que hablar es algo muy importante. Tal persona jamás se atrevería a hablar descuidadamente, ni pregonaría ninguna palabra sin consideración. Tal persona le dará mucha importancia a la exactitud de las palabras. Si usted le confía algo a una persona que no ha sido restringida ni disciplinada por el Señor, tal persona se afanará por propagar lo que usted le ha dicho. Y en esta propagación descubrirá que ella es una persona frívola, engañosa y deshonesta. Una persona así es capaz de añadir muchas palabras propias y dejar de decir aquello que en realidad debería decirse.

6. Exagerar las cantidades

Muchas personas suelen citar números exagerados al hablar. Ninguna iglesia en Shanghái tiene un local con asientos para cinco mil personas. Cualquier predicador con poco entrenamiento puede determinar la capacidad de un local con sólo una mirada. Sin embargo, muchos de los informes acerca de ciertas reuniones de avivamiento han dado cuenta de una asistencia de diez mil, e incluso hasta de veinte mil personas. Si todos los asistentes aun estuviesen parados sobre la cabeza de otra persona, no habría suficiente espacio para todos ellos. Sin embargo, estas palabras provienen de obreros cristianos. ¡Esta es una exageración! Tal clase de exageración equivale a mentir. Nosotros tenemos la tendencia a exagerar los errores de los demás y a minimizar nuestros errores. Exageramos los errores de los demás y minimizamos los nuestros. Esto también es mentir.

C. Debemos aprender meticulosamente a ser personas honestas

Hoy día yo no podría decir que todos los hijos de Dios se convierten en personas honestas al ser salvos. Si ellos, delante del Señor, se proponen aprender estas lecciones por los próximos cinco años, quizás después de ese lapso lleguen a ser personas honestas. Permítanme hablarles francamente: una persona tiene que rechazar continuamente toda clase de mentiras. Siempre que descubra que usted mismo está hablando con inexactitud, tiene que repudiar despiadadamente tal acto. Si usted pone esto en práctica, quizás llegue a convertirse en una persona honesta en tres o cinco años. No podemos esperar que una persona que habla en forma descuidada y caprichosa se convierta en una persona honesta de la noche a la mañana. Las mentiras e inexactitudes son males comunes entre los cristianos. Todas las personas de este mundo siguen a Satanás y todas ellas mienten. Algunas personas son torpes y otras son inteligentes, pero todas mienten. Unos mienten con habilidad y otros sin destreza, pero todos mienten. Continuamente, debemos tratar con el Señor a fin de ser puestos sobre aviso en cuanto decimos alguna mentira o cuando tocamos el espíritu de mentira.

¡Cuán importante es que lleguemos a ser personas honestas! Sin embargo, ¡no es natural el ser honesto! Nuestra naturaleza misma es deshonesta, y desde que nacimos hemos mentido. Al hablar, solemos hacerlo según nuestras propias preferencias, y no conforme a la verdad. Un niño tiene que aprender a hacer las cosas paso a paso, desde el comienzo mismo de su existencia humana. Como hijos de Dios, también necesitamos aprender nuestras lecciones desde el principio. Si somos negligentes, mentiremos y hablaremos con inexactitud.

La mentira es un problema muy común. Se trata no sólo del pecado más oscuro, sino también del más común. Son muchos los que consideran que este asunto es un asunto trivial. Pero si tenemos problemas en cuanto a nuestra manera de hablar, sucederán dos cosas. En primer lugar, muerte entrará en la iglesia, y los cristianos se encontrarán con que les es imposible andar en unidad. En segundo lugar, Dios no podrá hacernos ministros de Su palabra, y nuestra utilidad se paralizará. Quizá todavía seamos capaces de hablar algo acerca de la Biblia, así como acerca de las verdades y doctrinas bíblicas, y hasta tal vez podamos dar un discurso, pero no seremos capaces de servir como ministros de la palabra de Dios. A fin de ser un ministro de la palabra de Dios, uno tiene que ser honesto al hablar. Si uno no es honesto, no podrá ser usado por Dios.

Quisiera que todos podamos comprender lo necesario que es rechazar toda mentira. No debemos hablar según nuestros propios deseos. Tenemos que rechazar completamente toda mentira. No deberíamos hablar de manera subjetiva, sino de manera objetiva, es decir, debemos hablar de acuerdo a los hechos, de acuerdo a lo que escuchamos, y no de acuerdo a lo que sentimos. Si los hijos de Dios ponen esto en práctica, una senda recta se abrirá delante de ellos.

III. NINGUNA PALABRA OCIOSA

Otra clase de palabras que jamás deben salir de nuestros labios son las palabras ociosas. Mateo 12:35-37 dice: "El hombre bueno, de su buen tesoro saca buenas cosas; y el hombre malo, de su mal tesoro saca malas cosas. Y Yo os digo que de toda palabra ociosa que hablen los hombres, de ella darán cuenta en el día del juicio. Porque por tus palabras serás justificado, y por tus palabras serás condenado".

Antes de decir esto, el Señor Jesús dijo: "O haced el árbol bueno, y su fruto bueno, o haced el árbol malo, y su fruto malo; porque por el fruto se conoce el árbol" (v. 33). Según el contexto, el fruto al que hace referencia este versículo no se refiere a la conducta, sino a nuestras palabras. Esto quiere decir que las palabras de una persona son buenas si esta persona es buena, y que las palabras de una persona son malignas si esta persona es mala. Conocemos a una persona por las palabras que pronuncia. Algunas personas difunden chismes día y noche. Tales personas siempre están parloteando y están llenas de calumnias, injurias, críticas y juicios acerca de los demás. Sus bocas están llenas de toda clase de cosas inmundas, sucias y malignas. Es obvio que se trata de árboles corrompidos.

En nuestros días, un problema evidente entre los hijos de Dios es la incapacidad que tienen ellos para juzgar a las personas basándose en las palabras que éstas profieren; y esto se debe a que ellos mismos son iguales a esas personas. El Señor nos dice que el hombre bueno, de su buen tesoro saca buenas cosas; y que el hombre malo, de su mal tesoro saca malas cosas. La boca habla de la abundancia del corazón. Así pues, por su fruto podemos conocer al árbol.

Si un hermano difunde cosas malignas, destructivas o pecaminosas todo el tiempo, no necesitamos tratar de determinar si lo que dice es cierto o no. Simplemente le podemos decir que el mero acto de difundir tales cosas es un acto impuro. Tenemos que darnos cuenta de que las palabras de los hijos de Dios son el fruto de sus labios. Ninguna persona cuyo corazón sea santo hablará cosas inmundas. Ninguno que tenga el corazón lleno de amor hablará palabras de odio. El árbol es conocido por su fruto. Esto no quiere decir que podemos decir cualquier cosa, con tal que esto sea verdadero y sea un hecho. A veces, no es cuestión de si algo es un hecho o no. Algo puede ser un hecho concreto y, sin embargo, no debe ser un fruto de nuestros labios. Quizás sea cierto, pero no debemos decirlo. Esto no es cuestión de si algo es verdad o no, sino de si son palabras ociosas o no. Quizás tales palabras sean verdaderas, pero son palabras ociosas. Acabo de decirles que nuestras palabras tienen que conformarse a los hechos. Sin embargo, no todos los hechos necesitan ser difundidos. No debemos pronunciar palabras ociosas ni necesitamos hacerlo.

El Señor dijo: "Y Yo os digo que de toda palabra ociosa que hablen los hombres, de ella darán cuenta en el día del juicio" (v. 36). Las palabras ociosas que proceden de los labios de un cristiano, no serán dichas una sola vez, sino dos veces. Todo cuanto dijimos hoy sin la menor consideración, volverá a ser repetido en el futuro. Tales frases serán repetidas en su totalidad, una tras otra. Y con base en ello, seremos justificados o condenados. En el día del juicio, tendremos que rendir cuenta de toda palabra ociosa que hayamos pronunciado. Espero que los hijos de Dios aprendan a temer a Dios. Tenemos que aprender a rechazar toda palabra inexacta y hablar con exactitud. Jamás deberíamos hablar acerca de lo que no nos concierne y nunca deberíamos decir nada que no sea de provecho para los oyentes o para nosotros mismos.

Uno puede determinar cuanto una persona ha sido disciplinada por el Señor, al oír las palabras que salen de sus labios. Ninguno que ha sido disciplinado por Dios tendrá una boca indisciplinada. Una persona que miente o que habla palabras ociosas y frívolas, será de poca utilidad para Dios; sólo servirá para ser juzgada en el día del juicio. Tenemos que aprender esta lección desde un comienzo. Quienes pronuncian palabras inmundas son personas inmundas, y los que pronuncian palabras corrompidas son personas corrompidas. La clase de palabras que usamos revela la clase de persona que somos. Por sus frutos se conoce un árbol; es por medio de nuestras palabras que otros nos conocen a nosotros.

Es crucial que le prestemos la debida atención a este asunto. Podemos conocer a un hermano por la manera en que habla. Hoy en día la iglesia está llena de mentiras y de palabras ociosas. ¡Es sorprendente que sean tan pocos los hijos de Dios que condenan tal hábito! Ninguno de nosotros tiene el derecho de hablar palabras ociosas.

IV. NINGUNA PALABRA MALIGNA

En 1 Pedro 3:9-12 se nos dice: "No devolviendo mal por mal, ni injuria por injuria, sino por el contrario, bendiciendo, porque para esto fuisteis llamados, para que heredaseis bendición. Porque: 'El que desea amar la vida y ver días buenos, refrene su lengua del mal, y sus labios de palabras engañosas; apártese del mal, y haga el bien; busque la paz, y sígala. Porque los ojos del Señor están sobre los justos, y Sus oídos atienden a sus peticiones; pero el rostro del Señor está contra aquellos que hacen el mal'".

Otra clase de palabras que jamás debiera pronunciar un cristiano son las palabras malignas. ¿Qué son las palabras malignas? Las palabras malignas son aquellas expresiones injuriosas, palabras de maldición. Un hijo de Dios no puede devolver mal por mal, ni injuria por injuria.

A. Debemos aprender a hablar palabras de bendición

Son muchos los que creen que tienen el derecho de hablar de cierta manera simplemente porque otros también se expresaron así. Hoy día, en el mundo se discute mucho para determinar quién fue el primero que dijo algo, pero el Señor está pendiente únicamente de si alguien dijo algo o no. Podríamos preguntarnos: "Puesto que otros han dicho esto, ¿acaso no podría yo decir lo mismo?", pero no debemos olvidar que nosotros no podemos pagar mal por mal, ni injuria por injuria. No es cuestión de quién lo haya dicho primero, sino de si uno habló o no.

Un nuevo creyente deberá aprender a hablar palabras de bendición desde el inicio de su vida cristiana. No debemos tolerar que ninguna injuria o maldición salga de nuestros labios.

B. Debemos controlar nuestro mal genio

Además, una persona tiene que saber dominar su mal genio. Ella tiene que controlar su enojo antes de poder controlar sus palabras delante de Dios. Una persona no podrá controlar sus palabras si no sabe controlar su mal genio. Muchas de las palabras perversas que una persona pronuncia surgen debido a que tal persona no sabe controlar su mal genio. Si los hijos de Dios no ejercitan domino propio, palabras injuriosas e inmundas saldrán de sus labios. Son muchos los que no saben controlar su mal genio y llenan sus bocas de palabras injuriosas. Tales palabras, por un lado, no glorifican a Dios y, por otro, impiden que esas personas reciban cualquier bendición de Dios.

V. DEBEMOS RESTRINGIRNOS AL HABLAR

Ahora trataremos el quinto aspecto. Es necesario comprender a qué cosas debemos prestar atención cuando hablamos. Jacobo 3 específicamente trata el asunto de nuestras palabras. Leamos del versículo 1 al 12. Tenemos que descubrir cómo deben hablar los hijos de Dios.

A. Sin hacernos muchos maestros

El primer versículo de este capítulo dice: "Hermanos míos, no os hagáis maestros muchos de vosotros". ¿Por qué? "Sabiendo que recibiremos un juicio más severo". La característica más destacada de las personas que son indisciplinadas en sus palabras, es su deseo de ser maestros. Dondequiera que vayan, les gusta enseñar. Dondequiera que estén, siempre tienen algo que enseñar. Ellos quieren ser maestros de los demás en cualquier circunstancia. Ellos dan discursos sin cobrar. Son muchos los que anhelan ser maestros y consejeros. Siempre que están con alguien, tienen mucho que decir. ¿Perciben en qué consiste el problema? Un cristiano no solamente tiene que dejar de mentir, dejar de difundir chismes y dejar de pronunciar palabras malignas; además, no debe ser un parlanchín. No importa qué clase de palabras pronuncie tal persona, errará todas las veces que hable demasiado. En cuanto una persona habla demasiado, pierde todas sus bendiciones delante del Señor.

B. Las palabras de una persona denotan el grado de dominio propio que ella posee

El versículo 2 dice: "Porque todos tropezamos en muchas cosas. Si alguno no tropieza en palabra, éste es varón perfecto, capaz también de refrenar todo el cuerpo". El grado en que una persona puede dominarse a sí misma depende del grado en que sabe poner freno a sus palabras. Una persona tendrá dominio propio —uno de los frutos del Espíritu— en la medida en que sepa refrenar su hablar. Muchos hermanos y hermanas no entienden correctamente la Biblia. Ellos piensan que dominarse a uno mismo es ser moderados. Recuerden que el dominio propio es el dominio propio. La enseñanza de la moderación no tiene nada que ver con nosotros. Los cristianos deben ejercer dominio propio, esto quiere decir ejercer control sobre ellos mismos.

El dominio propio es uno de los frutos del Espíritu. Gálatas 5 nos dice qué es el fruto del Espíritu, mientras que Jacobo nos dice cuál es la característica que denota la presencia del fruto del Espíritu. Jacobo nos dice que una persona que es capaz de dominar su cuerpo, ciertamente será capaz de refrenar sus palabras. Aquellos que son frívolos al hablar, llevan una existencia frívola. Las personas que hablan insensatamente, se comportan insensatamente. Una persona que es indiscreta con sus palabras, ciertamente será imprudente en todo cuanto hace. Una persona que habla demasiado está destinada a ser una persona negligente delante de Dios. Que una persona sea capaz de refrenar todo su cuerpo o no, dependerá de si puede poner freno a su hablar. Espero que de ahora en adelante todos los nuevos creyentes aprendan, delante de Dios, a controlar sus palabras.

Son muchos los hermanos y las hermanas que oran a Dios rogándole que trate con ellos y les conceda misericordia. Quisiera decirles algo a tales personas: Si Dios puede tratar con vuestro hablar, Él podrá tratarlos a ustedes. Hay muchas personas para quienes su hablar constituye su vida misma; constituye su punto fuerte, es el encaje de su muslo. Si Dios puede regular su hablar, podrá regular todo su ser. Muchas personas no han podido ser derrotadas por Dios con respecto a su hablar. Como resultado, su propio ser no ha sido derrotado por Dios. Si una persona no puede ejercer dominio propio, tal vez pueda actuar de cierto modo, pero una vez que los demás conversen con él durante una media hora, se percatarán la clase de persona que realmente es. En cuanto una persona habla, su propio ser es puesto al descubierto. Nada pone en evidencia a una persona tanto como sus palabras. En cuanto habla, el propio ser de tal persona es puesto al descubierto. Si usted quiere averiguar si una persona es capaz de ejercer dominio propio sobre sí misma, simplemente pregunte si ella es capaz de controlar su hablar.

C. Lo más pequeño afecta lo más grande

En el versículo 3 se da el ejemplo del freno para los caballos, y en el versículo 4 se da el ejemplo del timón de un barco. La lengua es como un freno y es también como el timón de una nave. Si bien es algo muy pequeño, es capaz de ejercer una gran influencia. El versículo 5 dice que un pequeño fuego es capaz de incendiar un gran bosque. El versículo 6 dice: "Y la lengua es un fuego, todo un mundo de injusticia. La lengua está puesta entre nuestros miembros, y contamina todo el cuerpo, e inflama el curso de la vida, y ella misma es inflamada por la Gehena". El versículo 3 habla de un freno, y el versículo 4 de un timón. El versículo 5 afirma que la lengua es un miembro pequeño que se jacta de grandes cosas. El versículo 6 indica que la lengua es todo un mundo de injusticia. La lengua, en sí misma, es un mundo, un mundo de injusticia. Muchos han sido redimidos y han experimentado la misericordia de Dios; aun así, nunca han refrenado sus lenguas. Dondequiera que van, encienden el fuego de la Gehena con este mundo de injusticia.

Estas palabras son palabras muy serias: la lengua inflama el curso de la vida. Aquí la vida es como una rueda; ella gira todo el tiempo. Y la lengua es como un fuego capaz de inflamar toda la rueda de nuestra existencia. Esto significa que es capaz de provocar toda clase de actividad carnal. Por medio de la lengua se puede encender la ira del hombre, o sea, incitar su carne, su mal genio y su enojo. La lengua es capaz de encender el fuego de la Gehena. Por medio de sus palabras, los hijos de Dios pueden suscitar muchos problemas. Esto es algo que, sin duda, procede de la Gehena. La lengua, pues, es un fuego y todo un mundo de injusticia.

Tenemos que aprender a hablar menos. Cuantas menos palabras pronunciemos, mejores personas seremos. En la multitud de palabras hay trasgresión. Proverbios nos aconseja ahorrar nuestras palabras. Sólo los insensatos hablan profusamente. Cuanto más insensata es una persona, más habla. Cuantas más lecciones haya uno aprendido delante de Dios, más estable será y tendrá menos palabras que decir.

D. La lengua es un mal turbulento

Jacobo 3:7 afirma que todo ser vivo puede ser domado, mientras que el versículo 8 dice que la lengua no puede ser domada por ningún hombre. La lengua es un mal turbulento lleno de veneno mortal. La lengua no puede ser domada por los hombres, está llena de veneno mortífero. Es un mal indomable, "un mal turbulento". Hay males que pueden ser domados, pero la lengua maligna no puede ser domada. ¡Qué insensato es dar rienda suelta a nuestra lengua! Si una persona es de lengua suelta, ciertamente es necia.

E. Un manantial no puede dar dos clases de agua diferentes

Lo que sigue a lo dicho es bastante obvio y evidente. No podemos hacer que nuestra lengua bendiga a Dios y, después, maldiga al hombre que Dios creó. Una persona no puede bendecir por un lado y maldecir por otro. De un mismo manantial no pueden brotar dos clases diferentes de agua. Una higuera no puede producir aceitunas ni una vid producir higos. El agua salada no puede producir agua dulce. El fruto pone de manifiesto al árbol, y la corriente de agua al manantial. Una persona que es usada por Dios ciertamente producirá agua dulce, y en sus palabras no se hallará nada amargo.

La manera actual en la que Dios efectúa Su salvación, consiste en implantar un manantial nuevo y un árbol nuevo en nuestro ser. Si soy una higuera, ciertamente no produciré aceitunas. Si soy una vid, con certeza no produciré higos. Si Dios me da algo que es nuevo e implanta en mí una vida nueva, yo ciertamente produciré agua dulce.

VI. PRESTAR ATENCIÓN A LO QUE ESCUCHAMOS

Al referirnos a nuestra manera de hablar, no debemos descuidar lo que escuchamos.

A. Debemos resistir la comezón por oír

Permítanme hablarles con franqueza. Muchas de las palabras impropias que se pronuncian en la iglesia desaparecerían si todos los hermanos y hermanas aprendieran la lección de cómo escuchar. La razón por la que circulan muchas palabras impropias se debe a que muchos hermanos y hermanas desean escuchar tales palabras. Puesto que existe una demanda, existe también un suministro. Si en nuestro medio circulan tantas palabras corruptas, críticas, injurias, calumnias y expresiones hipócritas, se debe a que son muchos los que desean prestar oído a tales palabras. El corazón del hombre es engañoso, perverso y corrupto; y además le gusta escuchar este tipo de palabras. Por ello, siempre hay alguien dispuesto a decírselas.

Si los hijos de Dios saben qué clase de palabras pueden o no pueden hablar, ellos sabrán también a su vez qué clase de palabras les es permitido escuchar y qué palabras no les es permitido escuchar. Cierto hermano, muy apropiadamente, dijo: "Los oídos de muchos parecen basureros". ¿Acaso acostumbramos arrojar la basura sobre una cacerola de arroz? Ninguno de nosotros haría tal cosa. Si usted es una persona que acepta escuchar toda clase de palabras lujuriosas y no las considera dañinas, evidentemente usted se ha convertido en un recipiente para la basura; esa es la clase de persona que usted es. Únicamente cierta clase de persona prestaría atención a cierta clase de palabras.

Tenemos que aprender a escuchar las palabras sanas. No debiéramos ser desviados por aquellos que propagan rumores y expresiones inapropiadas. Tenemos que declarar: "No quiero oír tal clase de comentarios". Muchos pecados cesarán y muchos hermanos serán edificados si usted adopta esta postura. Entre nosotros, está presente el apetito desmesurado por escuchar palabras que no son saludables, y por ello, tales expresiones se propagan. A la gente esto le parece de buen gusto. Pero nosotros debemos ser liberados de tales cosas. Si una persona está diciendo algo inapropiado, tal vez usted deba retirarse calladamente y alejarse de él. Esto hará que ella pierda todo interés en usted la próxima vez que quiera hacer lo mismo. Otra alternativa consiste en darle testimonio y decirle: "Por ser cristianos, no debemos utilizar tales palabras". Esto impedirá que le sigan hablando así. Incluso, podríamos ser más enfáticos y decir algo así como: "¡Hermano! ¿Por quién me ha tomado? Yo no soy un basurero. Por favor no arroje sobre mí toda esa basura".

Muchos de los problemas que se suscitan en la iglesia son como el fuego de la Gehena y deben ser apagados en cuanto se enciendan. No debemos dejar que tales problemas se propaguen. Muchos de los problemas relacionados con nuestro hablar, en realidad son problemas relacionados con la manera en que escuchamos. Por supuesto, la responsabilidad recae mayormente sobre la persona que habla tales cosas, pero el que escucha también es, en parte, responsable. Cuando se trata de escuchar, debemos aprender, delante de Dios, a rechazar el apetito desmesurado por las palabras. Los seres humanos tenemos tal apetito de palabras, el apetito por enterarse de todo. Si podemos negarnos a tal apetito, apagaremos muchos fuegos que proceden de la Gehena. Debiéramos decir: "Discúlpeme, pero yo soy un cristiano, y como tal, no puedo prestar oído a tales expresiones". Así haremos que los demás midan sus palabras. Pero si seguimos escuchando con la expectativa de enterarnos de más detalles y de sondear la situación más profundamente, estamos avivando tal fuego en lugar de apagarlo. Muchas palabras que son inútiles, malignas y engañosas se suscitan debido al interés manifestado por quien las escucha.

B. "Como si fuera sordo"

El salmo 38:13-14 dice: "Mas yo, como si fuera sordo, no oigo; / Y soy como mudo que no abre la boca. / Soy, pues, como un hombre que no oye, / Y en cuya boca no hay represiones". Ciertamente hay muchos que debieran ser como sordos. Si los demás le cuentan cosas indecorosas, usted debe actuar como si fuera sordo, incapaz de escuchar nada de ello. Usted simplemente debería decir: "No puedo oír". Si usted quiere ser más tajante, puede darle a la otra persona un testimonio. Si incluso quiere ser más firme al respecto, usted puede reprender a tal persona, diciéndole: "Hermano, ¿por quién me has tomado? ¿Por qué me abrumas con tantas palabras?". Usted puede testificar, diciendo: "A mi parecer, un cristiano no debería decir tales cosas. Palabras así no deberían surgir de los labios de un cristiano". Usted también podría decir: "¡Hermano! Deme un minuto; por favor espere a que yo me vaya para que pueda seguir hablando así". Con frecuencia, debemos actuar como si fuéramos sordos. Si usted es sordo a tales expresiones, será bendecido por causa de ello. Usted también tiene que aprender a ser como un mudo, incapaz de decir nada. Las palabras son una gran tentación, y nosotros tenemos que aprender a vencerla.

En el capítulo 42 de Isaías, que es una profecía acerca del Señor Jesús, dice en el versículo 19: "¿Quién es ciego, sino Mi siervo? / ¿Quién es sordo, como Mi mensajero que envié? ¿Quién es ciego como el que está en paz conmigo, / Y ciego como el siervo de Jehová?". Cuando el Señor estuvo en la tierra, no escuchó muchas de las palabras proferidas.

Les ruego que no se olviden que cuanto menos inmundicias y chismes escuchemos, menos problemas tendremos. Ya tenemos suficientes problemas, conflictos e inmundicias en nosotros mismos; si añadimos más de ello a nuestra vida, nos será imposible avanzar. Un nuevo creyente tiene que aprender desde un principio a rechazar la tentación de prestar oído a tales palabras. Tenemos que ser sordos como el Señor Jesús. ¿Quién es sordo como nuestro Señor? La manera de actuar de nuestro Señor es la manera más recta posible. Por ello, Él no estaba atado a nada.

C. Esforzarnos por aprender

A los nuevos creyentes se les debe enseñar a hablar. Se les tiene que enseñar cómo hablar y cómo escuchar. Cuando se trata de hablar, ellos tienen que aprender a temer a Dios. Este es un asunto muy importante y ciertamente es un umbral que definitivamente debemos cruzar.

Esta lección no puede ser aprendida sin pagar cierto precio. Tenemos que pasar mucho tiempo cultivando el hábito de hablar con exactitud. No creo que un nuevo creyente pueda obtener la victoria en este asunto rápidamente. He descubierto que una de las cosas más difíciles de hacer es saber usar las palabras exactas. Si nos permitimos ser un poco negligentes al respecto, detectaremos errores tanto en nuestras palabras como en nuestros motivos. Mentir es un ejemplo de esto. Hablar palabras inexactas es una manera de mentir, y asimismo lo es cualquier otro intento por tratar de engañar a los demás. A veces una persona dice algo que está correcto, pero con la intención de engañar a otros. Esto también es mentir. Un nuevo creyente tiene que prestar mucha atención a este asunto y tiene que esforzarse mucho por tomar las medidas respectivas desde un comienzo.

El salmo 141:3 dice: "Pon guarda a mi boca, oh Jehová; / Guarda la puerta de mis labios". Esta debe ser nuestra oración. Debemos decir: "Pon guarda a mi boca para que no hable precipitadamente". Quizás algunos deban orar: "Pon guarda a mis oídos para que no escuche a la ligera". Si hacemos esto, le ahorraremos muchos problemas a la iglesia y podremos avanzar de la manera más apropiada.

Hay algo que me causa mucha sorpresa, y es que muchos hermanos se atreven a hablar a la ligera, y son muchos los que los escuchan sin tener el menor sentimiento de temor. ¡Esta es una enfermedad gravísima! ¡Ciertamente esta es una situación muy delicada! Siempre que prestamos oídos a expresiones inapropiadas, ¡estamos enfermos! ¡Es una enfermedad gravísima acceder sin reservas a que se nos diga cualquier cosa y a estar despojados del debido criterio! Tenemos que aprender a rechazar todo fruto inmundo. Cualquier clase de veneno que se propague entre los hijos de Dios traerá consigo impiedad, rebeldía y frivolidad. Quiera Dios darnos gracia y ser misericordioso con nosotros, para que aprendamos a hablar apropiadamente desde el inicio mismo de nuestra vida cristiana. ¡Que aprendamos a correr la recta carrera que tenemos por delante!

CAPÍTULO TREINTA Y SIETE

EL VESTIDO Y LA ALIMENTACIÓN

Ahora hablaremos en lo que se refiere al vestido y a la alimentación de los cristianos. En primer lugar, hablaremos del vestido.

I. EL VESTIDO

A. Su significado

En este tema, primeramente examinemos lo que significa el vestido. A fin de entender la necesidad que tenemos de vestirnos, tenemos que remontarnos al principio.

1. El vestido no era necesario antes de la caída del hombre

Antes que el hombre cayera en pecado, su vestimenta tal vez haya sido una cierta clase de luz que resplandecía alrededor de él; pues antes de su caída el hombre era inocente y no sentía vergüenza. Aunque no se cubría con ninguna vestimenta, él no se sentía avergonzado por ello.

2. El vestido es necesario para que el hombre, después de la caída, cubra la vergüenza de su desnudez

Cuando el pecado surgió, el primer efecto que tuvo en el hombre fue que estuviese consciente de su propia desnudez y que de inmediato se sintiera avergonzado. Adán y Eva hicieron delantales con hojas de higuera y se cubrieron con ellas. Esto nos muestra que el significado básico de nuestra vestimenta es cubrirnos. La vestimenta es necesaria debido a que necesitamos cubrirnos. Lamentablemente, tales delantales no duraron mucho, pues las hojas de higuera rápidamente se secaron, se partieron y se desintegraron. Entonces, Dios vistió al hombre con las pieles de animales. Dios les preparó algo más sólido y duradero. El propósito de tales vestimentas era el de cubrir el cuerpo del hombre.

Por lo tanto, las ropas son para cubrir nuestro cuerpo, no para ser exhibidas. Así pues, cualquier prenda de vestir que no cumpla el simple propósito de cubrir nuestro cuerpo resulta errónea. La vestimenta es para cubrir nuestros cuerpos.

3. Es necesario que la sangre sea aplicada sobre las partes de nuestro cuerpo que no estén cubiertas

Los israelitas que moraban en Judea usaban sandalias. Ellos no vestían calcetines, y sus pies estaban a la intemperie. El resto de su cuerpo estaba cubierto por sus vestidos. Así pues, aparte de sus manos, sus pies y su cabeza, tenían todo su cuerpo cubierto. Cuando los sacerdotes se acercaban a Dios con la sangre, ésta era aplicada a sus pulgares, a los dedos gordos de sus pies y a sus orejas. Esto nos muestra que aquellas partes expuestas a la intemperie tenían que ser cubiertas por la sangre. La sangre no era aplicada a las otras partes del cuerpo. Las manos, los pies y la cabeza eran las únicas áreas en las que se requería de la sangre. Las otras áreas estaban cubiertas con vestimenta. Esto nos muestra que el propósito de vestirnos es para estar cubiertos. Debemos darnos cuenta, delante de Dios, que lo apropiado para el hombre es que éste se cubra.

La degradación actual en la humanidad se remonta a la degeneración que sufrió el hombre cuando estuvo en una condición incivilizada. En esta condición, los hombres escasamente se cubrían. Es impropio para una persona cubrirse escasamente. El propósito de toda vestimenta debe ser cubrir nuestra desnudez, y cualquier vestimenta que no cumpla este propósito viola la definición divina de lo que es el vestido. La sangre tipifica esto. El significado espiritual de la sangre indica que es necesario cubrirse. El hombre ha pecado y necesita cubrirse ante Dios. Hoy en día, procurar reducir las mangas o la basta, o vestirse con una vestimenta que en lugar de cubrir el cuerpo, lo descubra, es algo del mundo. A Dios no le agradan tales vestimentas.

A la luz de esto, cuanto más nos cubra una prenda, mejor. Yo soy un pecador y necesito estar cubierto completamente delante del Señor. No es bueno que ninguna parte de mi cuerpo se halle descubierta ante Él. Como cristianos, somos salvos y hemos puesto nuestra confianza en el Señor. Sin embargo, no tenemos ninguna base para estar delante del Señor a menos que Él mismo nos cubra completamente. Anhelamos ser cubiertos y rogamos en oración que todo nuestro ser sea cubierto por Él, de tal manera que seamos redimidos y salvados por completo. Según lo tipificado en las Escrituras, aquello que nuestra vestimenta no cubre, deberá ser cubierto por la sangre. Nuestras manos y nuestros pies, así como nuestra cabeza, tienen que estar bajo la sangre.

4. La segunda caída del hombre se debió a su desnudez

Cuando Adán y Eva pecaron, su desnudez hizo que su pecado quedase al descubierto. Noé, 1,656 años después, salió del arca, sembró un viñedo y se embriagó. Como resultado de ello, Noé se despojó de sus vestidos, y su desnudez se exhibió. El primer hombre comió del árbol del conocimiento del bien y del mal, y se encontró desnudo. El siguiente hombre se encontró desnudo después de haber ingerido el fruto de la vid. Así pues, la segunda caída del hombre sobrevino cuando él no se cubrió con sus vestimentas tal como debía. Adán cayó de un estado en el que no le era necesario vestirse, a un estado en el que necesitaba vestirse. Noé cayó al tener vestiduras y no ponérselas. En la Biblia, la desnudez es una vergüenza. La desnudez está prohibida en las Escrituras. Este es el resultado de la segunda caída del hombre.

5. El altar no tenía gradas

Según Éxodo, al instituir la ley en el monte Sinaí, Dios ordenó a los israelitas edificar un altar sin gradas. Esto se debía a que Dios no quería que ninguna parte de sus cuerpos pudiera ser vista cuando los israelitas subieran al altar a ofrecer sacrificios. La noción misma de exhibir el cuerpo es algo que Dios aborrece. Dios se opone a que el hombre exhiba su cuerpo. Aparte de las manos, los pies y la cabeza, todas las otras partes de nuestro cuerpo deben estar cubiertas; y las manos, los pies y la cabeza tienen que ser cubiertas por la sangre. La tendencia moderna de exhibir nuestros cuerpos viola los principios originales establecidos por Dios. El propósito original de Dios es que los hombres se cubran con vestiduras. Incluso cuando uno se acerca al altar a ofrecer sacrificios, no debe dejar su cuerpo al descubierto. No es correcto que los hombres estén descubiertos.

6. El sacerdote se vestía con una larga túnica y calzoncillos

Las prendas que vestía el sacerdote eran muy finas, estaban cosidas con un punto muy fino que impedía cualquier abertura en la costura, pues Dios les tenía prohibido descubrirse. Los sacerdotes no podían descubrirse de manera alguna delante de Dios. Ellos usaban un efod muy largo y, además, vestían calzoncillos para evitar cualquier posibilidad de que su cuerpo fuese expuesto (Éx. 28:42). La Biblia es consistente en su énfasis: el vestido es para cubrir, no para exhibir. Esta es una de las principales características que debe tener todo vestido.

7. El vestido simboliza la redención y al Señor Jesús

Dios hace del vestido un símbolo de nuestra redención. Este es también un símbolo del propio Señor Jesús. Nosotros nos hemos vestido con la salvación que Dios efectuó y nos hemos vestido de Cristo Jesús. Somos aquellos que se han revestido del nuevo hombre. A Dios no le agrada ver en nosotros ninguna clase de abertura o brechas. Estamos completamente revestidos de la salvación, de Cristo y del nuevo hombre. Todo nuestro ser está cubierto por Dios. Somos salvos y estamos vestidos con la salvación.

Cada vez que nos vestimos, nuestros ojos internos deben ser abiertos para ver a Cristo y la salvación. Antes de vestirnos, estábamos desnudos. Delante de Dios, estábamos completamente descubiertos y no podíamos escondernos de la luz de Dios ni de Su juicio. ¡Gracias a Dios que hoy estamos cubiertos! Ante Dios, estamos revestidos de Su salvación y Su justicia. Nos hemos vestido con la vestimenta provista por Dios.

Estamos revestidos de Cristo y del nuevo hombre. El hecho de que nuestro vestido nos cubra por completo, representa el hecho de que la cobertura recibida del Señor nos cubre por completo. Debemos darle la debida importancia a lo que esto significa. ¡Qué maravilloso que Dios sea tan misericordioso como para cubrirnos! Así pues, estamos completamente cubiertos ante Dios. El principio subyacente al acto de vestirse es el de proveer cobertura. Los cristianos no debieran vestirse con prendas que no los cubren. Cualquier prenda que exhiba alguna parte de nuestro cuerpo deberá ser desechada. Vestirse tiene como propósito cubrir, no exhibir. Nadie debe confeccionarse ni vestirse con prendas que corresponden al principio de exhibirse, en vez del principio de cubrirse. El principio subyacente a todo exhibicionismo es incompatible con los principios cristianos.

B. Las prendas contaminadas por la lepra

En segundo lugar, Levítico nos dice que una persona puede contraer lepra, y que una vivienda, al igual que una prenda, también puede ser contaminada por la lepra. Muchos de los vestidos que hoy se utilizan, en especial los vestidos para damas, tienen la plaga de la lepra. Este asunto de nuestra vestimenta tiene que ser abordado con toda seriedad.

1. Dos maneras diferentes de enfrentar este problema

Levítico 13 nos indica que hay dos maneras diferentes de enfrentarnos al problema de las prendas de vestir que han sido contaminadas por la lepra. Algunas prendas eran enviadas al sacerdote. El sacerdote examinaba estas prendas para examinar la lepra que estaba en ellas. Si la lepra se desarrollaba y se extendía, la vestimenta era incinerada y eliminada por completo. Esta prenda ya no se podía usar. En otros casos, la lepra no se había extendido, sino que apenas había ennegrecido. En estos casos, el sacerdote recortaba el pedazo de tela más afectado y luego lavaba la prenda. Si a pesar de ello la lepra permanecía, esta prenda de vestir tenía que ser incinerada. Pero si después que el sacerdote lavó la prenda y recortó la parte más afectada, la lepra era detenida, entonces uno podía conservar dicha vestimenta.

2. Debemos traer nuestras prendas de vestir al Señor y examinarlas una por una

Un nuevo creyente tiene que darle la debida importancia a este asunto del vestido. Si tiene alguna duda con respecto a cualquiera de sus prendas de vestir, debe traer la prenda delante del sacerdote para que éste la examine. Hoy en día, el Señor es el Sumo Sacerdote. Uno tiene que preguntarle a Él si uno puede usar o no tal vestimenta. No debemos pensar que se trata de algo insignificante. Este es un asunto muy importante para todo nuevo creyente. Si usted no sabe qué prendas están contaminadas por la lepra, usted debe traérselas al Sacerdote y dejar que sea el Señor quien le diga si esas prendas están contaminadas o no.

Recuerden que uno debe separarse de quien haya contraído lepra. Una vivienda infectada con lepra tenía que ser demolida, y los vestidos contaminados con la lepra tenían que ser incinerados. Por supuesto, hoy en día no necesitamos incinerar nuestros vestidos, pero, por lo menos, debemos dejar de vestirnos con tales prendas. Hay muchas prendas de vestir que están contaminadas con lepra. Muchas de esas prendas pueden volverse a usar después de alargar las mangas, después de teñir el vestido de otro color o alterarle el estilo. Podemos conservar algunas prendas de vestir después que éstas han sido examinadas por el sacerdote y alteradas un poco. Pero otras prendas, por conservar su índole leprosa, aún después de haber sido examinadas y alteradas, tendrán que ser desechadas por completo. En cuanto uno cree en el Señor, tiene que presentarle al Señor sus prendas de vestir, una por una, y permitir que Él examine cada una de ellas en detalle. Uno debe dejar que el Señor le diga si esa prenda es apropiada o no. Todo nuestro vestuario debe ser examinado pieza por pieza.

Tengo la esperanza que los nuevos creyentes se comportarán como corresponde a cristianos al presentarse delante de los demás. Sería muy desagradable ver que algunos duden de la autenticidad de un cristiano debido a la clase de ropa que él o ella vista. Otros nos dirán si somos cristianos o no, basándose en la clase de ropa que vestimos. Una persona que está limpia, jamás se vestiría con prendas contaminadas por la plaga. Nuestra lepra ha sido limpiada, y nuestros pecados perdonados. De ahora en adelante, no debemos vestirnos más con vestimentas infectadas por la lepra.

Los nuevos creyentes tienen que presentar todas las piezas de su vestuario al Señor y orar con respecto de cada una de las prendas. No deben esperar a que otro hermano venga y les diga lo que es bueno y lo que es malo. Usted mismo tiene que traer todas sus prendas delante del Señor y dejar que sea Él quien juzgue. Usted tiene que preguntarle al Señor: "Ahora que soy un creyente, ¿está bien que use esta ropa; es apropiada esta vestimenta?". Algunas prendas de vestir tendrán que ser desechadas, mientras que otras tendrán que ser modificadas. Deje que el Señor le enseñe qué debe hacer. Algunas prendas simplemente no se pueden modificar. Usted mismo tiene que decidir si alguna prenda está relacionada al pecado o no. Existe una relación muy estrecha entre usted y su manera de vestir. Así pues, tenemos que abordar esta cuestión con mucha seriedad.

3. Debe existir una diferencia clara entre varones y mujeres

La Biblia prohíbe a los varones vestirse con ropa de mujeres y viceversa (Dt. 22:5). La tendencia hoy en día es la de anular las diferencias que existen entre las ropas de varón y las ropas de mujer. Cada vez más, esta diferencia está desapareciendo. Si esta tendencia continúa, pronto no habrá diferencia entre varón y mujer. Todos los hermanos y hermanas deben tomar esto en cuenta. Los hombres no deben vestirse con ropas de mujer, y las mujeres no deben vestirse con ropas de varón. Ustedes tienen que mantener esta diferencia establecida por Dios. Los hombres tienen que vestirse con ropa de varón, y las mujeres con ropa de mujer. Todo aquello que hace que desaparezcan las diferencias en género, no glorifica a Dios. El pueblo de Dios y los hijos de Dios tienen que aprender a conservar las diferencias apropiadas en sus vestimentas.

4. El vestido de las hermanas

Hablemos primero acerca del vestido de las hermanas. En

términos generales, el asunto del vestido es más sencillo en el caso de los hermanos. El caso de las hermanas presenta mayores complicaciones que el de ellos. Examinaremos detalladamente dos pasajes bíblicos.

a. Los vestidos costosos y la mansedumbre

En 1 Pedro 3:3-5 se nos dice: "Vuestro atavío no sea el externo de peinados ostentosos, de adornos de oro o de vestidos, sino el del hombre interior escondido en el corazón, en el incorruptible *ornato* de un espíritu manso y sosegado, que es de gran valor delante de Dios. Porque así también se ataviaban en otro tiempo aquellas santas mujeres que esperaban en Dios, estando sujetas a sus propios maridos".

Este es el único pasaje bíblico en el que aparece la expresión *santas mujeres.* La frase *varones santos* es hallada en diversos pasajes de la Palabra, pero este es el único pasaje en el que se habla de *santas mujeres.* Porque así se ataviaban aquellas santas mujeres, estando sujetas a sus propios maridos, ellas estaban ataviadas con un espíritu manso y sosegado.

Las palabras de Pedro indican que muchas hermanas tenían la costumbre de ataviarse con peinados ostentosos, adornos de oro y vestidos. El apóstol no estaba contento con la manera en que ellas se vestían. Los peinados ostentosos, los adornos de oro y los vestidos llamativos no son apropiados. No estamos diciendo que las hermanas deban vestirse desaliñadamente. Si son desaliñadas, esto denota una deficiencia en su carácter. Si una hermana se viste desaliñadamente y, lejos de arreglarse, es descuidada y sucia, esto significa que ella es una persona frívola e irresponsable. Esto no es lo que Pedro quiso decir.

Lo que Pedro dijo es que era erróneo que las mujeres se arreglaran el cabello de la manera descrita por él. La frase que se tradujo "peinados ostentosos", en el texto original significa arreglar el pelo en muchos estilos. A lo largo de la historia, se han ideado muchos estilos de peinado. La frase *adornos de oro* se refiere a adornarse con joyas. Los cristianos no pueden hacer esto. La palabra *vestidos* en este versículo se refiere, probablemente, a vestidos coloridos y de moda. Pedro recalca el hecho de que las hermanas no debieran ataviarse con peinados ostentosos ni con adornos de oro ni con vestidos costosos. En lugar de ello, ellas deben ataviarse con un espíritu manso y sosegado.

A veces, una mujer se viste ostentosamente, sin embargo tiene un genio como el de un león rugiente. Uno no puede dejar de notar que lo que ella es, no es compatible con lo que viste, y que sería mucho mejor dejar de vestirse con prendas ostentosas. Simplemente resulta contradictorio que una dama elegantemente vestida, vocifere furiosamente. Pero si una mujer es mansa y sumisa, entonces ella ya se ha vestido con el mejor de los atavíos. Una mujer que sirve a Dios no debe darle mucha importancia a su manera de vestir. Por ser cristianos, no debemos poner mucho énfasis en el vestido.

b. Ataviadas con ropa decorosa, con pudor y cordura

Examinemos 1 Timoteo 2:9-11: "Asimismo que las mujeres se atavíen de ropa decorosa, con pudor y cordura; no con peinado ostentoso, ni oro, ni perlas, ni vestidos costosos, sino con buenas obras, como corresponde a mujeres que profesan reverencia a Dios. La mujer aprenda en silencio, con toda sujeción".

Una de las exigencias básicas de Dios para toda mujer es el pudor. Es bueno sentir pudor y manifestar recato. Esto es una protección natural para las hermanas. Las hermanas que son pudorosas y recatadas se hallan naturalmente protegidas. No se vistan con prendas que van en contra de su sentido de vergüenza. Además, tienen que actuar con cordura. No se vistan con prendas indecorosas. Tal desvergüenza es contraria a la cordura. Vístanse siempre con "ropa decorosa". Toda hermana sabe lo que es considerado apropiado en su respectiva comunidad. Siempre debemos vestirnos con prendas que aquellos que nos rodean consideren apropiadas. Un cristiano no debe vestirse con ninguna prenda que le dé la oportunidad a una persona pagana a decir: "¿Los cristianos también se visten con tales cosas?". Nuestro estándar jamás debe ser inferior al de la gente pagana. Tenemos que aprender a comportarnos con pudor y cordura, y debemos reconocer lo que es la "ropa decorosa".

El versículo 9 continúa: "No con peinado ostentoso, ni oro, ni perlas, ni vestidos costosos". Esto se refiere en particular al rizado del cabello. Al hablar de peinados ostentosos, Pedro estaba refiriéndose a los muchos estilos que las mujeres utilizan para sus peinados. Rizar el cabello es hacerse muchos rizos, como racimos de uvas. Hace más de dos mil años, las mujeres ya estaban preocupadas por estar de moda. Hoy en día, muchos piensan que para estar de moda es necesario rizarse el cabello y recogerlo en manojos. En realidad, eso es bastante antiguo; ya lo hacían hace dos mil años. Aquí también se habla de vestidos costosos. Algunos vestidos poseen el mismo valor que los demás vestidos pero, sin embargo, tienen precios más elevados. No debiéramos vestirnos con los vestidos más costosos ni gastar mucho dinero en ellos.

Las hermanas tienen que preocuparse de que sus vestidos sean los más apropiados. No es nuestra intención, ni era la de Pablo o Pedro, pedirle a una hermana que sea desaliñada, descuidada o despreocupada con respecto a su manera de vestir. Pero tampoco debiéramos procurar adquirir vestidos sofisticados ni prendas costosas. Las hermanas deben vestirse con prendas apropiadas y deben aprender a administrar apropiadamente su vestuario. Ellas deben poner su vestuario en orden, valiéndose para ello de prendas que tengan un precio razonable. Ninguna hermana debe ser descuidada en cuanto a su modo de vestir.

Algunas hermanas le dedican mucho tiempo a sus ropas. Les atraen demasiado las prendas sofisticadas y los vestidos costosos. Otras hermanas, en cambio, no sólo no se esmeran por ser prolijas y pulcras con respecto a su vestido, sino que son muy desaliñadas con respecto a su vestimenta. Esto demuestra que ellas son descuidadas. El vestido de una hermana es el fiel reflejo de su carácter. Una persona que no se preocupa por su aseo y cuidado personal, es una persona negligente, desaliñada y descuidada. Nuestra vestimenta tiene que ser apropiada, arreglada y limpia. Tiene que ser sencilla pero pulcra.

5. El sello del Espíritu Santo debe estar sobre nuestra manera de vestir

Levítico 8:30 dice que, en conformidad con el mandamiento de Dios, "tomó Moisés del aceite de la unción ... y roció sobre Aarón, y sobre sus vestiduras, sobre sus hijos, y sobre las vestiduras de sus hijos con él; y santificó a Aarón y sus vestiduras y a sus hijos y las vestiduras de sus hijos con él". Por tanto, nuestros vestidos tienen que ser sellados con la marca de santidad. Sobre nuestros vestidos debe estar el sello del Espíritu Santo, el sello del aceite de la unción. Cuando uno es ungido, su vestimenta también es ungida, y ambas son santificadas juntas.

En Números 15:38 se nos dice que Dios ordenó a los israelitas que pusieran franjas, o borlas, en los bordes de sus vestidos y que pusieran en cada franja de los bordes un cordón azul. Azul es el color de los cielos. Tales cordones servían para recordarle a los hombres las cosas celestiales. El vestido de un creyente tiene que poseer cierto sabor celestial. No debe expresar el mundo. No debe seguir los patrones del mundo en cuanto a su libertad y sofisticación. Más bien, debe expresar lo celestial por medio de su vestimenta. Nuestra manera de vestir, así como nuestra propia persona, deben ser completamente santificadas.

6. Algunos principios que deben regir nuestra manera de vestir

a. Nuestra libertad personal

Me gustaría hacer una afirmación bastante general con respecto a mi opinión personal sobre nuestra manera de vestir. Yo no estoy afirmando que todos los hijos de Dios deben vestirse de la misma manera. Ni pretendo pedirle a las hermanas que ignoren por completo el asunto de la belleza externa. Tampoco estoy diciendo que todos los hermanos y hermanas deben vestirse sólo con prendas confeccionadas con las telas más baratas y los peores materiales. La Biblia no ordena tal cosa. Juan se presentó vestido con piel de camello, pero el Señor Jesús se presentó vistiendo una túnica interior que no tenía costuras, una prenda de vestir que era de la más alta calidad en aquellos tiempos. Así pues, existe un principio básico que rige la manera en que los cristianos deben vestirse, y este es, que Dios ha dado a todos la libertad de vestirse como gusten. Nosotros tenemos la completa libertad para elegir los materiales que nos gustan y escoger el estilo que preferimos.

b. No debemos llamar la atención

Sin embargo, debemos tomar en cuenta una cosa: nuestros vestidos no deben llamar más atención que nuestra persona. Ningún cristiano debiera hacer esto. Si nuestra manera de vestir siempre llama la atención de los demás, esto denota que hay algo mal en nuestro modo de vestir. Lo que vestimos debe expresar lo que somos. Si ponemos un ramo de flores en un florero, y todos prestan atención al florero, entonces hay algo que está mal con el florero. El vestido debe expresar a la persona. Nuestra vestimenta no debe usurpar aquello que somos. Lo peor que podemos hacer es utilizar una vestimenta que haga que la gente le preste más atención a nuestra apariencia que a nuestra persona. Este es un gran error.

c. Nuestra vestimenta debe concordar con la posición que tenemos

Otro aspecto que debemos considerar es que la vestimenta de una persona debe concordar con la posición que ella tiene. No debemos vestirnos ni muy pobremente ni con mucha elegancia. Por favor recuerden que vestirse pobremente llama tanto la atención como vestirse con mucha elegancia. No debiéramos darle tanta importancia a nuestra vestimenta ni tampoco debiéramos hacer que concite la atención de los demás. Es incorrecto dar a los demás la impresión de que estamos vestidos con elegancia excesiva. Sin embargo, también es incorrecto vestirnos tan pobremente que los demás se sientan incómodos a nuestro lado. Nuestra vestimenta tiene que corresponder con nuestra posición. Los demás no deben tener la impresión de que somos muy elegantes ni demasiado pobres en nuestra manera de vestir. Tenemos que glorificar a Dios con nuestra vestimenta.

d. Nuestra vestimenta no debe hacernos conscientes de nosotros mismos

Además, nuestra vestimenta no debe hacer que estemos demasiado conscientes de nuestra propia persona. Algunas personas están siempre conscientes de lo que visten. Esto es indicio de que hay algo erróneo con respecto a su manera de vestir. Tales personas se han convertido en un colgador para sus ropas y sus prendas han adquirido mayor importancia que su propia persona. Ellas no visten sus ropas, sino que sus ropas las visten a ellas. Tales personas están siempre pensando en cómo están vestidas. Ellas le dan excesiva importancia a su apariencia. Esto quiere decir que su vestimenta es demasiado atildada o demasiado pobre. Si una persona está vestida pobremente, ella estará excesivamente consciente de su ropa cuando esté en compañía de otras personas. Y si está vestida con demasiada elegancia, también estará consciente de lo que viste. Ambas actitudes son erróneas.

Es mejor vestir prendas que no llamen nuestra atención ni la atención de los demás. Debemos vestirnos con prendas comunes y corrientes. Al mismo tiempo, nuestras prendas deben concordar con nuestro status y deben ser dignas de Cristo. Todo cuanto sobrepasa estos linderos es inapropiado. Es algo grandioso que en nuestros días podamos presentar un testimonio cristiano por medio de nuestra vestimenta. Esto quiere decir que los demás podrán identificarnos como cristianos al considerar nuestra apariencia.

II. LA ALIMENTACIÓN

Abordemos ahora el tema de la alimentación.

En Génesis 2, Dios le proveyó al hombre de alimentos para sustentarlo. Esto ocurrió antes de que el hombre pecara. El asunto de la alimentación ya es abordado en Génesis 2; el de las vestiduras comienza en Génesis 3, pero la alimentación ya jugaba un papel importante antes de que el hombre cayera. Dios había dispuesto que el hombre ingiriera toda clase de frutas. Antes de que el hombre pecara, las frutas constituían el alimento dispuesto por Dios para el hombre.

A. Después de la caída se necesitaba la carne

Según Génesis 3, después que el hombre cayó, Dios dispuso que el hombre se alimentara de hierbas y que obtuviera el pan con el sudor de su rostro. Este era el alimento dado por Dios al hombre en Génesis 3. Al llegar a Génesis 4, Dios puso Su sello de aprobación sobre Abel pero no sobre Caín, aun cuando no se había establecido ninguna norma al respecto. Caín era un agricultor, mientras que Abel criaba ovejas. Abel pastoreaba ovejas y recibió el sello de aprobación de Dios. Abel ofreció sacrificios a Dios y fue aceptado por Dios. Caín labraba la tierra. Él trajo delante de Dios el producto de la tierra, pero Dios no aceptó su ofrenda. Génesis 4 no dice nada con respecto a la voluntad de Dios, pero cuando leemos Génesis 9, vemos que Dios le dio al hombre los animales para su alimento (v. 3), de la misma manera que le dio frutas para su alimento en el comienzo.

1. Sacrificar vida para preservar vida

¿Por qué Dios le dio al hombre los animales para su alimento? En primer lugar, esto indica que el hombre necesita comer. Pero esto no es todo. La necesidad que el hombre tiene de alimentarse después de la caída es diferente a la que tenía antes de la caída. Tenemos que comprender el significado que tiene la comida. Lo que comemos sustenta nuestra vida. Si el hombre no come, se muere. Nadie puede vivir ni sobrevivir sin comer. Además de comer hierbas, verduras y frutas, Dios dispuso que el hombre ingiriera carne para poder vivir y sobrevivir. En otras palabras, Dios nos muestra que después que el pecado entró en el mundo, la vida tiene que ser sacrificada para preservar vida. Se necesita que un animal pierda su vida para que mantengamos nuestra vida. Después que el pecado entró en este mundo, el derramamiento de sangre era necesario para sustentar la vida. Ésta es la razón por la cual los alimentos del hombre, después de su caída, tienen que ser distintos a los que ingería antes de la caída. Los cristianos no deben ser vegetarianos, sino que tienen la libertad de comer carne.

Esto no significa que la carne sea necesariamente buena para nuestro cuerpo. Si es de beneficio para nuestro cuerpo o no, es algo diferente. Nosotros no somos investigadores médicos, que afirman que la proteína procedente de los animales es mejor que la de los vegetales. El principio básico por el cual nos podemos regir es que desde que el pecado entró en el mundo, el hombre no puede tener vida sin que otra vida sea sacrificada. Después de pecar, el hombre ya no podía recibir vida sin que ocurriera muerte. La vida sólo puede venir por medio de la muerte. Sin la muerte el hombre no puede vivir. A fin de poder vivir, el hombre requiere del derramamiento de sangre. Si tenemos muerte, tenemos vida. Éste es el principio básico con respecto a los alimentos después de la caída del hombre. Desde los tiempos de Abel y, en particular, después del diluvio, Dios puso este camino a disposición de los hombres. Al ser vegetarianos estamos declarando subconscientemente que podemos vivir sin muerte, que podemos vivir sin que ocurra derramamiento de sangre. ¿Tenemos claro este principio? Esta es la razón por la cual Dios le dio al hombre todo animal para que comiese, después del diluvio. Ya no es posible que el hombre viva sin que ocurra pérdida de vida. ¡Damos gracias a Dios pues Cristo dio Su vida por nosotros! Ahora, podemos recibir vida.

Romanos 14 indica que algunas personas todavía creían que podían ser vegetarianas, al igual que Adán antes de la caída, comían sólo verduras. Pablo nos dijo que no debíamos criticar a tales personas, que no debíamos impedírselo ni condenarlos por ello. Aquellos que comen carne no deben criticar a quienes no la comen, y aquellos que no comen carne no deben criticar a quienes sí la comen. Sin embargo, Pablo indicó algo: aquellos que únicamente comen verduras, son débiles (v. 2). Si bien no debemos criticarlos por ser vegetarianos, esto no quiere decir que esté bien que sean vegetarianos. Esto únicamente significa que no queremos avergonzar a los demás con respecto a la comida.

Sin embargo, tenemos que darnos cuenta que la redención cristiana involucra la vida que surge de la muerte. Antes de que haya vida, primero tiene que haber muerte. Los vegetales no son suficientes, pues la muerte tiene que preceder a la vida. La vida es sustentada por medio de la muerte. Este es un principio cristiano fundamental. Algunos pueden tener una conciencia débil y quizás sólo coman vegetales. Nosotros no debemos poner su debilidad al descubierto. Sin embargo, la postura que debe adoptar un cristiano es que la carne es necesaria porque ella mantiene la vida.

2. La abstinencia de alimentos es enseñanza de demonios

Según 1 Timoteo 4 surgirían enseñanzas de demonios que prohibirían casarse y mandarían abstenerse de alimentos (vs. 1, 3). D. M. Panton nos ha dado cierta luz sobre esto. Él dijo que uno puede desarrollar el poder del alma únicamente por medio de abstenerse del matrimonio y de alimentos. Tenemos que comprender que nosotros no somos de aquellos que se abstienen de comer carne. En los últimos días se practicarán cosas tales como abstenerse de alimentos. Esta es enseñanza de demonios, esta no es la enseñanza del Señor. Algunos se abstienen de comer carne porque no conocen el principio cristiano de obtener vida por medio de la muerte. Comer únicamente vegetales significa que la vida de uno se mantiene sólo por la vida vegetal y que no necesita de un Salvador; no necesita la muerte ni necesita la salvación. Debemos estar muy claros acerca de este principio.

B. Abstenernos de sangre

Segundo, una cosa de la que sí deben abstenerse, todos los cristianos es: sangre.

1. Se prohíbe ingerir sangre en las tres dispensaciones

La abstinencia de sangre es una enseñanza invariable a lo largo de la Biblia. Cuando Dios le habló a Noé, en Génesis 9, Él le prohibió a los hombres que tomaran de la sangre de los animales (v. 4). Tomar sangre era algo que Dios prohibió.

En Levítico 17:10-16, de manera clara y reiterada, se nos dice que el hombre no debía comer la sangre de ningún animal. Dios le prohibió a Su pueblo comer sangre de animales. Dios cortaría a cualquiera que comiese sangre, pues Él no reconocería a semejante persona como perteneciente a Su pueblo.

En el Nuevo Testamento, en Hechos 15, podemos leer el relato del primer concilio celebrado en Jerusalén, en el cual la iglesia se reunió para solucionar una cuestión muy importante: la ley. Jacobo, Pedro, Pablo, Bernabé y otros apóstoles del Señor resolvieron que los hijos de Dios no debían estar sujetos a la ley; pero al mismo tiempo indicaron que ellos debían abstenerse de lo sacrificado a los ídolos, de la fornicación y de sangre.

La sangre tiene gran significado, no sólo en los tiempos de Noé o en los tiempos en que se escribió Levítico, sino también en los tiempos del libro de Hechos. En la dispensación de los patriarcas, Dios prohibió a Noé ingerir sangre de animales. En la dispensación de la ley, Dios habló por boca de Moisés y prohibió lo mismo. Y en la dispensación de la gracia, Dios prohibió lo mismo por medio de los apóstoles. Esto es algo que fue prohibido por Dios en cada una de las tres dispensaciones. La sangre no se debe tomar en la dispensación de los patriarcas, en la dispensación de la ley ni en la dispensación de la gracia.

2. Bebemos únicamente la sangre del Señor Jesús

Tiene que haber un motivo para tal observancia. Los hombres del pasado no entendieron esto, pero un día el Hijo de Dios vino al mundo y nos dijo que Él era el pan venido del cielo y que Él venía para ser el alimento del hombre. Muchos no sabían que quería decir con esto. Él dijo que Su carne era verdadera comida y Su sangre verdadera bebida. En el capítulo 6 de Juan, el Señor reiteró una y otra vez que Su sangre era verdadera bebida y que los hombres tienen que beber Su sangre antes de recibir Su vida. Él también dijo que a menos que un hombre bebiera de Su sangre, éste no tendría vida en sí mismo. Aquellos que beban de Su sangre serán resucitados el último día, y Dios les dará vida. El Señor repitió esto varias veces.

¡Esto es maravilloso! Las tres dispensaciones básicas mencionadas en la Biblia prohíben tomar sangre. Sin embargo, Jesús de Nazaret, el Hijo de Dios, dijo: "Mi sangre es verdadera bebida" (v. 55). Él encargó a los hombres beber de Su sangre. ¿Se dan cuenta de esto? Dios les prohibió a los hombres que bebieran la sangre de animales; sin embargo, aquellos que beben la sangre de Jesús son salvos. ¿Qué significa esto? Esto quiere decir que después que uno ha bebido de la sangre del Señor, uno no puede beber ninguna otra clase de sangre. Solamente hay una clase de sangre que nosotros podemos beber: la sangre de Jesús.

En otras palabras, la disposición divina con respecto a abstenerse de beber sangre, nos dice que sólo existe una redención y una sola salvación. Nosotros no podemos recibir otra redención además de esta; ni tampoco podemos recibir otra clase de salvación aparte de esta. Únicamente podemos tomar la sangre de Jesús de Nazaret. Toda otra sangre está prohibida. La sangre del Señor significa redención, y también significa salvación. Rechazar cualquier otra clase de sangre equivale a rechazar otras clases de salvación. No conozco otra salvación que no sea la salvación de Jesús. Únicamente una clase de sangre hay para mí; no hay dos. Solamente una clase de sangre puede salvarme. No aceptaré ninguna otra clase de sangre.

Quizás esto sea algo insignificante para usted, pero este es uno de los muchos testimonios que tenemos que son muy cruciales. Como cristianos, damos testimonio de muchas maneras. Esta es una de ellas. Tal vez los que están en otras religiones nos pregunten por qué no bebemos la sangre de animales. Tenemos que decirles que ya hemos tomado la sangre. Al no beber otra clase de sangre, damos un testimonio muy firme delante de los hombres. Nosotros no tomamos ninguna otra clase de sangre, porque ya hemos tomado cierta clase de sangre. Hemos bebido de esta sangre y, por tanto, no podemos beber de ninguna otra. La sangre de Jesús de Nazaret constituye nuestra única redención. Por ello, nosotros ya no podemos aceptar ninguna otra clase de redención. Ya hemos aceptado la redención del Señor y hemos rechazado todos los otros caminos de salvación. Por esta razón no bebemos la sangre de animales.

3. Debemos abstenernos de comer animales estrangulados

Tanto en el capítulo 17 de Levítico como en otros pasajes del Antiguo Testamento, se ordena no comer animales estrangulados. Hechos 15 afirma que no debemos ingerir lo que haya sido ahogado. Esto también se relaciona con la sangre. En un animal que ha sido estrangulado, la sangre no se ha separado de la carne. Así pues, nosotros no bebemos de ninguna otra sangre porque damos testimonio de que sólo existe una salvación en el universo. Esta es la razón por la cual los hijos de Dios deben rechazar toda otra clase de sangre; no deben ingerirla en lo absoluto.

C. No hay diferencia entre animales limpios e inmundos en nuestros días

1. En el Antiguo Testamento se prohibieron los animales inmundos

En Levítico 11 Dios le dio a los israelitas una lista de

animales limpios que podían comer y una lista de animales inmundos, tales como los reptiles, que ellos no podían comer. Algunos de los pescados de mar son comestibles, mientras que otros no. Asimismo, algunas aves son comestibles, mientras que otras no. Las aves carnívoras no son comestibles. Los peces que tienen escamas y aletas son comestibles, mientras que aquellos que no tienen escamas ni aletas no lo son. Levítico contiene una lista de preceptos con respecto a lo que es limpio y a lo que es inmundo, y con respecto a lo que puede comerse o no. En esta lista están todos los peces del mar, todas las aves que vuelan en los aires, todo lo que se arrastra y todos los animales que viven sobre la tierra.

Son muchos los que han reflexionado acerca del significado que tienen los preceptos contenidos en Levítico 11. ¿Debieran los creyentes del Nuevo Testamento obedecer tales preceptos? Leamos Hechos 10. Mientras Pedro oraba en la azotea, le sobrevino un éxtasis en el que vio los cielos abiertos. Y vio descender un objeto semejante a un gran lienzo, que atado de las cuatro puntas era bajado a la tierra. En esta especie de lienzo se encontraban todos los cuadrúpedos y reptiles de la tierra y aves del cielo. Según Levítico 11, todos estos animales eran aquellos que Dios había prohibido comer. Pero Dios le dijo a Pedro: "Levántate, Pedro, mata y come" (Hch. 10:13). Pedro era un judío y, como tal, observaba la ley. Él le respondió al Señor: "Señor, de ninguna manera; porque ninguna cosa profana o inmunda he comido jamás" (v. 14). Entonces una voz vino a él una segunda vez, diciendo: "Lo que Dios limpió, no lo tengas por común" (v. 15). Esto se repitió tres veces, después de lo cual el lienzo volvió a ser recogido en el cielo.

2. *El libre albedrío según el Antiguo Testamento*

Debemos comprender que los preceptos contenidos en Levítico 11 nos dan una idea de la enseñanza que se nos da en Hechos 10. No es que Dios haya fijado su mente en la clase de pescados que uno puede comer; ni tampoco que esté pensando en qué clase de animal uno debe comer. ¿Acaso Dios no tomó esto en cuenta cuando le dio por alimento a Noé todos los animales de la tierra? En el tiempo de Noé no se hacía distinción entre animales limpios e inmundos; se podía comer de todo.

¿Por qué entonces se distinguen animales limpios de animales impuros en Levítico 11? Durante el tiempo de Noé, Dios no había tomado ninguna decisión con respecto a Su pueblo en la tierra, pero en el tiempo en que se escribió Levítico, Dios había hecho una elección: Él había escogido a Israel. Los israelitas salieron de Egipto y fueron elegidos para ser el pueblo de Dios. Por tanto, había una separación entre los que formaban parte del pueblo de Dios y los que no pertenecían a Su pueblo. Dios no sacó a colación este asunto de la elección en tiempos de Noé; el asunto de los animales limpios e inmundos surgió durante el tiempo del éxodo, cuando ocurrió la separación entre los judíos y los gentiles. En aquella época, era importante determinar quiénes pertenecían y quienes no pertenecían al pueblo de Dios. Desde entonces, se empezó a distinguir entre aquellas cosas limpias que se podían comer y aquellas cosas inmundas que no se podían comer. Un grupo de personas podía participar de la comunión, mientras que el otro grupo no podía hacerlo. A Dios le agradó un grupo de personas, pero el otro grupo no. Así pues, los alimentos se convirtieron en un símbolo de tal distinción. Los alimentos no son solamente alimentos, sino que ellos nos revelan un principio: las cosas comestibles son aquellas cosas que son gratas a Dios, mientras que las prohibidas son las que desagradan a Dios.

3. Los animales inmundos ahora se pueden comer

Después del derramamiento del Espíritu Santo en Pentecostés, Dios le dijo a Pedro que se levantara, matara y comiera. Desde ese tiempo en adelante, la gracia de Dios vino sobre los gentiles inmundos. Hoy en día, todos pueden ser escogidos. Lo que Dios consideró inmundo en el Antiguo Testamento ahora, en el Nuevo Testamento, puede ser considerado limpio. Así pues, se han invalidado los preceptos contenidos en Levítico 11. Hoy los israelitas no son los únicos que conforman el pueblo de Dios, pues tanto gentiles como israelitas pertenecen al pueblo de Dios. Efesios 2 nos muestra que tanto los gentiles como los judíos se han acercado a Dios y que de ambos pueblos ha surgido uno solo, lo cual les permite recibir gracia juntos.

Dios le dijo a Pedro tres veces: "Lo que Dios limpió, no lo tengas por común" (Hch. 10:15). Estas palabras sirvieron de explicación para la visión recibida. En cuanto la visión se desvaneció, los enviados de la casa de Cornelio tocaron la puerta. Y cuando Pedro descendió, comenzó a entender la visión que había recibido en la azotea. Él comprendió que los gentiles también tenían derecho a la gracia. Espontáneamente, tomó algunos hermanos con él y fue con ellos a visitar el hogar de un gentil. Después, mientras él daba testimonio, Dios manifestó Su gracia a los gentiles del mismo modo que lo había hecho con los creyentes judíos.

4. Nuestro testimonio difiere del de los judíos

Nuestro testimonio difiere del de los judíos. Hoy en día, los judíos son pueblo de Dios, y los gentiles también son pueblo de Dios. Si nos abstenemos de comer algunas cosas, esto equivale a afirmar que los judíos son pueblo de Dios, pero nosotros no. El mandamiento actual consiste en ordenarnos que nos levantemos, matemos y comamos. Así pues, no debemos comer sólo lo que consideramos limpio y abstenernos de comer lo que consideramos inmundo. Lo que Dios limpió, no debemos considerarlo común o inmundo.

Nosotros comemos tanto lo limpio como lo impuro para dar testimonio del hecho de que tanto judíos como gentiles son ahora pueblo de Dios. En el Antiguo Testamento, únicamente se ingería lo limpio, lo cual daba a entender que solamente los israelitas pertenecían al pueblo de Dios. En aquella época, lo correcto era comer una sola clase de alimentos. Asimismo, en nuestros días, lo correcto es comer de ambas clases de alimentos, pues hoy no estamos basándonos en lo establecido por Levítico 11. Más bien, nos basamos en que los gentiles y judíos han recibido gracia juntos y que Dios abolió toda diferencia entre ellos. Nuestra comida es un testimonio de este hecho.

D. No comer lo sacrificado a los ídolos

En cuarto lugar, 1 Corintios tiene mucho que decir acerca de lo sacrificado a los ídolos.

El capítulo 8 de este libro nos dice que los ídolos nada son. Dios es Dios y los ídolos, son vanidad. Los que tienen conocimiento consideran que es correcto comer aquello que fue sacrificado a los ídolos, pues los ídolos nada son. Quizás hayan espíritus malignos que se esconden detrás de esos ídolos, pero Dios es mayor que tales espíritus malignos; pues mayor es el que está en nosotros, que el que está en el mundo. No obstante, hay muchos nuevos creyentes que, en el pasado, acudían al templo a adorar ídolos. Ellos se relacionaron con los ídolos e ignoraban todo lo que significa tener comunión con los demonios. Si ellos ven a uno que tiene conocimiento comiendo en el templo, ellos pensarán que pueden hacer lo mismo. Puede ser que se trate de un mismo comportamiento, mas en cada caso la condición del corazón es diferente. Usted come porque sabe que los ídolos son vanidad, pero es incorrecto que ellos coman porque, en sus corazones, ellos todavía abrigan la idea de que los ídolos son algo. Así pues, usted podría hacer que ellos pequen si usted actúa irresponsablemente con respecto a lo que come.

En 1 Corintios 8, Pablo dijo que era mejor para los creyentes no comer de lo sacrificado a los ídolos, porque esto haría tropezar a los hermanos más débiles. Es, pues, mejor no comer nada de tales cosas. Pablo consideraba que aquellos que sólo comían vegetales eran débiles en cuanto a su conciencia. Pero en 1 Corintios se nos dice que es mejor abstenerse de comer lo que haya sido sacrificado a los ídolos. Tenemos que captar cuál es el énfasis del escritor en esta epístola. Los hijos de Dios tienen que saber que los ídolos son vanidad y que, por tanto, nada son. Pero no deben hacer que otros sufran tropiezos por culpa de ellos. Por esto, es mejor no comer nada de lo sacrificado a los ídolos.

Este principio no tiene nada que ver con los demonios; sino con los hermanos que son débiles. Tenemos que tener esto bien en claro. Muchos se preocupan por los demonios, pues son débiles. En realidad, la razón por la cual nos abstenemos de comer tales cosas es porque no queremos causar tropiezos a nuestros hermanos, no porque nos importen los demonios. Satanás no tiene poder sobre nosotros. Los ídolos no tienen poder alguno sobre nosotros. No tememos a los demonios. Pero, delante de Dios, tenemos que aprender a tomar en cuenta a nuestros hermanos. Así pues, dejo de comer porque no quiero hacer tropezar a mis hermanos.

E. Una opinión personal

Finalmente, quisiera darles mi opinión personal. La alimentación es algo muy significativo en la Biblia y no debemos olvidar el significado que se le atribuye.

1. Los alimentos son para nutrir el cuerpo

Nuestros hábitos alimenticios, al igual que nuestra manera de vestir, deben estar regidos por ciertos principios. El primer principio con respecto a nuestra alimentación es que los alimentos son para nutrir nuestro cuerpo. Debemos comer más de lo que nos nutre y menos de lo que no nos nutre. Jamás debiéramos hacer que nuestros vientres sean dioses ni debemos gastar demasiada energía en la comida. Por ser hijos de Dios, tenemos que comprender que los alimentos son para nutrir nuestro cuerpo y para sustentarnos físicamente.

2. El contentamiento y la añadidura

Los hijos de Dios deben estar contentos con la alimentación y el vestido. Las aves del cielo no siembran ni siegan, pero Dios las alimenta. Esto se refiere a nuestra alimentación. Los lirios del campo no se afanan ni hilan, pero están mejor vestidos que el propio Salomón. Esto se refiere a nuestro vestido. Todo está en las manos de Dios. Hoy en día, únicamente necesitamos buscar el reino de Dios y Su justicia, y todas estas cosas nos serán añadidas (Mt. 6:26-33). Me gusta la palabra: "añadidas". ¿Qué significa *añadidas*? Si les pregunto: "¿Cuánto es tres más cero?", ustedes me dirían: "No tiene sentido añadir un cero a tres. En realidad no tiene sentido añadir un cero a ninguna cantidad. Decir cero más tres es superfluo". ¿Qué se puede añadir a otra cantidad? Sólo tiene sentido añadir un número positivo. Por ejemplo, uno puede añadir un uno al tres. Usted debe buscar el reino de Dios y Su justicia, y todas estas cosas le serán *añadidas*. Esto quiere decir que a los que tienen el reino de Dios y Su justicia, Dios les añadirá alimentos y vestido. Espero que todos los hermanos y hermanas busquen el reino de Dios y Su justicia. A aquellos que tienen el reino de Dios y que viven según la justicia de Dios, les será añadido todo lo demás. Espero que los hijos de Dios sabrán mantener un testimonio apropiado delante de los hombres en lo que se refiere al vestido y a la alimentación.

CAPÍTULO TREINTA Y OCHO

EL ASCETISMO

I. EL ORÍGEN DEL ASCETISMO

Toda persona inconversa posee ciertos ideales. Aun aquella persona que vive en pecado aspira a ciertos ideales bastante elevados y posee su propia noción de lo que constituye una vida santa. Si bien tal persona es incapaz de llevar tal clase de vida, ella considera dicha clase de vida como la norma para una vida santa. Es interesante notar que aunque muchos incrédulos les gusta entregarse al pecado y a la concupiscencia, ellos todavía conservan un concepto idealista de lo que es una vida santa y piensan que si pudieran vivir de tal manera, serían personas santas y libres de toda corrupción terrenal.

Todos los intelectuales tienen un concepto idealista de lo que es una vida santa. Incluso las personas menos educadas y más sencillas, también tienen la idea de que si una persona logra llevar una vida con cierto estándar, ella es buena y noble.

A. Es un concepto mundano, no es cristiano

Nosotros trajimos tal concepto a la iglesia tan pronto como fuimos salvos. Tenemos el concepto de que, por ser cristianos, ahora debemos llevar aquella vida ideal la cual no podíamos llevar antes. En el pasado, vivíamos en el pecado, fuimos criados en concupiscencias y no podíamos hacer nada para superar las debilidades de nuestra carne. Ahora que hemos creído en el Señor, nos parece que debemos de llevar una vida ideal. Pero éste es precisamente el motivo de la frustración fundamental de los hombres: ellos se sienten capaces de llevar una vida que se conforma a su propia versión de la vida ideal, mas no se dan cuenta de que tal ideal se conforma al mundo y no tiene nada que ver con el hecho de ser un cristiano. Recuerden que muchas personas, aun cuando se han hecho cristianas, siguen teniendo las normas de conducta paganas. La vida ideal a la que ellas aspiran es un ideal pagano. Así pues, tales personas traen a la iglesia sus propias filosofías, las cuales representan un serio problema para cualquier cristiano. Por ello, un nuevo creyente tiene que tratar este asunto de una manera clara y definida.

B. Se origina en el deseo de ser librados de una vida de concupiscencia

¿En qué consiste esta vida ideal a la que los hombres aspiran? En palabras sencillas: una persona que está esclavizada por el pecado está llena de toda clase de concupiscencias y codicias. Aunque no puede hacer nada al respecto, anhela ser libre de todas ellas. Por un lado, su corazón se siente atraído hacia las cosas materiales; por otro, anhela verse libre de todo lo material. Los ideales humanos siempre se basan en lo que el hombre es incapaz de hacer. Cuanto más esclavizado está por algo, más anhela lo contrario. Cuanto más concupiscencias tenga, más sus ideales se moldean al anhelo de verse libre de tales concupiscencias. Cuanto más codicie riquezas materiales, más aspira a verse libre de las riquezas materiales. El mundo entero está impregnado del ascetismo de una forma o de otra. Por favor recuerden que el ascetismo no es la norma de conducta del hombre, sino simplemente un ideal que él acaricia. Los hombres consiguen aplacarse con este ideal, pues les provee una meta, una excusa, para no tener que pensar en sí mismos. Así pues, ellos se fijan ciertas normas, ciertas metas, y piensan que si las alcanzan habrán llegado al pináculo de sus logros. Esta es la fuente del ascetismo.

Casi todos los incrédulos ceden a sus concupiscencias, pero de corazón ellos admiran a quienes son libres de toda concupiscencia y de la esclavitud a lo material. Por eso, el ascetismo constituye para los incrédulos una norma y un ideal que ellos, quienes no tienen a Cristo, establecen para sí mismos.

II. EL ASCETISMO NO TIENE CABIDA EN EL CRISTIANISMO

Después que alguien es salvo, sin darse cuenta de ello,

introduce el ascetismo en la iglesia. Aunque esta persona nunca practicó el ascetismo, siempre admiró a quienes sí lo hacían. Los gentiles, por un lado, se deleitan en sus concupiscencias, pero por otro, admiran el ascetismo. Ellos codician cosas materiales y, sin embargo, admiran a aquellos que son libres de ellas; los admiran, a pesar de que ellos mismos no son capaces de ser tal clase de persona. Después de hacerse cristianos, introducen en la iglesia aquellos ideales ascéticos que ellos acariciaban en privado, pensando que es un deber de toda persona salva practicar el ascetismo.

A. El ascetismo significa privarse de las cosas materiales y la supresión de la concupiscencia

¿Qué significa el ascetismo? Para muchos, significa privarse de las cosas materiales. Ellos piensan que cuanto menos tengan que involucrarse con cosas materiales, mejor serán. Tienen temor de que las cosas materiales alimenten su concupiscencia interna. Todos los seguidores del ascetismo admiten que en el hombre reside toda clase de deseos o concupiscencias: desde el apremio por los alimentos hasta la afición por el sexo. Estos deseos incontrolables son los que controlan el comportamiento de casi todo el mundo. Muchos piensan que, a fin de ser santos, tienen que vencer sus concupiscencias. En cuanto a las cosas externas, el ascetismo consiste en privarse de las cosas materiales, mientras que en lo relativo a nuestro ser interior, el ascetismo consiste en subyugar nuestros propios deseos o concupiscencias. Tales personas abrigan la esperanza de llegar a ser santas por medio de no dar expresión alguna a su concupiscencia.

B. Los cristianos no son partidarios del ascetismo

Sin embargo, tenemos que comprender que un cristiano jamás debe ser partidario del ascetismo. Si un cristiano fuese partidario del ascetismo, estaría adoptando una práctica muy superficial. Leamos algunos pasajes de la Palabra. Muchos individuos procuran reprimirse en lo relativo a su alimentación, sus propias concupiscencias u otras cosas materiales. Ellos piensan que en esto consiste el cristianismo así como la vida ideal de un cristiano. Pero la Biblia nos muestra que el ascetismo no tiene cabida en el cristianismo.

III. HEMOS MUERTO CON CRISTO Y FUIMOS LIBERADOS DE LA FILOSOFÍA DE ESTE MUNDO

Colosenses 2:20-23 dice: "Si habéis muerto con Cristo en cuanto a los rudimentos del mundo, ¿por qué, como si vivieseis en el mundo, os sometéis a ordenanzas (no manejes, ni gustes, ni aun toques; cosas que todas se destruyen con el uso), en conformidad a mandamientos y enseñanzas de hombres? Tales cosas tienen a la verdad cierta reputación de sabiduría en culto voluntario, en humildad y en duro trato del cuerpo; pero no tienen valor alguno contra los apetitos de la carne".

A. Un hecho fundamental: crucificados con Cristo

Pablo le dijo a los creyentes colosenses: "Vosotros habéis muerto con Cristo". Pablo consideraba que éste era un hecho cristiano fundamental. Los cristianos son personas que han muerto con Cristo. El Nuevo Testamento nos muestra que todos los cristianos han muerto con Cristo. Romanos 6:6 nos dice que nuestro viejo hombre fue crucificado juntamente con Cristo. Gálatas 2:20 también nos dice que hemos sido crucificados con Cristo. Gálatas 5:24 nos revela que nuestra carne, con sus pasiones y concupiscencias, ha sido crucificada juntamente con Cristo. Reiteradamente la Biblia afirma que los cristianos son personas crucificadas con Cristo. En otras palabras, la cruz del Gólgota es la cruz de los cristianos. La vida cristiana comienza con la cruz, y no sólo comienza con la cruz de Cristo, sino también con nuestra propia cruz. La cruz de Cristo se convirtió en nuestra cruz cuando nosotros la aceptamos. Una persona no puede considerarse cristiana si no ha aceptado lo que aconteció en la cruz. Si es cristiana, entonces ha reclamado para sí la realidad de la cruz de Cristo. En otras palabras, ha muerto juntamente con Cristo.

Pablo no tenía dudas acerca de la realidad de la cruz de Cristo. En ningún momento cuestionó este hecho; lo tomó como base para su argumentación. En efecto, él decía: "Puesto que habéis muerto con Cristo, ciertas cosas ocurrirán". Nuestro hermano Ting está sentado aquí entre nosotros. Puesto que es un hecho innegable que él se llama Ting, podemos hacer ciertas afirmaciones basándonos en este hecho. Si tales afirmaciones están basadas en un hecho innegable, entonces tales afirmaciones también serán innegables: "Puesto que tú te llamas Ting, yo puedo decir esto o aquello". Asimismo, Pablo estaba llegando a una conclusión basado en un hecho.

B. Somos libres de las filosofías de este mundo

"Si habéis muerto con Cristo en cuanto a los rudimentos del mundo ..." (Col. 2:20). Ningún filósofo puede ser un filósofo después que yace en la tumba. Toda persona que desee hablar de la filosofía debe estar viva. Debemos darnos cuenta de que la filosofía está muerta; está en la cruz en la cual se le dio fin por completo. Por consiguiente, la filosofía no debe vivir más. Todo lo que tiene que ver con la concupiscencia y el materialismo se encuentra en el campo de la filosofía. El pensamiento humano siempre está ocupado con las concupiscencias y los asuntos materiales. El hombre piensa que una persona tendrá santidad cuando sea libre de toda influencia material y lujuria sexual. Pero esto no es nada más que una especie de filosofía mundana. Pablo nos dijo que si hemos muertos con Cristo, somos libres de la filosofía (los rudimentos) del mundo, y tal problema ni siquiera existe.

C. Por qué, como si vivieseis en el mundo

Pablo continúa diciendo en el versículo 20: "Si habéis muerto con Cristo en cuanto a los rudimentos del mundo, ¿por qué, como si vivieseis en el mundo, os sometéis a ordenanzas". Si ustedes han muerto y la muerte es un hecho, no deberían ser como las personas que viven en el mundo. La posición fundamental que corresponde a un cristiano es la de estar muerto.

¿Por qué fuimos bautizados si no habíamos muerto? Una persona ¿muere primero o es sepultada primero? Una persona debe morir antes de poder ser sepultada. Si se sepulta a una persona y luego ella muere, han sepultado a una persona que estaba viva. Primero, tenemos que morir antes de poder ser sepultados. Nosotros fuimos bautizados y tal bautismo fue nuestro entierro. Fuimos sepultados debido a que fuimos crucificados juntamente con Cristo. Nuestra crucifixión con Cristo es un hecho y nuestra sepultura posterior fue un acto voluntario. El Señor nos incluyó en Su muerte. Cuando vemos nuestra muerte y sabemos que estamos muertos, pedimos a otros que nos entierren. Primero tenemos que darnos cuenta de que estamos muertos, antes de pedirle a otros que nos entierren, es decir, que nos bauticen. Puesto que estamos muertos y sepultados, ¿cómo podríamos vivir todavía según los rudimentos del mundo?

Pablo nos dijo que aquellos que practican el ascetismo todavía están viviendo según los rudimentos del mundo. Él dijo: "¿Por qué, como si vivieseis en el mundo, os sometéis a ordenanzas (no manejes, ni gustes, ni aun toques)?". Por favor, no se olviden que en esto consiste la filosofía de los ascetas. Son muchas las cosas de las cuales tales personas no pueden gustar, manejar o tocar. Son muchos los que tienen temor de su concupiscencia interna. Por eso no se atreven a manejar, tocar o probar un sinnúmero de cosas. Colosas era una ciudad donde florecía el ascetismo, y los colosenses observaban una serie de ordenanzas. Debido a que temían provocar su propia concupiscencia, ellos tenían prohibido todo aquello que pudiera despertar tales apetitos. Existían muchas clases de ordenanzas muy estrictas, algunas de las cuales hacían referencia a aquello de lo cual uno no podía manejar ni tocar, y otras de las cuales hacían alusión a aquello que uno no podía gustar u oír. Hacían esto con la esperanza de que estas ordenanzas habrían de mantener las cosas materiales alejadas de sus propios apetitos. La filosofía predominante en aquellos tiempos era que nuestra concupiscencia podía ser mantenida a raya, siempre y cuando estuviese separada de las cosas materiales. Los colosenses pensaban que si nos privásemos de todo aquello que nuestra concupiscencia pudiese percibir o tocar, entonces se secaría y desaparecería.

Pero Pablo dijo: "¿Por qué, como si vivieseis en el mundo, os sometéis a ordenanzas (no manejes, ni gustes, ni aun toques)?". Aquellos que observaban tales ordenanzas no creían en el hecho de que ya habían sido crucificados con Cristo, pues ¿qué prohibición sería necesaria si uno cree que está muerto? Una persona sólo necesita que se le prohíba manejar, gustar y tocar si no está muerta. El ascetismo es necesario para aquellos que todavía están vivos. Aquellos que ya están muertos no tienen necesidad del ascetismo.

Les ruego que recuerden que en la cruz, junto con Cristo, hemos crucificado la carne con sus pasiones y concupiscencias (Gá. 5:24). Si nos esforzamos por estar nuevamente esclavizados a tales pensamientos de privaciones materiales y supresión de nuestras concupiscencias, entonces no estamos apoyándonos en fundamentos cristianos; no estamos tomando la posición de uno que ha muerto. Nadie puede ser un cristiano sin haber pasado por la muerte. No podemos ser cristianos a menos que hayamos muerto con Cristo. Si no nos incluimos en la cruz, no somos cristianos. Jamás debemos ser engañados en este asunto.

Si bien muchos de nosotros predicamos la doctrina de la cruz, todavía no sabemos lo que significa que hayamos sido crucificados con Cristo. La primera vez que yo escuché la doctrina de la crucifixión, fue en las postrimerías de 1919. En aquel tiempo, no entendí nada al respecto. Después, en 1923, comencé a hablar sobre el hecho de haber sido crucificados con Cristo. En aquella época, vi que nuestra crucifixión con Cristo era un hecho y no una enseñanza. La crucifixión es un hecho para nosotros. Hoy en día muchas personas todavía se esfuerzan por ser crucificadas. Pero tenemos que comprender que la crucifixión es nuestro punto de partida y no el punto de llegada. Hacer de la crucifixión la meta de nuestra búsqueda es la práctica del misticismo; esa no es una enseñanza cristiana. La crucifixión es nuestro punto de partida. Somos cristianos debido a que hemos muerto juntamente con Cristo. Por favor recuerden que ninguno de nosotros debe buscar la crucifixión. Hacer tal cosa es una tontería y solamente demostrará que no tenemos luz alguna. Si hemos recibido cierta luz y hemos palpado la verdad en cuanto a la crucifixión, alabaremos a Dios por ello, en vez de procurar lograrla. Esto es similar a la muerte sustitutoria del Señor Jesús; cuando la vemos, le alabaremos a Él por Su muerte en lugar de ir en procura de ella .

Aquí Pablo nos muestra que un cristiano es una persona que ha muerto con Cristo. Él es libre de la filosofía del mundo y de sus ordenanzas prohibitivas. Como ejemplo, podemos suponer que enterramos a un ladrón. Delante de su cadáver podríamos proclamar que dicha persona jamás volverá a hurtar, pues ella ha sido librada de hurtar debido a que ha muerto. También ha sido librada del mandamiento que prohíbe hurtar. Supongamos que otra persona es muy habladora. Si ha muerto con Cristo, ha sido librada de su locuacidad. Pero si no ha muerto, nada servirá, incluso practicar el ascetismo. Si Cristo ya nos crucificó, es demasiado tarde para que el ascetismo pueda hacer algo por nosotros. Dios nos crucificó juntamente con Cristo en la cruz. Somos libres de la filosofía del mundo y, por tanto, libres de toda práctica ascética de este mundo.

D. En conformidad a mandamientos y enseñanzas de hombres

Colosenses 2:22 dice: "En conformidad a mandamientos y enseñanzas de hombres". Todas las enseñanzas y mandamientos vinculados al ascetismo han sido instituidos y enseñados por los hombres. Se originan en la mente humana y son completamente característicos del hombre y, por ende, no guardan relación alguna con la iglesia ni con Cristo. Son los hombres los que piensan que no deben comer de esto ni tocar aquello; todo esto no es sino enseñanzas y mandamientos de los hombres, no de Dios.

Lo dicho en esta ocasión por Pablo es algo que reviste gran seriedad. Él nos mostró que estos mandamientos y enseñanzas proceden de los hombres y no de Dios. Ellos son el concepto humano de lo que es una vida ideal. Se trata de meros conceptos humanos que consisten únicamente de ordenanzas idealistas que no guardan relación alguna con Dios. Es extraño que el mundo ame tanto el ascetismo. Puesto que todos los hombres necesitan comer, el hombre piensa que quienes se privan de ello tienen que ser personas muy nobles: "Mientras que todos están bajo la influencia de las cosas materiales, esta persona parece estar libre de todo. Ni siquiera le sirven las cosas materiales. ¡Qué gran persona es ella!". Pero tenemos que comprender que el ascetismo es una religión natural y no es como el cristianismo, el cual se origina en la revelación. La religión natural implica las enseñanzas y los mandamientos de los hombres. Estas enseñanzas proceden íntegramente de los hombres y carecen de iluminación o revelación. Son las reacciones del hombre a sus propios apetitos. El hombre sabe que la concupiscencia es algo inmundo, y su respuesta a ella es el ascetismo. Tales enseñanzas son propias de los hombres; son naturales y no proceden de Dios.

E. Todas se destruyen con el uso

¿Qué dice Pablo acerca de la eficacia del ascetismo? Que son "cosas que todas se destruyen con el uso". El ascetismo suena muy atractivo y parece ser una filosofía admirable, pero todo lo que uno tiene que hacer es ponerlo a prueba. Es como un automóvil que mientras está en la casa, no sufre averías, pero en cuanto sale a la carretera, se descompone. También se parece a un vestido que se ve bien en la vitrina, pero que en cuanto alguien se lo pone, empieza a rasgarse. Usted mismo puede poner esto a prueba y comprobarlo personalmente. Nadie puede controlar su concupiscencia por medio del ascetismo.

Cuanto más trate de reprimirse, más dicha supresión pondrá en evidencia las muchas actividades que están dentro de usted. Cuanto más trata el hombre de huir, más confirmará su temor al ver la existencia de sus apetitos incontenibles. Una persona puede llegar a sentir tanto temor que no se atreve a decir nada ni a conversar al respecto. Yo mismo he conocido a algunos de estos hombres supuestamente venerables. Puedo testificarles que, aun cuando ellos logran evitar con sumo cuidado una serie de cosas, sus propias palabras delatan cuán vulnerables son ante su propia concupiscencia. Ellos no hacen sino huir y esconderse. Cuanto más huyen, más evidente se hace su profundo temor. Muchos huyen al desierto o se recluyen en encierros. Tratan de eludir al mundo. El mundo es demasiado poderoso para ellos, y lo único que pueden hacer es huir a las montañas para esconderse.

A pesar de todo eso, el mundo los persigue tanto al desierto como a las montañas. Mientras no hayan vencido al mundo dentro de ellos, jamás podrán escaparse al huir de una manera externa. Pablo utilizó una expresión muy especial aquí: *Todas se destruyen con el uso*. Tales personas no tienen manera de liberarse de su concupiscencia y, en cuanto ésta los alcanza, caen presa de ella. Establecen una serie de normas para privarse de tocar, comer, manejar y ver muchas cosas. Desean huir, separarse, de las cosas de este mundo; quieren abandonarlas y así romper las cadenas de sus propias concupiscencias. Sin embargo, todas esas cosas todavía se encuentran en ellas. Cuanto más teme una persona, más evidente es su esclavitud a las cosas que teme.

F. Confieren cierta reputación de sabiduría

En el versículo 23 Pablo dice claramente: "Tales cosas tienen a la verdad cierta reputación de sabiduría". Todo asceta y, en general, todo aquel que promueve el ascetismo, posee cierta reputación de sabiduría. Procuran ser conocidos en este mundo como sabios. Sus argumentos parecen ser lógicos e inteligentes, con lo cual es fácil que la gente se equivoque al pensar que verdaderamente estas personas son sabias.

G. En culto voluntario

Pablo criticó a tales personas por practicar el "culto voluntario" (v. 23). ¿Cómo son estas personas? En realidad, tales personas se han auto-impuesto la obligación de rendir culto. Esta expresión *culto voluntario*, también podría traducirse como "adoración conforme a la voluntad". Pablo dijo que tales ordenanzas eran una especie de adoración. Ellas implican una adoración a la fuerza de voluntad y no una adoración al Señor. Dios es Espíritu, y los que le adoran deben adorarle en espíritu (Jn. 4:24). Estas personas, sin embargo, no adoran en espíritu, sino que ejercitan su fuerza de voluntad para dominarse a sí mismos. Su religión es la religión de su propia fuerza de voluntad. El culto voluntario al que se refiere Pablo es la religión de la voluntad. Esta religión es producida por la voluntad. Aquellos que practican esta clase de adoración dicen: "Yo no comeré; yo no tocaré; yo no escucharé; yo no hablaré". Todo cuanto hacen involucra su voluntad. Ellos ejercitan su fuerza de voluntad para practicar su propia adoración.

Por favor tengan presente que ésta no es la manera cristiana de proceder. La manera de proceder que es propia de los cristianos es tener contacto con Dios con su espíritu. Lo que nos distingue de los demás no es una voluntad férrea que nos permita reprimir nuestras concupiscencias, sino un espíritu fuerte que alcanza la gracia de Dios. Nuestra adoración consiste en que nuestro espíritu contacta el Espíritu de Dios. La adoración de los ascetas consiste en suprimir sus apetitos por la fuerza de voluntad propia. Nuestra adoración procede íntegramente de Dios, mientras que la otra clase de adoración procede totalmente del hombre. El culto voluntario es la religión de la voluntad.

H. La humildad manufacturada por el hombre

"Tales cosas tienen a la verdad cierta reputación ... en humildad" (Col. 2:23). Tales personas manifiestan humildad incluso con respecto de sí mismas. Ellas parecen ser bastante humildes. Hay muchas cosas que ellas no se atreven a tocar, manipular, escuchar o ver. Tal parece que son personas muy humildes. Sin embargo, esta humildad procede de ellos mismos. Es una humildad que no es natural, sino artificial y autoimpuesta; no es la humildad espiritual que surge de manera espontánea.

I. En duro trato del cuerpo

¿Qué actitud tienen con respecto a sí mismas? Esto implica el "duro trato del cuerpo" (v. 23). Tales personas no se preocupan por alimentar o vestir sus propios cuerpos. Privan a sus sentidos físicos de ver, tocar, escuchar o manejar cualquier cosa. Esto no es sino "duro trato del cuerpo".

Los ascetas creen que el cuerpo es maligno en sí mismo. Esta enseñanza surgió en Grecia, desde donde se difundió a la India y después a la China. Los chinos no llegan a los extremos que llegaron los hindúes ni, mucho menos, a los que llegaban los griegos. Si bien no todos los griegos eran extremistas, una de las escuelas de pensamiento ascético de Grecia difundió sus enseñanzas en India y después en China. Ellos enseñaban que el cuerpo es la raíz de todo lo malo, y que si el hombre es liberado de su cuerpo, entonces podrá ser liberado del pecado. Este concepto es fundamental del budismo en lo que se refiere a los "rudimentos del mundo". El budismo considera que el cuerpo es la raíz de todo pecado y que uno puede ser liberado del pecado en cuanto sea liberado del cuerpo. Puesto que el cuerpo produce tantos pecados, ellos creen que uno debe afligir el cuerpo con la esperanza de que tales sufrimientos harán reducir los pecados. Creen que es correcto que el cuerpo sufra y que lo correcto es privar al cuerpo de todo disfrute; ellos piensan, además, que cuanto más sufra el cuerpo, mejor; porque una vez que sufra, éste será libre del pecado. Esto es el resultado de la religión humana de la voluntad: "en duro trato del cuerpo".

J. No tienen valor alguno

¿Qué piensa un creyente de todas estas cosas? Pablo dijo: "Tales cosas ... no tienen valor alguno contra los apetitos de la carne" (v. 23). Si una persona piensa que puede suprimir sus concupiscencias por medio de hacer todas estas cosas, está esperanzada en lo imposible. Esto se debe a que en la cruz el Señor Jesús ya hizo la mejor de las provisiones para nosotros. Fue en la cruz que Él crucificó nuestra carne junto con sus pasiones y concupiscencias. Hoy en día nosotros permanecemos firmes bajo la cruz y nos asimos de la obra consumada allí, a fin de hacerle frente a los apetitos de nuestra carne. Esto es muy diferente de la manera humana en que los hombres enfrentan sus propias concupiscencias. Nosotros enfrentamos nuestra carne por medio de reconocer la realidad de la cruz del Señor Jesús.

Por favor tengan presente que tal como el hombre recibe perdón de pecados por medio de la sangre que derramó el Señor Jesús, asimismo los hombres son liberados de sus propias concupiscencias por medio de la cruz de Jesús. La obra del Señor incluye tanto el derramamiento de la sangre como la aplicación de la cruz. Tenemos que percatarnos de que después que el Señor Jesús derramó Su sangre y uno recibe la cruz, uno tiene que ser inmediatamente bautizado. Pedimos ser sepultados porque el Señor Jesús nos ha crucificado. El Señor nos dice que estamos muertos y nuestra respuesta a ello es el bautismo. Nosotros decimos: "Sepultadme". El Señor afirma habernos crucificado y que nosotros ya no vivimos. Nosotros respondemos diciendo: "No dudo que mi muerte sea un hecho. Ahora les pido que me sepulten". El bautismo, pues, es nuestra admisión y reconocimiento de la muerte del Señor. Si todavía practicamos el ascetismo, esto quiere decir que no permanecemos en la posición de personas que han muerto.

K. Buscar las cosas de arriba

Colosenses 3:1-3 dice: "Si, pues, fuisteis resucitados juntamente con Cristo, buscad las cosas de arriba ... Fijad la mente en las cosas de arriba, no en las de la tierra. Porque habéis muerto, y vuestra vida está escondida con Cristo en Dios". Pablo comenzó con la cruz y terminó hablando de la resurrección. Nosotros somos ciudadanos del cielo. Por tanto, no debiéramos de preocuparnos por las cosas terrenales. Al preocuparnos por lo que no debemos tocar, gustar o manejar, estamos fijando nuestra mente en las cosas terrenales. Pablo continuó diciéndonos que nosotros estamos en resurrección. Puesto que estamos en resurrección, debemos de buscar las cosas celestiales. Si nos preocupamos por las cosas celestiales, los problemas terrenales desaparecerán. Un cristiano sólo debe ocupar su mente en las cosas celestiales y espirituales. No debería ocupar su mente en lo que no debe comer, tocar ni manejar.

IV. EL ASCETISMO ES UNA ENSEÑANZA DE DEMONIOS

Los cristianos no deben prestar ninguna atención al ascetismo, pues se trata de un error. El ascetismo introducirá doctrinas paganas en el redil cristiano. Por eso tenemos que enfrentarlo de manera cabal.

Deberíamos leer 1 Timoteo 4:1-3 que dice: "en los tiempos venideros algunos apostatarán de la fe, escuchando ... enseñanzas de demonios ... que ... prohibirán casarse, y mandarán abstenerse de alimentos...". Esto también es ascetismo. El ascetismo será grandemente reavivado al final de los tiempos. Puede ser que los hombres de una determinada era procuren dar primordial importancia a los intereses materiales, pero en la siguiente era los hombres reaccionarán en contra de tal materialismo y ensalzarán el ascetismo. ¿Qué es el ascetismo? Es lo que prohíbe casarse y manda abstenerse de ciertos alimentos. Estas son las cosas inventadas por los ascetas. Ellos tratan de eliminar los alimentos y el sexo. El ascetismo volverá a adquirir vigencia al final de los tiempos.

V. LA DIFERENCIA ENTRE LA NATURALEZA HUMANA Y LA CONCUPISCENCIA DEL HOMBRE

Nosotros los cristianos debemos saber distinguir entre la naturaleza humana y la concupiscencia de los hombres. Abordemos estos dos asuntos brevemente.

A. El apetito procede de Dios

Dios dispuso que el hombre debe ingerir alimentos. Además, Él le dio al hombre el apetito para alimentarse. En el principio, sentir el deseo apremiante por alimentarse no constituía pecado, ni tampoco constituía codicia. Los hombres sienten el deseo de alimentarse y comen a fin de mantenerse con vida. Dios tiene la intención de que el hombre preserve su existencia. Por tanto, cuando le proveyó al hombre los alimentos, también le proveyó el deseo de alimentarse. Dios nunca quiso que los hombres ingirieran sus alimentos sin el sentido del gusto, pues Él se complace en que el hombre disfrute al comer. Disfrutar de nuestros alimentos hace que nuestra vida sea resguardada y mantenida. Asimismo, Dios le dio al hombre el apetito sexual con el propósito de que se reprodujera y diera continuación a la vida humana. Dios puso en el hombre tal apremio de manera que fuera un gozo para el hombre dar continuación a la vida humana. Por favor recuerden que ningún elemento pecaminoso está implícito en el hecho de desear los alimentos o el sexo. En Génesis 2 estas cosas no guardan ninguna relación con el pecado. Aun hoy en día, tales cosas no tienen nada que ver con el pecado. Tenemos que tener bien en claro cuál es el punto de vista divino con respecto a tales deseos. Tales apetitos han sido creados por Dios mismo.

B. Lo que es la concupiscencia

¿Qué es la concupiscencia? Si tengo hambre, puedo comer. El disfrute de esos alimentos, sin embargo, no tiene vínculo alguno con la concupiscencia, sino con el deseo de alimentarse. Sin embargo, si no tengo alimentos a la mano e intento hurtárselos a los demás debido a que tengo hambre, eso es concupiscencia. O si tengo alimentos y al ingerir dichos alimentos estoy siendo indulgente conmigo mismo, esto también es concupiscencia. Desear alimentos equivale a sentir una necesidad apremiante, mientras que el deseo de hurtar alimentos o la indulgencia licenciosa al alimentarse, es concupiscencia. Existe una diferencia entre la necesidad apremiante de alimentarse y codiciar los alimentos. Sentir apremio por alimentarse representa un deseo, y uno se siente contento mientras come. La concupiscencia alude a tener el deseo de obtener alimentos por medio de hurtarlos de manera licenciosa.

Como cristianos que somos, comemos cuando hay alimentos y, cuando no los hay, no comemos. No sólo no deberíamos hurtar, sino que incluso no deberíamos tener el pensamiento de hurtar. Esta es la enseñanza de Mateo 5, en la que se nos dice que no sólo no deberíamos codiciar tales cosas, sino que incluso se nos dice que no deberíamos ni pensar en tales cosas. Por ejemplo, yo disfruto de una buena comida cuando está disponible. Esto se relaciona con nuestro deseo por alimentarnos. Este deseo fue creado por Dios y no constituye pecado. ¿Cuándo surge el problema? El problema se suscita cuando no tengo nada para comer y veo alimentos. Si trato de hurtarlos, mi deseo apremiante por comer se convierte en concupiscencia. Si comienzo a pensar en hurtar tales alimentos, esto es concupiscencia. Codiciar así procede del deseo que siento por comer. La concupiscencia es simplemente la expresión del deseo que siento por hurtar. El Antiguo Testamento dice: "No hurtarás" (Éx. 20:15), pero en el Nuevo Testamento, cuando los cristianos tienen hambre y no tienen alimentos, no sólo no deben hurtar, sino que ni siquiera deben pensar en hurtar. Éste es el principio de Mateo 5. El Antiguo Testamento prohíbe el acto de hurtar, mientras que el Nuevo Testamento prohíbe hasta el pensar en hurtar. Hurtar es concupiscencia y pensar en hurtar también es concupiscencia.

El mismo principio se aplica a la necesidad de sexo. Todo esto es propio de esta era. Mientras que comer y beber mantienen a un individuo con vida, el sexo hace que el linaje humano se siga extendiendo. Algunas personas del mundo hurtan cuando no tienen nada; al menos, contemplan la posibilidad de hurtar. Otros, se alimentan con indulgencia. En ambos casos se pone de manifiesto la concupiscencia. Siempre existe la posibilidad de que el deseo apremiante por los alimentos o por el apetito sexual, se convierta en concupiscencia.

C. La cruz resolvió el problema de nuestras pasiones y concupiscencias

El sexo y los alimentos son buenos, pero ambos pueden generar nuestra concupiscencia. Esto sucede cuando existe excesivo apremio y obsesión por estas cosas. El Señor Jesús eliminó todo esto en la cruz. Él crucificó nuestra carne con sus pasiones y concupiscencias (Gá. 5:24). Este asunto es muy importante y constituye un gran evangelio. La cruz resolvió el problema de nuestras pasiones y concupiscencias. Ningún cristiano debería hurtar ni siquiera pensar en hurtar. Tenemos que ser puros no sólo con respecto a nuestra conducta, sino también con respecto a nuestros pensamientos. Si bien los cristianos reconocen la existencia de la carne, deben tener pensamientos limpios y una conducta pura. En la cruz el Señor ya realizó esta obra en beneficio nuestro.

D. La vida de Dios es completamente positiva

Esto no quiere decir que los cristianos no tengan que tomar medidas con respecto a sus propias concupiscencias. Lo que estamos diciendo es que el Señor nos dio un espíritu nuevo y una vida nueva. El espíritu nuevo nos capacita para tener contacto con Dios, y la vida nueva nos capacita para expresar la vida de Dios. La vida divina es completamente positiva; en ella no hay nada negativo. En realidad, no es cuestión de anular nuestros apetitos sino que es cuestión de ver algo positivo. Es algo que depende de la vida nueva y de la manifestación de la vida de Dios. En nosotros hay un espíritu nuevo, con el cual podemos contactar al Espíritu de Dios. Los cristianos están imbuidos de estas cosas positivas. Nosotros no tenemos que tomar en cuenta ordenanzas tales como "no manejes, no gustes ni toques". No tenemos que prestar atención a nada negativo, ya que en nosotros se hallan las cosas positivas. Nosotros tenemos que involucrarnos más con las cosas positivas, las cosas que están en gloria. Tenemos que mantenernos en contacto con el Espíritu de gloria y con la vida en gloria. Si estamos ocupados en las cosas positivas, entonces cosas tales como abstenerse de comer, tocar y manejar se convertirán en asuntos menores. Todos los que están en el Señor deben ser completamente libres de estas cosas.

A algunos les gusta someter sus cuerpos a las prácticas del ascetismo porque carecen de las cosas positivas. Esta tendencia también se da en algunos cristianos. Ellos no tendrían a qué aferrarse si fueran despojados del ascetismo. Estas personas constantemente se limitan para no ver, manejar, comer, tocar y escuchar toda clase de cosas. Si los despojáramos de estas ordenanzas, los estaríamos despojando de lo que constituye su mundo. Estas cosas son su tierra y su cielo, su mundo, su universo. Si los despojáramos de su universo, su mundo se desvanecería.

VI. LA VIDA CRISTIANA ES UNA VIDA FLEXIBLE

La Biblia nos provee una perspectiva muy flexible en lo que respecta a cuestiones tales como la alimentación. Nos dice que uno puede comer o no comer. A los ojos de Dios ninguna de estas cosas tiene mucho significado; son cosas menores, no son asuntos relevantes. Desde la perspectiva bíblica, estas cosas son secundarias. Lo importante y crucial son cosas tales como la vida del Hijo de Dios y la vida de Cristo en cada uno de los creyentes. Debido a que se nos ha conferido tal gloria y autoridad, la alimentación y el vestido constituyen asuntos menores. La Biblia nos muestra que la vida cristiana es una vida flexible.

Para cualquier persona es correcto vestirse con moderación y comer frugalmente delante del Señor. Pero si alguien nos sirve más alimentos, deberíamos sentirnos libres de aceptar tal ofrecimiento; no hay nada malo en comer más. Si usted no desea casarse por causa del Señor, eso está muy bien. Si usted, en cambio, piensa que no está siendo justo consigo mismo al quedarse soltero, es bueno que usted se case. Hay quienes no tienen tantas riquezas de Cristo, y el no casarse les significaría ser despojados de lo que constituye todo su mundo. Pero otras personas poseen las riquezas de Cristo y pueden proseguir sin dificultad. Es bueno permanecer soltero y es bueno también casarse. Estos asuntos, al ser comparados con los asuntos importantes y gloriosos, se convierten en asuntos minúsculos. Cualquier indicio de ansiedad por estas cosas es síntoma de que tenemos en muy poca estima a Cristo. Las cuestiones relativas al matrimonio o a la alimentación son cuestiones menores. Que un cristiano coma mucho o poco es una preocupación menor. No se trata de las cuestiones fundamentales. Lo importante es que expresemos la realidad espiritual. Todo otro asunto, espontáneamente, ocupará el lugar que le corresponde, si la gloria es expresada apropiadamente por medio de nosotros. Pero si la gloria de Cristo no es expresada, los asuntos menores se convertirán en asuntos cruciales, y trataremos de abordar tales cuestiones aplicando el ascetismo. Aquellos que no conocen al Señor quizás amen tales prácticas ascéticas, pero aquellos que le conocen, superarán tales prácticas con facilidad y sin esfuerzo alguno.

A. Un asunto que no depende de lo que comamos o bebamos ni de lo que no comamos ni bebamos

Mateo 11:16-19 dice: "Mas ¿a qué compararé esta generación? Es semejante a los muchachos que se sientan en las plazas, y dan voces a los otros, diciendo: Os tocamos la flauta, y no bailasteis; os endechamos, y no lamentasteis. Porque vino Juan, que ni comía ni bebía, y dicen: Demonio tiene. Vino el Hijo del Hombre, que come y bebe, y dicen: He aquí un hombre comilón, y bebedor de vino". En estos versículos se nos muestra que el Señor Jesús no estableció reglas rigurosas ni fijó normas estrictas que regulen el comportamiento externo de los cristianos. Él dijo que si bien Juan había venido como una persona que no comía ni bebía, Él mismo vino como una persona que sí comía y bebía. He aquí la manera de actuar propia de los cristianos. Los cristianos no están esclavizados por formas externas con respecto a la comida o la bebida. Tanto "comer y beber" como "no comer ni beber" es correcto. Estos no son los asuntos fundamentales. Juan vivió en el desierto, mientras que el Señor Jesús asistió a la fiesta de bodas en Caná. El hecho de que Juan se abstuviera de comer no es impropio de un cristiano; tampoco lo es el hecho de que el Señor Jesús comiera. Puesto que tenemos las cosas gloriosas que proceden de Cristo, todo lo demás ha pasado a ser un asunto menor. Nuestro concepto tiene que cambiar por completo. No se detengan en asuntos menores. No los conviertan en las cuestiones fundamentales de sus vidas. Por favor tengan presente que un cristiano no es alguien que guste de comer o beber, ni tampoco alguien que se abstenga de comer y beber.

B. Es permisible hacer cualquier cosa, siempre y cuando estemos sujetos a la disciplina del Espíritu Santo

Filipenses 4:11-13 dice: "No lo digo porque tenga escasez, pues he aprendido a contentarme, cualquiera que sea mi situación. Sé estar humillado, y sé tener abundancia; en todas las cosas y en todo he aprendido el secreto, así a estar saciado como a tener hambre, así a tener abundancia como a padecer necesidad. Todo lo puedo en Aquel que me reviste de poder". Les ruego que tengan presente que un cristiano puede ser humillado o prosperado, estar saciado o pasar hambre, tener en abundancia o padecer necesidad. Un cristiano sabe estar saciado y sabe estar en abundancia. Es decir, nosotros aceptamos toda clase de disciplina que venga del Espíritu Santo. Siempre y cuando esto ocurra conforme a la disposición soberana del Señor, nosotros sabemos pasar hambre así como estar saciados. Podemos padecer necesidad así como disfrutar de abundancia. En otras palabras, podemos ser flexibles en todo. En cualquier cosa que hacemos, el Señor es quien nos reviste de poder. Este es el enfoque positivo de este asunto. Todo lo demás es nimio e insignificante.

Espero que aprendan esta lección delante del Señor. Esto es lo que significa llevar una vida flexible. Un cristiano no es ni un asceta ni un glotón. Los cristianos no practican el ascetismo ni son complacientes consigo mismos. Simplemente llevan una vida flexible. El vivir externo de un cristiano siempre es gobernado por la disciplina del Espíritu Santo y no por sus propias preferencias.

C. Una vida trascendente, no ascética

Lo que Pablo dijo en 1 Corintios 7:29-31 con respecto a cómo debe vivir un cristiano, es muy particular: "Los que tienen esposa sean como si no la tuviesen; y los que lloran, como si no llorasen; y los que se alegran, como si no se alegrasen; y los que compran, como si no poseyesen; y los que usan este mundo, como si no abusaran; porque la apariencia de este mundo pasa". Esto describe a un cristiano. Todo lo externo carece de importancia porque el Señor que mora en nosotros es mucho mayor que todo ello. Los hombres procuran subyugar ciertas cosas o abstenerse de las mismas, pero esto sólo sirve para demostrar cuán fuertes son tales cosas. Cuanto más uno se entrega a la práctica del ascetismo, más lleno de concupiscencia se encuentra. Únicamente aquellos que están llenos de Cristo no tienen necesidad de practicar el ascetismo. Aquellos que tienen esposa viven como si no la tuvieran. Los que no tienen esposa, no procuran tener una. No importa si uno llora o se regocija. Los que compran, viven como si no poseyesen, y aquellos que usan este mundo, viven como si no lo aprovecharan. Los cristianos trascienden todas las cosas. La vida cristiana no es una vida de ascetismo sino una vida de trascendencia, una vida que lo trasciende todo.

VII. SIN REDUCIR EL ESTÁNDAR DEL CRISTIANISMO

Nunca debemos pensar que el cristianismo es igual que el ascetismo. No se equivoquen. No rebajemos el cristianismo al nivel del ascetismo. Consideremos algunos casos al respecto.

A. Sadhu Sundar Singh

Sadhu Sundar Singh era un hindú que predicó el evangelio en el Tíbet por muchos años. Cuando estuvo en Inglaterra, permaneció en la ciudad de Keswick por medio año. En cierta ocasión, yo también visité tal lugar en Inglaterra. Me contaron que la familia que le hospedó pasó momentos embarazosos con él. En aquellos días hacía bastante frío y la familia donde se alojaba le preparó una cama. Sin embargo, como todo buen hindú, él durmió en el suelo todas las noches. No obstante, tenemos que recordar que la Biblia nos habla de una vida que puede dormir tanto en el piso como en una cama. Muchas personas no tienen mucho dentro de ellos y son capaces de perder la fe cristiana si duermen en una cama. Su cristianismo consiste en renunciar a una cama. Como consecuencia dormir en una cama implica para ellos abandonar la fe cristiana. Tales ideas paganas impregnan toda China. Tenemos que ver lo que es un cristiano. Aquellos que duermen en una cama son cristianos, y aquellos que duermen en el piso también son cristianos. Aquellos que duermen en un piso de tierra son cristianos, y quienes duermen en una cama de mullidos colchones también son cristianos. Jamás debiéramos darle importancia a las cosas externas. Una vez que hacemos esto rebajaremos el cristianismo, y la vida espiritual tan gloriosa se degenerará en ordenanzas. Tenemos que fijar nuestra mirada en lo que está en la gloria y nunca discutir en cuanto a las ordenanzas.

B. Predicar el evangelio después de haberse comprometido

Cierto obrero del Señor que era propenso a practicar el ascetismo se comprometió con una hermana un día sábado. Poco después me encontré con él y, en un tono muy alegre, me dijo: "Me sentí tan feliz después de predicar el día del Señor. Me sorprendí al comprobar que era capaz de predicar el evangelio incluso después de haberme comprometido". Yo le pregunté: "¿Pensabas que ya no podrías predicar después de haberte comprometido?". ¿Qué clase de pensamiento es éste? Él pensaba que su compromiso matrimonial habría de anular su predicación de un día para otro. Él era un buen hermano, pero sutilmente el ascetismo había hallado cabida en él. Tenemos que estar alertas y jamás permitir que el ascetismo entre en nosotros. Contamos con tantos asuntos gloriosos en los cuales nos deberíamos concentrar. Nuestro Señor ha resucitado de entre los muertos y ahora está sentado en los cielos. Cuanto más brillante resplandezca la luz en nuestro interior, más insignificantes nos parecerán todas las otras cosas. Bajo la sombra de una vida tan magnífica, todas las otras cosas resultan insignificantes.

C. No vio a su esposa durante los primeros dos meses de matrimonio

Había un pastor ya anciano que hablaba muy bien de otro pastor en Shantung. Él solía decir que consideraba que ese pastor era una persona maravillosa, porque había sido capaz de dejar su hogar el mismo día de su matrimonio a fin de salir a predicar el evangelio. Este pastor no vio a su esposa ni una sola vez durante los primeros dos meses de matrimonio. Esto no es nada más que ascetismo. Al leer el Antiguo Testamento, vemos que nadie podía servir como soldado durante su primer año de matrimonio. La Biblia le da mucha importancia a este período. Esto no tiene ninguna relación con la concupiscencia. El cristianismo es absolutamente diferente del ascetismo. El cristianismo no enfatiza esta clase de cosas. El reino de Dios no es comida ni bebida. Comer más o comer menos no tiene importancia alguna. El reino de Dios está relacionado con el poder del Espíritu Santo. Estar preocupados por lo que uno no puede comer o tocar, al mismo tiempo que se carece del poder del Espíritu Santo, equivale a estar contaminados y poseídos por las cosas de este mundo. Tenemos que recordar que Pablo condenó tales prácticas como pecado. Del mismo modo, nosotros también debemos condenarlas como pecado.

D. Laborar con el abrigo puesto

En cierta ocasión dos hermanas de Shanghái estaban laborando en un área al norte de Yangtze. El clima era bastante frío, y ambas hermanas vestían de abrigos. Algunos lugareños las criticaron, diciendo: "Nos parece dudoso que una mujer pueda laborar para el Señor vestida con un abrigo tan fino". Muchos piensan que la palabra de Dios puede ser limitada por un simple abrigo. A ellos les parece que una vez que uno se viste de un buen abrigo, no será capaz de predicar. El cristianismo no está limitado por un abrigo. Nadie debe sentirse afectado por un simple abrigo al grado de que todo su cristianismo dependa de ello. Esto es muy deficiente.

VIII. EL CRISTIANISMO LO TRASCIENDE TODO

Por favor, tengan en cuenta que la Biblia no habla de esta clase de sufrimiento. Si este sufrimiento fuese para el reino, entonces todos los que trabajan tirando de calesas en las calles de China tendrían que entrar en el reino de Dios, debido a que ellos sufren más que nosotros. No debemos introducir tales ideas en nuestro medio. Estos conceptos paganos tienen que ser purgados de nuestro ser. Todo aquel que teme a Dios debiera indignarse ante estas ideas. Debemos percatarnos que las mismas equivalen a echar por tierra la gloria de Dios y mancharla

de polvo. Debemos considerar tales conceptos como una usur-
pación a la gloria de la vida del Señor. Espero que le demos la
debida importancia a este asunto. El cristianismo no tiene
nada que ver con discusiones en torno a lo que se coma y beba.
Si el cristianismo que predicamos consistiera únicamente
en lo relacionado con los alimentos, el atavío, el vestido y las
camas en las que dormimos, entonces nuestra predicación del
cristianismo habría perdido su sabor. Sería semejante a lo que
el mundo predica. Hoy yo puedo subir a la cima de una mon-
taña y proclamar: "Mi cristianismo difiere de vuestras enseñanzas. No tiene nada que ver con cómo debemos vestirnos ni
cómo no debemos vestirnos, ni con qué debemos comer y qué
no debemos comer. Difiere por completo tanto del gozo como
de la tristeza que ustedes experimentan, así como de vuestras
enseñanzas con respecto a usar o no usar las cosas de este
mundo. Mi cristianismo lo trasciende todo. El Señor Jesucristo,
el Hijo de Dios, y Su vida gloriosa moran en mí. Todos los días
soy arrebatado a los cielos para tener contacto con la gloria del
trono". El cristianismo consiste en esto. Todo lo demás se desvanecerá y se extinguirá ante nuestros ojos cuando Dios magni-
fique en nosotros la grandeza de estas cosas positivas. Quiera
Dios que todos nos demos cuenta de que los cristianos no son
ascetas; llevan una vida flexible debido a que Aquel que mora
en nosotros es muy grandioso y muy glorioso.

Capítulo treinta y nueve

LAS ENFERMEDADES

Con respecto a las enfermedades hay ciertas cosas que debemos considerar delante de Dios.

I. LAS ENFERMEDADES ESTÁN RELACIONADAS CON EL PECADO

Antes que el hombre pecara, no había enfermedad en él y jamás se enfermó. El hombre conoció las enfermedades únicamente después que pecó. En un sentido general, podemos afirmar que las enfermedades, al igual que la muerte, provienen del pecado. Fue por medio de la caída del hombre que tanto el pecado como la muerte vinieron al mundo. Tal como la muerte vino a la humanidad por medio del pecado, también las enfermedades vinieron a la humanidad por medio del pecado. Si bien nosotros no cometimos personalmente el pecado de Adán, de todos modos, la humanidad está identificada por completo con Adán. La muerte llegó a todos debido al pecado que Adán cometió. Donde hay pecado, hay muerte. Y entre el pecado y la muerte hay algo que se llama enfermedad. En términos generales, esta es la causa de las enfermedades.

Sin embargo, hay dos motivos distintos por los cuales un hombre se enferma. Una clase de enfermedad tiene su origen en el pecado, mientras que la otra clase de enfermedad no es el resultado del pecado; algunas enfermedades no son motivadas por el pecado. Debemos separar estas dos clases de enfermedades. Ciertamente no habría enfermedades si no existiera el pecado, así como no existiría la muerte si no existiera el pecado. Las enfermedades no existirían si en este mundo no existiera la muerte, pues juntamente con el pecado viene la muerte, y con la muerte vienen las enfermedades. Las enfermedades de muchos individuos son causadas por el pecado, pero en el caso de otras personas, sus enfermedades no son causadas por el pecado. Tenemos que comprender la relación que existe entre las enfermedades y el pecado, tanto en lo que concierne a las personas individualmente como en lo que respecta a la humanidad en general.

A. Algunas enfermedades son causadas por los pecados que el hombre comete contra Dios

En el Antiguo Testamento, específicamente en Levítico y en Deuteronomio, encontramos que Dios protegía a los israelitas y los libraba de las enfermedades siempre que ellos le obedecían, aceptaban Su manera de proceder, se sujetaban a Su ley y se abstenían de pecar. Con esto Dios nos muestra expresamente que algunas enfermedades se originan en la desobediencia y en el pecado.

En el Nuevo Testamento, también encontramos a algunos que cayeron enfermos al pecar. En 1 Corintios 5:4-5, Pablo nos relata el juicio que dio a aquel que pecó, a fin de que fuese entregado "a Satanás para destrucción de la carne". Esto demuestra claramente que las enfermedades proceden de los pecados. Si el pecado no es muy serio, acarrea enfermedades, pero si es un pecado grave, resulta en muerte. 2 Corintios 7:9-10 nos muestra que Pablo deseaba que las enfermedades no produjeran muerte sino arrepentimiento. Por lo que, cuando aquella persona se arrepintió con un arrepentimiento "que es sin remordimiento", Pablo afirmó que se debía perdonar a dicha persona (2 Co. 2:6-7). En 1 Corintios vemos que no fue su vida, sino la carne de tal persona, la que fue entregada a Satanás. Entregar la carne de alguien a Satanás para destrucción significa permitir que una enfermedad le sobrevenga; no es hacer que este muera. Obviamente esto demuestra que tal persona se enfermó a causa de su pecado.

Pablo dijo que algunos en la iglesia en Corinto comieron del pan de la mesa del Señor y bebieron de Su copa sin discernir el Cuerpo. Como resultado de ello, se debilitaron y se enfermaron, e incluso algunos murieron (1 Co. 11:29-30). Evidentemente, la razón de sus enfermedades radicaba en su desobediencia al Señor.

En la Palabra podemos encontrar suficientes evidencias que nos muestran que muchas enfermedades tienen su origen en el pecado. Sin embargo, esto no quiere decir que todas las enfermedades sobrevengan por causa de algún pecado. Sin embargo, lo primero que uno debe verificar al enfermarse es si ha pecado en contra de Dios o no. Muchas personas les pueden afirmar que la razón por la que cayeron enfermas se debió a que pecaron contra Dios.

Entre aquellos hermanos y hermanas que yo conozco personalmente, podría nombrar más de cien casos que sirven para comprobar lo que les quiero decir. Cuando ellos indagaron acerca de la razón de sus enfermedades, descubrieron que muchas de ellas tenían sus raíces en pecados que ellos habían cometido. Algunos habían desobedecido al Señor en ciertas áreas, mientras que otros no habían guardado Su palabra, y en ciertas circunstancias específicas optaron por lo incorrecto. Cuando descubren su pecado y lo confiesan, su enfermedad se desvanece. Muchos hermanos y hermanas han experimentado esto, y yo mismo he experimentado cosas semejantes. En el momento que identificamos la razón de nuestra enfermedad, ésta se desvanece. Esto es algo que la ciencia médica no puede explicar.

Quizá las enfermedades mismas no tengan su origen en el pecado; sin embargo, al igual que la muerte, con frecuencia ellas son el resultado del pecado. Podemos descubrir las causas naturales de muchas enfermedades, pero no debemos asumir que todas nuestras enfermedades se deban a estas causas naturales.

Con frecuencia, resulta evidente que las enfermedades de una persona se deben al pecado. Recuerdo a cierto hermano, un catedrático de medicina, que una vez les dijo a sus estudiantes de la Facultad de medicina de la Universidad de Shanghái, en Chungking: "Hemos descubierto que existen causas naturales para diversas clases de enfermedades. Por ejemplo, los estafilococos, los estreptococos y los neumococos causan cierto número de enfermedades. Una misma bacteria puede producir diferentes clases de dolencias, y diversas clases de gérmenes producen diferentes clases de enfermedades. Si bien los médicos pueden descubrir que cierta clase de germen produce cierta clase de enfermedad, no existe la manera de determinar la razón por la cual dicho germen ha infectado a cierta persona y a otra no. Quizá hayan diez personas que ingresaron a una habitación al mismo tiempo y todas ellas estuvieron en contacto con el mismo germen. Es posible que algunos de los que gozaban de buena salud resultaran infectados, mientras que otros con una salud deficiente no fueran afectados. Normalmente, aquellos cuya salud es deficiente son más propensos a ser infectados, mientras que los que gozan de buena salud no lo son. Pero algunas veces, aquellos cuya salud es deficiente no son infectados, mientras que aquellos que gozan de excelente salud sí lo son. Es decir, aquellos que no reúnen las condiciones para ello son infectados, mientras que aquellos que sí las reúnen, no son infectados. ¡No existe explicación lógica para esto!". Este profesor prosiguió diciendo: "Tenemos que admitir que, además de las causas naturales, la soberanía de Dios está por encima de todo". Esta es la verdad. Con frecuencia hay personas que se enferman a pesar de haber tomado todas las precauciones.

Todavía recuerdo lo que me contó un compañero de clases acerca de cierto profesor de la Facultad de medicina de la Universidad de Pekín. Este profesor tenía muy mal carácter, pero era una persona muy instruida. Todas las preguntas que él planteaba en sus exámenes eran preguntas muy sencillas. En cierta ocasión, él formuló una pregunta muy simple: "¿Por qué una persona contrae tuberculosis en los pulmones?". Fueron muchos los estudiantes que no pudieron dar la respuesta correcta, pues contestaron: "Debido a la presencia de gérmenes que producen la tuberculosis". Tales respuestas las calificó como incorrectas. Finalmente, él les dijo a sus alumnos: "El mundo está lleno de gérmenes que producen tuberculosis. ¿Acaso eso quiere decir que han de infectar a todos los habitantes del mundo?". Él prosiguió explicando: "Los gérmenes que producen la tuberculosis son incubados y llegan a producir casos de tuberculosis en los pulmones únicamente bajo ciertas condiciones. Ustedes no pueden afirmar que la tuberculosis en los pulmones se produce simplemente debido a la presencia de ciertos gérmenes". Los estudiantes pensaban que siempre que los gérmenes estuvieran presentes, se produciría la enfermedad. Se olvidaron indicar que eran necesarias ciertas condiciones específicas. Esto mismo sucede cuando los cristianos se enferman. Quizás existan muchas causas naturales para que se produzcan enfermedades, pero Dios permitirá que una enfermedad nos sobrevenga únicamente cuando ciertas condiciones ocurran. Si se carece de un medio ambiente especifico, Dios no permitirá que ninguna enfermedad sobrevenga.

B. Buscar el perdón antes de procurar ser curados

Nosotros estamos plenamente convencidos de que existen causas naturales para nuestras enfermedades. Existen suficientes razones y evidencias científicas que nos impiden poner en tela de juicio que existan causas naturales para las enfermedades; pero, al mismo tiempo, tenemos que reconocer que muchas enfermedades sobrevienen a los hijos de Dios a causa de sus pecados. Tal como se describe en 1 Corintios 11, es el pecado en contra de Dios lo que puede traer consigo una enfermedad. En casos así, es necesario suplicar el perdón de Dios en vez de sanidad. Uno primero tiene que procurar el perdón antes de pedir sanidad.

Con frecuencia, cuando uno se enferma, puede descubrir rápidamente si ha pecado contra el Señor o no, así como en qué asunto ha sido desobediente y en qué aspecto ha actuado en contra de la palabra de Dios. Una vez que el pecado es puesto en evidencia, la enfermedad se desvanece. Conozco a muchos que han tenido tal experiencia. La enfermedad se detiene en cuanto cierto asunto es resuelto delante del Señor. Esto es muy extraño. Es muy importante descubrir la relación que existe entre el pecado y las enfermedades. En general, las enfermedades son causadas por el pecado. Cuando una persona está enferma, quizás se deba a que ha cometido ciertos pecados.

II. LAS ENFERMEDADES Y LA OBRA DEL SEÑOR JESÚS

A. Él mismo tomó nuestras debilidades, y llevó nuestras enfermedades

Isaías 53:4-5 dice: "Ciertamente llevó Él nuestras enfermedades, / Y sufrió nuestros dolores; / Y nosotros le tuvimos por azotado, / Por herido de Dios y abatido. / Mas Él herido fue por nuestras transgresiones, / Molido por nuestras iniquidades; / El castigo de nuestra paz fue sobre Él, / Y por Su llaga fuimos nosotros curados".

Isaías 53 es el capítulo más citado en el Nuevo Testamento. En este capítulo se nos habla del Señor como nuestro Salvador. El versículo 4 dice: "Ciertamente llevó Él nuestras enfermedades, / Y sufrió nuestros dolores". En Mateo 8:17 encontramos una paráfrasis de este versículo que dice: "Él mismo tomó nuestras debilidades, y llevó nuestras enfermedades". Ésta es una traducción de Isaías 53:4. El Espíritu Santo enseñó a Mateo a describir al Señor Jesús terrenal como Aquel que tomó nuestras debilidades y llevó nuestras enfermedades. Debemos darnos cuenta que mientras estaba en la tierra, Él sufrió nuestros dolores y tomó nuestras debilidades incluso antes de Su muerte en la cruz. Esto quiere decir que el Señor Jesús asumió la carga de la sanidad. Para Él, Su tarea consistía en sanar a los enfermos. Su obra no sólo consistió en predicar el evangelio, sino además en curar las enfermedades. Él no solamente predicó el evangelio, sino que también fortaleció al débil, restauró la mano seca, limpió al leproso, levantó al paralítico y los envió de regreso a su hogar. Sanó toda clase de enfermedades. Mientras estuvo en la tierra, Él se dedicó a predicar así como a realizar milagros, hacer el bien, entrenar a Sus discípulos, sanar y echar fuera demonios. Es necesario comprender que echar fuera las enfermedades cuyo origen es el pecado, es una de las comisiones que tenía el Señor Jesús. Él vino a la tierra a quitar los pecados, así como a quitar la muerte y las enfermedades.

B. Perdona nuestras iniquidades y sana nuestras dolencias

Muchos hijos de Dios conocen el salmo 103. A mí me encanta volver a leer este salmo una y otra vez. David dijo: "Bendice, alma mía, a Jehová, / Y no olvides ninguno de Sus beneficios" (v. 2). ¿Cuáles son Sus beneficios? David dijo: "Él es quien perdona todas tus iniquidades, / El que sana todas tus dolencias" (v. 3).

Quisiera hacerles notar que las enfermedades tienen dos socios: uno es la muerte y otro es el pecado. Las enfermedades y la muerte forman una pareja, y las enfermedades y el pecado forman otra pareja. El resultado del pecado es la muerte, y es debido a que existe la muerte que existen las enfermedades. Tanto las enfermedades como la muerte son resultados de algo. La naturaleza intrínseca de las enfermedades y de la muerte es la misma, es decir, ambas provienen del pecado. Salmos 103:3 nos muestra que las enfermedades y el pecado (las iniquidades) forman otro par. Este versículo dice: "Él es quien perdona todas tus iniquidades, / El que sana todas tus dolencias". Debido a que mi alma ha pecado, las enfermedades hallan cabida en mi cuerpo. Cuando el Señor juzga los pecados que contaminan mi alma y los perdona, entonces la enfermedad que adolece mi cuerpo es sanada. Nuestro cuerpo está infestado por los pecados internos, y también por las enfermedades externas. Hoy en día, el Señor nos ha quitado tanto los pecados como las enfermedades.

C. Él llevó nuestros pecados en un sentido absoluto, pero llevó nuestras dolencias en un sentido limitado

Sin embargo, tenemos que hacer una distinción. Dios perdona nuestros pecados de una manera totalmente diferente de la manera en que sana nuestras dolencias. Él trata con nuestros pecados de una manera distinta de como lo hace con nuestras enfermedades. El Señor Jesús llevó sobre Sí nuestros pecados cuando fue crucificado. ¿Queda algún pecado que Él no haya perdonado? ¡No! La obra realizada por Dios es absoluta; la obra que se llevó a cabo en la cruz es tan completa que el pecado ha sido completamente quitado (Jn. 1:29). Mientras el Señor Jesús estaba en la tierra, Él llevó nuestras enfermedades y tomó nuestras debilidades. Pero aun cuando Él llevó nuestras dolencias, no las quitó por completo. Él tomó nuestras debilidades, pero no las erradicó a todas ellas. Incluso Pablo dijo: "Porque cuando soy débil, entonces soy poderoso" (2 Co. 12:10). Por supuesto, Pablo no dijo: "Cuando peco, entonces soy santificado". El pecado ha sido total y absolutamente quitado, pero las enfermedades no han sido total y absolutamente erradicadas. La redención que el Señor efectuó se encarga de nuestras enfermedades de una manera distinta de como actúa con respecto a nuestros pecados. El pecado es quitado de una manera absoluta, mientras que las enfermedades son quitadas en una manera limitada.

Timoteo seguía teniendo un estómago delicado. Él era un siervo del Señor y, a pesar de ello, el Señor permitió que tal debilidad permaneciera en su carne. La salvación y la redención solucionaron completamente la cuestión del pecado, pero las enfermedades no fueron quitadas por completo. Hay ciertos grupos que piensan que la obra del Señor únicamente se encarga de los pecados y no de las enfermedades. Hay otros que piensan que el Señor erradica las enfermedades tan exhaustivamente como lo hace con los pecados. Ninguna de estas posturas es la nuestra. La Biblia nos muestra claramente que la obra que el Señor realizó se encarga tanto de los pecados como de las enfermedades. Al encargarse de los pecados Él lo hace en términos absolutos y definitivos, mientras que al encargarse de las enfermedades lo hace dentro de ciertos límites. Tenemos que darnos cuenta de que el Señor ha tomado medidas con respecto al pecado en términos absolutos; Él ha resuelto todos los problemas concernientes al pecado. El Cordero de Dios llevó los pecados de todos los hombres. Su sangre ha quitado el pecado de toda la humanidad. El problema del pecado ha sido completamente resuelto, pero las enfermedades todavía están presentes entre los hijos de Dios.

Podríamos considerar este asunto desde otro ángulo. Los hijos de Dios no deberían padecer de tantas enfermedades, puesto que el Señor Jesús llevó nuestras dolencias. El Señor Jesús le dio mucha importancia al asunto de la sanidad mientras estuvo sobre esta tierra, y si bien Su cruz no tomó todas nuestras enfermedades, ciertamente la sanidad es uno de los aspectos de Su obra. Isaías 53 se cumple en Mateo 8, no en Mateo 27, es decir, se cumplió antes de Gólgota. Él no comenzó a llevar nuestras enfermedades en Gólgota; antes bien, llevó sobre Sí nuestras enfermedades mientras estaba en la tierra y antes de ir a Gólgota. Cuando llevó nuestras enfermedades, no lo hizo en términos absolutos, tal como lo hizo al llevar nuestros pecados. Todos debemos tener esto bien claro.

D. Procurar la sanidad cuando esté enfermo

Existen muchas razones por las cuales un creyente se

enferma. Me temo que muchos han perdido la oportunidad de ser sanados debido a que ignoran que el Señor, como parte de Su obra, llevó sobre Sí nuestras dolencias. Permítanme decirles algo más al respecto. A menos que estén tan seguros como lo estuvo Pablo, quien después de orar tres veces se dio cuenta de que su enfermedad tenía el propósito de perfeccionarlo, ustedes deben procurar su sanidad. Pablo oró y sólo la tercera vez que oró estuvo claro al respecto. El Señor le mostró que su debilidad era necesaria. La gracia del Señor era suficiente para Pablo, cuya debilidad tenía como propósito manifestar y magnificar el poder de Dios. Pablo entonces aceptó su debilidad. Si una persona no tiene la seguridad de que Dios desea que sus debilidades y enfermedades persistan, debe buscar por todos los medios su sanidad. Debe pedirle al Señor con toda confianza que lleve sus debilidades y enfermedades. Los hijos de Dios no viven en este mundo para sufrir enfermedades, sino para glorificar a Dios. Una dolencia es buena si glorifica a Dios, pero muchas enfermedades quizás no glorifiquen a Dios. Ustedes deben aprender a confiar en Él. Tienen que darse cuenta de que el Señor Jesús como nuestro Salvador carga sobre Sí nuestras enfermedades. Él es el mismo ayer, hoy y por los siglos. Podemos suplicarle que nos sane y podemos poner todas nuestras enfermedades en Sus manos.

III. LA ACTITUD DEL CREYENTE
CON RESPECTO A LAS ENFERMEDADES

A. Descubrir la causa de nuestra enfermedad

Un creyente debe primero acudir al Señor a fin de descubrir cuál es la causa de su enfermedad. No debe procurar apresuradamente su sanidad en cuanto se enferma. Consideren el proceso por el que atraviesa una persona cuando padece alguna dolencia. Siempre que uno se enferme, lo primero que tiene que hacer es descubrir la causa de la enfermedad. Pablo estaba claro con respecto a su propia dolencia. Éste es un buen ejemplo para nosotros. Dios quiere que estemos claros con respecto a la causa de nuestras dolencias. Tenemos que preguntarnos si hemos desobedecido al Señor o no. ¿Hemos pecado? ¿Hemos defraudado a alguien? ¿Hemos actuado en contra de algunas leyes naturales? ¿Hemos sido descuidados en algún asunto? Con frecuencia, al ofender ciertas leyes naturales, ofendemos a Dios porque estas leyes son leyes creadas y dispuestas por Dios; Dios rige el universo por medio de estas leyes naturales. Siempre hay una razón para nuestras dolencias.

B. Sin buscar ansiosamente a un médico

Muchas personas temen morirse apenas se enferman. Al enfermarse, buscan de inmediato un médico y esperan su sanidad con todo afán. Ésta no es la actitud propia de un creyente. Antes bien, él primero debe averiguar cuál es la causa de su enfermedad. Muchos hermanos y hermanas carecen por completo de paciencia. Lo primero que hacen cuando están enfermos es procurar su sanidad. Se apresuran a buscar a un médico, temiendo perder sus vidas las que son tan preciosas para ellos. Por un lado, ellos oran como si confiaran en que Dios habrá de sanarlos; por otro lado, se apresuran a visitar al médico pidiendo medicinas e inyecciones. Están llenos de temor y estiman sobremanera sus propias vidas. Esto nos muestra claramente que ellos están completamente obsesionados consigo mismos. En tiempos normales, ellos viven centrados en ellos mismos. Cuando se enferman, entonces se tornan aún más egocéntricos. Es imposible que una persona que se preocupa mucho por sí misma durante tiempos ordinarios, vaya a ser liberada de su yo cuando contraiga alguna enfermedad. Aquellos que están centrados en sí mismos durante tiempos ordinarios, ciertamente procurarán ansiosamente ser sanados en cuanto contraigan alguna enfermedad.

C. Uno debe resolver primero cualquier conflicto que tenga delante de Dios

Les puedo garantizar que tales afanes acerca de sus dolencias son vanos. Ser sanado no es tan simple cuando se trata de una persona que pertenece a Dios. Aun si ella se sana, podría contraer nuevamente la misma enfermedad; además, otras enfermedades podrían aquejarla. Uno tiene que resolver primero cualquier conflicto que tenga con Dios, antes de poder resolver los problemas que afectan su cuerpo. Los problemas del cuerpo no se podrán resolver si delante de Dios no se resuelve el conflicto pendiente. Uno tiene que indagar primero delante de Dios acerca de la causa de su enfermedad y sólo entonces procurar ser sanado. Tiene que aprender la lección que acompaña la enfermedad. Incluso en el caso de una enfermedad severa e inesperada, no puede ignorar esta lección. Si nos relacionamos con Dios de esta manera, Él intervendrá y nos librará de nuestras tribulaciones rápidamente.

Con frecuencia, descubrimos que estamos enfermos debido a que hemos pecado o hemos cometido algunos errores. Tenemos que hacer una confesión delante del Señor y pedir Su perdón. Sólo entonces podemos esperar ser sanados. A medida que avanzamos un poco más en las cosas de Dios, quizás nos demos cuenta que la causa no solamente radica en el pecado, sino que también ocurren ataques satánicos. Algunas veces, las enfermedades pueden estar relacionadas con la disciplina de Dios. Él nos disciplina a fin de que seamos santificados en un grado mayor, y seamos más sensibles y obedientes a Él. Puede haber muchos motivos para nuestras enfermedades, y tenemos que examinar cada uno de ellos delante del Señor. A medida que consideramos tales motivos uno por uno, descubriremos la verdadera causa de nuestra enfermedad. Algunas veces, Dios permite que seamos socorridos por medio de la medicina u otros medios naturales, pero otras veces, quizá Dios no quiera que seamos ayudados por los médicos. Él puede sanarnos en un instante.

D. Aprender a poner los ojos en Dios nuestro Sanador

Tenemos que darnos cuenta que la sanidad siempre está en manos de Dios. ¡Tenemos que aprender a esperar en Dios nuestro Sanador! En el Antiguo Testamento se nos da uno de los nombres de Dios: "Porque Yo soy Jehová tu Sanador" (Éx. 15:26). Este nombre de Dios es un verbo hebreo y es un nombre muy especial. Tenemos que aprender a esperar en Jehová, Aquel que nos sana. Él siempre tratará a Sus hijos con mucha gracia.

E. Llamar a los ancianos de la iglesia para ungir y orar

Cuando alguien está enfermo, lo primero que tiene que hacer

es descubrir la causa de su enfermedad. Una vez que dicha causa es descubierta, hay varias cosas que puede hacer. Una de ellas es pedir a los ancianos de la iglesia que oren por él y lo unjan (Jac. 5:14-15). De hecho, ésta es la única exhortación que aparece en la Biblia para los creyentes que están enfermos: "¿Está alguno enfermo entre vosotros? Llame a los ancianos de la iglesia, y oren por él, ungiéndole con aceite en el nombre del Señor. Y la oración de fe salvará al enfermo, y el Señor lo levantará; y si ha cometido pecados, le serán perdonados".

Cuando una persona está enferma y ha tenido tratos con el Señor con respecto a tal enfermedad, una de las cosas que puede hacer es llamar a los ancianos de la iglesia para que le unjan. Esto significa que permite que la unción que proviene de la Cabeza fluya hacia él como un miembro del Cuerpo. Dado que forma parte del Cuerpo, pide que la unción fluya desde la Cabeza hacia el, es decir, hacia uno de los miembros. Algunas enfermedades desaparecen en cuanto la vida comienza a fluir en la persona. Así pues, los ancianos ungen a un miembro del Cuerpo con el propósito de hacerlo partícipe de la unción que proviene de la Cabeza. Algunas veces es posible que la persona se haya apartado de la protección que le brinda el Cuerpo y haya dejado de participar de la circulación que es propia del Cuerpo debido a su desobediencia, su pecado o alguna otra cosa. Cuando esta persona llama a los ancianos de la iglesia, manifiesta su deseo de ser partícipe nuevamente de la circulación del Cuerpo. Solicita ser posicionada nuevamente en el Cuerpo de Cristo y participar del fluir de la vida divina.

En cuanto un miembro del Cuerpo de Cristo comete algún error con respecto a su posición como miembro, la vida del Cuerpo deja de fluir en este miembro. La unción restaura dicho fluir. Ésta es la razón por la cual se llama a los ancianos de la iglesia. Los ancianos representan a la iglesia y representan al Cuerpo en una localidad. Ellos ungen con aceite en representación del Cuerpo y hacen que la unción proveniente de la Cabeza sea recibida nuevamente por el miembro que estaba obstruido. Nuestra experiencia nos dice que esta clase de unción incluso puede sanar a quien se encuentre gravemente enfermo. Nosotros mismos hemos sido testigos de la frecuente y pronta intervención de Dios ante situaciones que son humanamente imposibles. Cuando esto sucede, la persona es sanada.

F. Otras razones para que sobrevengan enfermedades

En algunas ocasiones existe otra causa para las enfermedades: el individualismo. Por favor, recuerden que el individualismo es la causa principal de las enfermedades. Algunas personas son muy individualistas; lo hacen todo según su propia voluntad. Actúan por sí mismas y no dependen sino de ellas mismas. Cuando Dios las disciplina, se enferman y dejan de recibir el suministro del Cuerpo. Si ésta es la razón por la cual una persona está enferma, deberá pedir que el suministro del Cuerpo fluya hacia ella nuevamente.

No me atrevo a decir que les he dado una lista exhaustiva de todas las razones por las cuales nos enfermamos. Hay muchas causas para las enfermedades. Algunos se enferman debido a que han desobedecido el mandamiento del Señor. Otros se enferman debido a que no han cumplido cabalmente con lo que el Señor les ordenó. Incluso otras personas se enferman debido a que cometieron un pecado específico, y otras debido a su individualismo. Hay algunos que son individualistas; sin embargo, Dios no los disciplina. Pero sí hay muchos otros, en especial aquellos que conocen la iglesia, que se enferman en cuanto se comportan de manera individualista. Aquellos que no conocen la iglesia se enferman con menos frecuencia. Cuanto más conocemos acerca de la iglesia y cuanto más estrecho es nuestro vínculo con la iglesia, con mayor frecuencia seremos puestos por el Señor en circunstancias en las cuales nos tratará con mano dura en cuanto seamos individualistas.

Algunas veces una persona se enferma debido a que ha deshonrado su cuerpo. Todo aquel que corrompe su cuerpo encontrará a Dios destruyendo Su propio templo en esa persona.

Hay muchas causas para las enfermedades y no les podría dar una lista exhaustiva de todas ellas. Solamente puedo decir que siempre hay una razón. Siempre debemos descubrir cuál es la causa de nuestras enfermedades. Tal vez haya más de una razón para nuestras enfermedades. Una vez que uno descubra las causas de su enfermedad, tiene que confesarlas delante de

Dios una por una. Luego debe llamar a los hermanos responsables de la iglesia, confesarles todo y orar con ellos. Pídales que lo unjan y que lo recobren a la vida del Cuerpo. Entonces verá que en cuanto la vida comience a fluir a través de usted una vez más su enfermedad se desvanecerá inmediatamente. Si bien hay causas naturales para las enfermedades, debemos saber que las razones espirituales son mucho más importantes y poderosas que las causas naturales. Así pues, una vez que nos encarguemos de las causas espirituales, las enfermedades nos abandonarán prontamente.

IV. LAS ENFERMEDADES Y LA DISCIPLINA DE DIOS

A. Detrás de algunas enfermedades se encuentra la mano disciplinaria de Dios

Es interesante notar que con frecuencia los incrédulos sanan con relativa facilidad, mientras que los cristianos no se curan tan fácilmente. El Nuevo Testamento nos muestra que cuando los incrédulos acudían al Señor, ellos eran inmediatamente sanados. La Biblia también nos habla del don de sanidad. Tanto creyentes como incrédulos pueden ser sanados por medio del don de sanidad. Sin embargo, la Biblia también nos muestra que algunos cristianos nunca fueron sanados. Trófimo fue uno de ellos, Timoteo fue otro, y Pablo mismo es un tercer caso. Estos tres eran los mejores hermanos que encontramos en el Nuevo Testamento. Pablo dejó a Trófimo en Mileto debido a que estaba enfermo y no pudo hacer nada al respecto (2 Ti. 4:20). Pablo le aconsejó al enfermizo Timoteo que tomara un poco de vino debido a que su estómago no estaba bien, es decir, Timoteo no había sido sanado. Incluso el propio Pablo sufrió y fue debilitado en su cuerpo a causa de una enfermedad que aquejaba su vista u otra dolencia. Debido a ello, él dijo que tenía un aguijón en su carne (2 Co. 12:7). Un aguijón es siempre irritante para quien lo sufre. Aun cuando un aguijón pueda ser muy pequeño, causa mucho dolor cuando entra en la carne; aunque solamente se introduzca en el dedo meñique. El aguijón de Pablo no era un pequeño aguijón sino uno muy grande. Este aguijón hacía que todo su cuerpo se estremeciera de dolor. En 2 Corintios 12:9 él utilizó la expresión: "debilidad",

¡esto nos da una idea de cuánto sufría! Estos tres hermanos eran hermanos excelentes; aun así, jamás fueron sanados. En lugar de ello, tuvieron que soportar sus enfermedades. Las enfermedades difieren de los pecados. Los pecados no pueden dar el fruto de la santificación, mientras que las enfermedades sí pueden darlo. Sería incorrecto agrupar en una misma categoría a las enfermedades y a los pecados. Si bien existen algunas similitudes entre estos dos, también existen muchas diferencias. Cuanto más peca un hombre, más inmundo es; pero una persona no se hace inmunda al enfermarse. De hecho, es posible que ella pueda hacerse santa en virtud de sus enfermedades, debido a que detrás de tales enfermedades está la mano disciplinaria de Dios. Las enfermedades pueden dar como resultado que seamos disciplinados por Dios. Cuando los hijos de Dios se enferman, tienen que aprender a sujetarse a la mano poderosa de Dios (1 P. 5:6).

B. Debemos aceptar las lecciones que acompañan a las enfermedades

Si usted padece una enfermedad, debe aprender a resolver delante del Señor todos sus problemas uno por uno. Después de haberlos resuelto definitivamente, quizás llegue a la conclusión que Dios lo está disciplinando a fin de que usted no se enorgullezca ni extralimite como cualquier otro pecador. Usted debería tener presente que no sólo tiene que aceptar la enfermedad en sí, sino también las lecciones que acompañan a ésta. La enfermedad en sí no es de utilidad alguna; usted tiene que aprender las lecciones que van con la enfermedad. La enfermedad por sí sola no santifica a una persona, sino el hecho de que ella acepte la lección que acompaña a tal enfermedad. Uno tiene que saber aprovechar el beneficio espiritual y el resultado de las enfermedades. Es posible que Dios lo trate a usted con mano dura a fin de humillarlo tal como lo hizo con Pablo. Así, Él impidió que Pablo se volviera una persona orgullosa a causa de las revelaciones que había recibido. Quizá Dios permita que las enfermedades aquejen nuestra carne a fin de hacernos más tiernos, pues somos demasiado fuertes en nuestra disposición. Todo esto puede explicar por qué Dios no nos sana de inmediato. Las enfermedades por sí solas no son de ayuda para nadie; sólo si éstas nos hacen más tiernos podemos obtener algún beneficio. No tiene caso que estemos enfermos toda una vida a menos que las enfermedades nos hagan más tiernos. Muchas personas han estado enfermas toda su vida y, sin embargo, el Señor jamás pudo lidiar con ellas. Tales enfermedades fueron en vano. A veces una persona se recupera de su enfermedad después de cierto período de tiempo. Pero aun cuando la enfermedad se ha desvanecido, quizás el Señor no haya concluido Su labor, y otras cosas tengan que sobrevenirle a dicha persona. En cuanto uno se enferma, tiene que acudir al Señor y buscar que Él le hable.

Con frecuencia reconoceremos la disciplina del Señor en nuestras enfermedades. Dios disciplina a mucha gente por medio de sus enfermedades y utiliza las mismas para tocar ciertas áreas de su vida.

C. Las enfermedades no debieran aterrorizarnos

No debemos pensar que las enfermedades son algo espantoso. El "cuchillo" no está en las manos de cualquiera. Si aquel que me afeita es mi hermano, no me sentiría aterrorizado aun cuando use una navaja enorme. Pero ciertamente estaría aterrado si tuviera que permitir que un enemigo mío me corte el cabello. Tenemos que preguntarnos, en manos de quién está la navaja. Yo estaría aterrado si el cirujano que ha de operarme fuese mi enemigo, pero no tendría miedo alguno si el bisturí estuviese en manos de mi hermano. No olviden que todas las enfermedades están en las manos de Dios. Muchos hermanos y hermanas que están enfermos, están tan ansiosos respecto a su salud, que pareciera que lo que creen es que sus enfermedades están en las manos del enemigo.

Les ruego que tengan en mente que toda enfermedad ha sido medida por la mano de Dios. Satanás es el creador de las enfermedades, y estoy persuadido que él puede hacer que las personas se enfermen. Pero, como todo aquel que ha leído el libro de Job, sabemos que las enfermedades ocurren únicamente con el permiso de Dios. Toda enfermedad ocurre dentro del límite impuesto por Dios. El libro de Job nos muestra claramente que Satanás no puede traer enfermedad alguna sobre ninguna persona, si no es con el permiso de Dios y conforme a los límites que Él impone. El permiso divino así como las limitaciones impuestas por Dios son los factores permanentes. Consideren el caso de Job: Dios permitió que él se enfermara, pero no permitió que su vida fuese afectada. Siempre que nos enfermamos, no debemos perder las esperanzas, ni debemos preocuparnos. Tampoco debemos insistir en querer ser sanados, ni debemos quejarnos de que nuestra enfermedad es demasiado prolongada, ni debemos manifestar temor a la muerte.

Les ruego que tengan en cuenta que las enfermedades están en las manos de Dios, han sido medidas por Él y se hallan bajo las limitaciones que Dios mismo ha impuesto. Después que las pruebas de Job siguieron su curso, la enfermedad lo abandonó; así pues, la enfermedad cumplió el propósito que Dios tenía para él. En la historia acerca de Job vemos en qué termina la disciplina ejercida por Dios (Jac. 5:11). Pero permítanme decirles que en el caso de las enfermedades que sobrevienen a muchas personas, éstas no tienen un final apropiado; ellas nunca aprendieron la lección. Tenemos que comprender que toda enfermedad está en manos de Dios y es medida por el Señor. Con frecuencia, todo lo que tenemos que hacer es confesar nuestros pecados y, con ello, el asunto está concluido.

D. Debemos aprender nuestra lección en medio de nuestra enfermedad

En muchos casos, Dios permite que estemos enfermos por un período prolongado a fin de que aprendamos alguna lección. Cuanto antes aprendamos dicha lección, mas pronto dicha enfermedad nos abandonará. Muchas personas se aman demasiado a sí mismas. Quisiera hablar con franqueza a esta clase de personas: El único motivo por el que muchas de ellas están enfermas es porque se aman demasiado a sí mismas. Muchas personas aman tanto su propia vida que es inevitable que les sobrevengan enfermedades. Le seremos de muy poca utilidad a Dios si no somos depurados de tal egocentrismo. Tenemos que aprender a no amarnos a nosotros mismos.

Algunas personas sólo piensan en sí mismas durante todo el día. Creen que todo el mundo gira alrededor de sus personas y que ellas son el centro del universo; piensan que todos deberían vivir para ellas. Día y noche sus pensamientos sólo giran en torno de ellas mismas, y desde su punto de vista, todo gira alrededor de ellos. Dios está en los cielos para atenderlas y Dios está en la tierra también para atenderlas. Cristo existe para ellas y la iglesia también es sólo para ellas. De hecho, el mundo entero está a su servicio. Así que, Dios no tiene otra alternativa sino derribar ese centro. Mucha gente no se sana con facilidad debido a que esperan que los demás sientan compasión por ellos. Conozco algunas hermanas que han experimentado esto. Cuando tales personas rechazan la compasión de otros, entonces sus enfermedades se desvanecen.

Es posible que muchos estén enfermos porque les gusta estar enfermos. Tales personas reciben afecto sólo cuando están enfermas y, por eso, les gusta estar enfermas. Nadie les manifiesta amor cuando no están enfermas, así que siempre procuran estar enfermas a fin de recibir muestras de cariño. De hecho, ellas quisieran estar siempre enfermas a fin de que siempre las amen. Conozco varios casos así. A veces es necesario que alguien les reprenda seriamente diciéndoles: "Tú estás enfermo porque te amas demasiado a ti mismo. Quieres que los demás te amen y te atiendan por estar enfermo. Quieres que los demás te visiten y sientan compasión por ti. Por eso siempre estás enfermo". En cuanto ellas aceptan la disciplina de Dios y reconocen la verdadera causa de su enfermedad, son sanadas de inmediato.

Les puedo contar acerca de cientos de casos que he visto personalmente durante los últimos veinte o más años de mi vida. Todos ellos demuestran que mucha gente se enferma por razones específicas. Sus enfermedades son sanadas en cuanto ellos identifican las causas, les hacen frente y las eliminan. Mientras tales causas perduren, ellas no se podrán sanar.

Sé de un hermano que siempre deseaba que los demás le manifestaran su afecto. Él anhelaba ser amado, que se le hablara bondadosamente, que se le visitara y que se le tratara con deferencia. Si alguien le preguntaba cómo estaba, él de inmediato le contaba en gran detalle lo que le había sucedido la noche anterior o esa misma mañana. Podía decir a qué hora exacta le había comenzado la fiebre y cuántas horas había durado, la clase de jaqueca que había tenido y por cuántas horas. Podía contar cuántas veces había respirado y cuántos latidos daba su corazón por minuto. Él siempre se sentía enfermo y le gustaba informar a los demás acerca de sus dolencias. Anhelaba que los demás lo compadecieran. Si conversaba con usted, no sabía conversar de otra cosa que no fuera su enfermedad. Él hablaba todos los días acerca de su enfermedad y se preguntaba por qué jamás era sanado.

No es fácil hablar con toda honestidad a los demás. Se tiene que pagar cierto precio para poder decir la verdad. Llegó el día en que finalmente tuve suficiente valor para hablar con esta persona. Le dije: "La única razón por la que has estado enfermo por tanto tiempo es porque te gusta estar enfermo". Él lo negó. Yo le dije: "¿Acaso no amas tu enfermedad? Tú tienes temor de que esta enfermedad te abandone. Tú amas tu enfermedad". Él lo negó nuevamente. Pero yo le dije: "A ti te gusta que los demás sientan compasión por ti y te amen. Te gusta que los demás te cuiden y te traten con amabilidad. Y no puedes obtener todo eso de otra manera, así que te esfuerzas por obtenerlo al enfermarte. Pero si quieres ser sanado por el Señor, tienes que desechar estos pensamientos. Cuando los demás te pregunten cómo estás, tienes que aprender a decir: "Estoy bien". Si haces eso, ¡verás lo que ha de suceder! Cuando alguien te pregunte cómo estuviste la noche anterior, debes decirles: "¡Bien!". Él me respondió: "Soy completamente sincero. Yo no puedo mentir. En realidad no me siento bien. ¿Qué les diré si de verdad no me sentí bien la noche anterior?". Le dije: "Déjame leerte un versículo. El hijo de la sunamita estaba en su lecho ya muerto. Sin embargo, cuando ella fue a ver a Eliseo y él le preguntó: '¿Te va bien a ti? ¿Le va bien a tu hijo? Y ella dijo: Bien' (2 R. 4:26). De hecho, su hijo estaba echado, muerto en su lecho. ¿Por qué dijo ella que estaba bien? Ella dijo esto porque tenía fe. Ella tenía fe en que Dios habría de salvar a su hijo. Ahora, tú también puedes creer. Cuando los demás te pregunten: ¿Cómo te sentiste anoche?, debes responderles: Bien. Todo está bien aun cuando tú hayas fallecido la noche anterior. Tienes que creer que todo estuvo bien". Este hermano no pudo contestarme nada cuando le dije estas cosas. En cuanto él se negó a su egocentrismo, rehusó ser compadecido y dejó de pretender que todos lo consolaran, su enfermedad se desvaneció.

Tenemos que darnos cuenta de que muchas enfermedades

se deben tanto a causas internas como a causas externas. El hombre tiene que aprender a tener fe en Dios, pues sólo cuando el propósito de Dios se ha cumplido, la enfermedad se desvanecerá. Una vez que Dios cumple Su propósito espiritual en nosotros, nuestra enfermedad cesará.

E. Con la excepción de unos cuantos casos, uno tiene que averiguar cuáles son las causas de su enfermedad y procurar ser sanado

Estoy convencido que cuando Pablo escribió 2 Timoteo, Timoteo y Trófimo, al igual que el propio Pablo, todavía seguían enfermos. Sin embargo, ellos reconocían que sus enfermedades tenían el propósito de ayudarlos en su labor; habían aprendido a cuidarse a sí mismos, así como a estar restringidos por causa de la gloria de Dios que reposaba sobre ellos. Pablo aconsejó a Timoteo que tomara un poco de vino y fuera cuidadoso con lo que comía. Al mismo tiempo, ambos servían al Señor. Por supuesto, el Señor les suministró suficiente gracia a fin de que ellos pudieran prevalecer sobre sus debilidades. Si bien Pablo estaba enfermo, seguía trabajando. Al leer las epístolas de Pablo, todos estaremos de acuerdo en que el monto de su labor correspondía a la labor de diez hombres. No obstante, Dios pudo usar a un vaso tan débil. Dios pudo obtener de él más de lo que hubiese obtenido de diez hombres fuertes. Si bien su cuerpo era muy débil, Dios le concedió la fuerza y la vida necesarias para hacer todo cuanto él debía hacer.

En la Biblia, no son muchos los hombres que —como Pablo, Timoteo y Trófimo— estaban constantemente enfermos. Dios dispone tales circunstancias extraordinarias únicamente para quienes Él ha de usar y perfeccionar. En cuanto al resto, especialmente si se trata de nuevos creyentes, al enfermarse deben reflexionar y preguntarse si han pecado de alguna manera. Cuando uno confiesa sus pecados y toma medidas con respecto a ellos, le será fácil recibir sanidad.

Finalmente, quisiera hacerles notar que las enfermedades pueden ser el resultado de ataques imprevistos de Satanás, y algunas veces incluso pueden ser el resultado de violar ciertas leyes naturales. Quizás no haya una causa espiritual para nuestra enfermedad; no obstante, siempre podemos llevarlo todo ante el Señor. Si se trata de un ataque del enemigo, podemos reprenderlo en el nombre del Señor y se desvanecerá. Sé de una hermana que contrajo una fiebre muy persistente. No había ninguna razón específica para su fiebre. Después, descubrió que se trataba de un ataque de Satanás y lo reprendió en el nombre del Señor. De inmediato su enfermedad se desvaneció.

Algunas veces las enfermedades pueden ser el resultado de actuar en contra de las leyes naturales. Si una persona pone su dedo al fuego, se quemará. Debemos cuidar bien de nuestra persona siempre que nos sea posible. Tampoco debemos esperar a estar enfermos para confesar nuestros pecados. Una vez que confesamos nuestros pecados, ciertamente seremos perdonados. Pero no deberíamos de esperar hasta que, habiendo pecado, algo no ande bien con respecto a nuestro cuerpo físico para buscar a Dios en procura de sanidad. No debemos descuidar nuestras tareas ordinarias ni el cuidado personal.

V. LA MANERA EN QUE SOMOS SANADOS: TRES FRASES DEL NUEVO TESTAMENTO

¿Qué sucede cuando el hombre ora pidiendo sanidad? Es necesario considerar brevemente este asunto.

En el Nuevo Testamento, específicamente en el Evangelio de Marcos, encontramos tres expresiones a cuyo estudio y aprendizaje he dedicado mucho tiempo. Por lo menos para mí, estas expresiones han sido de mucha ayuda. La primera frase se relaciona con el poder del Señor, la segunda con Su voluntad y la tercera con lo que Él hace.

A. El poder del Señor: Dios puede

En cierta ocasión me encontraba leyendo el Evangelio de Marcos mientras estaba enfermo y me encontré con unas cuantas palabras que me ayudaron mucho. Este pasaje se inicia en Marcos 9:21-23: "Jesús preguntó al padre: ¿Cuánto tiempo hace que le sucede esto? Y él dijo: Desde niño. Y muchas veces le ha echado en el fuego y en el agua, para matarle; pero si puedes hacer algo, ten compasión de nosotros, y ayúdanos. Jesús le dijo: En cuanto a eso de: Si puedes, todo es posible para el que cree". ¿Comprenden lo que esto significa? El padre del niño le dijo al Señor Jesús: "Pero si puedes hacer algo, ten compasión de nosotros, y ayúdanos". El Señor Jesús le replicó: "¡Si puedes!". ¿Por qué le dijo: "Si puedes"? Estas palabras no hacen sino citar lo que el padre había dicho. El Señor Jesús quiso repetir lo que el padre había dicho: "Pero si puedes hacer algo ... ayúdanos". El Señor Jesús exclamó: "Si puedes, todo es posible para el que cree". No se trata de si el Señor podía o no; se trata de si aquel padre podía creer o no. Todo es posible para el que cree.

Cuando una persona está enferma, generalmente está llena de dudas, y no le es posible creer en el poder de Dios. A dicha persona le parece que el poder de los gérmenes es más poderoso que el poder de Dios. En efecto, está afirmando que el poder de una pequeña bacteria, que sólo puede verse con un microscopio, es más fuerte que el poder de Dios. Cuando uno es probado mediante las enfermedades magnifica grandemente la amenaza que representan los gérmenes. Pero el Señor reprende a aquellos que en medio de su enfermedad dudan del poder de Dios. Muy pocas veces en la Biblia se registra que el Señor Jesús interrumpiera a alguien mientras éste hablaba con él. Pero aquí Él exclamó: "¡Si puedes!". Tal parece que el Señor se molestó, ¡como si se hubiera enojado! (El Señor me perdone por decir esto). Cuando el padre le dijo: "Pero si puedes hacer algo, ten compasión de nosotros, y ayúdanos", tal parece que Jesús le hubiera interrumpido diciendo: "¡Si puedes! ¿Cómo se te ocurre decir: ¡Si puedes!? ¿Qué quieres decir con: Si puedes? ¡Todo es posible para el que cree! No depende de si Yo puedo, sino de que tú creas. ¿Por qué preguntas si Yo puedo o no?". Así pues, lo primero que un hijo de Dios debe aprender a hacer cuando está enfermo, es levantar su mirada a lo alto y declarar: "Señor, ¡Tú puedes!".

Recuerden lo que ocurrió cuando el Señor Jesús sanó al paralítico (me gustan mucho estas palabras del Señor porque cada vez que Él habla, elige Sus palabras muy cuidadosamente). Él les dijo a los fariseos: "¿Qué es más fácil, decir al paralítico: Tus pecados te son perdonados, o decirle: Levántate, toma tu camilla y anda?" (Mr. 2:9). Los fariseos pudieron haber pensado que era más fácil decir: "Tus pecados te son perdonados". Pronunciar tales palabras es, por supuesto, muy fácil; porque se pueden decir, pero nadie podrá saber a ciencia cierta si los pecados de dicha persona han sido verdaderamente perdonados. Pero no es nada fácil decir: "Levántate y anda". Las palabras del Señor prueban que Él puede perdonar y sanar. Fíjense con detenimiento en cómo el Señor Jesús planteó Su pregunta a los fariseos. Consideren si habría sido mejor decir: "¿Qué es más *difícil,* decir al paralítico: Tus pecados te son perdonados, o decirle: Levántate, toma tu camilla y anda?". Sin embargo, el Señor Jesús no formuló así Su pregunta. Él utilizó otra palabra; Él dijo: "¿Qué es más *fácil,* decir al paralítico: Tus pecados te son perdonados, o decirle: Levántate, toma tu camilla y anda?".

El Señor Jesús estaba preguntando qué era más fácil porque, desde Su punto de vista, ambas cosas eran fáciles. Perdonar pecados es fácil, y ordenarle al paralítico que se levante y ande también era fácil. Por esto, Él dijo: "¿Qué es más fácil?". De hecho, los fariseos estaban preguntándose qué era más difícil. Desde el punto de vista de los fariseos, tanto perdonar los pecados como ordenarle a un paralítico que tomara su camilla y andara resultaba muy difícil. Ambas cosas eran difíciles de realizar y los fariseos sólo podían preguntarse cuál de las dos era más difícil. Sin embargo, el Señor Jesús dijo: "¿Qué es más fácil?".

B. Lo que el Señor quiere: la voluntad de Dios

Es verdad que Dios puede sanarnos, pero, ¿cómo podemos saber qué Él nos sanará? No sabemos cuál es Su voluntad. Supongamos que el Señor no quiere sanarnos. ¿Qué debiéramos hacer? En esto consiste la segunda consideración. Marcos 1:41 dice: "Y Jesús, movido a compasión, extendió la mano y le tocó, y le dijo: Quiero, sé limpio". He aquí la segunda cuestión. No es suficiente que la persona enferma conozca el poder de Dios. Ella también necesita saber si Él quiere sanarla. No importa cuán grande sea el poder de Dios, no nos sería de ningún provecho si Él no estuviese dispuesto a sanarnos. Esta vez, la cuestión no es si Él puede sanarnos o no, sino más bien, si Él quiere hacerlo. No importa cuán inmenso sea Su poder, éste no tendría efecto alguno en nosotros si Él no tiene la intención de sanarnos. Lo primero que debemos determinar es si Dios *puede;* lo segundo, si Dios *quiere.* Aquí vemos al Señor Jesús diciéndole al leproso: "Quiero". Ninguna enfermedad es tan inmunda como la lepra. En el Antiguo Testamento, todas las enfermedades son meras dolencias, pero la lepra es una especie de contaminación de la carne. Quienquiera que toque a un leproso será infectado con su lepra (por lo menos, esto era lo que aquellos hombres pensaban). Sin embargo, el Señor estaba lleno de amor. Él dijo: "Quiero". Y extendió la mano y tocó al leproso. ¡El leproso fue limpio! El Señor Jesús estaba dispuesto a limpiar al leproso. ¿Sería posible que Él no estuviese dispuesto a sanarnos? Podemos afirmar claramente que Dios puede y que Dios quiere. No es suficiente saber que Dios puede hacerlo, también tenemos que saber que Dios quiere hacerlo.

C. Lo que hace el Señor: es lo que Dios ha realizado

Dios desea sanarnos, pero esto no es suficiente. Todavía es necesario que Él haga una cosa. Debemos leer Marcos 11:23-24: "De cierto os digo que cualquiera que diga a este monte: Quítate y échate en el mar, y no dude en su corazón, sino que crea que lo que está hablando sucede, lo obtendrá. Por tanto, os digo que todas las cosas [incluso las enfermedades] por las que oréis y pidáis, creed que las habéis recibido, y las obtendréis". Este pasaje se refiere a lo que Dios ha realizado. Aquí tenemos tres cosas: Dios puede, Dios quiere y Dios lo ha realizado.

¿En qué consiste la fe? La fe no solamente consiste en creer que Dios puede hacer algo y que desea hacerlo, sino en creer que Dios ha hecho algo. Consiste en creer que Él ha logrado algo. "Creed que las habéis recibido, y las obtendréis". Si ustedes tienen fe, tendrán la certeza de que Dios puede y Dios quiere. Si reciben de Él una palabra específica, entonces podrán agradecerle diciendo: "Dios me ha sanado. ¡Él ya lo ha hecho!". Mucha gente está confundida con respecto a esto. Como resultado, sus enfermedades no son sanadas. Ellos siempre están esperando ser sanados. La esperanza implica la expectativa de que algo sucederá en el futuro, mientras que la fe es saber que algo ya ha sucedido. Yo puedo creer en que Dios habrá de sanarme, pero esto puede concretarse en veinte años o en cien años. Pero aquellos que tienen una fe genuina dirán con determinación: "¡Gracias a Dios que Él *me ha* sanado! ¡Gracias a Dios que *ya recibí* Su sanidad! ¡Gracias a Dios que *he sido* limpiado! ¡Gracias a Dios, *estoy* sano!". Cuando nuestra fe haya sido perfeccionada, no sólo diremos que Dios puede realizarlo y quiere realizarlo, sino que Él ya lo realizó. ¡Dios lo hizo! Él ha escuchado su oración, y Su palabra lo ha sanado. ¡Él ya lo hizo! "Creed que las habéis recibido, y las obtendréis". La fe de muchos es una fe que cree en lo que recibirán. Como resultado, ellos no reciben nada. Ustedes deben tener la fe de que ya las han recibido. La fe proclama: "Está hecho", no: "Será hecho".

Examinemos un ejemplo muy sencillo. Supongamos que hoy predicamos el evangelio y una persona lo recibe, cree y se arrepiente. Tal persona afirma haber creído. Si usted le pregunta: "¿Has creído en el Señor Jesús?", probablemente ella le responda: "Sí, he creído". Si además usted le pregunta: "¿Eres salva?". Ella quizás diga: "Sí, seré salva". Al escuchar esta última respuesta, usted se percatará de que algo no marcha bien y, entonces, le preguntará nuevamente: "¿Está segura de que será salva?". Quizás ella diga: "Ciertamente seré salva". A lo cual usted, sabiendo que algo no está bien, le pregunta de nuevo: "¿Tiene la certeza de que será salva? Quizás diga que va a ser salva, que definitivamente será salva o que ciertamente será salva, pero algo no está bien. Si usted le pregunta: "¿Cree usted en el Señor Jesús y es salva?", y esta persona le contesta: "¡Soy salva!", entonces, ella le habrá dado al blanco. Una persona es salva en cuanto cree. La fe siempre está relacionada con el tiempo pasado. Tener fe en haber sido sanado es como la fe que uno tiene en la salvación. No es que uno crea que será sanado, o que debe ser sanado o que tiene que ser sanado. Eso no es fe. Si una persona tiene fe, dirá: "¡Gracias a Dios, he sido sanado!".

Tenemos que tomar posesión de estas tres cosas: Dios puede, Dios quiere y Dios lo ha hecho. Nuestra enfermedad nos abandonará una vez que nuestra fe haya alcanzado la etapa en la que podamos afirmar: "Dios lo ha hecho".

CAPÍTULO CUARENTA

EL PERDÓN GUBERNAMENTAL

En la Biblia hay por lo menos cuatro clases diferentes de perdón y les asignaremos un nombre específico a cada uno: el primero de ellos es el perdón eterno; en segundo lugar, el perdón instrumental; el tercero es el perdón que se encuentra en la comunión; y el cuarto es el perdón gubernamental. Si un creyente desea llevar una senda recta en su búsqueda espiritual, necesitará conocer bien en qué consiste el perdón gubernamental. Primero veremos la diferencia que existe entre estas cuatro clases de perdón y después hablaremos sobre el perdón gubernamental.

I. EL PERDÓN ETERNO

Al perdón que acompaña a nuestra salvación lo llamaremos el perdón eterno. Este es el perdón al que se refiere el Señor Jesús en Lucas 24:47: "Y que se proclamase en Su nombre el arrepentimiento para el perdón de pecados a todas las naciones, comenzando desde Jerusalén". Este es el perdón eterno. Asimismo, el perdón mencionado en Romanos 4:7 alude al perdón eterno.

Podemos calificar este perdón como *eterno* porque una vez que Dios perdona nuestros pecados, lo hace por la eternidad. Dios arroja nuestros pecados a lo profundo del mar y al abismo. Él ya no ve más nuestros pecados ni se acuerda de ellos. Este es el perdón que obtenemos en el momento de ser salvos. Cuando creemos en el Señor Jesús todos nuestros pecados nos son perdonados, el Señor los quita todos, y a los ojos de Dios no queda vestigio alguno de pecado en nosotros. Este perdón es llamado: el perdón eterno.

II. EL PERDÓN INSTRUMENTAL

Dios le dice directamente al hombre muchas veces: "Te perdono", pero frecuentemente Él proclama Su perdón por medio de la iglesia: "Dios ha perdonado tus pecados". Por lo tanto, la Biblia nos muestra otra clase de perdón, al que llamaremos: el perdón instrumental. En Juan 20:22-23 dice: "Y habiendo dicho esto, sopló en ellos, y les dijo: Recibid el Espíritu Santo. A quienes perdonáis los pecados, les son perdonados; y a quienes se los retenéis, les son retenidos". Al enviar el Espíritu Santo a Su iglesia, el Señor le encomendó a la iglesia ser Su representante en la tierra. La iglesia llegó a ser el vaso de Dios, y ahora el perdón puede ser otorgado por medio de la iglesia. A esto nos referimos cuando hablamos del perdón instrumental. Sin embargo, debemos tener cuidado de no confundirlo con el perdón que enseñan los católicos. Debemos darnos cuenta que la base del perdón instrumental es el hecho de que el Señor mismo se infundió en Su iglesia al soplar en ella diciéndole: "Recibid el Espíritu Santo". Sólo después que la iglesia recibe el Espíritu Santo, tiene poder para retener pecados y para perdonarlos. Ella puede declarar que los pecados de ciertos individuos les sean retenidos y que los de otros les sean perdonados. La iglesia tiene tal autoridad, porque está bajo la autoridad del Espíritu Santo. El Señor sopló en Sus discípulos y les dijo: "Recibid el Espíritu Santo", después de lo cual añadió: "A quienes perdonáis los pecados, les son perdonados; y a quienes se los retenéis, les son retenidos". Ésta es una especie de perdón indirecto. Dios perdona a los hombres por medio de la iglesia, la cual actúa como Su canal.

Al predicar el evangelio, con frecuencia nos encontramos con pecadores que descubren su pecado por medio de nuestras palabras: a los cuales traemos al Señor y confiesan que son pecadores. Ellos oran incluso con lágrimas de arrepentimiento para recibir el perdón y reciben al Señor Jesús con un corazón sincero. Sin embargo, debido a que son paganos, no tienen ninguna noción de lo que significa ser perdonados. En estos casos, es bueno que un representante de la iglesia les diga: "¡Dios les ha perdonado sus pecados!". Saber esto les ahorrará mucho sufrimiento y ansiedad. Si una persona verdaderamente ha creído, usted puede decirle: "¡Usted ha aceptado al Señor el día de hoy; dele las gracias porque Él ha perdonado sus pecados!". Si la iglesia no pudiese perdonar ni retener los pecados de los hombres, sería imposible determinar quién puede ser bautizado. ¿Por qué es posible aceptar a un candidato para el bautismo y rechazar a otro? ¿Por qué se puede recibir a algunos en la reunión del partimiento del pan y rechazar a otros? Esto se debe a que la iglesia puede hacer uso de la autoridad que ha recibido del Señor. Ella proclama quién es salvo y quién no, y a quiénes se les perdonan los pecados y a quiénes les son retenidos. Ciertamente, declaraciones de esta magnitud no se pueden hacer de manera irresponsable, pues aquellos a quienes se les perdonan los pecados, les son perdonados, mientras que aquellos a quienes se les retienen, les son retenidos. Tal declaración debe ser hecha bajo la autoridad del Espíritu Santo. Juan 20:22 dice: "Recibid el Espíritu Santo", y el versículo 23 añade: "A quienes perdonáis los pecados, les son perdonados; y a quienes se los retenéis, les son retenidos". Solamente cuando la iglesia ha recibido el Espíritu Santo y está bajo Su autoridad, podrá actuar como instrumento de Dios; sólo cuando el Señor ha hecho que un hombre sea un instrumento Suyo, dicho hombre podrá decirle a un pecador: "¡Tus pecados te son perdonados!"; a otro: "¡Tus pecados no te son perdonados!". Este es el segundo tipo de perdón que se describe en la Biblia, según el cual Dios no perdona directamente, sino que lo hace por medio de la iglesia. El perdón eterno es aquel en el que Dios perdona directamente a los hombres. El perdón instrumental es la proclamación del perdón que Dios hace a través del hombre.

III. EL PERDÓN EN LA COMUNIÓN

Hay una tercera clase de perdón en la Biblia al que llamamos el perdón en la comunión. En 1 Juan 1:7-9 se nos dice: "Pero si andamos en luz, como Él está en luz, tenemos comunión unos con otros, y la sangre de Jesús Su Hijo nos limpia de todo pecado. Si decimos que no tenemos pecado, nos engañamos a nosotros mismos, y la verdad no está en nosotros. Si confesamos nuestros pecados, Él es fiel y justo para perdonarnos nuestros pecados, y limpiarnos de toda injusticia". En

1 Juan 2:1-2 leemos: "Hijitos míos, estas cosas os escribo para que no pequéis; y si alguno peca, tenemos ante el Padre un Abogado, a Jesucristo el Justo. Y Él mismo es la propiciación por nuestros pecados; y no solamente por los nuestros, sino también por los de todo el mundo". El perdón al que alude este pasaje de la Palabra no es ni el perdón que recibimos en el momento en que somos salvos ni el que se pronuncia por medio de la iglesia. Este perdón difiere de los anteriores. Después que una persona cree en el Señor y se convierte en un hijo de Dios, con frecuencia necesitará el perdón de Dios. Este es el perdón del que hemos hablado en un capítulo anterior [el capítulo 21], el cual está tipificado por la aplicación de las cenizas de la vaca alazana. Después que hemos creído en el Señor, confesamos nuestra fe cristiana y recibimos el perdón eterno, todavía es posible que pequemos en alguna ocasión. Delante del Señor, todavía nos es posible flaquear y sufrir tropiezos. Esta clase de pecado hace que surja una barrera en nuestra comunión con Dios.

A. La característica de la vida: deleitarse en la comunión

Los biólogos saben que la vida posee dos características fundamentales. En primer lugar, lucha por sobrevivir, por conservarse, a fin de continuar su existencia. La vida detesta la muerte. En segundo lugar, no desea ser privada de comunión. La vida detesta ser aislada. Si una gallina es dejada a su suerte, se vuelve alicaída, pero si se la pone junto a otras gallinas, será una criatura vivaz y saludable. Todo prisionero que se aísle de los demás, sufrirá a causa de no poder tener comunión con ellos. El hombre es un ser viviente, y como tal, se esfuerza por conservar su vida y además se deleita en la comunión que tiene con otros.

B. Frustraciones a la comunión de vida

Creemos que somos salvos en virtud de la sangre del Señor Jesús. En lo que a nuestra vida se refiere, no tenemos ninguna duda, porque somos salvos y hemos sido eternamente perdonados. No tenemos ningún problema a este respecto.

Pero hay otro aspecto que podría representar un problema

para nosotros, a saber, que después de haber creído en el Señor y ser salvos, es posible que nuestra comunión con Dios y con algunos hijos de Dios se vea interrumpida a causa de haber ofendido a Dios. ¿Qué significa que nuestra comunión sea interrumpida? Supongamos que una niña va secretamente a la cocina y hurta algo que la madre había preparado: algunas frutas de la alacena o alguna otra cosa. Supongamos que se come todos los alimentos que había, mientras la madre está fuera. Ella podrá cerrar muy bien la puerta de la cocina, lavarse bien la cara y limpiar la mesa; sin embargo, ¡ha cometido una trasgresión! Antes que esto sucediera, todas las noches tenía una íntima comunión con su madre, pero esa noche, ella no podrá disfrutar de tal comunión debido a que ha hurtado algo. Cuando su madre la llame desde el cuarto, su corazón empezará a latir aceleradamente mientras se acerca, pensando que su madre le dará una paliza. Quizás su madre le ofrezca algo de comer, pero ella habrá perdido todo apetito. Teme constantemente que su madre descubra lo que ha hecho y hasta querrá esconderse de ella. Todo ello es indicio de que la comunión que la niña disfrutaba con su madre, se ha interrumpido. La niña no ha dejado de ser la hija de su madre aun cuando hurtó algo de comida, pero aquella comunión que existía entre ella y su madre se ha interrumpido. Asimismo, usted no deja de ser hijo de Dios por haber pecado, pero ciertamente su comunión con Dios se verá interrumpida. El pecado hace que nuestra comunión se vea inmediatamente interrumpida. Además, nuestra conciencia ha dejado de ser una conciencia libre de ofensas. A fin de poder disfrutar una comunión ininterrumpida con Dios, usted deberá poseer una conciencia irreprensible. Si usted tiene ofensas en su conciencia, no podrá disfrutar de la comunión con Dios.

C. Cómo restaurar nuestra comunión con Dios

Cuando un hijo de Dios peca no pierde su posición, pero su comunión con Dios sí será interrumpida. Sin embargo, hay una clase de perdón al que llamamos: el perdón en la comunión. Y se le llama así, debido a que nuestra comunión será restablecida con Dios únicamente después que nos tornemos a Dios y confesemos nuestro pecado. De otro modo, no podremos tener comunión con Dios; ni siquiera podremos orar ni decir amén cuando otros oran, lo cual ha de causarnos gran sufrimiento. ¿Qué puede hacer uno? Tomemos el ejemplo de la niña que hurtó de su madre. Ella tiene que ir a su madre y decirle: "Hurté los bizcochos que preparaste. Me comí la fruta que pusiste en la mesa. No debí haber hecho eso". Ella tiene que ver las cosas desde el punto de vista de su madre y considerar su acción como pecado. Debe llamar al pecado por su nombre. Ella debe decir: "¡Por favor, perdona mis pecados!". De igual manera, nosotros debemos acercarnos a Dios y decirle: "He pecado. He pecado contra Ti en este asunto. Por favor, perdóname". Si confesamos nuestros pecados, Él es fiel y justo para perdonarnos nuestros pecados, y limpiarnos de toda injusticia. Dicho perdón no tiene relación con el perdón eterno, sino con la comunión que hay entre Dios y nosotros. Por ello hemos llamado a esta clase de perdón: el perdón en la comunión.

IV. EL PERDÓN GUBERNAMENTAL

Hay otra clase de perdón en la Biblia al cual lo referiremos como el perdón gubernamental. Podemos entender esta clase de perdón leyendo los siguientes versículos: Mateo 6:14-15; 9:2, 5-6; 18:21-35; y Jacobo 5:15. Al perdón que hacen referencia estos versículos lo llamaremos: perdón gubernamental.

A. ¿En qué consiste el perdón gubernamental?

Algunas personas podrían preguntar: "¿En qué consiste este perdón gubernamental?". Reiteradas veces, he pensado que si una persona desde el momento en que se hace cristiana, entendiera lo que es el gobierno de Dios, se ahorraría muchas dificultades y problemas.

Permítanme usar de nuevo el ejemplo de la niña. Antes que ocurriera el incidente que describimos anteriormente, cuando la madre salía de casa, dejaba abiertas las puertas de los cuartos, las puertas de la cocina y aun la de la alacena. Ella dejaba sin llave las puertas de la alacena aun cuando estuviese llena de víveres. A la llegada de aquel día, cuando la madre retorna a su hogar, probablemente descubre que su hija ha hurtado víveres de la despensa. Y puesto que su madre ha descubierto lo sucedido, la hija no tiene más opción que confesar su pecado y pedir perdón. La madre la perdona y besándola, le dice: "Te perdono", y con ello, se da por concluido el asunto y su comunión es restaurada. Pero, a partir de aquel día, cada vez que la madre sale de la casa, cierra con llave las puertas de la alacena. ¡Ella ha cambiado su manera de proceder! Una cosa es la comunión, otra muy distinta; es el gobierno.

¿En qué consiste el gobierno? El gobierno tiene que ver con la manera de llevar a cabo las cosas. Por tanto, al hablar del gobierno divino nos referimos a la manera en que Dios hace las cosas. La madre perdona el pecado de la hija y le dice: "Puesto que ya te comiste la comida, me olvidaré del asunto". Así, ella perdona a su hija y la comunión entre ellas es restaurada. Cuando la hija ve a su madre, puede sentirse contenta y cercana a ella igual que antes. Pero la próxima vez que la madre salga, la alacena y la puerta de la cocina quedarán cerradas con llave. En otras palabras, la manera de proceder habrá cambiado. Si bien la comunión se puede restablecer, la manera en que se hacen las cosas no se puede restaurar tan fácilmente. La madre teme que su niña vuelva a caer en lo mismo y no le concederá la misma libertad que le concedía antes, sino que le impondrá ciertas restricciones. Es decir, la manera en que se hacen las cosas habrá variado. Por favor, deben tener presente que Dios se relaciona con nosotros bajo el mismo principio. El perdón que se relaciona con la comunión es un asunto sencillo. La comunión es restaurada de inmediato a todo aquel que confiesa con un corazón sincero. Basta confesar que hemos pecado contra Dios, para que Dios restaure nuestra comunión con Él; pero es probable que la manera en que Dios se relaciona con nosotros cambie de inmediato. Es decir, es probable que Dios nos someta a cierta disciplina. Puede ser que no nos permita seguir comportándonos tan libre y descuidadamente.

Cuando llegue el día en que Dios levante Su mano disciplinaria de nosotros, entonces nos será otorgado el perdón relacionado con Su gobierno. Es probable que, después de cierto tiempo, a la mamá le parezca que puede confiar de nuevo en su hija y vuelva a dejar abierta la puerta de la cocina. A esto nos referimos cuando hablamos del perdón gubernamental.

El perdón relacionado con la comunión es una cosa, y el

perdón gubernamental, que se relaciona con el gobierno divino, es otra. Por ejemplo, un padre les dice a sus hijos que pueden salir a jugar a las cuatro de la tarde y que quiere que regresen a las seis en punto para la cena. Supongamos que un día los hijos salen y se pelean con otros niños. Cuando regresan a casa, confiesan su pecado al padre. El padre los perdona y les permite salir al día siguiente. Pero ellos nuevamente se pelean con otros muchachos. ¿Qué debe de hacer el padre? Quizás sus hijos confiesen sus faltas una y otra vez y, probablemente, él les perdone una y otra vez; pero ciertamente, este padre comenzará a preguntarse si no está gobernando a sus hijos de la manera equivocada. Se preguntará si está haciendo bien en dejarlos salir todos los días. Entonces es posible que les diga: "Desde mañana se quedarán en casa y no saldrán, porque siempre que salen terminan peleando". La mano del padre se ha dejado sentir. Asimismo, cuando pecamos contra Dios, siempre que confesamos nuestros pecados, Él nos perdona; sin embargo, ello no evitará que Dios nos discipline, recurriendo a ciertos métodos. Dios nos perdona, y nuestra comunión con Él es restaurada, pero probablemente Dios cambiará la manera en que nos gobierna. Además, el hombre debe darse cuenta de que la disciplina que Dios aplica en Su gobierno no se apartará tan fácilmente. No será tan sencillo lograr que Él retire de nosotros Su mano gubernativa. Esto sólo ocurrirá una vez que Él tenga la plena certeza de que Sus hijos se comportarán como deben. Aquel padre que veía que sus hijos continuaban causando problemas, tuvo que prohibirles salir de casa, privándoles de su libertad. Probablemente aquel padre los encerró en casa por varios días, por varias semanas e, incluso por varios meses, hasta tener la certeza de que ellos no volverían a causar problemas ni a involucrarse en peleas con la gente. Sólo entonces es probable que el padre les diga a sus hijos: "Ustedes se han portado muy bien en los últimos dos meses; mañana pueden salir por diez minutos". Entonces, él habrá retirado su disciplina gubernamental. ¿Se percatan de ello? Darles estos diez minutos equivale al perdón gubernamental. Ciertamente, se ha cambiado la manera en que se hacen las cosas. El padre todavía tendrá que evaluar cómo se comportan sus hijos durante esos diez minutos. Si sus niños no causan alguna pelea durante esos diez minutos, es probable que al día siguiente les permita salir por media hora y más adelante, tal vez les extienda el tiempo a una hora. Puede ser que, pasados uno o dos meses, les permita salir a jugar de cuatro a seis de la tarde nuevamente. Cuando ese día llegue, podremos afirmar que ¡el perdón gubernamental ha sido plenamente otorgado! Entonces hermanos, ¿en qué consiste el perdón gubernamental? Esta clase de perdón difiere completamente del perdón eterno, del perdón instrumental y del perdón en la comunión. El perdón gubernamental tiene que ver con la manera en que Dios nos gobierna, nos rige y trata con nosotros.

B. Lo que el hombre siembre, eso segará

En muchos pasajes de la Biblia se nos habla de cosas similares. Por ejemplo, en Gálatas 6:7 se nos dice: "Todo lo que el hombre siembre, eso también segará". Ciertamente, esto hace alusión a la disciplina que Dios ejerce en Su gobierno. Si un padre malcría a sus hijos, éstos no crecerán como se debe. Todo padre que no cuide de su familia terminará cosechando una tragedia. Esto es el único resultado posible. Asimismo, aquella persona que siempre discute y pelea con los demás, sosteniendo opiniones diferentes, acabará por quedarse sin amigos. Lo que el hombre siembre, eso también segará. Esto corresponde al gobierno de Dios; es la ley que Él dispuso. Nadie puede alterar tal ley. Los hijos de Dios deben tener cuidado de no provocar la mano gubernamental de Dios, pues una vez que ésta sea provocada, Él no la suspenderá muy fácilmente.

C. La sanidad que el Señor efectúa en el paralítico es un ejemplo del perdón gubernamental

Cierto paralítico fue traído al Señor en presencia de los escribas. El Señor Jesús le dijo al paralítico: "Ten ánimo, hijo; tus pecados te son perdonados" (Mt. 9:2). Si no entendemos lo que implica el perdón gubernamental, nos será muy difícil entender a qué se refería el Señor Jesús en este pasaje. El paralítico no expresó su fe; fueron otros los que, cargándolo en una cama, lo trajeron al Señor. Sin embargo, el Señor le dijo: "Ten ánimo, hijo; tus pecados te son perdonados". ¿Quiere decir esto que el paralítico fue salvo cuando lo trajeron al Señor? Si fuera así, la salvación sería muy fácil. Uno sólo necesitaría ser traído al Señor, para que sus pecados le fueran perdonados. No; esto por supuesto, no se refiere al perdón eterno. No tiene nada que ver con el perdón instrumental ni siquiera con el perdón en la comunión. Esta es otra clase de perdón. Aquí el Señor nos muestra dos cosas. Por una parte, los pecados del paralítico le fueron perdonados, y por otra, él tenía que levantarse, tomar su cama y andar por sus propios medios. Tengan presente que muchas enfermedades son el resultado de la disciplina gubernamental de Dios. Para que el paralítico fuera sano y se levantara, necesitaba recibir primero el perdón gubernamental. Tal perdón está relacionado con el gobierno de Dios y tenía que ver con la enfermedad de aquel hombre, no con la vida eterna. Cuando trajeron el paralítico al Señor Jesús, era evidente que el perdón del Señor estaba relacionado con la parálisis de aquel hombre. Este hombre vino al Señor para ser sanado, y el Señor Jesús dijo que sus pecados le eran perdonados. En otras palabras, su enfermedad desaparecería una vez que sus pecados fueran perdonados. Su enfermedad estaba ligada a sus pecados. El Señor Jesús expresó tales palabras porque, ante Dios, esa enfermedad era resultado de los pecados de aquel hombre. Este hombre continuaba enfermo porque el asunto concerniente a sus pecados todavía no había sido resuelto; cuando este asunto fue resuelto, su enfermedad se desvaneció. Este es el perdón gubernamental. Cuando acontece este perdón, la enfermedad tiene que irse. Evidentemente, el pecado de este hombre era un agravio de tipo gubernamental. Ciertamente este hombre estaba enfermo debido a que había hecho algo que iba en contra del gobierno divino. Una vez que el Señor le perdonó sus pecados, pudo levantarse, recoger su cama e irse a casa. Este perdón es diferente de las otras clases de perdón. Este es el perdón que nos capacita para recoger nuestro lecho e ir a casa. Este es el perdón gubernamental.

D. Los ancianos de la iglesia ungen a los enfermos y oran para que reciban el perdón gubernamental

Jacobo 5:14-15 dice: "¿Está alguno enfermo entre vosotros?

Llame a los ancianos de la iglesia, y oren por él, ungiéndole con aceite en el nombre del Señor. Y la oración de fe salvará al enfermo, y el Señor lo levantará; y si ha cometido pecados, le serán perdonados". Este relato parece hablarnos de una clase de perdón muy especial. He aquí un hermano que estaba enfermo. Los ancianos de la iglesia son invitados a que unjan con aceite al enfermo y oren por él. Tal oración de fe sana al enfermo, y si él hubiese cometido pecados, le serán perdonados. Hemos visto que las enfermedades pueden ser causadas por muchos factores. Algunas enfermedades pueden ser el resultado del pecado, pero otras no. En este pasaje, el pecado no es perdonado por la confesión del enfermo, sino por la oración de los ancianos de la iglesia. ¿Por qué los pecados le son perdonados después que los ancianos de la iglesia oran por él y le ungen con aceite? ¿A qué tipo de pecados se refiere este pasaje? Ciertamente este procedimiento no se puede aplicar en lo que respecta al perdón eterno ni tampoco al perdón instrumental ni al perdón en la comunión. Es evidente que en este pasaje se nos habla del perdón relacionado con el gobierno divino. Supongamos que un hermano está enfermo debido a la disciplina gubernamental de Dios. Este hermano cayó en pecado, y Dios tiene que disciplinarlo. Aunque él haya confesado sus pecados, haya sido perdonado y su comunión con Dios haya sido restaurada, la mano disciplinaria de Dios continua sobre él. Dicha persona tendrá que esperar que los ancianos de la iglesia le visiten y oren por él, diciendo: "Los hermanos han perdonado sus pecados. Señor, esperamos que él se levante de nuevo. La iglesia desea que este hermano sea restaurado y pueda participar plenamente del fluir de la vida divina. Por consiguiente, ungimos su cuerpo con aceite para que el aceite que fluye desde la Cabeza llegue a él una vez más". Cuando la iglesia actúa así con el enfermo, éste es restaurado. En muchos casos, una persona pudo haber pecado y haber ofendido el gobierno divino, pero en el momento en que la disciplina gubernamental de Dios ha cumplido su objetivo en dicha persona, su enfermedad es sanada. Entonces, se cumple el versículo: "Si ha cometido pecados, le serán perdonados". Esto difiere de los pecados ordinarios. Cuando leemos la Biblia, debemos comprender que Jacobo 5 es un capítulo sobre el perdón que se relaciona con el gobierno divino. Si caemos bajo la mano gubernamental de Dios, Él no nos soltará hasta que seamos completamente perdonados.

E. David estaba bajo la mano gubernativa de Dios

Para que podamos entender el significado que tiene el perdón gubernamental, es necesario examinar el caso de David en el Antiguo Testamento. Ningún otro pasaje de la Biblia expresa tan claramente el perdón relacionado con el gobierno de Dios, como la historia de David y la mujer de Urías. David cometió dos pecados: adulterio y homicidio. El adulterio fue un pecado en contra de la esposa de Urías, y su asesinato fue un pecado en contra de Urías mismo. Si usted lee el salmo 51 así como algunos otros salmos, verá cómo David confesó sus pecados después de cometer tales errores. David sintió la vergüenza, la corrupción y la ofensa que había cometido contra Dios; al efectuar su confesión fue muy sincero ante Dios. Esto nos muestra expresamente que su comunión con Dios fue restaurada después de efectuar la confesión que consta en el salmo 51. Dicha restauración es análoga a la restauración descrita en el primer capítulo de 1 Juan.

¿Qué le dijo Dios a David? Dios envió al profeta Natán para hablar con David. Quiero que pongan especial atención a lo que Natán le dijo a David en 2 Samuel 12:13, después que éste dijo: "Pequé contra Jehová". Natán le dijo: "También Jehová ha quitado tu pecado; no morirás". David dijo: "Pequé contra Jehová", es decir, él confesó su pecado y admitió su culpabilidad. Reconoció su culpa al pecar en contra de Jehová. Dios, por Su parte, le dijo por medio de Natán: "También Jehová ha quitado tu pecado; no morirás". ¿Qué le dijo Dios a David después de eso? Él dijo: "Mas por cuanto con este asunto hiciste blasfemar a los enemigos de Jehová, el hijo que te ha nacido ciertamente morirá" (v. 14). Ya le había dicho: "Por lo cual ahora no se apartará jamás de tu casa la espada, por cuanto me menospreciaste, y tomaste la mujer de Urías heteo para que fuese tu mujer" (v. 10). Luego añadió: "He aquí Yo haré levantar el mal sobre ti de tu misma casa, y tomaré tus mujeres delante de tus ojos, y las daré a tu prójimo, el cual yacerá con tus mujeres a la vista del sol. Porque tú lo hiciste en secreto; mas Yo haré esto delante de todo Israel y a pleno sol" (vs. 11-12). Dios ya había remitido los pecados de David, pero haría morir al hijo que tuvo con la mujer de Urías y haría que la espada jamás se apartara de la casa de David. Dios ya había borrado los pecados de David, pero permitiría que Absalón se rebelara y mancillara a las mujeres de David. En otras palabras, los pecados pueden ser perdonados, pero la disciplina de Dios no se desvanecerá inmediatamente.

Permítanme que les hable con franqueza. Ustedes pueden acudir a Dios y pedirle que les perdone cualquier pecado, y Dios los perdonará. Su comunión con Dios puede ser restaurada de inmediato. David restauró su comunión con Dios muy rápidamente, pero la disciplina de Dios continuó aun después de su muerte. David jamás dejaría de estar sujeto al gobierno divino, por cuanto él estaba bajo la disciplina gubernamental de Dios. Poco después de este incidente, el hijo de David cayó enfermo. Aun cuando David ayunó y se postró en tierra toda la noche, todas sus súplicas fueron en vano; pues David se encontraba bajo la disciplina gubernamental de Dios, y ello significó la muerte de aquel hijo. Más adelante, su hijo mayor Amnón fue asesinado, y después Absalón se rebeló. ¡La espada nunca se apartó de la casa de David! Sin embargo, Dios le dijo a David que había perdonado sus pecados. Hermanos, puede ser que Dios haya perdonado sus pecados, pero a pesar de ello, no podrán evitar el castigo de Dios ni que la mano gubernativa de Dios esté sobre vosotros.

F. Aprendamos a humillarnos bajo la poderosa mano de Dios

Nuestro Dios es un Dios de gobierno. Él no retirará fácilmente Su mano gubernamental de aquellos que han pecado en contra de Él. Con frecuencia, Dios no toma ninguna acción y nos deja escapar, pero cuando Él decide extender Su mano gubernativa sobre uno, todo lo que puede hacer es simplemente humillarse bajo Su mano poderosa. ¡No es posible escapar!, pues Dios no es como el hombre; Dios nunca actúa a la ligera y no nos dejará escapar. Es relativamente fácil que aquellos pecados que perjudican nuestra comunión con Dios sean perdonados y que nuestra comunión sea restaurada. Pero nadie puede evadir la disciplina gubernamental de Dios, la cual se manifestará en nuestras circunstancias, nuestra familia, nuestra carrera e, incluso, nuestra salud. Lo único que podemos hacer es aprender a humillarnos bajo Su mano poderosa. Cuanto más nos humillamos y abandonamos toda resistencia, más fácil le será a Dios retirar Su mano gubernamental. Cuanto más nos rehusemos a humillarnos y más nos enojemos con Dios, y cuanto más nos quejemos de Él o nos airemos en contra de Él, menos probabilidades habrá que Dios quite de nosotros Su mano disciplinaria. ¡Este es un asunto que reviste gran seriedad! Es posible que hace veinte años hayamos hecho algo según nuestra propia voluntad, y hoy todavía tengamos que confrontarlo, es decir, enfrentar las consecuencias de dicho acto. Ello regresará para perturbarnos, y cuando lo logre, lo único que debemos hacer es bajar la cabeza y confesar: "¡Señor, es mi culpa!". Uno debe humillarse bajo la mano de Dios. No oponga resistencia. Cuanto más se resista, más pesada será la mano de Dios sobre usted. Permítanme reiterarles que debemos humillarnos bajo la poderosa mano de Dios. Cuanto más rechacemos la disciplina de Su gobierno, más problemas enfrentaremos. Si estamos bajo la disciplina gubernamental de Dios, debemos humillarnos y decir: "¡Señor, Tú no has obrado de manera incorrecta! Yo me merezco esto". Debemos humillarnos. No solamente debemos desechar todos nuestros pensamientos rebeldes, sino también debemos quitar todos los razonamientos y murmuraciones.

Si somos rebeldes, no será fácil escaparnos de la mano de Dios. ¿Quién podrá escaparse de Su mano? Debe comprender que la condición actual en la que usted se encuentra es resultado de lo que ha hecho en el pasado. Supongamos que, de joven, a cierto hermano le encantaba comer dulces y, a consecuencia de su excesivo consumo de ellos, ahora tiene muchas caries en sus muelas. Un día se da cuenta de que ha consumido demasiadas golosinas y que sus dolores de muelas se deben a los dulces. Entonces le pide perdón a Dios por haber sido tan complaciente con respecto a lo que comía. Por cierto Dios fácilmente le perdonará de inmediato; pero ello no significa que las caries desaparecerán de sus dientes. Sus dientes seguirán deteriorados; ése es el gobierno de Dios. Si usted come dulces, sus dientes se deteriorarán. Si confiesa su debilidad, la comunión se restaurará, pero eso no significa que sus dientes volverán a estar sanos después de hacer tal confesión. Una vez que aprenda a tomar en cuenta el gobierno divino, deberá aprender a humillarse bajo Su mano poderosa. Por supuesto, no es posible recobrar un diente una vez que se ha deteriorado; pero ciertos aspectos de la disciplina gubernamental de Dios pueden ser removidos, y es posible que la persona sometida a dicha disciplina sea completamente restaurada.

G. Caer bajo la mano gubernamental de Dios es un asunto que reviste de gran seriedad

Examinemos otro pasaje de la Palabra. Después que Moisés golpeó la roca en Meriba (Nm. 20:10-12), tanto él como Aarón fueron sometidos bajo la mano gubernamental de Dios. Después que Aarón cayó, Dios le permitió continuar ejerciendo su sacerdocio y restauró su comunión con Él. Aunque Aarón llevaba las vestiduras sacerdotales, Dios le dijo que no seguiría viviendo. Moisés tampoco honró a Jehová como aquel que es Santo cuando estaba junto a la peña. Dios quiso que Moisés le ordenara a las aguas que salieran de la roca, pero él perdió la paciencia y golpeó la roca. Ciertamente, no honró a Jehová el Santo. La mano de Dios se hizo sentir sobre Sus siervos, y ni Aarón ni Moisés pudieron entrar a Canaán. ¿Pueden reconocer aquí el principio básico? ¡Esto es el gobierno de Dios! No podemos controlar a Dios, ni podemos garantizar que nos tratará siempre de la misma manera. Dios puede cambiar la manera en que nos trata en cualquier momento, o Él puede cambiar el método que a nosotros nos parece el mejor.

La Biblia está llena de historias similares. Por ejemplo: cuando los israelitas llegaron a Cades en el desierto de Parán, enviaron espías que subieron a escudriñar la tierra (Nm. 13—14). Cuando vieron que se necesitaban dos varones para transportar los racimos de uvas, comprendieron que aquélla era una tierra en la que fluían la leche y la miel. Sin embargo, tuvieron miedo y no se atrevieron a entrar en ella, porque vieron que sus habitantes eran de gran estatura. Los israelitas se veían a sí mismos como meras langostas. En consecuencia, todos ellos murieron en el desierto, con excepción de Josué y Caleb, que fueron las únicas dos personas que entraron a la buena tierra. Más adelante, el pueblo confesó sus pecados y quiso entrar a la buena tierra, pero pese a que Dios los trató como pueblo Suyo y fue benigno con ellos, aquella generación ya no podría ser partícipe de la buena tierra de Canaán. ¡El gobierno de Dios había cambiado para con ellos! Hermanos, desde el primer día de su vida cristiana deben ponerse delante de ustedes la firme esperanza que van a permanecer hasta el final en la senda que Dios dispuso para ustedes. No se conduzcan irresponsablemente, ni pequen. Recuerden que aun cuando Dios haya tenido misericordia de ustedes, ¡Él puede cambiar la manera en que los trata! Su disciplina gubernamental no les dejará pasar nada por alto.

¡La disciplina gubernamental de Dios reviste de gran seriedad! Conozco a un hermano a quien el Señor llamó expresamente a dejar su carrera para servirle. Él regresó a su casa para visitar la familia, pero no pudo tomar la determinación de renunciar a su ocupación. Él quería ser un buen cristiano, pero no quiso dejar a un lado su carrera ni dedicar su vida a predicar el evangelio. Desde entonces, su condición espiritual ha sido algunas veces débil y otras fuerte, ¡pero para él ya es imposible regresar a tomar este camino! Recuerden que para nosotros, la mano disciplinaria de Dios constituye nuestro mayor temor, pues ¡no sabemos cuándo podrá caer sobre nosotros! Puede ser que Dios nos deje sin castigo aun cuando nos rebelemos diez veces, pero quizás no nos deje escapar la undécima vez. Sin embargo, hay quienes Él castiga a la primera vez que se rebelan. ¡No sabemos cuándo Dios nos alcanzará! Hermanos, recuerden esto: ¡El gobierno de Dios no está bajo nuestro control! Dios siempre actúa según Su voluntad.

Conozco a una hermana que en cierta ocasión quiso consagrarse al servicio del Señor. Más tarde, se casó, iniciando un matrimonio en el que no le fue muy bien. Tan pronto como dio ese paso, la luz dejó de resplandecer en su ser. Ahora, no hay manera de pedirle que ande en este camino; la mano gubernamental de Dios está sobre ella y, por más que nos esforcemos, no podemos hacer que regrese. La luz se apagó para ella; se ha hecho invisible. Es como si un velo colgara frente a ella. No hay forma de que ella vea la luz nuevamente.

H. Debemos hacer lo posible por obedecer al Señor y pedir Su misericordia

Por consiguiente hermanos, lo primero que debemos hacer es esforzarnos por obedecer al Señor. Que el Señor tenga misericordia, nos dé Su gracia y nos siga guardando para no caer bajo Su mano gubernamental. De todos modos, si caemos bajo Su mano gubernamental, no procuremos escaparnos rápidamente de ella. No resista ni huya. No se aparte de este principio básico de obedecer a Dios a toda costa. No le estoy pidiendo que obedezca por su propio esfuerzo, porque sé que no lo puede hacer. Debemos pedirle al Señor que tenga misericordia de nosotros y nos capacite para obedecerle. Únicamente si el Señor tiene misericordia de nosotros, podremos superar tal situación. Debemos pedirle: "Señor, ten misericordia de mí, pues de no ser así, no podré superar esto". Siempre debemos pedirle al Señor que tenga misericordia de nosotros para que podamos superar tales situaciones, y así ser librados de Su mano gubernativa. Si estamos sometidos a la mano gubernamental de Dios y estamos enfermos o padecemos algún sufrimiento o dificultad, tenemos que recordar que por ningún motivo debemos tratar de resistir el gobierno divino con nuestros medios carnales. Tan pronto estemos bajo la mano que Dios aplica en Su gobierno, debemos humillarnos bajo Su mano poderosa. Debemos decir: "¡Señor, esto es obra Tuya! ¡Esto es lo que Tú has dispuesto! Me someto a ello gustoso; estoy dispuesto a aceptarlo y lo acepto". Cuando Job estaba bajo la disciplina gubernamental (la que Dios pudo haberla retirado fácilmente), cuanto más la aceptaba, mayor beneficio recibía, pero cuanto más hablaba de su propia justicia, peor era su condición.

¡Gracias sean dadas a Dios! La mano gubernamental de Dios no permanece todo el tiempo sobre una persona. Personalmente, creo que cuando esta disciplina recae sobre una persona, puede ser quitada fácilmente con la oración de la iglesia. Esta es la lección preciosa que encontramos en Jacobo 5, donde se nos dice que los ancianos de la iglesia pueden hacer que se retire la disciplina que proviene del gobierno de Dios. Jacobo dice que la oración de fe puede hacer que una persona sea restaurada, y si ha cometido pecados, estos le serán perdonados. Si un hermano es iluminado en cuanto a este asunto, y la iglesia ora por él, casi siempre Dios retirará Su mano que nos rige y nos disciplina. En cierta ocasión en que conversaba con la señorita M. E. Barber, ella me contó una historia muy interesante. Un hermano había hecho algo terrible, pero después se arrepintió y vino a ver a la señorita Barber. Ella le dijo: "Usted ya se arrepintió por lo que hizo y ha retornado al buen camino, ¿no es verdad? Ahora, usted debe acudir al Señor y decirle: 'Yo antes era un vaso en las manos del alfarero; pero ahora ese vaso está roto'. No trate de hacer que el Señor haga algo diciéndole: 'Señor, debes hacer de mí esta o aquella clase de vaso.' Más bien, usted debe humillarse y orar: '¡Señor, ten misericordia de mí! ¡Permíteme ser un vaso nuevamente! Por mí mismo no puedo procurar ser un vaso.' El Señor puede hacer de usted un vaso para honra o un vaso para deshonra". Sin embargo, son muchos los que insisten en ser la misma clase de vaso. Ellos se obstinan en que el Señor haga de ellos personas gloriosas todo el tiempo, pero, a veces, las bendiciones brotan de una maldición. Sin embargo, les puedo asegurar esto: todos nosotros hemos sufrido la disciplina de Dios. Yo mismo he sentido Su mano disciplinaria de diversas maneras. He sufrido la disciplina gubernamental de Dios muchas veces. Tenemos que reconocer que con frecuencia, al experimentar la mano gubernamental de Dios, hemos llegado a conocer mejor la voluntad de Dios. Después de todo, nos es imposible esquivarla y todo lo que podemos hacer es humillarnos ante ella. Eso es todo lo que podemos hacer. A medida que pasa el tiempo, veremos que nos es imposible evitar nada, que no podemos dar rodeos ni tomar atajos. Simplemente tenemos que humillarnos e inclinarnos ante la voluntad de Dios. Todo lo que podemos decir es: "¡Señor! ¡Aquello que Tú has dispuesto para mí es siempre lo mejor! ¡Todo lo que puedo hacer es humillarme de todo corazón ante Ti!".

No debemos ser descuidados ni indolentes acerca de estos asuntos. Una hermana vino a verme para hablarme acerca de casarse con cierta persona. Le dije que hasta donde yo sabía, no debía casarse con él porque no parecía ser un cristiano digno de confianza. Ella dijo que tenía confianza en que le iba a ir bien en su matrimonio. Siete u ocho meses después de casarse me escribió una carta bastante larga diciéndome: "Ahora sé que hice mal. No escuché su consejo. ¡Ahora veo que cometí un gran error! ¿Qué puedo hacer?". Le contesté: "De ahora en adelante sólo puede tomar un camino: humíllese bajo la poderosa mano de Dios. Aunque usted me cuente de su problema, yo no la puedo ayudar; nadie la puede ayudar. Usted ahora está sometida a la disciplina gubernamental de Dios. Si usted lucha y se rebela, sólo logrará que su vaso se quiebre y sacrificará su propio futuro". En la carta le dejé muy en claro que ni siquiera debía escribirme nuevamente. ¡Debemos recordar que el gobierno divino reviste de gran seriedad!

Con frecuencia pienso: ¿Con qué puedo comparar la condición actual de la iglesia? La iglesia es como la casa del alfarero, que por todas partes tiene regadas muchas vasijas rotas, vasos y tiestos quebrados. Por donde uno camina, ve vasijas rotas. Ésta es la situación que impera entre los cristianos hoy en día. Éste es un asunto muy grave. Por ello les reitero una vez más, que debemos aprender a humillarnos bajo la poderosa mano de Dios.

V. TEMER A DIOS Y SER GENEROSO CON LOS DEMÁS

Otros dos pasajes de la Palabra, Mateo 6:15 y 18:23-35, nos hablan de la mano gubernamental de Dios. Encontramos algo muy importante en estos versículos: no debemos condenar a otros con ligereza. ¡Esto es algo muy serio! Si uno critica con ligereza a los demás, la misma crítica recaerá sobre uno. Si con respecto a cierto asunto uno no ha sabido perdonar ni excusar a otros, ¡ese mismo asunto volverá a nosotros para perturbarnos! Esto se relaciona, sin duda alguna, con la mano gubernamental de Dios. El Señor dijo que si no perdonamos a otros sus ofensas, Dios tampoco perdonará las nuestras. Esto alude al perdón gubernamental, el cual difiere de las demás clases de perdón. Mateo 18:35 usa la expresión *Mi Padre celestial*. El hecho de que una persona pueda llamar *Padre* a Dios, prueba que el asunto del perdón eterno se resolvió hace mucho tiempo. Si un hermano ofende a esta persona, y ella no quiere perdonar al hermano, Dios tampoco la perdonará a ella. En tales casos, Dios ejercerá Su mano gubernamental. Por tanto, ¡aprendan a ser personas generosas y comprensivas! Aprendan a ser siempre generosos con los demás y aprendan siempre a perdonar. Si nos quejamos continuamente de la conducta de los demás y del maltrato que recibimos de ellos, no olvidemos que esto introducirá la mano gubernamental de Dios, y ¡no será fácil escaparnos de ella! Dios permitirá que nos hundamos todavía más. Si usted es severo con los demás, Dios también será severo con usted. Cuando el esclavo salió de delante de su amo, halló a uno de sus consiervos que le debía cien denarios y lo asió por el cuello. Cuando su amo se dio cuenta de esto, se enojó con él y lo entregó a los verdugos hasta que pagara todo lo que le debía (18:23-35). Ese esclavo no salió libre hasta que pagó toda la deuda. Dios disciplinó al esclavo que no quiso perdonar. La disciplina que Dios aplica en Su gobierno vino sobre él, y a este esclavo le fue imposible evadir tal disciplina.

No solamente debemos ser generosos y perdonar a los demás, sino que también debemos evitar criticar a los demás o hablar de ellos con ligereza. Tengan presente que nuestras críticas y nuestros comentarios irresponsables acerca de los demás se convierten con frecuencia en un juicio que recae sobre nosotros mismos. Entonces, ¿qué debemos hacer? Cuando un hermano trata ásperamente a otros, hemos visto cuán pronto cae bajo la disciplina del Señor; quizás se enferme con facilidad. Algunas veces una persona hace un comentario acerca de los hijos malcriados de otros, diciendo: "Miren como la mano de Dios está siempre sobre esta persona". Pero es probable que, después de algunos días, el que hizo la crítica experimente algo parecido. ¿Qué hacemos cuando esto sucede? Hermanos, espero que todos aprendamos a temer la mano que Dios aplica en Su gobierno. Tenemos que aprender a temer a Dios. Debemos tener mucho cuidado con las palabras que decimos, porque nos pueden suceder muchas cosas como resultado de las palabras que decimos sin reflexionar.

La vida cristiana es una vida en la que aprendemos a conocer el gobierno de Dios. Como cristianos podemos vivir muchos años sobre la tierra, durante los cuales Dios nos adiestra y nos enseña las lecciones de Su disciplina. No podemos llamarnos hijos de Dios y a la vez ser los que rehúsan recibir Su disciplina. Recuerden que nadie debe criticar a otros ni hablar con ligereza. Espero que todos podamos desarrollar el hábito de apartarnos de las trivialidades y las conversaciones vanas. Debemos ser personas piadosas. No es sabio incurrir en el juicio gubernativo de Dios. Este es un asunto que reviste gran seriedad y sobriedad. Debemos tener cuidado de no acarrear sobre nosotros los problemas de otros. Todo lo que condenamos a la ligera en los demás, pronto redundará en nuestra condenación, pues lo que sembramos, eso cosechamos. En realidad, esto sucede con frecuencia entre los hijos de Dios. Espero que aprendamos a ser magnánimos según Dios. Las personas sabias son las más magnánimas. Cuanto más magnánimos seamos con los demás, más magnánimo será Dios con nosotros. Sé de lo que estoy hablando. Si somos severos y estrictos con nuestros hermanos, Dios también lo será con nosotros. Deben aprender a ser amables, amorosos y comprensivos con sus hermanos. Denle libertad a los demás en muchas cosas. Detengan toda crítica y toda palabra innecesaria. Cuando una persona tiene problemas es cuando debemos ayudarle, no criticarla.

Recuerden que al final de esta era, el pueblo judío sufrirá tormentos y estará en prisión. No tendrá ropa ni alimentos. Y las ovejas serán aquellos que los visiten cuando estén presos, que los vistan cuando estén desnudos y les den de comer cuando tengan hambre. Estos actos caritativos les permitirán a su vez recibir gracia. No debemos pensar que, como Dios ha dispuesto que pasen por persecución y sufrimientos, debemos ayudar añadiéndoles más sufrimientos. Si bien es cierto que Dios ha dispuesto que ellos sufran, también es cierto que nosotros debemos ser magnánimos con ellos. No digamos que debemos agregarles más padecimientos debido a que Dios determinó que fueran perseguidos y afligidos. La disciplina gubernamental corresponde a Dios. Los hijos de Dios en esta era deben aprender a tratar a la gente de manera generosa y compasiva. Si hacemos esto, el Señor nos perdonará en muchas áreas de nuestra vida.

Hay muchos hermanos que han caído miserablemente por una sola razón: han criticado a los demás muy severamente.

Muchas de las debilidades que tienen son las mismas debilidades que ellos criticaron antes. ¡Dios no pasará por alto tales cosas! ¡Debemos ser magnánimos con los demás si queremos evitar la mano gubernamental de Dios! Quiera Dios que aprendamos a amar a los demás y a ser comprensivos los unos con los otros. Siempre debemos suplicar por la misericordia de Dios al enfrentarnos a nuestra propia insensatez y flaqueza en todo cuanto hacemos y en la manera como nos conducimos. ¡No quisiéramos caer bajo la mano gubernamental de Dios! Debemos poner nuestra mirada una y otra vez en la misericordia de Dios. ¡Necesitamos aprender a darnos cuenta de que vivimos por la sabiduría de Dios! Debemos decirle a Dios: "Soy un hombre insensato. Todas mis acciones no son más que necedades. Yo no puedo hacer nada. Si caigo bajo Tu mano gubernamental, no podré soportarla. ¡Ten misericordia de mí!". Cuanto más flexibles y humildes seamos, más fácilmente seremos librados de nuestras aflicciones. Cuanta más arrogancia, obstinación y justicia propia tengamos, más difícil nos será salir de las dificultades. Por consiguiente, debemos aprender a humillarnos.

VI. HUMILLÉMONOS Y OBEDEZCAMOS, Y "A SU DEBIDO TIEMPO" LA MANO GUBERNAMENTAL DE DIOS SE APARTARÁ

Si por alguna razón, grande o pequeña, somos sometidos a la disciplina gubernamental de Dios, no debemos rebelarnos por ningún motivo. ¡La rebelión es insensatez! Hay solamente un principio según el cual debemos actuar cuando caemos en la mano de Dios: debemos humillarnos bajo la poderosa mano de Dios. Si en verdad nos humillamos bajo la poderosa mano de Dios, Él nos aliviará y nos liberará "a su debido tiempo". Cuando Dios vea que los sucesos han seguido su curso, Él nos soltará. Noten la expresión *a su debido tiempo*. En 1 Pedro 5:6 dice: "Humillaos, pues, bajo la poderosa mano de Dios, para que Él os exalte a su debido tiempo". El énfasis aquí recae en "a su debido tiempo". Dios nos despejará el camino *a su debido tiempo*, nos conducirá al camino recto *a su debido tiempo*, nos liberará *a su debido tiempo* y nos exaltará *a su debido tiempo*.

La mano poderosa de Dios que menciona este versículo, alude específicamente a la disciplina. Aquí la mano de Dios no indica protección, pues si así fuera, estos versículos se referirían al "brazo eterno de Dios". Pero aquí se nos habla de humillarnos bajo la poderosa mano de Dios, lo cual implica obediencia. ¡No podemos escaparnos de Su mano! No debemos oponer resistencia; más bien, debemos aprender a humillarnos bajo Su mano, diciendo: "¡Señor! Estoy dispuesto a obedecer. No importa dónde me pongas, no me opondré a Ti. ¡Acepto todo y lo acepto voluntariamente! No tengo nada que decir con respecto a la manera en que me estás tratando. ¡Estoy dispuesto a obedecer Tu palabra! ¡No importa si debes mantenerme así por mucho tiempo, estoy dispuesto a obedecerte!". Entonces veremos que hay un *debido tiempo*. No sabemos cuándo llegue ese tiempo, pero en cierto momento, el Señor nos liberará, y Él mismo guiará a la iglesia a orar por nosotros y ponernos en libertad.

Espero que desde un principio, todos nosotros seamos capaces de reconocer el gobierno de Dios. En realidad, son muchos los problemas que se suscitan debido, simplemente, a que los hombres no tienen conocimiento del gobierno de Dios. Espero que los hijos de Dios puedan conocer el gobierno divino desde el primer día, o el primer año, de su vida cristiana. Si lo hacen, podrán avanzar de una manera muy apropiada.

CAPÍTULO CUARENTA Y UNO

LA DISCIPLINA DE DIOS

Lectura bíblica: He. 12:4-13

I. LA ACTITUD APROPIADA QUE DEBEN TENER LOS QUE ESTÁN BAJO LA DISCIPLINA DE DIOS

A. Al combatir contra el pecado aún no habéis resistido hasta la sangre

Examinemos ahora Hebreos 12:4-13 punto por punto. El versículo 4 dice: "Porque aún no habéis resistido hasta la sangre, combatiendo contra el pecado". En este versículo, el apóstol nos dice que los creyentes hebreos habían combatido contra el pecado, y aunque habían sufrido mucho, habiendo pasado por muchas dificultades, afrontado muchos problemas y soportado intensa persecución, todavía no habían resistido "hasta la sangre". Si comparamos estos sufrimientos con los de nuestro Señor, ¡veremos que son bastante leves! El versículo 2 nos dice que el Señor Jesús sufrió la cruz menospreciando el oprobio. ¡Los sufrimientos de los creyentes son mucho menos severos que los sufrimientos que el Señor padeció! El Señor Jesús, menospreciando el oprobio, soportó los sufrimientos de la cruz hasta derramar Su sangre. Aunque los creyentes hebreos también habían soportado la cruz y sufrido cierto oprobio, aún no habían resistido hasta la sangre.

B. Descubrir las razones de nuestros sufrimientos

¿Qué debe esperar una persona después de llegar a ser cristiana? Nunca debemos hacer que los hermanos abriguen falsas esperanzas. Más bien, debemos hacerles saber que enfrentaremos muchos problemas, pero que tales problemas responden al propósito y designio de Dios. Podemos estar seguros de que enfrentaremos muchos problemas y tribulaciones, pero ¿cuál es el propósito y el significado de todas nuestras pruebas y tribulaciones? A menos que el Señor nos conceda el privilegio de convertirnos en mártires, probablemente no tendremos la oportunidad de combatir contra el pecado, resistiendo "hasta la sangre"; pero aun si no tuviéramos que resistir hasta la sangre, de todos modos ¡estaríamos resistiendo! Pero ¿por qué nos sobrevienen estas adversidades?

C. No desmayar ni mostrar menosprecio

Los versículos 5 y 6 dicen: "Y habéis olvidado por completo la exhortación que como a hijos se os dirige, diciendo: 'Hijo mío, no menosprecies la disciplina del Señor, ni desmayes cuando eres reprendido por Él; porque el Señor al que ama, disciplina, y azota a todo hijo que recibe'".

En esta porción de la Palabra, el apóstol citó el libro de Proverbios, que está en el Antiguo Testamento. Él dijo que si el Señor nos disciplina, no debemos menospreciar Su disciplina, y si el Señor nos reprende, no debemos desmayar. Un creyente debe mostrar estas dos actitudes. Algunos consideran que los sufrimientos, las adversidades y la disciplina que Dios les envía son cosas insignificantes y, lejos de darles la debida importancia, pasan por alto todas esas experiencias. En otros casos, los creyentes se desaniman en cuanto el Señor los reprende y caen en las manos del Señor. A ellos les parece que han tenido que soportar circunstancias excesivamente hostiles por el hecho de ser cristianos, y que la vida cristiana es muy difícil. Esperan que su camino esté libre de dificultades, y tienen el concepto de que entrarán por puertas de perla y caminarán por calles de oro con vestiduras finas de lino blanco. Jamás pensaron que los cristianos habrían de experimentar toda clase de dificultades. Ellos no están preparados para afrontar, como cristianos, tales circunstancias. Así, ellos desmayan y vacilan ante las dificultades que encuentran en el camino. El libro de Proverbios nos muestra que ambas actitudes son incorrectas.

D. No menospreciar la disciplina del Señor

Los hijos de Dios no deben menospreciar la disciplina del Señor. Si el Señor nos disciplina, tenemos que darle la debida importancia. Todo cuanto el Señor nos ha medido lleva un propósito y tiene un significado. En realidad, Él desea edificarnos por medio de nuestras experiencias y nuestro entorno. Él nos disciplina a fin de perfeccionarnos y santificarnos. Toda Su disciplina forja Su naturaleza en la nuestra. Como resultado de ello, nuestro carácter es disciplinado. Este es el propósito de la disciplina del Señor. Él no nos disciplina sin motivo; al contrario, Él nos disciplina con el propósito de hacer de nosotros vasos apropiados. Él no permitiría que a Sus hijos les sobrevengan sufrimientos sin causa alguna. No sufrimos simplemente por el hecho de sufrir, puesto que Él no nos envía las tribulaciones para hacernos sufrir. El propósito detrás de todos nuestros sufrimientos es que seamos partícipes de la naturaleza y la santidad de Dios. Ése es el objetivo de la disciplina.

Muchos hijos de Dios han sido cristianos por ocho o diez años; sin embargo, jamás han reflexionado seriamente sobre la disciplina de Dios. Nunca dicen: "El Señor me está disciplinando. Él me está corrigiendo y castigando a fin de moldearme como un vaso apropiado". No son capaces de discernir cuál es el propósito de la obra de Dios al corregirnos, disciplinarnos y tallarnos. Ellos simplemente dejan que sus experiencias les pasen de forma desapercibida. No les perturba lo que presencian hoy día, ni le dan importancia; tampoco les inquieta lo que vaya a sucederles mañana. Simplemente no les importa cuál sea la voluntad del Señor, y la pasan por alto una y otra vez. Tal parece que ellos piensan que Dios permite que las personas sufran sin sentido. Por favor, tengan presente que los hijos de Dios deben, ante todo, respetar y honrar la disciplina de Dios. Lo primero que tenemos que hacer cuando algo nos ocurre, es indagar acerca del significado que encierra tal experiencia y preguntarnos: ¿Por qué sucedieron las cosas de tal o cual manera? Así pues, debemos aprender a tener en cuenta la disciplina de Dios y a respetarla. No debemos menospreciarla. Menospreciar Su disciplina indica que somos indiferentes ante ella, lo cual equivaldría a afirmar que aunque Dios haga lo que haga, nosotros hemos de pasar por tales experiencias sin reflexionar al respecto y sin procurar discernir su propósito. Por una parte, no debemos menospreciar la disciplina de Dios; por otra, no debemos darle una importancia exagerada. Si nuestra vida cristiana se redujera a una mera historia de sufrimientos y frustraciones, ello sería causa de gran desaliento para nosotros. Esto equivale a atribuirle a la disciplina una importancia excesiva. Debemos aprender a aceptar la disciplina del Señor y también comprender que tanto Su disciplina como Su reprensión siempre tienen un significado. Al mismo tiempo, no debemos desalentarnos al ser disciplinados.

II. EL SEÑOR AL QUE AMA, DISCIPLINA

El versículo 6 dice: "El Señor al que ama, disciplina, y azota a todo hijo que recibe". Esta es una cita de Proverbios, la cual revela el propósito por el cual el Señor nos disciplina.

A. La disciplina es los preparativos del amor

Dios no dispone de tanto tiempo libre como para corregir a toda la gente del mundo; Él únicamente disciplina a los que Él ama. Así pues, Dios nos disciplina porque nos ama. Él nos disciplina porque desea hacernos vasos Suyos. Dios no tiene el tiempo para disciplinar a todo el mundo, pero sí para corregir a Sus propios hijos, porque los ama. Por consiguiente, la disciplina es la provisión del amor de Dios para nosotros. El amor dispone el entorno apropiado en el que debemos estar. A estos arreglos los llamamos la disciplina de Dios. El amor mide todo cuanto nos sucede y dispone todo lo que encontramos en nuestra vida diaria. Esto que nos ha sido medido es la disciplina de Dios. La disciplina tiene como fin reportarnos el máximo beneficio y conducirnos a la meta más excelsa de la creación.

"Y azota a todo hijo que recibe". Así pues, todos los que son disciplinados tendrán la base para afirmar que han sido recibidos por Dios. Los azotes no indican que Dios nos rechaza, sino que son una evidencia de que Él nos ha aceptado. Repito, Dios no tiene tiempo para corregir a todo el mundo; Él quiere dedicar Su tiempo al cuidado de Sus hijos, a quienes ama y ha recibido.

B. La disciplina es la educación que el Padre da

Una vez que uno se hace cristiano, debe estar dispuesto a aceptar la disciplina de la mano Dios. Si uno no es hijo de Dios, Él lo deja a usted a su libre albedrío, y permite que usted lleve una vida indisciplinada y tome su propio camino. Pero cuando uno acepta al Señor Jesús como Salvador, y una vez que nace de Dios y se convierte en Su hijo, tiene que estar dispuesto a ser disciplinado. Ningún padre se toma el tiempo para disciplinar al hijo de otro; a ningún padre le preocupa si el hijo del vecino es un buen hijo o un mal hijo. Pero un buen padre siempre disciplina a sus propios hijos de forma específica. Será estricto con su hijo según la norma que él haya establecido, y no lo disciplinará sin consideración alguna ni al azar. Adiestrará a su hijo conforme a ciertos objetivos, como por ejemplo honestidad, diligencia, longanimidad y nobles aspiraciones. El padre tiene un plan definido al disciplinar a su hijo y lo moldeará para que desarrolle cierto carácter. Del mismo modo, desde el día en que fuimos salvos, Dios ha estado elaborando un plan específico para nosotros. Él desea que aprendamos ciertas lecciones a fin de que seamos conformados a Su naturaleza, ya que anhela que seamos como Él en muchos aspectos. Es con tal motivo que Él lo dispone todo, nos disciplina y nos azota. Su meta es hacer de nosotros cierta clase de persona.

Al comienzo de su vida cristiana, todo hijo de Dios debe darse cuenta de que Dios ha preparado muchas lecciones para él. Dios le ha asignado muchas provisiones en su entorno y ha dispuesto muchas cosas, muchas experiencias y sufrimientos, con el único fin de formar en él cierta clase de carácter. Esto es lo que Dios está haciendo hoy en día. Él está resuelto a forjar cierta clase de carácter en nosotros y lo llevará a cabo poniéndonos en medio de toda clase de circunstancias.

Desde el momento en que nos convertimos en cristianos, debemos estar conscientes de que la mano de Dios está guiándonos en todo. Las situaciones difíciles y los azotes que Dios ha dispuesto para nosotros, llegarán. Tan pronto nos desviemos, Él nos dará de azotes y nos aguijoneará para que tomemos de nuevo el camino. Así pues, todo hijo de Dios debe estar preparado para aceptar la mano disciplinaria de Dios. Dios nos disciplina porque somos Sus hijos. Él no pierde Su tiempo con los demás; no tiene tiempo para disciplinar a los que no son Sus hijos amados. Los azotes y la disciplina expresan el amor y la aceptación de Dios. Solamente los cristianos son partícipes de los azotes y de la disciplina de Dios.

C. La disciplina no es un castigo sino una gloria

Lo que nosotros recibimos es disciplina; no es un castigo. El castigo es la retribución por nuestros errores, mientras que la disciplina tiene el propósito de educarnos. Somos castigados por haber hecho algo malo, y por ende, tal castigo responde a lo que hicimos en el pasado. La disciplina también se relaciona con nuestros errores, pero se aplica con miras al futuro. La disciplina conlleva un elemento del futuro, es decir, se aplica con miras a un determinado propósito. Hoy hemos sido llamados a permanecer en el nombre del Señor y le pertenecemos a Él. Así que, debemos estar dispuestos a permitirle hacer de nosotros Sus vasos de gloria. Puedo decir con certeza que Dios desea que cada uno de Sus hijos lo glorifique en ciertas áreas. Todo hijo de Dios le debe glorificar a Él. Sin embargo, cada uno lo hace de diferente manera. Algunos lo glorificarán de una manera y otros, de otra manera. Glorificamos a Dios por medio de diferentes circunstancias, lo cual redunda en que Dios sea plenamente glorificado. Todos tenemos nuestra porción y todos nos especializamos en algo. En realidad, lo que Dios anhela es formar en nosotros una determinada clase de carácter que le glorifique a Él. Por tanto, nadie está exento de la mano disciplinaria de Dios. Su mano disciplinaria operará en los Suyos, a fin de cumplir con las cosas que Él ha dispuesto para ellos. Hasta ahora no hemos conocido ni a un solo hijo de Dios que haya quedado exento de la disciplina de Dios.

D. Ignorar la disciplina es una gran pérdida

Los hijos de Dios verdaderamente experimentarán una gran pérdida si no disciernen la disciplina de Dios. Son muchos los que, a los ojos de Dios, viven neciamente durante muchos años. A ellos les es imposible seguir adelante, pues no saben lo que el Señor desea hacer en ellos. Andan según su propia voluntad, errando libremente por un desierto, sin restricción y sin rumbo. Dios no actúa de esta manera. Él es un Dios de propósito; todo cuanto Él hace tiene el propósito de moldear en nosotros cierta clase de carácter a fin de que podamos glorificar Su nombre. Toda disciplina tiene como propósito hacernos avanzar en este camino.

III. SOPORTAMOS POR CAUSA DE LA DISCIPLINA DE DIOS

El apóstol citó Proverbios cuando se dirigió a los creyentes hebreos. En el versículo 7, él explica la cita de Proverbios que aparece en los dos versículos anteriores, al decirnos: "Es para vuestra disciplina que soportáis". En el Nuevo Testamento ésta es la primera explicación que hallamos respecto del tema y es una palabra crucial. Aquí el apóstol nos da a entender que lo que soportamos, lo que sufrimos y la disciplina, todo es una misma cosa. Es Dios quien nos está disciplinando. Así pues, el apóstol nos muestra que estar bajo disciplina equivale al hecho de que tengamos que soportar algún sufrimiento: es para nuestra disciplina que debemos soportar.

A. Los sufrimientos son la disciplina de Dios

Quizás algunos se pregunten: "¿Qué es la disciplina de Dios? ¿Por qué nos disciplina?". Del versículo 2 al 4 se nos habla de sufrir la cruz, menospreciar el oprobio y combatir contra el pecado, mientras que los versículos 5 y 6 nos presentan la disciplina y los azotes. ¿Cuál es la relación que existe entre estas dos cosas? ¿Qué son la disciplina y los azotes mencionados en los versículos 5 y 6, y qué son el oprobio, la aflicción y el combate contra el pecado que se describen en los versículos del 2 al 4? El versículo 7 nos presenta la conclusión de los versículos del 2 al 6; dicha conclusión consiste en que lo que soportamos es la disciplina de Dios para nosotros. Así pues, los sufrimientos, el oprobio y las aflicciones equivalen a la disciplina de Dios. Aunque no hayamos combatido contra el pecado hasta la sangre, de todos modos, el dolor y las tribulaciones ciertamente son parte de la disciplina de Dios.

¿Cómo es que Dios nos disciplina? Su disciplina se relaciona con todo aquello que Él nos permite sobrellevar y con todo lo que Él nos hace soportar. No debemos pensar que la disciplina de Dios es algo diferente de esto. En realidad, la disciplina de Dios es todo aquello que soportamos a diario, cosas tales como: palabras ásperas, rostros severos, comentarios mordaces, respuestas descorteses, críticas infundadas, problemas inesperados, toda clase de oprobio, acciones irresponsables, agravios, e incluso los problemas de gravedad que se suscitan en nuestra familia. Algunas veces pueden ser enfermedades, pobreza, aflicción o adversidades. Son muchas las cosas que debemos afrontar y soportar. Pues bien, ¡el apóstol nos dice que todo ello es la disciplina de Dios! Es para nuestra disciplina que debemos soportar.

B. Ninguna experiencia ocurre accidentalmente

La pregunta que debemos hacernos hoy es: ¿Cómo debemos responder cuando alguien nos mira mal? Si esa mirada es parte de la disciplina de Dios, ¿cómo debemos reaccionar? Si nuestro negocio fracasa debido a la negligencia de otros, ¿cómo vamos a reaccionar? Si Dios se vale de la mala memoria de una persona para disciplinarnos, ¿qué debemos hacer? Si nos enfermamos porque alguien nos ha trasmitido una infección, ¿cómo debemos afrontarlo? Si todo se amarga por causa de varias calamidades, ¿qué diremos? Si todo nos sale mal por causa de la disciplina de Dios, ¿qué vamos a decir? Hermanos y hermanas, ¡nuestra reacción ante todas estas cosas causará una gran diferencia en nuestra condición! Podemos considerar todas las cosas en nuestro entorno como simple casualidad; ésta es una actitud que podríamos adoptar. O también podemos mostrar otra actitud y considerar que todas estas cosas son la disciplina de Dios. Las palabras del apóstol aquí son muy claras. Él dice que es para nuestra disciplina que soportamos todo. Así que, no debiéramos pensar que tales padecimientos son insoportables, pues ellos constituyen la disciplina de Dios. No seamos tan necios como para llegar a la conclusión de que tales cosas son mera coincidencia. Tenemos que darnos cuenta de que es Dios quien a diario dispone tales cosas y nos las mide para nuestra disciplina.

C. Dios nos disciplina
porque nos trata como a hijos

El versículo 7 añade: "Dios os trata como a hijos", es decir, Dios nos trata como a hijos. "Porque, ¿qué hijo es aquel a quien el padre no disciplina?". Lo que experimentamos es la disciplina de Dios. Hoy día, toda disciplina que nos sobreviene se debe a que Dios nos trata como a hijos. Tengan presente que la disciplina no tiene como fin afligirnos, sino que esa es la manera en que Dios nos honra. Muchos tienen el concepto erróneo de que Dios los disciplina porque Él desea torturarlos. ¡No! Dios nos disciplina porque desea honrarnos. Él nos trata como a hijos. Porque, ¿qué hijo es aquel a quien el padre no disciplina? ¡Dios nos honra con Su disciplina! Somos los hijos de Dios; por tanto, debemos recibir Su disciplina. Dios nos disciplina para traernos al lugar de bendición y gloria. Nunca debemos pensar que Dios nos atormenta. Porque, ¿qué hijo es aquel a quien el padre no disciplina?

D. Reconozcamos la mano del Padre

Vemos que existe un gran contraste cuando una persona comprende que todo lo que le sucede ha sido dispuesto por Dios; ella verá su experiencia desde un ángulo diferente. Si alguien me golpea con su bastón, yo tal vez discuta con él o le arrebate el bastón, y lo quiebre y se lo arroje en la cara. Si hago tal cosa, no estaré siendo injusto con él. Pero si es mi padre quien me castiga con el bastón, ¿podría arrebatárselo, quebrarlo y tirárselo de regreso? Yo no podría hacer eso. Por el contrario, hasta cierto punto nos sentimos honrados de que nuestro padre nos discipline. La señora Guyón decía: "¡Besaré el látigo que me escarmienta! ¡Besaré la mano que me abofetea!". Por favor recuerden que es la mano del Padre y la vara del Padre. Esto es diferente. Si fuera alguna experiencia ordinaria, rechazarla no nos acarrearía pérdida alguna, pero éste no es un encuentro ordinario. Es la mano de Dios y la represión que Él nos da, cuya meta es hacernos partícipes de Su naturaleza y carácter. Una vez que vemos esto, no murmuraremos ni nos quejaremos. Cuando nos damos cuenta de que es el Padre quien nos está disciplinando, nuestra impresión cambia. Nuestro Dios nos trata como a hijos. Es una gloria para nosotros que Él nos discipline hoy.

E. La disciplina es la prueba que somos hijos

El versículo 8 dice: "Pero si se os deja sin disciplina, de la cual todos han sido participantes, entonces sois bastardos, y no hijos". Recuerde que la disciplina es la evidencia de que uno es un hijo. Los hijos de Dios son aquellos a quienes Él disciplina, y los que no son Sus hijos son aquellos a quienes Él los deja sin disciplina. Uno no puede demostrar que es hijo de Dios si no es disciplinado por Él. La disciplina que se recibe es la evidencia de que uno es un hijo.

Todos los hijos han sido participantes de la disciplina. Todo hijo de Dios debe ser disciplinado, y usted no es la excepción. A menos que uno sea un hijo ilegítimo o que sea adoptado o comprado, deberá aceptar la misma disciplina. ¡Aquí las palabras del apóstol son muy directas! Todos los hijos han sido participantes de la disciplina. Si uno es hijo de Dios, no debe esperar un trato diferente, pues todos los hijos han sido participantes de la disciplina; todos son tratados de la misma manera. Todos los que vivieron en los tiempos de Pablo o de Pedro, experimentaron esto. Hoy día, lo mismo se aplica para cualquier persona en cualquier nación del mundo. Nadie está exento. Uno no puede tomar un camino por el cual otro hijo de Dios nunca ha transitado. Ningún hijo de Dios ha tomado un camino en el que esté exento de la disciplina de Dios. Si un hijo de Dios es lo suficientemente insensato como para pensar que todo en su vida y en su trabajo marchará de 'viento en popa', y que podrá escapar de la disciplina de Dios; entonces, estará afirmando que es ilegítimo, es decir, adoptado. Debemos comprender que la disciplina es la señal y la evidencia de que somos hijos de Dios. Quienes no son disciplinados son ilegítimos; pertenecen a otras familias y no son miembros de la familia de Dios. Si Dios no nos disciplina, eso quiere decir que no pertenecemos a Su familia.

Permítanme mencionarles algo que vi en cierta ocasión. Quizá no sea algo tan profundo, pero es muy ilustrativo. Cinco o seis niños estaban jugando salvajemente y estaban cubiertos de lodo. Cuando la madre de tres de ellos vino, les pegó a sus hijos en las manos y les prohibió que fueran a ensuciarse de nuevo. Después de eso, uno de ellos le preguntó: "¿Por qué no les pegaste a los demás?". La madre contestó: "Porque no son mis hijos". A ninguna madre le gusta disciplinar a los hijos de otras personas. ¡Sería terrible si Dios no nos disciplinara! ¡Aquellos a quienes se les deja sin disciplina son bastardos, y no hijos! Nosotros verdaderamente creímos en el Señor, y por esta razón, hemos recibido correcciones desde el primer día de nuestra vida cristiana. No es posible ser hijos de Dios y prescindir de la disciplina. No podemos recibir la filiación de Dios si se nos deja sin reprensión. Estas dos cosas van juntas. ¡No podemos recibir la filiación sin aceptar la disciplina! Todos los hijos deben ser disciplinados, y nosotros no somos la excepción.

IV. SOMETERSE A LA DISCIPLINA DEL PADRE DE LOS ESPÍRITUS

El versículo 9 nos dice: "Además, tuvimos a nuestros padres carnales que nos disciplinaban, y los respetábamos. ¿Por qué no nos someteremos mucho mejor al Padre de los espíritus, y viviremos?". El apóstol hace notar que nuestros padres carnales nos disciplinan, y nosotros los respetamos. Reconocemos que la disciplina que ellos nos administran es la correcta y la aceptamos. ¿Por qué no nos someteremos mucho mejor al Padre de los espíritus, y viviremos?

Esto nos muestra que la filiación nos conduce a la disciplina, y la disciplina resulta en sumisión. Debido a que somos hijos, tiene que haber disciplina, y puesto que la hay, también debe haber sumisión de nuestra parte. Dios dispone todas las cosas en nuestro entorno con el propósito de instruirnos y nos acorrala de tal manera que no tengamos más alternativa que aceptar Sus caminos.

A. Someterse a Dios en dos asuntos

Debemos obedecer a Dios en dos asuntos: Uno de ellos es que debemos obedecer los mandamientos de Dios, y el otro es obedecer Su disciplina. Por una parte, tenemos que obedecer la Palabra de Dios, es decir, Sus mandamientos; tenemos que obedecer todos los preceptos de Dios que están escritos en la Biblia. Por otra parte, debemos someternos a lo que Dios ha dispuesto en nuestro medio ambiente. Debemos ser obedientes a Su disciplina. Con frecuencia, basta con obedecer la palabra de Dios, pero hay ocasiones en las que además tenemos que someternos a Su disciplina. Dios ha dispuesto muchas cosas en nuestro entorno, y nosotros debemos aprovechar esto al aprender las lecciones que ellas nos ofrecen. Tal es el beneficio que Dios ha preparado para nosotros. Puesto que Él desea guiarnos por el camino recto, debemos aprender a obedecer no solamente Sus mandamientos, sino también Su disciplina. Es posible que el obedecer la disciplina de Dios conlleve un precio, pero ello nos encaminará por el sendero recto.

La obediencia no es una palabra más. Muchos hermanos preguntan: "¿A qué tengo que obedecer?". La respuesta a esta pregunta es simple. Podemos pensar que no hay nada a lo que debamos obedecer, pero en cuanto Dios nos aplica Su disciplina, de inmediato pensamos en varias rutas de escape. Es extraño que muchas personas parecen no tener ningún mandamiento que obedecer. Recuerden que cuando estamos bajo la mano disciplinaria de Dios, es cuando tenemos que obedecer. Algunos pueden preguntar: "¿Por qué no nos referimos a la mano de Dios como la mano que nos guía? ¿Por qué llamarla la mano que nos disciplina? ¿Por qué no decir que Dios nos guía a lo largo del camino, en lugar de decir que Él nos disciplina?". Dios sabe cuán terrible es nuestro mal genio, y nosotros también lo sabemos. Hay muchas personas que nunca conocerían la obediencia sin la debida disciplina.

B. Aprender obediencia por medio de la disciplina

Debemos tomar conciencia de la clase de personas que somos a los ojos de Dios. Somos rebeldes y obstinados por naturaleza. Somos como niños malcriados que se rehúsan a obedecer, a menos que su padre tenga una vara en la mano. Todos somos iguales. Algunos hijos jamás obedecerán a menos que se les regañe o azote. Se les tiene que dar una paliza para que hagan caso. ¡No se olviden que ésta es la clase de personas que somos nosotros! Sólo prestamos atención cuando se nos da una paliza. Si no se nos diera una paliza, nos distraeríamos con otras cosas. Por esta razón, la disciplina es absolutamente necesaria.

Deberíamos conocernos a nosotros mismos, ya que no somos tan simples como pensamos. Tal vez ni siquiera una paliza nos haga cambiar mucho. El apóstol nos mostró que el propósito de la reprensión es hacer que nos humillemos y seamos obedientes. Él dijo: "Nos someteremos mucho mejor al Padre de los espíritus, y viviremos". La sumisión y la obediencia son virtudes indispensables. Debemos aprender a obedecer a Dios y decir: "Dios, ¡estoy dispuesto a someterme a Tu disciplina! ¡Todo lo que Tú haces es lo correcto!".

V. LA DISCIPLINA ES PARA NUESTRO PROPIO BENEFICIO

El versículo 10 dice: "Porque ellos, por pocos días nos disciplinaban como les parecía". Con frecuencia los padres disciplinan a sus hijos de una manera indebida, porque los disciplinan y actúan a su capricho. De esta clase de disciplina, no se obtiene mucho beneficio.

"Pero Él para lo que es provechoso, para que participemos de Su santidad". Esto no habla de una disciplina motivada por el enojo, ni de la disciplina que se enfoca en el castigo. La disciplina y la reprensión de Dios no son simplemente un castigo, sino que tienen un carácter educacional y procuran nuestro propio beneficio. El propósito de la disciplina no es causarnos daño. La herida que nos inflige produce algo y cumple un determinado propósito. Dios no nos castiga tan sólo porque hayamos hecho algo malo. Quienes piensen de esta manera se hallan totalmente en la esfera de la ley y de los tribunales.

A. Partícipes de la santidad de Dios

¿Qué beneficio se obtiene de tal disciplina? Ella nos hace partícipes de la santidad de Dios. ¡Esto es glorioso! Santidad es la naturaleza de Dios. Podemos decir que la santidad es también el carácter de Dios. Es con miras a ésta que Dios disciplina a Sus hijos de diversas maneras. Desde que creímos en el Señor, Dios nos ha estado disciplinando. Él nos disciplina con el propósito de que participemos de Su santidad, Su naturaleza y Su carácter. La Biblia habla de varias clases de santidad. En el libro de Hebreos, la santidad se refiere específicamente al carácter de Dios. Que Cristo sea nuestra santidad es una cosa, pero que nosotros seamos santificados en Él es otra. La santidad de la que hemos hablado no es un don, sino algo que se forja en nosotros, algo que se relaciona con nuestra constitución. Esto es algo que hemos recalcado por años. Esto implica que Dios forja algo en nosotros de una manera gradual. La santidad de la que aquí se habla es la santidad que se forja mediante Su disciplina; algo que se forja por medio de Sus azotes y diariamente, cuando opera internamente en nosotros. Así pues, tanto Su disciplina como Su operación en nosotros tienen como fin hacernos partícipes de Su santidad. Después de sufrir un leve castigo, participamos de Su santidad. Después de sufrir más corrección, conocemos más la santidad. Si permanecemos bajo la disciplina de Dios, gradualmente conoceremos lo que es la santidad. Si continuamos bajo la disciplina de Dios, poco a poco, Su santidad ha de ser constituida en nuestro carácter. Si permanecemos bajo la disciplina de Dios hasta el final, poseeremos un carácter santo. ¡No hay nada que sea más importante que esto! Debemos comprender que la disciplina forja en nosotros la constitución del carácter de Dios. Toda disciplina tiene un resultado, y nosotros debemos cosechar todos sus frutos. Que el Señor nos conceda Su misericordia y permita que siempre que estemos sometidos a Su disciplina, ésta produzca un poco más de santidad en nosotros. Que todo ello redunde en mayor santidad, en que hayamos aprendido más lecciones y en que poseamos una mayor constitución de Dios. ¡La santidad debe acrecentarse continuamente en nosotros!

B. La constitución de un carácter santo

Después que aceptamos al Señor y llegamos a ser hijos de Dios, Él dispone diariamente muchas cosas en nuestro entorno, a fin de disciplinarnos y corregirnos. Todas estas cosas son lecciones para nosotros. Una y otra vez, estas lecciones tienen como fin aumentar la medida de la santidad de Dios en nosotros. ¡Necesitamos mucha disciplina para que Dios pueda forjar en nosotros un carácter santo! A los ojos de Dios, nosotros tenemos una cantidad limitada de años para vivir nuestra vida cristiana. Si descuidamos la disciplina de Dios o si ésta no produce el efecto esperado en nosotros, ¡nuestra pérdida verdaderamente será una pérdida eterna!

C. La santidad como un don y la santidad como constitución

Dios no sólo nos da Su santidad como un don, sino que también desea que participemos de ella por medio de la disciplina que nos aplica. Él desea que seamos constituidos de Su santidad y quiere forjarla paulatinamente en nuestro ser. Las personas carnales, como nosotros, tienen que recibir durante muchos años la disciplina de Dios para que puedan tener el carácter y la naturaleza santa de Dios. Necesitamos toda clase de reveses, situaciones, instrucciones, frustraciones, presiones y correcciones antes de poder participar del carácter santo de Dios. ¡Este es un asunto muy importante! Dios no sólo nos da la santidad como un simple don, sino que ésta debe ser forjada en nosotros. ¡Dios tiene que constituirnos con Su santidad!

Ésta es una característica distintiva de la salvación que se describe en el Nuevo Testamento. Dios primero nos da algo y luego forja eso mismo en nosotros. Él hace que eso mismo sea constituido poco a poco en nuestro ser. Una vez que se cumplen ambos aspectos, experimentamos la salvación completa. Un aspecto de la santidad es que es un don de Cristo, y el otro consiste en que seamos constituidos del Espíritu Santo. Esta es una característica distintiva del Nuevo Testamento. Uno es un don, y el otro es un asunto de constitución. De entre todas las verdades importantes que aparecen en el Nuevo Testamento, reconocemos esta clara afirmación: Dios nos está haciendo partícipes de Su santidad por medio de Su disciplina.

VI. LA DISCIPLINA DA EL FRUTO APACIBLE DE JUSTICIA

El versículo 11 dice: "Es verdad que ninguna disciplina al presente parece ser causa de gozo, sino de tristeza; pero después da fruto apacible de justicia a los que por ella han sido ejercitados".

El apóstol aquí recalca las palabras *al presente* y *después*. Es un hecho que mientras uno es disciplinado no está contento, sino triste. No piensen que es incorrecto sufrir cuando se experimenta la disciplina de Dios. La disciplina ciertamente es un sufrimiento. La Biblia no dice que la cruz sea un gozo. Por el contrario, afirma que la cruz es una aflicción y nos hace sufrir. El Señor menospreció el *oprobio* por el *gozo* puesto delante de Sí. Esto es un hecho. La Biblia no dice que la cruz sea un gozo, puesto que la cruz no es un gozo. Ella siempre representa sufrimiento. Por ello, no tiene nada de malo entristecerse y acongojarse cuando se nos disciplina.

Es menester que aprendamos obediencia. Solamente por medio de la obediencia podremos participar de la santidad de Dios. Es verdad que ninguna disciplina "al presente" parece ser causa de gozo. Por el contrario, nos produce tristeza, lo cual no es sorprendente; de hecho, es bastante normal que nos sintamos así. Nuestro Señor no consideró que las pruebas fueran un asunto de gozo cuando estaba pasando por ellas. Por supuesto, podemos convertirlas en gozo. Pedro dijo que nos podemos exultar en las diversas pruebas (1 P. 1:6). Por una parte, ellas representan sufrimiento, y por otra, podemos considerarlas como una causa de gozo. Cómo nos sentimos es una cosa, y cómo consideramos lo que nos acontece es otra cosa. Podemos sentirnos tristes, pero al mismo tiempo, podemos considerar las pruebas como una causa de gozo.

A. Dar fruto apacible

Los hijos de Dios deben fijar sus ojos en el futuro, no en el presente. Preste atención a esta oración: "Es verdad que ninguna disciplina al presente parece ser causa de gozo, sino de tristeza; pero después da fruto apacible de justicia a los que por ella han sido ejercitados". No se fije en los sufrimientos que está atravesando ahora; más bien, concéntrese en el fruto apacible de justicia que resultará de ello.

B. Moab estuvo quieto desde su juventud y reposado sobre su sedimento

Jeremías 48:11 dice: "Quieto estuvo Moab desde su juventud, / Y sobre su sedimento ha estado reposado, / Y no fue vaciado de vasija en vasija, / Ni nunca ha ido al destierro; por tanto, quedó su sabor en él, / Y su olor no se ha cambiado". ¿Comprenden lo que este versículo dice?

Éste es el problema de aquellos que no han pasado por pruebas. Este pasaje describe a aquellos que nunca han padecido ninguna corrección ni sufrimiento en presencia del Señor. Los moabitas habían estado quietos desde su juventud y nunca habían experimentado sufrimiento ni dolor. ¿Qué pudo producir tal quietud? Que ellos se volvieron como el vino reposado en su sedimento. Cuando una persona fermenta uvas u otra fruta para hacer licor, el vino sube a la superficie, mientras que el sedimento reposa en el fondo. El vino flota, y el sedimento se hunde. Por ello, para refinar el vino, este tiene que ser vertido de vasija en vasija. Si se le deja el sedimento en el fondo, tarde o temprano arruinará el sabor del licor. En la fabricación del vino, uno primero debe permitir que las uvas se fermenten y después debe vaciar el vino de una vasija a otra. Si uno no tiene cuidado, puede vaciar el sedimento junto con el vino; por eso, hay que decantar el líquido cuidadosamente. Pero no es suficiente vaciarlo una sola vez; por lo general, parte del sedimento logra escaparse en el líquido. Por eso la decantación se debe hacer varias veces. Es posible que la segunda vez todavía no se haya eliminado el sedimento por completo y se tenga que vaciar el vino a una tercera vasija. Uno debe seguir vaciando hasta que no quede ningún sedimento en el vino. Dios dice que Moab había estado quieto desde su juventud y que había estado reposado sobre su sedimento; no había sido vaciado de vasija en vasija, por lo cual su sedimento permaneció en él. Para deshacerse del sedimento uno debe ser vaciado de vasija en vasija; ha de ser vaciado, vez tras vez, hasta que un día no quede nada del sedimento que permanece en el fondo. Moab tenía todo el sedimento, aunque en la superficie parecía ser transparente; en el fondo, no había sido vaciado. Quienes nunca han pasado por pruebas y correcciones no han sido vaciados de vasija en vasija.

Con frecuencia, tal parece que Dios arranca a la persona de raíz. Puede ser que cuando un hermano se consagre, experimente que Dios lo arranque de raíz, y quizá todo cuanto posee también sea arrancado. Otro hermano tal vez experimente que Dios lo desarraigue de todo lo que poseía, mediante las pruebas y los sufrimientos. Esto equivale a ser vaciado de una vasija a otra. La mano de Dios habrá de triturarnos por completo. ¡Él hace esto a fin de despojarnos de todo nuestro sedimento!

No es bueno estar tan quietos. Hermanos y hermanas, Dios desea purificarnos. Por esto nos disciplina y nos azota. No piensen que la quietud y la comodidad son algo bueno para nosotros. La quietud en la que estuvo Moab, hizo que ¡siguiera siendo Moab para siempre!

C. Quedó el sabor, y el olor no cambió

Aquí tenemos unas palabras muy sobrias: "Quedó su sabor en él, / Y su olor no se ha cambiado". Debido a que Moab no había sido vaciado de barril en barril, de botija en botija y de vasija en vasija, y debido a que nunca fue disciplinado y corregido por Dios, ¡quedó su sabor en él y su olor nunca cambió!

Hermanos, ésta es la razón por la cual Dios tiene que operar en usted. Él desea eliminar su sabor y cambiar su olor. Él no quiere ni el sabor ni el olor que usted tiene. He dicho en otras ocasiones que muchas personas están "crudas" porque todavía están en su estado original. Nunca han cambiado. Usted tenía cierta clase de sabor antes de creer en el Señor. Es probable que hoy, después de ser creyente por diez años, usted tenga el mismo sabor y su olor sea igual al que tenía antes de creer en el Señor. En el hebreo, el vocablo *olor* quiere decir "aroma", que es es el sabor aromático característico de un objeto en su estado original. Antes de ser salvo, usted tenía cierto olor. Y en el presente usted conserva el mismo olor, lo cual quiere decir que no ha habido ningún cambio en usted. En otras palabras, Dios no ha forjado ni esculpido nada en usted.

¡La disciplina de Dios es verdaderamente preciosa! Él desea arrancarnos de raíz y vaciarnos de vasija en vasija. Dios nos disciplina y nos trata de diferentes maneras para que perdamos nuestro olor original y demos el fruto apacible de justicia. Esta expresión, *fruto apacible de justicia,* también puede traducirse: "el fruto apacible, que es el fruto de justicia".

D. El fruto apacible es el fruto de la justicia

Recuerden que este fruto es un fruto apacible. El hombre debe estar en paz con Dios para obtener este fruto. Lo peor que uno puede hacer es murmurar, perder la paz y rebelarse cuando está siendo disciplinado. Uno puede afligirse por la disciplina, pero no debe murmurar ni rebelarse. El problema de muchos radica en que no tienen paz; por esto necesitan del fruto apacible cuando están bajo disciplina. Si desea que en usted brote el fruto apacible, debe aprender a aceptar la disciplina. Debe aprender a no pelear ni discutir con Dios. El fruto apacible es el fruto de la justicia. Si uno tiene el fruto de paz, tiene el fruto de la justicia. Por eso el apóstol lo llama "el fruto apacible, que es el fruto de justicia". La paz es justicia. Y si el fruto interno es paz, la expresión externa será justicia. Si usted posee el fruto apacible en su interior, espontáneamente participará de la santidad de Dios.

Espero que ninguno de nosotros sea como Moab, que estuvo quieto desde su juventud y sobre su sedimento estaba reposado. Él no había sido vaciado de vasija en vasija ni nunca había estado en cautiverio; por lo tanto, quedó su sabor en él, y su olor no cambió. Algunos han sido creyentes por diez o veinte años y se han quedado en la misma condición todo ese tiempo. No han aceptado ninguna de las correcciones de Dios ni se han sujetado a las mismas. Así que, quedan con su sabor original. Si nuestro olor sigue siendo el mismo por diez o veinte años, quiere decir que nunca hemos producido fruto apacible ante Dios y no hemos sido constituidos de un carácter santo. Nuestra esperanza es que Dios nos constituya con algo, y ese algo se llama un carácter santo.

VII. CONCLUSIÓN

Hebreos 12:12-13 dice: "Por lo cual, enderezad las manos caídas y las rodillas paralizadas; y haced sendas derechas para vuestros pies, para que lo cojo no se disloque, sino que sea sanado". Algunas veces parece que la disciplina hace que nuestras manos estén caídas y que nuestras rodillas se paralicen, pero el apóstol nos exhorta a no desanimarnos. Tal vez nuestras manos estén caídas y nuestras rodillas estén paralizadas, pero tenemos el fruto de paz y el fruto de justicia.

A. Enderezad las manos y las rodillas

No piensen que cuando una persona sufre intensas penalidades y disciplina, no le queda nada que hacer. Después de ser disciplinados y azotados, necesitamos enderezar las manos caídas y las rodillas paralizadas. La disciplina y los azotes darán el fruto apacible, y este fruto de paz es el fruto de la justicia. Si uno está en paz con Dios, obtendrá la justicia. Tan pronto sea apaciguado y se someta a Dios, todo llega a ser recto y apropiado. Al humillarnos, somos constituidos de un carácter santo. Puesto que el fruto apacible es el fruto de la justicia, no debe poner sus ojos en la justicia. Sencillamente examine si tiene paz o no, y si es sumiso y dócil o no. Si usted es dócil y obediente, y si tiene paz, ciertamente la santidad será forjada en su ser. Tenga presente que aunque haya soportado muchas pruebas y experimentado muchas penalidades en el pasado, todavía necesita enderezar sus manos caídas y sus rodillas paralizadas.

B. Haced sendas derechas

Al mismo tiempo necesita esto: "Haced sendas derechas para vuestros pies". Hoy en día, podemos decir que hemos pasado por parte de esta senda. Les estamos presentando claramente en qué consiste esta senda. "Para que lo cojo no se disloque, sino que sea sanado". Aquellos que se han quedado atrás ya no tienen que ser dislocados; pueden ser sanados y unidos a quienes ya han transitado por la senda derecha. Si una persona pasa por pruebas y se humilla bajo la poderosa mano de Dios, verá que su carácter ha sido constituido con la santidad. Además, guiará a muchos por la senda derecha para que no se disloquen, sino que sean sanados.

Si un hermano se desvía enfrente de nosotros, ello podría desalentar a quienes procuran encontrar el camino correcto. Por esta razón, nosotros mismos debemos ser obedientes; debemos producir fruto apacible. Esto no sólo nos asegura que estamos en el camino correcto, sino que además abrirá a otros este mismo camino para que ellos lo puedan tomar. Los cojos podrán andar por este camino y podrán ser sanados. Recuerdo el hombre cojo que se menciona en Hechos 3. Cuando sus pies se fortalecieron, se puso en pie y comenzó a caminar, a saltar y a alabar a Dios. Un hombre cojo fue sanado, pero en la actualidad hay muchos cojos en este mundo. Ellos pueden ser sanados por la senda derecha que nosotros tomamos. Debemos abrir un camino para que todos los hermanos lo sigan.

CAPÍTULO CUARENTA Y DOS

LA DISCIPLINA
DEL ESPÍRITU SANTO

Lectura bíblica: Ro. 8:28; Mt. 10:29-31; Jer. 48:11; Gn. 47:7-10

Hemos creído en el Señor y, por tanto, hemos recibido una nueva vida, pero antes que esto sucediera, habíamos desarrollado una serie de hábitos y muchos de los rasgos distintivos de nuestro carácter, como muchos aspectos en nuestro temperamento ya eran parte de nuestro ser. Ahora, estos hábitos, rasgos de carácter y nuestro modo de ser son una frustración para que la nueva vida que recibimos pueda expresarse. Por esta razón la mayoría de personas no puede tocar esta nueva vida ni puede experimentar al Señor cuando tiene contacto con nosotros. Con frecuencia, los demás sólo perciben nuestra vieja persona. Quizá seamos personas muy inteligentes, pero tal inteligencia no ha sido regenerada. Tal vez seamos personas muy cálidas, pero tal afecto no ha sido regenerado. Podemos conocer a alguien que es muy amable o muy diligente y, sin embargo, no podemos percatarnos que su amabilidad y su diligencia hayan sido regeneradas. Así pues, todos esos rasgos naturales son una frustración para que otras personas tengan contacto con el Señor.

Desde que fuimos salvos, el Señor ha venido haciendo dos cosas en nosotros. Por una parte, está demoliendo nuestros viejos hábitos, nuestro antiguo carácter y nuestro modo de ser. Esta es la única manera en que Cristo expresa Su vida a través de nosotros. Si el Señor no realiza esta obra, Su vida será frustrada por nuestra vida natural. Por otra parte, poco a poco el Espíritu Santo está creando una nueva naturaleza y un nuevo carácter en nosotros, los que tienen un vivir nuevo y hábitos nuevos. El Señor no sólo está demoliendo lo viejo, sino también está constituyéndonos con lo nuevo. No solamente hay demolición por el lado negativo, sino que también, en un sentido positivo, está realizando una obra de constitución en nosotros. Estos son los dos aspectos de la obra que el Señor hace en nosotros después de salvarnos.

I. DIOS ES EL QUE LLEVA A CABO LA OBRA

Después de ser salvos, muchos creyentes logran percatarse de la necesidad que tienen de demoler su persona misma. No obstante, son muy inteligentes y procuran valerse de medios artificiales para demoler su naturaleza vieja, su carácter viejo y sus hábitos viejos. Sin embargo, lo primero que Dios derribará serán precisamente tales medios artificiales. Hermanos y hermanas, es inútil e incluso contraproducente, valerse de la energía humana para tratar de derribar la personalidad, el carácter y los hábitos que, en el pasado, fueron edificados por esa misma energía humana. Debemos comprender desde el principio, que todo lo viejo debe ser demolido. Sin embargo, debemos saber que no lo podemos hacer por nosotros mismos. Los esfuerzos del hombre por acabar consigo mismo apenas redundarán en una cierta apariencia acicalada, la cual sólo impedirá el crecimiento de la vida espiritual. No es necesario que nos esforcemos por demolernos a nosotros mismos, pues Dios lo hará por nosotros.

Es menester que tengamos bien en claro que es Dios quien realmente desea hacer esto y es Él quien habrá de hacerlo. Por ello, no tenemos que idear maneras de enfrentarnos con nosotros mismos. Dios desea que dejemos ese trabajo en Sus manos. Este concepto fundamental debe causar en nosotros una impresión indeleble. Si Dios tiene misericordia, de nosotros Él trabajará en nosotros. Entonces, Dios dispondrá nuestras circunstancias de tal manera que nuestro hombre exterior sea consumido. Sólo Dios conoce lo que necesita ser destruido. Sólo Él conoce nuestros rasgos obstinados y prevalecientes. Quizás en muchos aspectos seamos personas demasiado rápidas o demasiado lentas; tal vez seamos descuidados o legalistas en extremo. Únicamente Dios conoce nuestras necesidades; nadie más las conoce, ni siquiera nosotros mismos. Dios es el único que nos conoce por completo. Así pues, es imprescindible que le permitamos realizar esta obra.

A fin de explicar la obra de quebrantamiento y de constitución que se lleva a cabo en nosotros, usaremos por ahora la frase *la disciplina del Espíritu Santo*. Aunque Dios dispone todas nuestras circunstancias, es el Espíritu Santo quien nos aplica este arreglo a nosotros. Si bien es Dios quien ha dispuesto el entorno que nos rodea, el Espíritu Santo es quien se encarga de hacer que tales circunstancias se traduzcan en experiencias internas al aplicarlas a nosotros. A esta conversión de eventos externos en experiencias internas, se llama la disciplina del Espíritu Santo. En efecto, Dios dispone nuestro medio ambiente por medio del Espíritu Santo, es decir, Dios no ordena nuestras vidas directamente, sino que lo hace por medio del Espíritu Santo. La dispensación que se extiende desde la ascensión del Señor hasta Su venida, es la dispensación del Espíritu Santo. En esta dispensación, la obra de Dios se lleva a cabo por medio del Espíritu Santo. El Espíritu Santo dispone cada detalle del entorno en que se desenvuelven los hijos de Dios y los dirige internamente. Hay unos cuantos pasajes en el libro de Hechos que mencionan casos en los que el Espíritu Santo insta a los creyentes a hacer algo, o les impide y prohíbe hacer algo. Así pues, a lo dispuesto por el Espíritu Santo en nuestro entorno, y a Su operación interior de instarnos a hacer algo, o de impedirnos y prohibirnos hacer ciertas cosas, le llamamos "la disciplina del Espíritu Santo". Esto significa que el Espíritu Santo nos disciplina por medio de todas estas experiencias.

Esta disciplina no solamente nos guía, sino que también afecta nuestro modo de ser, el cual no sólo incluye nuestra manera de actuar, sino también nuestro carácter. Tenemos una nueva vida dentro de nosotros; el Espíritu de Dios mora en nosotros. Él sabe lo que necesitamos y conoce la clase de experiencia que nos traerá mayores beneficios. La disciplina del Espíritu Santo consiste en que Dios, por medio del Espíritu Santo, dispone el entorno apropiado a fin de satisfacer nuestra necesidad, y llevar a cabo Su obra de quebrantarnos y constituirnos. Por tanto, la disciplina del Espíritu Santo destruye nuestro modo de ser junto con sus hábitos, e introduce en nuestro ser la constitución del Espíritu Santo en madurez y dulzura.

Dios ha preparado todo nuestro medio ambiente. Aun nuestros cabellos están contados. Si un gorrión no cae a tierra sin el consentimiento del Padre, ¿cuánto más no estará nuestro entorno bajo el cuidado de Su mano? Una palabra áspera, un gesto hostil, una desgracia, un deseo insatisfecho, la repentina pérdida de salud, el fallecimiento repentino de un ser querido, todo ello es regulado por el Padre, y sea alegría, aflicción, salud, enfermedad, gozo o dolor, todo cuanto nos sobreviene ha sido aprobado por el Padre. Dios dispone nuestro entorno con el fin de demoler nuestro carácter y nuestro modo de ser viejos, y así Él puede reconstituirnos con un carácter y modo de ser nuevos. Dios arregla las circunstancias necesarias y, sin que nosotros estemos conscientes de ello, nos quebranta y hace que el Espíritu Santo se forje en nuestro ser, a fin de que lleguemos a tener un carácter y modo de ser que se asemejan a Dios. Este carácter y modo de ser que son como Dios, serán los que se expresen diariamente a través de nosotros.

Tan pronto como creemos en el Señor, debemos tener bien en claro ciertas cosas. Primero, necesitamos ser demolidos para luego ser reedificados. Segundo, no somos nosotros los que nos destruimos y edificamos a nosotros mismos; sino que es Dios quien arregla nuestras circunstancias a fin de demolernos y edificarnos.

II. CÓMO ARREGLA DIOS TODAS LAS COSAS

¿Cómo arregla Dios todas las cosas para que todo redunde en nuestro bien?

Cada uno de nosotros es diferente de los demás en cuanto a naturaleza, carácter, manera de vivir y hábitos. Por ello, cada uno de nosotros requiere ser quebrantado de manera diferente. Así pues, Dios recurre a muchas clases de disciplina, tantas como hay individuos. Cada uno de nosotros ha sido sometido a un conjunto de circunstancias diferentes. Es posible que un esposo y una esposa disfruten de mucha intimidad entre ellos; aun así, Dios dispondrá que cada uno de ellos sea sometido a diferentes circunstancias. Probablemente un padre y su hijo, o una madre y su hija, lleven una relación muy estrecha entre sí; sin embargo, Dios ha dispuesto un entorno diferente para cada uno de ellos. Al operar en nosotros valiéndose de nuestras circunstancias, Dios es capaz de dosificar Su disciplina para cada uno de nosotros de acuerdo a nuestras necesidades particulares.

Todos los arreglos que Dios hace, tienen como meta nuestro entrenamiento. Romanos 8:28 dice: "Y sabemos que a los que aman a Dios, todas las cosas cooperan para bien, esto es, a los que conforme a Su propósito son llamados". Aquí, como en el griego, "todas las cosas" quiere decir "todo". "Todo" no se limita a cien mil cosas ni a un millón de cosas. No podemos decir cuán grande sea este número, pues simplemente "todo" —todas las cosas— ha sido dispuesto por Dios para nuestro bien.

Por consiguiente, nada nos sucede por casualidad. Las coincidencias no existen para nosotros. Todas las cosas son preparadas por Dios. Desde nuestro punto de vista, nuestras experiencias pueden parecernos confusas y desconcertantes, y probablemente no seamos capaces de discernir su significado intrínseco ni el sentido que tienen. Pero la Palabra de Dios afirma que todas las cosas cooperan para nuestro bien. No sabemos qué cosa cooperará para nuestro bien. Tampoco sabemos cuántas cosas nos esperan ni el beneficio que nos traerán. Lo que sí sabemos es que todo obra para nuestro bien. Todo lo que nos suceda nos reportará algún beneficio. Tengamos presente que lo que Dios ha dispuesto tiene como fin producir santidad en nuestro carácter. Nosotros no forjamos esta santidad en nosotros mismos; es Dios quien produce un carácter santo en nosotros valiéndose de nuestras circunstancias.

Un ejemplo servirá para explicar la forma en que todas las cosas cooperan para nuestro bien. En la ciudad de Hangchow hay muchos tejedores de seda. Para tejer, se usan muchos hilos y colores. Si miramos la tela por el revés, parece un revoltijo. Una persona que no sepa de tejidos quedaría perpleja, pues no podría distinguir la imagen que aparece al otro lado de la tela. Cuando le dé vuelta a la tela, verá en ella hermosas figuras de flores, de montañas y de ríos. No se ve nada definido cuando se está tejiendo la tela; sólo se ven hilos rojos y verdes que se mueven hacia atrás o hacia adelante. De igual modo, nuestras experiencias aparentemente se desplazan hacia atrás o hacia adelante, en semejanza a un rompecabezas. No sabemos qué diseño tiene Dios en mente, pero todo "hilo" que Dios usa, toda disciplina que procede de Sus manos, cumple una función. Cada color obedece a un propósito, pues el diseño ha sido preparado de antemano. Dios prepara nuestro entorno porque se ha propuesto crear santidad en nuestro carácter. Por ello, todo lo que sale a nuestro encuentro tiene significado, y es posible que no lo entendamos hoy, pero un día lo entenderemos. Algunas cosas no se ven muy bien en el presente, pero más adelante, cuando miremos hacia atrás, entenderemos por qué el Señor hizo esto y qué se proponía cuando lo hizo.

III. NUESTRA ACTITUD

¿Cuál debe ser nuestra actitud cuando enfrentamos todas estas cosas?

Romanos 8:28 dice: "*A los que aman a Dios*, todas las cosas cooperan para bien". En otras palabras, cuando Dios trabaja, es posible que recibamos el bien, pero también es posible que no lo recibamos. Esto guarda estrecha relación con nuestra actitud. Nuestra actitud determina incluso cuán pronto recibiremos el bien. Si nuestra actitud es la correcta, recibiremos el bien de inmediato. Si amamos a Dios, todo lo que procede de la voluntad de Dios cooperará para nuestro bien. Si un hombre afirma que no tiene preferencias, que no pide nada para sí mismo y que solamente desea lo que Dios le dé, debe tener un sólo deseo en su corazón: amar a Dios. Si ama al Señor de todo corazón, todas las cosas que lo rodean cooperarán en amor y para su bien, no importa cuán confusas parezcan.

Cuando algo nos sucede y nos encontramos con que carecemos del amor de Dios en nosotros, cuando anhelamos y procuramos cosas para nosotros, o cuando procuramos intereses privados aparte de Dios, no recibiremos el bien que Dios ha reservado para nosotros. Somos muy buenos para quejarnos, contender, murmurar y protestar, pero hermanos y hermanas, tengan presente que aunque todas las cosas cooperen para bien, no recibiremos el bien inmediatamente si no amamos sinceramente a Dios. Muchos hijos de Dios han tenido que enfrentar muchos problemas, pero no han recibido el bien. Sufren una disciplina intensa, y aunque Dios ha preparado muchas cosas para ellos, estas no resultan en ninguna riqueza de su parte.

La razón de esta pobreza se debe a que tienen otras metas aparte de Dios mismo. Sus corazones no son dóciles para con Dios. No sienten el amor de Dios ni lo aman. Tienen una actitud equivocada. En consecuencia, tal vez hayan recibido muchos tratos del Señor; sin embargo, nada permanece en sus espíritus.

Que Dios tenga misericordia de nosotros para que aprendamos a amarlo de corazón tan pronto somos salvos. Estar escasos de conocimiento no es muy importante, pues, en realidad la manera de conocer a Dios estriba en el amor, no en el conocimiento. Si un hombre ama a Dios, lo conocerá aunque carezca de conocimiento. No obstante, si sabe mucho pero con su corazón no ama a Dios, el conocimiento no le servirá de mucho para conocer a Dios. Hay una excelente línea en uno de los himnos: "El amor siempre nos conduce por el camino más corto / Para llegar a Dios" (*Hymns,* #477). Si un hombre ama a Dios, todo cuanto encuentre redundará en su propio bien.

Nuestro corazón debe amar a Dios; debemos conocer Su mano y humillarnos ante ella. Si no vemos Su mano, el hombre nos distraerá y pensaremos que los demás están mal y que nos han traicionado. Creeremos que todos nuestros hermanos y hermanas, nuestros parientes y nuestros amigos están equivocados. Cuando condenamos a todo el mundo, nos desanimamos y desilusionamos, y nada redundará en nuestro bien. Cuando decimos que todos los hermanos y las hermanas de la iglesia están mal, que nada está bien y que todo marcha mal, no obtenemos beneficio alguno; sólo nos enojaremos y criticaremos. Si recordamos lo que el Señor Jesús dijo, que "ni uno de ellos cae a tierra sin vuestro Padre" (Mt. 10:29), y nos damos cuenta de que todo proviene de Dios, entonces nos humillaremos bajo Su mano y recibiremos el bien.

En Salmos 39:9 leemos: "Enmudecí, no abrí mi boca, / Porque Tú lo hiciste". Esta es la actitud de una persona que obedece a Dios. Puesto que Dios ha hecho algo y ha permitido que llegue a nosotros para nuestro bien, nos humillaremos y no diremos nada. No preguntaremos: "¿Por qué a otros les sucede aquello y a mí esto?". Si amamos a Dios y sabemos reconocer Su mano, entonces no nos quejaremos. Así seremos testigos de que Dios nos quebranta y nos edifica.

Hay quienes podrían preguntar: "¿Hemos de aceptar también lo que venga de la mano de Satanás?". El principio fundamental es que aceptemos todo lo que Dios permite que llegue a nosotros. En lo que se refiere a los ataques de Satanás, debemos resistirlos.

IV. QUEBRANTAMIENTO Y CONSTITUCIÓN

El Señor hace que tengamos que enfrentar muchas cosas, de las cuales muy pocas son de nuestra preferencia. Por eso la Biblia nos manda: "Regocijaos en el Señor siempre" (Fil. 4:4). Debemos regocijarnos en el Señor, puesto que solamente en el Señor nos podemos regocijar siempre. Aparte de Él, ¿qué podría traernos un regocijo constante? ¿Por qué Dios permite que nos sobrevengan adversidades? ¿Qué se propone con eso? Su meta es derribar nuestra vida natural. Si leemos Jeremías 48:11, tendremos esto bien en claro.

Jeremías 48:11 dice: "Quieto estuvo Moab desde su juventud, / Y sobre su sedimento ha estado reposado, / Y no fue vaciado de vasija en vasija, / Ni nunca ha ido al destierro; / Por tanto, quedó su sabor en él, / Y su olor no se ha cambiado". Los moabitas eran los descendientes de Lot (Gn. 19:36-37). Estaban emparentados con Abraham, pero su origen era carnal. Moab había estado quieto desde su juventud y nunca había pasado por tribulación, ni pruebas, ni azotes, ni penas, ni dolor. No le había sucedido nada que le hiciera derramar lágrimas; jamás cosa alguna rompió su corazón ni obstaculizó sus caminos. A los ojos de los hombres, esto era una gran bendición. No obstante, ¿qué dijo Dios acerca de los moabitas? Él dijo: "Sobre su sedimento ha estado reposado, / Y no fue vaciado de vasija en vasija". El vino reposado en su sedimento indica que ese líquido es una mixtura. Cuando el vino se fermenta, en la parte superior se forma un líquido claro y en el fondo se asienta el sedimento. Pero tan pronto uno agita la vasija, el sedimento y el líquido se mezclan de nuevo. Para obtener el líquido claro, se debe vaciar cuidadosamente el vino de una vasija a otra. En tiempos antiguos no había filtros que cumplieran esta función, y la única manera de eliminar el sedimento era decantar el líquido, vertiéndolo en otra vasija. Originalmente el líquido y el sedimento estaban mezclados, pero cuando se vaciaba el líquido a otra vasija, el sedimento quedaba atrás. Algunas veces, parte del sedimento lograba escaparse en el líquido y pasaba a la otra vasija, lo cual hacía necesario decantar el líquido de nuevo en otra vasija. Esto se hacía reiteradas veces hasta que el sedimento era eliminado por completo. Moab nunca fue *vaciado* de vasija en vasija, tal como ocurre con el vino asentado sobre su sedimento. No había sido librado de su "sedimento". Por esto dice: "Quedó su sabor en él, / Y su olor no se ha cambiado". El sabor de Moab siempre sabía a Moab, y su olor quedó en él. La condición que tenía desde sus primeros días jamás cambió. Pero a Dios no le interesa el antiguo olor. Él desea cambiar el olor.

Algunos han sido creyentes por diez años, pero su sabor permanece igual que el primer día. Son como Moab, cuyo sabor permanece y cuyo olor no cambia. Algunas personas eran muy descuidadas cuando recibieron al Señor Jesús y después de veinte años siguen siendo descuidadas. El primer día vivían en ignorancia e insensatez y hoy continúan en la misma condición; todavía queda en ellos su mismo sabor, y su olor no se ha cambiado. Dios no desea tal cosa. Él desea despojarnos de nuestros viejos hábitos, de nuestra vieja naturaleza y de nuestro carácter; quiere eliminar todo elemento indeseable de nosotros. Él quiere vaciarnos a otra vasija y luego a otra. Después de haber sido trasvasados unas cuantas veces, nuestro "sedimento" quedará atrás, y el sabor original habrá desaparecido.

Moab llevó una vida tranquila, pero como resultado "su sabor quedó en él, / Y su olor no se ha cambiado". Quizás nuestra vida no haya sido tan fácil como la de Moab. Tal vez no se diga de nosotros: "Quieto estuvo ... desde su juventud", y hayamos pasado por "muchas tribulaciones" como Pablo (Hch. 14:22). Si éste es el caso, tengamos presente que el Señor está eliminando nuestro sedimento y nuestro sabor original. El Señor desea librarnos de nuestro propio sabor y de nuestro olor natural. Lo viejo que hay en nosotros debe demolerse; necesitamos que el Señor lo arranque de raíz. Para ello, Él nos está vaciando de una vasija a otra, y luego a una tercera. Él permite que esto nos suceda hoy y que aquello nos suceda mañana. El Señor nos lleva de un entorno a otro, de una experiencia a otra. Cada vez que Él disponga nuestro entorno y nos quebrante, perderemos algo de nuestro viejo sabor y olor. Así, poco a poco seremos purificados de nuestro viejo sabor. Cada día seremos un poco diferentes de cómo habíamos sido el día anterior, y al día siguiente, cambiaremos aún más. Esta es la manera en que el Señor opera en nosotros; Él derriba un poquito hoy y otro poquito mañana, hasta que todo nuestro sedimento desaparezca, hasta que se pierda nuestro sabor y cambie nuestro olor.

Dios no sólo nos está quebrantando, en un sentido negativo, sino que en un sentido positivo, nos está cambiando de constitución. Si examinamos la vida de Jacob, en Génesis, podremos comprender el significado de esta obra de constitución.

La vida de Jacob comenzó desde un punto muy bajo. Él luchó con su hermano mayor, estando todavía en el vientre de su madre, procurando nacer antes que él al tomarlo de su talón. Jacob era codicioso y astuto, y siempre estaba engañando a los demás. Él engañó a su propio padre, a su hermano y a su tío. Pero a la postre, él fue engañado por su tío y por sus hijos. Hizo lo que pudo para prosperar, pero al final se encontró en una terrible escasez. Podemos decir que el camino de Jacob estaba atestado de sufrimientos. Algunas personas pasan sus vidas en quietud y comodidad, pero la vida de Jacob estuvo llena de aflicciones.

Al padecer todo aquello, Dios lo quebrantaba una y otra vez. Jacob sufrió constantemente, pues cada experiencia por la que pasó era un sufrimiento. Pero, gracias a Dios, después de experimentar tanto sufrimiento en las manos de Dios, Jacob finalmente adquirió un matiz de la santidad de Dios. Esto se puede apreciar cuando vivía en Egipto, donde vemos a una persona amable, humilde, diáfana y señorial. Él era tan manso y humilde que pudo suplicar por gracia y misericordia de su hijo. Sin embargo, su lucidez era tal que pudo pronunciar profecías que incluso Abraham no las pudo hablar, y pudo impartir bendiciones que Isaac no pudo dar. Al mismo tiempo, era una persona de tal dignidad que incluso Faraón inclinó su cabeza a fin de recibir su bendición. Esto nos muestra que por el quebrantamiento que Dios llevó a cabo en un Jacob que era muy poco, él llegó a ser una persona útil para Dios. ¡Jacob llegó a ser un hombre de Dios!

Después de años de quebrantamiento, Dios constituyó a

Jacob consigo mismo. Por eso podemos ver una escena muy hermosa en el lecho de muerte de Jacob, cuando apoyado sobre su bastón se inclinó y adoró a Dios. Aunque él estaba enfermo en cama, pudo inclinarse sobre su cayado y adorar a Dios. Esto nos indica que él no se había olvidado de su vida de peregrino ni había abandonado su característica de peregrino. Al comienzo hizo el esfuerzo de sentarse, bajar los pies de la cama y profetizar. Después de haber profetizado, recogió sus pies en la cama y, después de exhalar el último suspiro, expiró. ¡Qué muerte tan hermosa! Ciertamente, esta es una escena preciosa.

Podemos meditar sobre toda la vida de Jacob. Temo que cuando nació, nadie haya tenido un "sabor" peor que el suyo. Pero cuando partió de este mundo, aquel sabor se había desvanecido por completo. Todo lo que podemos ver en él es a un varón plenamente constituido de Dios.

Debemos comprender que todo lo que enfrentamos, de una manera u otra, es para nuestra edificación. Dios nos derriba valiéndose de toda clase de sufrimientos. Esta demolición puede ser bastante dolorosa, pero después de pasar por esas pruebas, algo es forjado en nosotros. En otras palabras, cuando nos sobreviene la prueba, parece que estuviéramos fracasando, pero la gracia de Dios siempre nos lleva adelante. En el proceso de vencer en medio de las pruebas, algo es forjado en nosotros. A medida que vencemos en las pruebas, una y otra vez algo se va constituyendo en nosotros día tras día. Por una parte, Dios nos hace atravesar circunstancias difíciles y nos demuele por medio de las pruebas; por otra, algo se deposita en nosotros al levantarnos de nuestras pruebas.

Damos gracias a Dios por la disciplina del Espíritu Santo. Que Dios tenga misericordia de nosotros. Que Dios nos quebrante y nos constituya por medio de la disciplina del Espíritu Santo para que lleguemos a la madurez.

CAPÍTULO CUARENTA Y TRES

RESISTID AL DIABLO

Lectura bíblica: Jac. 4:7; 1 P. 5:8-9; 2 Co. 2:11

Al diablo se le conoce también como Satanás (Ap. 12:9). Dios lo había creado como un querubín (Ez. 28:12-14) y un arcángel (Ap. 12:7; Mt. 25:41), pero un día, se rebeló contra Dios queriendo elevarse a sí mismo para ser igual que Dios. Por lo cual, Dios lo juzgó (Is. 14:12-15; Ez. 28:15-19) y, este arcángel llegó a ser Satanás, el adversario de Dios. En el texto original, *Satanás* significa "oponente" o "adversario". El diablo se opone a todo lo que Dios hace. Además, siempre está en contra de los hijos de Dios.

Examinemos la manera en que el diablo ataca a los hijos de Dios, y cómo ellos lo resisten.

I. LA OBRA DE SATANÁS

Consideraremos primero cuatro aspectos de la obra que realiza Satanás.

A. Satanás actúa en la mente del hombre

En 2 Corintios 10:4-5 dice: "Porque las armas de nuestra milicia no son carnales, sino poderosas ante Dios para derribar fortalezas, al derribar argumentos y toda altivez que se levanta contra el conocimiento de Dios, y al llevar cautivo todo pensamiento a la obediencia a Cristo". Esto nos muestra que Satanás usa toda altivez como una fortaleza, con la cual rodea el pensamiento del hombre. Por lo tanto, a fin de ganar al hombre, primero el Señor tiene que derribar las fortalezas de Satanás. El Señor tiene que hacer esto antes de entrar en combate con la mente del hombre y llevar cautivo a todo pensamiento.

1. Los argumentos y las tentaciones de Satanás

¿En qué consisten los argumentos a los que se refiere este pasaje? Esta palabra en griego se traduce también como "imaginaciones" o "pensamientos". Con frecuencia, Satanás nos asedia con imaginaciones suyas. Los hombres son insensatos, ya que dan por cierto que estos pensamientos son propios, pero de hecho son las fortalezas de Satanás, las cuales impiden que la mente de ellos se someta a Cristo. Muchas veces Satanás nos inyecta cierta clase de imaginación en nuestra mente. Si creemos que ese pensamiento procede de nosotros mismos, habremos caído en su trampa. Frecuentemente surgen pensamientos sin fundamento alguno; sencillamente son imaginaciones. Muchos de los llamados "pecados" son de naturaleza imaginaria; no son reales. Muchos de los problemas que surgen entre los hermanos y las hermanas proceden de su imaginación; no se basan en hechos reales. En muchas ocasiones, Satanás inyecta un pensamiento absurdo en nuestra mente, sin que nos percatemos de que esa es obra suya. Cuando él inyecta un pensamiento serpentino y nosotros lo aceptamos, permitimos que él opere en nosotros. Si rechazamos dicho pensamiento, rechazamos su obra. Muchos pensamientos no son nuestros; de hecho, son concebidos por Satanás. Tenemos que aprender a rechazar los pensamientos que provienen de Satanás.

Casi todas las tentaciones de Satanás se presentan por medio de la mente. Satanás se da cuenta de que si ataca abiertamente a los hijos de Dios, ellos se levantarán y le resistirán impetuosamente. Por eso, él nos tienta con mucha sutileza; se infiltra de manera furtiva y planta un pensamiento en nuestra mente sin que nos percatemos de su obra. Una vez que dicho pensamiento tiene cabida en nosotros, empezamos a considerarlo. Si cuanto más lo consideramos, más nos sentimos justificados y correctos, ya habremos caído en su trampa. Ese pensamiento que hemos aceptado es la tentación de Satanás. Si rechazamos el ataque de Satanás en nuestra mente, estaremos cerrando la entrada más vulnerable a sus tentaciones.

Muchos de los problemas que surgen entre los hijos de Dios existen únicamente en su mente; no son problemas reales. A veces, piensan que cierto hermano o hermana tiene algo en contra suya o que existe cierto distanciamiento. Esto puede hacer que se produzca una barrera entre ellos, cuando en realidad no ha sucedido nada. Dicho "problema" no es otra cosa que el ataque de Satanás en la mente de uno, o en la mente del otro hermano o hermana. Tales problemas son innecesarios. Los hijos de Dios deben rechazar esos pensamientos y sentimientos que se presentan de forma repentina. Tienen que aprender a nunca ceder ante Satanás.

Al respecto, debemos hacer una advertencia. No debemos preocuparnos demasiado acerca de los pensamientos generados por Satanás. Hay personas que caen en el extremo de no prestar ninguna atención a los pensamientos de Satanás; pero hay otras que caen en el otro extremo y les dan excesiva importancia. Una persona puede ser engañada fácilmente si no puede detectar cuáles son los pensamientos que provienen de Satanás; al mismo tiempo, puede perder la razón si se obsesiona con tales pensamientos. Si una persona le da excesiva importancia a las tentaciones de Satanás, su mente se llenará de confusión y será presa fácil de las trampas de Satanás. Tan pronto una persona aparta sus ojos del Señor, se hallará en peligro. Por una parte, necesitamos ver que Satanás ataca nuestra mente; por otra parte, necesitamos comprender que tan pronto rechacemos sus ataques, éstos cesarán. Si una persona tiene que rechazar a Satanás día y noche, es porque algo anda mal con respecto a su mente, y está andando en la senda equivocada. Por una parte, debemos conocer las artimañas de Satanás, porque si las ignoramos, seremos engañados; por otra parte, no debemos de preocuparnos demasiado al respecto, porque eso también nos conducirá a ser engañados. En el instante en que ponemos nuestros ojos en Satanás, él obtiene lo que desea. Esta distracción nos hará que seamos inservibles, pues estaremos obsesionados con sus pensamientos día y noche. Cualquier hermano o hermana que se ocupe de sobremanera en tales pensamientos, ya ha sido engañado. Tenemos que aprender a ser personas equilibradas. No es apropiado preocuparse de manera excesiva. Si la mente de una persona está ocupada constantemente con los pensamientos que provienen de Satanás, en realidad le está cediendo terreno para que él pueda infiltrarse, por lo que jamás debemos llegar hasta esos extremos.

2. Cómo rechazar los pensamientos de Satanás

¿Cómo podemos rechazar los pensamientos que provienen de Satanás? Es fácil. Dios nos ha dado una mente que nos pertenece a nosotros, y no a Satanás. Solamente nosotros tenemos el derecho de usar nuestra mente; Satanás no tiene autoridad sobre nuestra mente. Lo único que debemos hacer es no permitirle pensar. Satanás sólo puede usurpar nuestra mente valiéndose de engaños. Nos insinuará cierto pensamiento, y puede ser que creamos que proviene de nosotros, cuando en realidad proviene de Satanás. Tan pronto reconocemos que aquel pensamiento no es nuestro, vencemos.

Satanás siempre tienta y ataca a la persona de una manera sutil, furtiva y encubierta. Él no se anuncia audiblemente, diciendo: "¡Aquí vengo!". No, más bien nos engaña con mentiras y falsedades. Él no nos deja saber que es él quien está operando detrás de cierta acción. Una vez que nos percatemos que se trata de un ataque de Satanás y pongamos al descubierto su disfraz, nos será fácil resistirlo. El Señor Jesús dijo: "Y conoceréis la verdad, y la verdad os hará libres" (Jn. 8:32). La verdad la constituyen los hechos. Una vez que conozcamos los hechos, seremos liberados. En cambio, el poder de Satanás reside en sus mentiras; una vez que éstas fracasan, su poder se desvanece. Por consiguiente, tan pronto descubrimos que es Satanás quien en realidad nos está atacando, somos liberados. Algunos hijos de Dios declaran verbalmente que Satanás es quien instiga todos los ataques que sufren, pero en su espíritu no tienen la certeza de que tales ataques provengan realmente de Satanás. Aunque ellos dicen que resisten a Satanás, desconocen la realidad de la obra que él realiza y, como resultado, no pueden resistirlo. Sin embargo, en cuanto ellos puedan reconocer la obra de Satanás, podrán resistirlo, y tan pronto le opongan resistencia, él huirá.

Satanás ataca principalmente nuestra mente por medio de engaños. Él nos hace creer que sus pensamientos son nuestros, cuando en realidad provienen de él. Al poner en evidencia sus mentiras, rechazamos el pensamiento que proviene de él.

Resistir significa rechazar. Cuando Satanás nos ofrezca un pensamiento, debemos decir: "No lo quiero". Esto es lo que significa resistir. Cuando él inyecta un pensamiento en nosotros, debemos decir: "No lo acepto", y si inyecta otro pensamiento en nosotros, debemos repetir: "No lo acepto". Si hacemos esto, él no podrá hacernos nada. Un siervo del Señor quien vivió durante la Edad Media dijo: "Uno no puede evitar que los pájaros vuelen sobre su cabeza, pero sí puede impedir que aniden en ella". Este hermano tenía toda la razón. No podemos evitar que Satanás nos tiente, sin embargo, sí podemos impedir que anide, que establezca un lugar desde el cual él se pueda apoderar de nosotros. Nosotros tenemos tal potestad. Si desechamos aquellos pensamientos que se introducen en nuestra mente, estos cesarán.

En un sentido positivo, necesitamos ejercitar nuestra mente. Muchas personas tienen mentes ociosas, por lo que es fácil que los pensamientos de Satanás hallen cabida en ellos. En Filipenses 4:8 dice: "Todo lo que es verdadero, todo lo honorable, todo lo justo, todo lo puro, todo lo amable, todo lo que es de buen nombre; si hay virtud alguna, si alguna alabanza, a esto estad atentos". Nosotros debemos estar atentos a los asuntos espirituales. Debemos ejercitar nuestra mente para discernir los asuntos espirituales. Si una persona siempre pone su mente en cosas pecaminosas, a Satanás le será fácil inyectarle sus pensamientos, dado que estos serán muy parecidos a los de dicha persona. Pero si constantemente fijamos nuestra mente en los asuntos espirituales, no le será fácil inyectar sus pensamientos en nuestra mente. Satanás puede inyectar sus ideas en las personas debido a que sus mentes son pasivas, tienen demasiado tiempo libre, o porque primeramente sus pensamientos han sido sucios.

Otro asunto que merece nuestra atención es que no debemos dejar que nuestra mente sea atraída a los pensamientos satánicos. Hay muchas personas a quienes les sucede esto. Ellas no tienen ningún interés en las maravillosas experiencias espirituales de otros hermanos, sin embargo, se interesan mucho cuando se trata de esparcir chismes. Puesto que se complacen en la obra de Satanás, no pueden rechazar los pensamientos satánicos. Si queremos rechazar sus pensamientos, es preciso que aborrezcamos la obra de Satanás. Todos los pensamientos sucios que dañan nuestra comunión con el Señor y debilitan nuestro amor por Él, provienen de Satanás. En primer lugar, estos pensamientos no se presentarían si no sintiéramos atracción hacia ellos. Si inclinamos nuestro corazón hacia estas cosas, vendrán a nosotros con facilidad. Por lo tanto, tenemos que aprender a rechazar todo lo que proceda de Satanás.

Debemos prestar especial atención al hecho de rechazar todo pensamiento inmundo. Satanás siempre pone pensamientos sucios en el hombre para inducirlo a pecar. El punto de partida es un solo pensamiento sucio. Si permitimos que tal pensamiento continúe, éste producirá el fruto del pecado. Por lo tanto, debemos rechazar todo pensamiento que provenga de Satanás.

Sin embargo, se presenta un gran problema: ¿Qué debemos hacer si el pensamiento rehúsa irse después que lo hemos rechazado? Necesitamos darnos cuenta de que sólo es necesario resistir tales pensamientos indeseables una sola vez. Uno resiste una sola vez; nunca debemos resistirlos dos veces. Jacobo 4:7 dice: "Resistid al diablo, y huirá de vosotros". Este versículo nos manda resistir al diablo y el diablo huirá. Tenemos que creer que cuando resistimos al diablo, él huirá. Es un error continuar resistiendo por temor a que el diablo todavía esté cerca. ¿Qué palabras hemos de creer? La Biblia dice: "Resistid ... él huirá". Si una voz interna nos insinúa que él no ha huido, ¿de quién es esa voz? ¡Es la voz de Satanás! Muchas personas eligen creer las palabras de Satanás y, por consiguiente, son derrotadas. Cuando hemos resistido al diablo, debemos declarar: "Ya resistí al diablo. Ya se fue". La sensación de que él todavía está rondando es una mentira, no es real y no procede del Señor. El diablo ha de huir ya que no tiene base alguna para quedarse. Entendamos claramente que lo correcto es resistir una sola vez, y es incorrecto resistir una segunda vez. Resistir la primera vez glorifica el nombre de Dios. Resistir una segunda vez pone en duda la Palabra de Dios.

Después de resistir al diablo, mucha gente comete el error de examinar sus sentimientos. Ellos se preguntan: "¿Ya se fue el diablo?". Sus sentimientos les dicen que él no se ha ido, y tratan de resistirlo de nuevo. Si uno resiste una segunda vez, indudablemente lo hará una tercera vez, una cuarta, una centésima y una milésima vez. A ese paso terminaremos sintiéndonos completamente impotentes para rechazarlo. Pero si no le hacemos caso alguno después de haber resistido la tentación de Satanás una vez, lograremos vencer. Debemos prestar atención al hecho que consta en la Palabra de Dios e ignorar nuestros propios sentimientos. El hecho es que tan pronto resistimos al diablo, él huye. Si no creemos que él ha huido después de haberlo resistido, nos están engañando nuestros sentimientos. Si creemos en estos sentimientos, el diablo regresará. Tenemos que aprender a creer las gloriosas palabras de Dios. Tan pronto hayamos resistido al diablo la primera vez, no necesitamos hacerlo una segunda vez, porque el asunto ya está resuelto.

Estos son asuntos que se relacionan con la obra que Satanás realiza en la mente del hombre. Debemos percatarnos que Satanás ataca la mente del hombre. Tenemos que rechazar todo pensamiento que provenga de Satanás y, al mismo tiempo, tenemos que darnos cuenta que una vez que rechazamos sus pensamientos, podemos dar por concluido tal asunto. No debemos preocuparnos excesivamente por sus ataques. Si lo hacemos, nuestra mente entrará en confusión, y habremos caído en la trampa del diablo.

B. Satanás actúa en el cuerpo del hombre

La Biblia nos muestra claramente que muchas enfermedades físicas son resultado del ataque de Satanás.

La fiebre que tenía la suegra de Pedro era un ataque de Satanás, y el Señor Jesús reprendió aquella fiebre (Lc. 4:39). El Señor sólo reprende a seres que tienen una personalidad. No es posible reprender a una taza o a una silla; sólo se pueden reprender entidades que tienen una personalidad. La fiebre es un síntoma; por lo tanto, el Señor no lo podía reprender. Pero detrás de aquel síntoma estaba Satanás con su propia personalidad. Por eso, tan pronto como el Señor reprendió la fiebre, ésta desapareció.

En Marcos 9 vemos el caso de un niño sordomudo. A los ojos del hombre la sordera y la mudez son enfermedades. Pero el Señor Jesús reprendió al espíritu inmundo, diciendo: "Espíritu

mudo y sordo, Yo te mando, sal de él, y no entres más en él"
(v. 25). La mudez y la sordera del niño eran los síntomas externos de una posesión demoníaca; no eran enfermedades ordinarias. Tenemos que comprender que muchas enfermedades son
dolencias médicas, pero hay muchas enfermedades que en realidad son ataques del diablo. La Biblia no dice que el Señor curó
la enfermedad, sino que la reprendió. Las llagas que aparecie-
ron en el cuerpo de Job, no podían ser sanadas por la medicina,
pues no era una enfermedad en términos médicos, sino que
eran ataques del diablo. Si uno no elimina primero al diablo,
no tendrá manera de tratar con esta clase de enfermedades.

Reconocemos que en muchas ocasiones las enfermedades
se producen cuando, por descuido, el hombre ignora las leyes
naturales. No obstante, muchas veces las enfermedades pueden
ser el producto del ataque de Satanás. En tal caso, uno sólo
necesita pedirle al Señor que reprenda la enfermedad, y ésta
se irá. Esta clase de enfermedades vienen de repente y se van
de la misma manera. Es un ataque de Satanás, no es una
enfermedad común.

El problema se complica por el hecho de que Satanás no
desea que la enfermedad que él ha causado se descubra ni salga
a la luz. Él siempre se esconde detrás de los síntomas más
comunes y nos hace creer que toda enfermedad es el resultado
de causas naturales. Si le permitimos esconderse detrás de
estos síntomas naturales, la enfermedad no se irá. Una vez que
ponemos en evidencia la actividad de Satanás y lo reprende-
mos, la enfermedad se desvanecerá. Un hermano tenía una
fiebre muy alta y sufría muchísimo. No podía dormir y no
entendía qué le sucedía. Pero cuando se convenció de que aquello era obra de Satanás, oró al Señor por ese asunto y, al día
siguiente, la fiebre cesó.

Cuando los cristianos se enferman, primero deben determinar la causa de su enfermedad. Deben preguntarse: ¿Existe
alguna causa válida para que yo tenga esta enfermedad? ¿Se
debe a causas naturales o es un ataque de Satanás? Si no existe
una causa que justifique la enfermedad y se descubre que, de
hecho, es un ataque de Satanás, deben resistirlo y rechazarlo.

La obra de Satanás en el cuerpo del hombre no sólo resulta
en enfermedades, sino también en muerte. Satanás ha sido

homicida desde el principio, así como desde el principio ha sido un mentiroso (Jn. 8:44). No solamente debemos resistir las enfermedades causadas por Satanás, sino también sus homicidios. Pensar en la muerte proviene de Satanás; toda noción de muerte como escape a cualquier situación proviene de Satanás. Fue él quien indujo a Job a pensar en la muerte. Él no sólo lo ha hecho con Job, sino también con todos los hijos de Dios. Toda idea de suicidio, todo deseo de fallecer o de morir prematuramente es una tentación de Satanás. Él incita al hombre a pecar y también a buscar la muerte. Incluso, pensar en los peligros que puedan ocurrir mientras uno viaja, es un ataque de Satanás. Debemos rechazar estos pensamientos en el momento que lleguen y no debemos permitirles que permanezcan en nosotros.

C. Satanás actúa en la conciencia del hombre

Apocalipsis 12:10 dice: "Ha sido arrojado el acusador de nuestros hermanos, el que los acusa delante de nuestro Dios día y noche". Esto nos muestra que una parte de la obra de Satanás es acusarnos. Ésta es una obra que se realiza en la conciencia del hombre. Tan pronto como una persona es salva, su conciencia es avivada, de modo que ella empieza a discernir el pecado. Satanás sabe esto. Él sabe que el Espíritu Santo inquieta la conciencia de los hijos de Dios con respecto al pecado. Él también sabe que el Espíritu Santo los guía a confesar y a pedir perdón ante Dios. En consecuencia, Satanás se anticipa a falsificar la obra del Espíritu Santo. Él empieza acusando al hombre en su conciencia. Los hijos de Dios se encuentran, con mucha frecuencia, bajo esta clase de ataque, el cual causa mucha confusión.

Muchos hijos de Dios no saben distinguir entre la represión del Espíritu Santo y la acusación de Satanás, y por eso titubean en resistir cualquier acusación. Esto le da más oportunidad a Satanás para acusarlos. Muchos hijos de Dios podrían haber sido de gran utilidad en las manos de Dios, pero no lo son debido a que sus conciencias han sido debilitadas a lo sumo por el ataque de Satanás. Ellos son constantemente bombardeados con sus acusaciones y con el sentir de que ellos han pecado en tal o cual área de sus vidas. Por ello, no se sienten dignos de estar en la presencia de Dios ni en la presencia de los hombres. Como resultado, quedan incapacitados espiritualmente por el resto de sus vidas.

Una vez que somos cristianos, es cierto que debemos estar atentos a la represión del Espíritu Santo; sin embargo, también debemos rechazar la acusación de Satanás. Debemos prestar atención a la diferencia que existe entre la represión del Espíritu Santo y la acusación de Satanás. Muchas de las llamadas "represiones" de hecho son acusaciones de Satanás.

1. La diferencia entre la acusación de Satanás y la represión del Espíritu Santo

¿Cuál es la diferencia entre la acusación de Satanás y la represión del Espíritu Santo? Debemos distinguirlas.

En primer lugar, toda represión del Espíritu Santo se inicia con un sentir muy débil. Este sentir interno se hace más fuerte y nos convence de nuestros errores. En cambio, la acusación de Satanás nos fastidia internamente pero de manera constante. La amonestación del Espíritu Santo se intensifica con el paso del tiempo; la acusación de Satanás posee la misma intensidad de principio a fin. Con el paso del tiempo, el sentir interno del Espíritu se hace cada vez más intenso, mientras que la acusación de Satanás nos fastidia constantemente perturbándonos de principio a fin.

En segundo lugar, cuando atendemos a la represión del Espíritu, encontramos que aquel poder que el pecado ejerce sobre nosotros, disminuye. Toda represión que procede del Espíritu Santo disminuirá un poco el poder que el pecado ejerce sobre nosotros. Por tanto, cualquier represión del Espíritu hará que el poder del pecado se debilite; en consecuencia, el pecado disminuye. No sucede lo mismo cuando Satanás nos acusa. Cada vez que él viene para acusarnos, descubrimos que el poder del pecado sigue tan fuerte como antes.

En tercer lugar, la amonestación del Espíritu Santo nos conduce al Señor, mientras que la acusación de Satanás nos desalienta. Cuanto más nos reprende el Espíritu Santo, más fortalecidos somos interiormente para llevar nuestros problemas ante el Señor. En cambio, la acusación de Satanás nos lleva a la desesperación y a la resignación. La represión del

Espíritu Santo nos hace acudir al Señor y depender de Él; la acusación de Satanás causa que nos encerremos en nosotros mismos y que seamos desalentados.

En cuarto lugar, si el Espíritu Santo nos reprende, ello nos llevará a confesar al Señor. Por lo menos, tal confesión redundará en que, si no nos trae gozo, al menos tendremos paz. Puede ser que nos traiga gozo o tal vez no, pero siempre nos traerá paz. Sin embargo, la acusación de Satanás es totalmente diferente. Su acusación no nos trae ni gozo ni paz, incluso después de haber confesado nuestros pecados. Esto es como cuando alguien se ha recuperado de una grave enfermedad o ha asistido a una representación teatral, una vez concluido el acto, no queda nada. La represión del Espíritu Santo tiene un resultado concreto: la paz, y a veces el gozo. Sin embargo, la acusación de Satanás no nos conduce a nada.

En quinto lugar, la represión del Espíritu Santo nos trae a la memoria la sangre del Señor. En cambio, con la acusación de Satanás, siempre hay un pensamiento que él inyecta: "De nada te servirá. Es posible que el Señor no quiera perdonarte". Este pensamiento estará presente aun cuando sepamos que podemos recurrir a la sangre de Cristo. En otras palabras, la represión del Espíritu Santo nos lleva a depositar nuestra fe en la sangre del Señor, mientras que la acusación de Satanás nos hace perder nuestra fe en la sangre del Señor. Siempre que surja algún sentimiento en usted, simplemente examine si tal sentimiento lo lleva a considerar la sangre del Señor, o por el contrario, si tal pensamiento lo aleja de la sangre de Cristo. Éste es el mejor indicador para determinar si tal sentimiento es la represión del Espíritu Santo o es una acusación de Satanás.

En sexto lugar, el resultado de la represión del Espíritu Santo redunda en el poder de Dios; uno se pone en pie y corre con mayor rapidez. Avanzamos con celo renovado, desechando toda confianza en uno mismo, y tenemos más fe en Dios. Sin embargo, el resultado de la acusación de Satanás es que nuestra conciencia se debilita. Ante Dios, la conciencia de las personas que toleran tales acusaciones ha sido herida. No tienen fe alguna en sí mismos, ni tampoco tienen fe en Dios. Es cierto que la represión del Espíritu Santo nos despoja de nuestra propia fuerza y de nuestra confianza en nosotros mismos, pero también es cierto que al mismo tiempo nos infunde más fe en el Señor. No sucede lo mismo cuando Satanás nos acusa, pues además de despojarnos de nuestra confianza, debilita nuestra fe en el Señor. El resultado es que nos convertimos en personas debilitadas.

2. Cómo vencer las acusaciones de Satanás

Apocalipsis 12:11 dice: "Y ellos [los hermanos] le han vencido por causa de la sangre del Cordero y de la palabra del testimonio de ellos, y despreciaron la vida de su alma hasta la muerte". "Le" hace referencia a Satanás, el acusador de los hermanos. ¿Cómo podemos vencerle?

Primero, vencemos por la sangre del Cordero. Por un lado, si ante Dios hemos cometido algún pecado, tenemos que confesarlo, pero por otro lado, tenemos que decirle a Satanás: "¡No hay la necesidad de que me acuses! ¡Hoy acudo al Señor en virtud de Su sangre!". Para vencer a Satanás, tenemos que mostrarle que hemos sido perdonados por la sangre del Cordero. Todos nuestros pecados, grandes y pequeños, han sido perdonados por la sangre del Cordero. Esta es la Palabra de Dios: "La sangre de Jesús Su Hijo nos limpia de todo pecado" (1 Jn. 1:7).

Debemos comprender que Dios tiene como base la sangre del Cordero para perdonarnos y aceptarnos en Cristo. Jamás debiéramos de ser tan presumidos como para pensar que somos lo suficientemente buenos. Tampoco deberíamos ser tan necios como para condenarnos desde la mañana hasta la noche. Ciertamente es necedad ser arrogantes y también es necedad continuar mirándose a uno mismo. Aquellos que se consideran buenos son necios, y los que no se percatan del poder salvador del Señor también son necios. Los que confían en su propia fuerza son necios, y los que no creen en el poder del Señor son necios también. Tenemos que darnos cuenta de que la sangre del Cordero ya ha cumplido con todas las demandas de Dios. Además, ella ha prevalecido sobre todas las acusaciones de Satanás.

Segundo, vencemos por la palabra de nuestro testimonio. La palabra de nuestro testimonio declara los hechos espirituales y declara la victoria del Señor. Tenemos que decirle a Satanás:

"¡No es necesario que me molestes más! ¡Mis pecados han sido perdonados por la sangre del Señor!". Necesitamos ejercitar nuestra fe para declarar que Jesús es el Señor y que Él ya ha ganado la victoria. Necesitamos proclamar la palabra de nuestro testimonio y dejar que Satanás la oiga. No solamente tenemos que creer con el corazón, sino también declarar esto con nuestra boca ante Satanás. Esta es la palabra de nuestro testimonio.

Tercero, debemos despreciar la vida de nuestra alma hasta la muerte. "La sangre del Cordero" y "la palabra del testimonio de ellos", las cuales mencionamos anteriormente, son dos condiciones necesarias para vencer a Satanás. Despreciar la vida del alma hasta la muerte es una actitud. No importa lo que Satanás está haciendo, aun si trata de matarnos, la actitud que debemos mantener es la de seguir confiando en la sangre del Cordero y de seguir declarando Su victoria. Si mantenemos esta actitud, la acusación de Satanás cesará. Él no nos podrá vencer, por el contrario, ¡ciertamente nosotros le venceremos!

Algunos hermanos y hermanas toleran tantas acusaciones de Satanás al grado que ya no son capaces de distinguir entre una acusación de Satanás y una reprensión del Espíritu Santo. Tales personas deben abstenerse de confesar sus pecados por cierto tiempo, pues el Señor no desea que actuemos de manera insensata. En lugar de ello, deben orar al Señor y decir: "Si he pecado, estoy dispuesto a confesar mi pecado y pedir Tu perdón. Pero ahora Satanás me está acusando. Te suplico que cubras todos mis pecados con Tu sangre. De ahora en adelante, ¡todo, sea pecado o no, queda bajo Tu sangre, y no dejaré que nada me perturbe!". Aquellos que se hallen en tal condición tienen que olvidarse de todo por un tiempo, para que puedan distinguir claramente entre la acusación de Satanás y la reprensión del Espíritu Santo.

3. Cómo ayudar a quienes están bajo la acusación de Satanás

Jamás debiéramos aumentar la carga de la conciencia de quienes están bajo la acusación de Satanás. Primero, debemos ayudarles a que tomen aquellas medidas que están dentro de sus posibilidades, pues si les pedimos que hagan algo que sobrepasa su actual capacidad, fácilmente caerán en condenación. Antes de darles consejos más fuertes o instarles a tomar medidas más serias, tenemos que estar seguros de que tales personas tienen la fuerza suficiente ante el Señor para seguir adelante. Segundo, si distinguimos con claridad que el Espíritu Santo está operando en ellas, debemos elevar un poco la norma puesto que, junto con la evidente operación del Espíritu del Señor y del espíritu de avivamiento, la Palabra del Señor podrá levantar la capacidad de dichas personas. Si elevamos la norma cuando el Espíritu del Señor no ha operado, no estaremos ayudando a estas personas —a quienes Satanás ha acusado— a salir adelante; por el contrario, le estaremos dando la oportunidad de acusarlas aún más.

No debemos ser imprudentes al hacerles notar sus faltas a otros. Supongamos que un hermano ha fracasado en ciertas áreas de su vida, pero a pesar de ello, todavía es capaz de orar, de leer la Biblia y de asistir a las reuniones. Si internamente usted tiene la certeza de poder ayudar a dicho hermano, es probable que él sólo necesite de una pequeña ayuda para superar sus problemas. Pero si usted carece de tal certeza y del poder necesario para ayudar a este hermano, al sacar a colación sus faltas, sólo logrará desanimarlo de seguir orando, de leer la Biblia y de reunirse. No debemos apagar el pabilo que humea, sino que debemos volverlo a encender. Debemos reafirmar la caña cascada y no quebrarla. No debiéramos hacer de nosotros mismos una norma, poniendo la conciencia de los demás bajo condenación. Tenemos que aprender a no hacer cosas que lastimen la conciencia de los demás.

A quienes se encuentran bajo la acusación de Satanás, debemos mostrarles Hebreos 10:22: "Purificados los corazones de mala conciencia con la aspersión de la sangre". Al ser rociados con la sangre, nuestra conciencia jamás debe sentirse culpable. El principio que debe regir la vida cristiana es que todo cristiano debe vivir con una conciencia en la que no hay condenación alguna. Si un cristiano percibe que su conciencia lo condena, su condición será débil ante Dios y lo será también ante cualquier asunto espiritual. La meta de Satanás es descarrilarnos de este principio, y con ese fin nos acusará incesantemente.

Para aferrarnos a este principio tenemos que aplicar la sangre. Cuanto más Satanás trate de hacernos sentir culpables, más debemos aplicar la sangre a todos nuestros pecados. Los hermanos lo vencieron no por su propia fuerza, sino por causa de la sangre del Cordero. Podemos declarar: "Satanás, reconozco que he pecado. Pero ¡el Señor me redimió! Jamás he negado que yo sea un deudor. Sí, tengo deuda, pero ¡el Señor ha pagado mi deuda!". No es necesario tratar de contrarrestar la acusación de Satanás negando que seamos deudores. Podemos derrotarlo declarando que nuestra deuda ya fue pagada.

D. La obra de Satanás en nuestro entorno

Todas las circunstancias son dispuestas por Dios. Sin embargo, muchas cosas en nuestro entorno, aunque son permitidas por Dios, también son el resultado de la obra directa y activa de Satanás.

Tomemos el caso de Job como ejemplo. A él le robaron los bueyes y los asnos, su casa se desplomó y todos sus hijos murieron. Todo ello formaba parte de su entorno. Aunque Dios lo permitió, Satanás fue el instigador directo de todos los ataques.

El fracaso de Pedro es otro ejemplo. Si bien podemos afirmar que en parte Pedro mismo fue la causa de su fracaso, también es cierto que parte de la culpa la tuvo el propio Satanás, quien le atacó valiéndose del entorno. El Señor dijo: "Simón, Simón, he aquí Satanás os ha pedido para zarandearos como a trigo" (Lc. 22:31). La caída de Pedro fue el resultado directo de la obra de Satanás, sin embargo, fue algo que Dios permitió.

Es obvio que el aguijón de Pablo era obra de Satanás. Pablo dijo: "Me fue dado un aguijón en mi carne, un mensajero de Satanás, para que me abofetee" (2 Co. 12:7). Esto es la obra de Satanás. Es Satanás quien se vale del entorno para atacar a los hijos de Dios.

Vemos un ejemplo todavía más claro en Mateo 8, cuando el Señor Jesús les mandó a los discípulos que pasaran al otro lado del mar, ya que Él sabía que tenían que echar fuera poderosos demonios al otro lado del mar. Después que Él y Sus discípulos entraron en la barca, de repente se levantó una tempestad tan grande en el mar que las olas cubrían la barca. Pero el Señor estaba dormido, y se le acercaron Sus discípulos y lo despertaron, diciendo: "¡Señor, sálvanos, que perecemos!" (v. 25). Algunos de los discípulos eran pescadores; eran marineros diestros. Sin embargo, se dieron cuenta de que las olas eran más de lo que ellos podían superar. El Señor Jesús los reprendió por su poca fe. Luego, se levantó y reprendió a los vientos y al mar. Los vientos y el mar no tienen personalidad propia, pero el Señor los reprendió porque el diablo estaba escondido detrás de ellos. Era Satanás quien agitaba el viento y las olas.

En conclusión, Satanás no sólo ataca nuestro cuerpo, nuestra conciencia y nuestra mente, sino también nos ataca mediante nuestro medio ambiente.

¿Cómo debemos reaccionar cuando Satanás nos ataca por medio de nuestro entorno?

En primer lugar, tenemos que humillarnos bajo la poderosa mano de Dios. Tanto en Jacobo 4 como en 1 Pedro 5 se nos insta a resistir a Satanás. Ambas porciones también nos alientan a humillarnos delante de Dios. Cuando Satanás nos ataca por medio del entorno, nuestra primera reacción debe ser sujetarnos a Dios. Si no nos sometemos a Dios, no podremos resistir al diablo. Si procuramos resistir al diablo sin someternos a Dios, nuestra conciencia nos acusará. Por lo tanto, nuestra primera reacción debe ser sujetarnos a Dios.

En segundo lugar, debemos resistir al diablo. Siempre que los hijos de Dios encuentren en su entorno cosas irracionales e inexplicables, e internamente perciban con claridad que tales ataques provienen de Satanás, deben resistirlo. Una vez que lo hagan, los ataques quedarán atrás. Por una parte, necesitan humillarse bajo la mano de Dios, y por otra, tienen que resistir las actividades de Satanás en su entorno. Cuando se humillan y se mantienen firmes en la presencia de Dios, Él les mostrará que no es Él quien está obrando sino Satanás. De esta manera podrán distinguir entre aquello que Dios ha dispuesto y el ataque de Satanás. Una vez que ustedes reconozcan y resistan al diablo, sus ataques cesarán.

En tercer lugar, debemos rechazar el temor en cualquiera de sus formas. Satanás tiene que encontrar dónde infiltrarse para poder obrar en los hijos de Dios. Es decir, Satanás no podrá operar en donde no se le dé cabida. Por lo tanto, sus primeros ataques tienen como fin ganar una cabeza de playa, un punto de desembarque, y desde esa cabeza de playa él nos atacará. Por eso, no debemos darle ningún espacio en nuestro ser. Esta es la manera de obtener la victoria. Existe un área que es muy propensa a convertirse en la fortaleza más grande de Satanás: el temor. Siempre que Satanás nos somete a tribulaciones, lo primero que hace es provocar en nosotros el temor. Una hermana con mucha experiencia una vez dijo: "El temor es la tarjeta de presentación de Satanás". Una vez que usted acepta el temor, Satanás entrará; pero si usted rechaza el temor, él no podrá infiltrarse.

Todo pensamiento de temor constituye un ataque de Satanás. Lo que uno teme, eso mismo le sobrevendrá. Job dijo: "Porque el temor que me espantaba me ha venido, / Y me ha acontecido lo que yo temía" (Job 3:25). A Job le sobrevino todo lo que temía. Por lo general, el entorno del que Satanás se vale para atacarnos viene en una forma tal que inspira temor. Si usted rechaza el temor, no le sobrevendrá lo que usted teme. Pero si permite que el temor permanezca, ciertamente le estará dando la oportunidad a Satanás de traer sobre usted aquello que teme.

Por tanto, a fin de que los hijos de Dios resistan la obra de Satanás, lo primero que tienen que hacer es rechazar el temor. Siempre que Satanás procure infundirle temor respecto a esto o aquello, usted no debe rendirse a tal temor. Usted debe decir: "¡Jamás aceptaré nada que el Señor no haya medido para mí!". En cuanto una persona sea liberada del temor, es liberada de la esfera de Satanás. A esto se refiere Pablo cuando dijo: "Ni deis lugar al diablo" (Ef. 4:27).

¿Por qué no debemos temer? No debemos temer "porque mayor es el que está en vosotros, que el que está en el mundo" (1 Jn. 4:4). Si tememos, es porque ignoramos esta realidad.

II. RESISTIMOS A SATANÁS POR MEDIO DE LA FE

En 1 Pedro 5:8-9 dice: "Sed sobrios, y velad. Vuestro adversario el diablo, como león rugiente, anda alrededor buscando a quien devorar; al cual resistid firmes en la fe". La Palabra de Dios nos muestra claramente que la manera de resistir a Satanás es por medio de la fe. No hay otra manera de resistirlo. ¿En qué se debe basar nuestra fe? ¿Cómo debemos ejercitar nuestra fe para resistir al diablo? Examinemos lo que la Palabra de Dios dice al respecto.

A. Creemos que el Señor se manifestó para destruir las obras del diablo

En primer lugar, tenemos que creer que el Señor se manifestó para destruir las obras del diablo (1 Jn. 3:8). El Hijo de Dios ha venido a la tierra; Él se ha manifestado, y mientras estuvo en la tierra, destruía las obras del diablo por dondequiera que iba. Por lo general, la obra de Satanás no es muy obvia, pues él se esconde detrás de fenómenos naturales. Sin embargo, el Señor lo reprendió en todos los casos. No hay duda que Él estaba reprendiendo a Satanás cuando reprendió el hablar de Pedro (Mt. 16:22-23), cuando reprendió la fiebre de la suegra de Pedro (Lc. 4:23), y cuando reprendió al viento y a las olas. Aunque el diablo se escondía detrás de muchos fenómenos naturales, el Señor Jesús lo reprendió. Dondequiera que el Señor iba, el poder del diablo era hecho añicos. Por eso Él dijo: "Pero si Yo por el Espíritu de Dios echo fuera los demonios, entonces ha llegado a vosotros el reino de Dios" (Mt. 12:28). En otras palabras, adondequiera que el Señor iba, Satanás era echado fuera, y el reino de Dios se manifestaba. Satanás no podía permanecer donde el Señor estaba. Por eso el Señor dijo que Él se manifestó para destruir las obras del diablo.

También debemos creer que, al manifestarse en la tierra, el Señor no sólo destruyó las obras del diablo, sino que le dio autoridad a Sus discípulos para echar fuera los demonios en Su nombre. El Señor dijo: "He aquí os doy potestad de hollar serpientes y escorpiones, y sobre todo poder del enemigo" (Lc. 10:19). Después de ascender, el Señor le dio Su nombre a la iglesia, para que ésta continuase Su obra en la tierra. El Señor usó Su autoridad en la tierra para echar fuera los demonios. También le dio esta autoridad a la iglesia.

Debemos distinguir entre lo que el diablo posee y lo que nosotros poseemos. Lo que el diablo tiene es poder. Lo que nosotros poseemos es autoridad. Satanás sólo tiene poder. Pero el Señor Jesús nos dio autoridad, la cual puede vencer todo el poder de Satanás. El poder no prevalece sobre la autoridad. Dios nos ha dado Su autoridad, y sin duda Satanás fracasará.

Usemos un ejemplo para comprender cómo la autoridad vence el poder: Un semáforo que está en una calle puede controlar el tráfico. Cuando la luz roja se enciende, los peatones y los automóviles tienen que detenerse, pues a nadie se le permite cruzar cuando la luz roja está encendida. Los peatones y los autos son mucho más poderosos que el semáforo. Sin embargo, ni los peatones ni los conductores se atreverán a avanzar cuando el semáforo está en rojo, pues representa la autoridad. Este es un ejemplo de como la autoridad prevalece sobre el poder.

La autoridad prevalece sobre el poder. Esto es lo que Dios ha determinado en el universo. No importa cuán fuerte sea el poder de Satanás, un hecho permanece indiscutible: El Señor Jesús dio Su nombre a la iglesia. Este nombre denota Su autoridad. La iglesia puede echar fuera demonios en el nombre del Señor. Podemos invocar el nombre del Señor para combatir el poder de Satanás. Agradecemos a Dios porque no importa cuán grande sea el poder de Satanás, el nombre del Señor es infinitamente mayor. La autoridad que tiene el nombre del Señor es suficientemente fuerte como para vencer todo el poderío de Satanás.

En una ocasión los discípulos salieron en el nombre del Señor y cuando regresaron, se mostraron sorprendidos. Ellos le dijeron al Señor: "Aun los demonios se nos sujetan en Tu nombre" (Lc. 10:17). El nombre del Señor denota autoridad. El hecho de habernos dado Su nombre significa que nos ha dado Su autoridad. El Señor dijo: "He aquí os doy potestad de hollar serpientes y escorpiones, y sobre todo poder del enemigo, y nada os dañará" (v. 19). Todo aquel que desee resistir a Satanás, debe reconocer la diferencia entre la autoridad del Señor y el poder de Satanás. No importa cuán grande sea el poder de Satanás, la autoridad del Señor siempre puede vencerle. Tenemos que creer que Dios ha dado Su autoridad a la iglesia, la cual puede echar fuera los demonios y resistir al diablo en el nombre del Señor Jesús.

B. Creemos que la muerte del Señor ha destruido a Satanás

En segundo lugar, debemos creer que el Señor Jesús,

destruyó por medio de la muerte al que tenía el imperio de la muerte, esto es, al diablo (He. 2:14). La manifestación del Señor Jesús destruyó las obras del diablo, y la muerte del Señor Jesús destruyó al diablo mismo.

La muerte del Señor constituye la mayor derrota para el diablo, porque no sólo es un castigo para él, sino que también es el camino de salvación para los creyentes. En Génesis 2:17 Dios habló de la muerte: "Porque el día que de él comieres, ciertamente morirás". Esta muerte sin duda era un castigo. Satanás se deleitó al oír estas palabras. Puesto que el hombre moriría si comía de aquel fruto, Satanás hizo lo mejor que pudo para inducir al hombre a comer del fruto, a fin de que la muerte reinara en el hombre y él (Satanás) pudiese reclamar la victoria. Sin embargo, la muerte del Señor constituye el gran camino de salvación. Es verdad que Dios dijo: "El día que de él comieres, ciertamente morirás". Esta muerte es un castigo. Pero el Señor ofrece otra muerte, la cual es el camino de salvación. La muerte puede castigar a los que pecan, y la muerte también puede salvar y librar a los que están en pecado. Satanás pensó que la muerte sólo podía castigar al pecador. Con base en este hecho, Satanás reinaba mediante la muerte del hombre. No obstante, Dios salva y libra al hombre del pecado mediante la muerte del Señor Jesús. Este es el aspecto más profundo del evangelio.

La muerte del Señor en la cruz no sólo nos libra a nosotros de nuestros pecados, sino que también elimina toda la vieja creación. Nuestro viejo hombre ha sido crucificado juntamente con el Señor. Aunque Satanás reina por medio de la muerte, cuanto más reina, peor es su situación, porque su reino acaba con la muerte. Puesto que ya estamos muertos, la muerte no puede hacernos daño; ya no reina más sobre nosotros.

"El día que de él comieres, ciertamente morirás". Dios dijo esto para que el hombre no comiera del fruto del árbol del conocimiento del bien y del mal, pero el hombre lo comió y pecó. ¿Qué se podía hacer entonces? El resultado del pecado es muerte; esto es irreversible. Sin embargo, hay un camino que nos conduce a la salvación, una salvación que puede pasar a través de la muerte. Cuando el Señor Jesús fue crucificado en la cruz en nuestro lugar, la vieja creación y el viejo hombre fueron crucificados juntamente con Él. Esto significa que la autoridad de Satanás sólo se extiende hasta la muerte. La Escritura dice: "Para destruir por medio de la muerte al que tiene el imperio de la muerte, esto es, al diablo" (He. 2:14). Damos gracias al Señor y le alabamos. Somos aquellos que ya están muertos. Si Satanás nos ataca, podemos decirle: "¡Ya estoy muerto!". Él no tiene autoridad sobre nosotros porque ya estamos muertos. Su autoridad sólo se extiende hasta la muerte. Nuestra crucifixión con Cristo es un hecho consumado; fue realizado por Dios. La Biblia no dice que nuestra muerte con el Señor sea algo que pertenece al futuro, es decir, que no es una experiencia que esperamos alcanzar algún día. La Biblia no nos dice que procuremos buscar la muerte; más bien, nos muestra que ya estamos muertos. Si una persona procura morir, es obvio que todavía no está muerta. Sin embargo, Dios nos ha concedido la dádiva de haber muerto juntamente con Cristo, de la misma manera en que nos concedió la dádiva de que Cristo muriera por nosotros. Si alguien todavía procura ser crucificado, está en una posición, en un terreno, carnal, y Satanás tiene un control completo sobre aquellos que están en un terreno carnal. Debemos creer en la muerte del Señor y también debemos creer en nuestra propia muerte. De la misma manera en que creemos que el Señor murió por nosotros, debemos creer que hemos muerto juntamente con Él. En ambos casos se trata de un acto de fe, y ninguno de ellos guarda relación alguna con los esfuerzos del hombre. En cuanto nos valemos de nuestro propio esfuerzo para que estos hechos se hagan realidad, nos exponemos al ataque de Satanás. Tenemos que asirnos a estos hechos consumados y declarar: "Alabo al Señor y le doy gracias; ¡Ya estoy muerto!".

Tenemos que comprender que a los ojos de Dios, es un hecho consumado que hayamos muerto juntamente con Cristo. Una vez que vemos esto con claridad, Satanás no podrá hacernos nada. Satanás sólo puede hacerles daño a aquellos que no han muerto. Él sólo puede reinar sobre aquellos que están frente a la muerte o que se encaminan a la muerte. Pero nosotros ya no estamos frente a la muerte; ya hemos muerto. Por lo tanto, no hay nada que Satanás pueda hacer con respecto a nosotros.

828 MENSAJES PARA CREYENTES NUEVOS

A fin de resistir a Satanás, debemos comprender que la manifestación del Señor fue una manifestación de autoridad, y que la obra de Su cruz liberó a todos los que estaban bajo la mano de Satanás. Satanás ya no tiene autoridad sobre nosotros, más bien, nosotros estamos por encima de él. Somos aquellos que ya han muerto. El camino de Satanás fue terminado por la muerte, y ya no hay nada más que él pueda hacer.

C. Creemos que la resurrección del Señor avergonzó a Satanás

En tercer lugar, debemos creer que la resurrección del Señor avergonzó a Satanás. Satanás ya no tiene manera de atacarnos.

En Colosenses 2:12 dice: "Sepultados juntamente con Él en el bautismo, en el cual fuisteis también resucitados juntamente con Él, mediante la fe de la operación de Dios, quien le levantó de los muertos". Este versículo habla tanto de la muerte como de la resurrección. El versículo 13 nos dice que nosotros estábamos muertos y resucitamos; el versículo 14 nos dice lo que el Señor realizó al momento de Su muerte; y el versículo 15 nos dice que el Señor Jesús despojó a los principados y a las potestades y "los exhibió públicamente, triunfando sobre ellos en la cruz". El versículo 20 dice: "Si habéis muerto con Cristo", y en 3:1 dice: "Si, pues, fuisteis resucitados juntamente con Cristo". Estos versículos comienzan con la resurrección y terminan con la resurrección, y los versículos intermedios nos hablan de triunfar en la cruz. Permanecemos firmes en la posición de resurrección y triunfamos en la cruz.

¿Cómo podemos hacer esto? La declaración que hicimos anteriormente lo explica así: El Señor ha muerto, y nosotros también hemos muerto en Él. Satanás, quien tiene dominio sobre el viejo hombre, sólo nos puede acosar hasta que llegamos a la cruz. La resurrección está fuera de su alcance. Así como Satanás no tenía nada en el Señor Jesús mientras estaba en la tierra (Jn. 14:30), tampoco tiene nada en Él ahora que está en resurrección. La nueva vida no le da cabida alguna a Satanás. ¡Él no tiene ninguna autoridad en la nueva vida y no puede tocar nuestra nueva vida!

Cuando el Señor Jesús colgaba en la cruz, parecía que

miríadas de demonios lo rodeaban, pensando que podrían destruir al Hijo de Dios. Esta iba a ser su mayor victoria. No tenían la menor idea de que ¡el Señor Jesús iba a entrar en la muerte, salir de la muerte y vencer la autoridad de la muerte! Este es un hecho glorioso: el Señor salió de la muerte. Por eso, tenemos el denuedo y la confianza para decir que ¡la vida de Dios puede echar fuera la muerte!

¿Qué es la vida de resurrección? La vida de resurrección es una vida que la muerte no puede tocar. Es una vida que trasciende la muerte, que va más allá de los linderos de la muerte y que sale de la muerte. El poder de Satanás sólo se extiende hasta la muerte. El Señor Jesús demostró con Su resurrección, cuán grande es el poder de Su vida, la cual desmanteló el poder de Satanás. La Biblia llama a este poder "el poder de Su resurrección" (Fil. 3:10). Cuando este poder de resurrección se expresa a través de nosotros, ¡todo lo que ha sido levantado por Satanás es derribado!

Podemos resistir a Satanás porque nuestra vida es una vida de resurrección, la cual no tiene nada que ver con Satanás. Nuestra vida procede de la vida de Dios; es una vida que surge de la muerte. El poder de Satanás sólo se extiende hasta la muerte. Todo lo que Satanás puede hacer se encuentra dentro del lindero que llega hasta la muerte. Tenemos una vida que él no puede tocar. Estamos firmes sobre el terreno de la resurrección y podemos mirar triunfalmente atrás a través de la cruz. Colosenses 2 nos habla de triunfar en resurrección. Este capítulo trata sobre la resurrección, no sobre la muerte. No es que nosotros, por medio de la resurrección, triunfemos en la esfera de la muerte; más bien, es por medio de la muerte que ahora nos encontramos triunfantes en la esfera de la resurrección.

A fin de resistir a Satanás, todo hijo de Dios debe declarar con una fe firme: "¡Gracias a Dios, he resucitado! Satanás, ¿qué puedes hacer? Todo lo que tú haces llega a su término con la muerte. ¡Pero la vida que ahora poseo no tiene nada que ver contigo! Tú ya pusiste a prueba esta vida. ¿Qué más podrías hacer? ¡Careces de todo poder! ¡Esta vida ha trascendido sobre ti! ¡Satanás, aléjate de mí!".

No podemos hacerle frente a Satanás basándonos en la esperanza, sino sólo estando firmes sobre el terreno de la resurrección, en el terreno que corresponde al Señor. Este es un principio muy fundamental. Colosenses 2:12 nos dice que debemos creer en "la operación de Dios, quien le levantó de los muertos".

Necesitamos asumir ante Satanás la misma postura que adoptamos ante Dios. La Biblia nos manda que nos revistamos del manto de la justicia cuando nos acerquemos a Dios (Is. 61:10; Zac. 3:4-5). Nuestro manto de justicia es Cristo. Por ende, necesitamos revestirnos de Cristo para acudir a Dios. Asimismo, necesitamos revestirnos de Cristo cuando enfrentemos a Satanás. Si estamos revestidos de Cristo, Dios no ve pecado alguno en nosotros. Del mismo modo, si estamos en Cristo, Satanás no halla pecado en nosotros. Cuando asumimos esta postura, Satanás no nos puede atacar más. Somos perfectos ante Dios y perfectos también ante Satanás. ¡Qué glorioso hecho!

No debemos temerle a Satanás, porque si lo hacemos, él se reirá de nosotros. Él dirá: "¡Qué persona tan necia hay en la tierra! ¿Cómo puede esta ser tan insensata?". Todo aquel que le teme a Satanás es un insensato porque se ha olvidado de su posición en Cristo. No hay motivo para que le temamos. Hemos trascendido por encima de su poder. Podemos mantenernos firmes ante él y decirle: "¡No puedes tocarme! ¡No importa cuán fuerte ni cuan ingenioso seas, ya te has quedado atrás!". El día de Su resurrección, el Señor llevó cautivo al enemigo y lo avergonzó públicamente. Hoy, nosotros estamos firmes sobre el terreno de la resurrección y ¡triunfamos por medio de la cruz!

D. Creemos que la ascensión del Señor está muy por encima del poder de Satanás

En cuarto lugar, debemos creer que en la ascensión del Señor, Él fue puesto muy por encima del poder de Satanás. Efesios 1:20-22 dice: "Resucitándole de los muertos y sentándole a Su diestra en los lugares celestiales, por encima de todo ... no sólo en este siglo, sino también en el venidero; y sometió todas las cosas bajo Sus pies, y lo dio por Cabeza sobre todas las cosas a la iglesia". Esto significa que el Señor Jesús está sentado en los lugares celestiales y está muy por encima de todo el poder de Satanás.

Efesios 2:6 dice: "Y juntamente con Él nos resucitó, y asimismo nos hizo sentar en los lugares celestiales en Cristo Jesús". Esta es nuestra posición, es decir, la posición de todos los cristianos. El Señor Jesús ha resucitado y está sentado en los lugares celestiales por encima de todo poder de Satanás. Nosotros fuimos resucitados juntamente con Cristo, y asimismo se nos hizo sentar en los lugares celestiales, muy por encima de todo el poder de Satanás.

Efesios 6:11-13 dice: "Vestíos de toda la armadura de Dios, para que podáis estar firmes contra las estratagemas del diablo ... y habiendo acabado todo, estar firmes". El capítulo 2 nos muestra que juntamente con el Señor estamos sentados en los lugares celestiales. El capítulo 6 nos muestra que necesitamos estar firmes. El capítulo 2 dice que debemos sentarnos, mientras que el capítulo 6 dice que necesitamos estar firmes. ¿Qué significa sentarse? Sentarse significa descansar. Quiere decir que el Señor ha vencido y que ahora podemos apoyarnos en Su victoria. Esto es lo que significa depender de la victoria del Señor. ¿Qué significa estar firmes? Estar firmes quiere decir que la guerra espiritual no consiste en atacar, sino en defender. Estar firmes no significa atacar; significa defender. Debido a que el Señor ha obtenido una victoria total, no necesitamos atacar de nuevo. La victoria de la cruz es completa, y ya no es necesario atacar más. Aquí vemos dos actitudes: Una consiste en sentarse y la otra, en estar firmes. Sentarse es descansar en la victoria del Señor, mientras que estar firmes equivale a resistir a Satanás y no dejar que se lleve nuestra victoria.

La guerra que enfrentan los cristianos consiste en no permitir la derrota; no consiste en luchar para obtener la victoria. Ya hemos vencido. Combatimos desde una posición victoriosa y combatimos con el fin de mantener nuestra victoria. No necesitamos luchar para obtener una victoria, pues es la posición desde la cual combatimos; la victoria es algo que ya está en nuestras manos. La guerra que menciona el libro de Efesios es la guerra que llevan a cabo los vencedores; no es que nosotros lleguemos a ser vencedores por medio de combatir. Debemos saber distinguir entre estas dos cosas.

¿De qué manera nos tienta Satanás? Él hace que nos olvidemos de nuestra posición y de nuestra victoria. Él nos enceguece a nuestra propia victoria. Si cedemos a sus tácticas, creeremos que la victoria está muy lejos y que se halla fuera de nuestro alcance. Tenemos que recordar que la victoria del Señor es completa. ¡Es tan completa que abarca la totalidad de nuestras vidas! Una vez que creemos, vencemos. Satanás está derrotado y nosotros lo hemos vencido en Cristo. Pero Satanás quiere robarnos la victoria que hemos ganado. Su obra consiste en mofarse de nosotros para descubrir secretamente si todavía conservamos nuestra fe. Si no sabemos que la victoria ya es nuestra, fracasaremos. Pero si conocemos cuál es nuestra victoria, la obra de Satanás fracasará.

Por consiguiente, contrarrestamos la obra de Satanás con la obra del Señor Jesús. Resistimos a Satanás por medio de la manifestación, la muerte, la resurrección y la ascensión del Señor. Hoy en día nos apoyamos en la obra realizada por el Señor. Cuando Satanás nos ataca, no necesitamos *tratar* de vencer de ninguna manera. Una vez que hagamos el primer intento de vencer, habremos fracasado, puesto que hemos asumido la posición incorrecta. ¡Qué grande es la diferencia entre una persona que se esfuerza por vencer al enemigo y una que resiste, sabiendo que ya ha vencido; ella simplemente resiste al enemigo! Resistir al diablo significa resistirle en virtud de la victoria de Cristo.

Ver este asunto ciertamente requiere revelación. Es necesario que recibamos una revelación de la manifestación del Señor. Además, necesitamos ver Su muerte, Su resurrección y Su ascensión. Tenemos que conocer todas estas cosas.

Por ser cristianos, tenemos que aprender a resistir al diablo. En toda circunstancia debemos decirle a Satanás: "¡Aléjate de mí!". Que Dios tenga misericordia de nosotros para que todos tengamos tal fe. Ejercitemos nuestra fe con respecto a las cuatro cosas logradas por el Señor en beneficio nuestro, y ejercitemos una fe firme a fin de resistir a Satanás y rechazar la obra que lleva a cabo contra nosotros.

CAPÍTULO CUARENTA Y CUATRO

EL SIGNIFICADO DE CUBRIRSE LA CABEZA

Lectura bíblica: 1 Co. 11:2-16

En este capítulo abordaremos un tema importante: el significado de cubrirse la cabeza.

En 1 Corintios 11:2-16, a los creyentes no se les llama hermanos y hermanas, sino varones y mujeres. Estos versículos no se refieren a lo que somos en Cristo, sino al orden que Dios estableció en Su creación.

Este pasaje no hace eco al pensamiento expresado en Juan 10:30, que dice: "Yo y el Padre uno somos"; más bien, dice que Dios es la Cabeza de Cristo. Esto no da énfasis a la relación que existe entre el Padre y el Hijo, sino a la relación entre Dios y Cristo, o sea, entre Dios y Su Ungido. No se refiere a la relación que existe entre Dios el Padre y Dios el Hijo en la Trinidad de la Deidad, sino a la relación entre Dios y Aquel a quien Él envió a la tierra y ungió para que fuera el Cristo. El asunto de cubrirse la cabeza tiene que ver con Dios y Su Ungido.

El tema de cubrirse la cabeza tampoco atañe a la relación que existe entre Cristo y Su iglesia. El hecho de que Cristo sea la Cabeza y que la iglesia sea Su Cuerpo, no está relacionado con el tema de cubrirse la cabeza; dicho tema es algo completamente distinto. En 1 Corintios 11:3 dice que "Cristo es la cabeza de *todo varón*". Cristo es la Cabeza de todos los hombres individualmente. Aunque hay muchos hombres, Cristo es la Cabeza de todos ellos; en este aspecto, el hecho de que Él sea la Cabeza no se refiere a Su autoridad en la iglesia. Este pasaje alude a la autoridad que Cristo tiene sobre todo varón; por lo tanto, el tema de cubrirse la cabeza no tiene nada que ver con la relación que existe entre Cristo y la iglesia, sino con la relación entre Cristo y todo varón. Así que, este pasaje no atañe a la relación que existe entre los hijos de Dios ni a la relación entre hermanos y hermanas; por ejemplo, el versículo 3 dice que *"el varón* es la cabeza de *la mujer"*. Si hemos de entender lo que significa cubrirse la cabeza, es necesario que tengamos este fundamento.

I. DOS SISTEMAS ESTABLECIDOS POR DIOS EN EL UNIVERSO

Quisiera considerar este tema desde una perspectiva más amplia. Esto nos ayudará a entender 1 Corintios 11. Sólo aquellos que conocen a Dios y que están familiarizados con la Biblia entenderán este capítulo. A muchas personas les es difícil leer este capítulo. Lo primero que debemos saber es que Dios tiene dos sistemas en el universo: a uno lo llamamos el sistema de la gracia y al otro, el sistema del gobierno.

A. El sistema de la gracia

La iglesia, nuestra salvación, la relación que existe entre hermanos y hermanas en el Señor, y el hecho de que seamos hijos de Dios: todos estos son asuntos que están incluidos en el sistema de la gracia de Dios. Todo lo que tiene que ver con la iglesia, con el Espíritu Santo y con la redención, pertenece al sistema de la gracia. Tanto el centurión como la mujer sirofenicia recibieron gracia de parte de Dios. Pedro recibió gracia, y asimismo María. Lázaro pudo ser resucitado, y Marta y María pudieron servir. En el sistema de la gracia, hay igualdad de condiciones entre el hombre y la mujer.

B. El sistema del gobierno de Dios

En la Biblia hay otro sistema, al que llamamos el gobierno de Dios; dicho sistema es totalmente distinto del sistema de la gracia. El sistema del gobierno de Dios es diferente del sistema de la gracia, es decir, es un sistema completamente distinto. En el sistema del gobierno, Dios actúa según Su beneplácito.

1. La creación del hombre y la mujer

En Su creación, Dios hizo al hombre y a la mujer. Esta distinción tiene que ver con el gobierno de Dios. El creó primero al hombre, y luego a la mujer. Este orden también tiene que ver con el gobierno de Dios. Dios actúa según Su beneplácito. Él tiene una voluntad independiente. Él estableció que los seres humanos provinieran de la mujer. Incluso el Señor Jesús nació de una mujer. Esto se relaciona con el gobierno de Dios. Nadie puede argumentar con Dios en cuanto a este asunto.

2. La comida del hombre

En el huerto de Edén, el hombre se alimentaba de frutas. Esto fue establecido por el gobierno de Dios. Después del diluvio, al hombre se le permitió comer carne. Esto también fue instituido según el gobierno de Dios.

3. La confusión con respecto al lenguaje

En el principio, todos los hombres hablaban un solo idioma. Pero después que el hombre edificó la torre de Babel para demostrar el poder del linaje humano unido, Dios confundió el lenguaje humano en Babel para que el hombre ya no pudiera hablar la misma lengua. Esto sucedió conforme al gobierno de Dios. Más tarde, cuando Dios derramó Su Espíritu en el día de Pentecostés, los creyentes que estaban presentes comenzaron a hablar en lenguas. Esto también tuvo que ver con el gobierno de Dios.

4. Muchos pueblos esparcidos

En la época de la torre de Babel, los habitantes de la tierra fueron divididos en muchos "pueblos". Estos "pueblos" representan las razas, y no las naciones. Esto también se relaciona con el gobierno de Dios. Posteriormente, Dios escogió de entre muchos pueblos a un pueblo especial: la nación de Israel, la cual le pertenecería a Él. Esto fue Su gracia. Pero la separación del linaje humano en diferentes pueblos estaba relacionado con el gobierno de Dios.

5. La formación de las naciones

Después de algún tiempo, estos pueblos llegaron a ser muchas naciones. La historia de la Biblia nos dice que las naciones se formaron después que surgieron los pueblos. Primero existieron las razas, y después las naciones. Cada nación tenía su propio rey. Esto también fue algo establecido por el gobierno de Dios y bajo la administración del mismo.

6. Israel llega a ser una nación

En tiempos de los jueces, los israelitas eran una raza; todavía no habían llegado a ser una nación. Para la época de Samuel, seguían siendo una raza entre muchas otras, porque no había rey sobre ellos. Un día, el pueblo de Israel quiso tener un rey, tal como lo tenían otros pueblos; ellos pidieron que se les transfiriera de la esfera de la gracia a la esfera del gobierno. Ellos quisieron tener un rey, tal como lo tenían otras naciones. Dios les advirtió, mostrándoles cómo gobernaría este rey sobre ellos (1 S. 8:9-18).

7. Saúl llega a ser rey

Más tarde, Dios escogió a Saúl para que fuera el rey de Israel. Tan pronto como Saúl fue escogido, fue introducido entre el pueblo de Israel el sistema del gobierno de Dios. Esto no significa que la gracia de Dios haya cesado; más bien, significa que los israelitas explícitamente se pusieron bajo el gobierno de Dios. Aunque quisieran rebelarse contra el ungido, ya no podían, porque éste había llegado a ser el rey de ellos. Aun después que Saúl se apartó de Dios en cuanto a la esfera de la gracia, él permaneció como rey en la esfera del gobierno de Dios. Debemos identificar estos dos sistemas diferentes a fin de que podamos entender las dos situaciones en las que se encontraba Saúl. En términos de la gracia, Saúl había caído, pero en términos del gobierno de Dios, él seguía siendo rey. Esta es la razón por la que David no se rebeló en contra de la autoridad que Dios había establecido.

II. EL SISTEMA DE LA GRACIA DE DIOS PERFECCIONA EL SISTEMA DEL GOBIERNO DE DIOS

Esta situación continuó hasta la época del Señor Jesús, donde vemos que ambos aspectos de la obra de Dios estaban presentes al mismo tiempo. El sistema de la gracia de Dios continuó operando en el mundo; al mismo tiempo, también operaba el sistema del gobierno de Dios. Los sacerdotes y los profetas pertenecían a la esfera de la gracia; ellos mantuvieron vigente el sistema de la gracia. En cambio, los reyes y los líderes de los israelitas pertenecían a la esfera del gobierno; ellos mantuvieron vigente el sistema del gobierno de Dios. Por un lado, cuando el Señor Jesús estaba en la tierra, Él era el Salvador que libraba al hombre del pecado. Esta fue Su obra bajo el sistema de la gracia. Por otro lado, Dios deseaba que el Señor Jesús estableciera la autoridad de Dios y Su reino celestial mediante la obra de la cruz, a fin de que el reino de los cielos fuera traído a la tierra. Dios opera continuamente para destruir el poder del diablo, traer el reino de los cielos e introducir el cielo nuevo y la tierra nueva. En aquel día, la gracia y el gobierno se unirán y llegarán a ser un solo sistema. Esto significa que en el cielo nuevo y en la tierra nueva, el sistema de la gracia y el sistema del gobierno se unirán y llegarán a ser un solo sistema. Así, ambos sistemas serán uno en el Señor Jesús. En Él se incorporan ambos aspectos de la obra de Dios. Por una parte, Él opera sobre la base del sistema de la gracia, pero por otra, opera sobre la base del sistema del gobierno.

El gobierno de Dios no se estableció cuando Dios creó al hombre, sino cuando creó a los ángeles. Esto se revela claramente en la Biblia. Cuando Satanás era aún la estrella de la mañana que reinaba sobre el mundo, ya estaba vigente el sistema del gobierno. Después que el hombre fue creado, se establecieron muchas cosas bajo el sistema del gobierno de Dios, tales como el matrimonio, la relación entre cónyuges, las relaciones familiares y la relación entre padres e hijos. Estas instituciones básicas fueron establecidas por Dios conforme a Su sistema de gobierno.

Quiero señalarles algo a los hermanos y a las hermanas. Los que son salvos en esta era deben aprender la lección fundamental de no usar la gracia de Dios para anular el gobierno de Dios. Debo repetir estas palabras de manera enfática: no anulemos el orden que Dios estableció en Su gobierno, con la gracia que Él nos imparte. La intención de Dios es que el hombre respete Su gobierno; no es Su deseo que el hombre anule el gobierno que Él instituyó. Si hacemos caso omiso del gobierno de Dios, somos personas inicuas ante Dios; desconocemos por completo el hecho de que, además de la iglesia, existe también el reino. Debemos ver el sistema del gobierno de Dios. El sistema de la gracia perfecciona el sistema del gobierno. El sistema del gobierno no fue establecido con miras al sistema de la gracia; más bien, el sistema de la gracia perfecciona o complementa el sistema del gobierno de Dios.

Muchos tienen un concepto fundamentalmente erróneo. Piensan que por tener la gracia, pueden hacer a un lado el gobierno de Dios. Esta es una idea insensata. Uno no puede usar la obra que Dios realiza en la esfera de la gracia, para cambiar el gobierno de Dios. El perdón que obtenemos ante Dios por Su gracia no reemplaza el perdón que Él otorga conforme a Su gobierno. No importa cuánto perdón hayamos recibido en la gracia, esto no reemplazará el perdón relacionado con Su gobierno.

¡El gobierno de Dios opera bajo un principio totalmente diferente! Desde el comienzo, Dios ha estado tratando de establecer Su sistema gubernamental. Él continuará esta obra hasta el final. La gracia y el gobierno siempre van juntos. Debido a que el hombre luchó y se rebeló contra el sistema del gobierno de Dios, fue introducido el sistema de la gracia. El sistema de la gracia nos trae a la salvación y a la restauración, a fin de que obedezcamos el sistema del gobierno de Dios. La gracia es dada para complementar el sistema del gobierno de Dios.

III. APRENDAMOS A RECONOCER EL GOBIERNO DE DIOS

A. Adán es expulsado del huerto de Edén

Recordemos cómo pecó Adán. Después que Dios preparó el huerto de Edén, Él creó a Adán y a Eva, y les encargó que cuidaran del huerto. El huerto de Edén les fue encomendado completamente a ellos. Edén significa felicidad, y ellos vivieron felices en el huerto. Sin embargo, ambos pecaron. Después que ellos pecaron, Dios les dio la promesa de que vendría un Salvador, la simiente de la mujer. Aunque Dios les dio la promesa de la redención, Adán y Eva fueron echados del huerto de Edén. Aquí vemos que la promesa de la redención manifestó la gracia del Señor, pero esto no anuló la acción gubernamental de Dios respecto a expulsarlos del huerto. Dios no sólo los echó del huerto de Edén, sino que también puso querubines que guardaran el huerto con el propósito de que Adán y Eva no pudieran regresar allí. Esto fue establecido por el gobierno de Dios. El gobierno y gracia de Dios son dos cosas distintas. La gracia dio al hombre la promesa de un Salvador, mientras que el gobierno divino expulsó al hombre del huerto de Edén. Es evidente que a partir de aquel día, el hombre ya no podía regresar al huerto de Edén.

B. A los israelitas se les impide entrar en Canaán

Cuando los israelitas llegaron a Cades-barnea, ellos rehusaron entrar en Canaán. Como resultado, Dios les impidió entrar en la buena tierra. Los israelitas se lamentaron y después quisieron entrar por sí mismos, pero en un día, muchos de ellos murieron en manos de los cananeos. Ellos lloraron y clamaron, pero Dios no les permitió entrar en la buena tierra (Nm. 13—14). Una vez que ellos rehusaron entrar, ya no pudieron ingresar en la buena tierra. El gobierno de Dios no les permitió hacer lo que ellos querían. Dios tiene Su gobierno.

C. A Moisés no se le permite entrar en Canaán

Moisés golpeó la roca con su vara dos veces y no santificó a Jehová. Como resultado, no pudo entrar en Canaán (Nm. 20:7-12). Aunque Dios fue misericordioso con él y lo condujo al monte de Pisga, a Moisés no se le permitió entrar en Canaán junto con el pueblo de Dios. Aunque Moisés vio la tierra de Canaán, estando él con Dios en el monte de Pisga, no se le permitió entrar en ella (Dt. 34). La gracia de Dios le permitió ver los linderos de la tierra, pero el gobierno de Dios le prohibió entrar en la tierra.

D. La espada no se aparta de la casa de David

Cuando David pecó, Dios tuvo gracia y misericordia para con él y le perdonó sus pecados. Dios tuvo tanta gracia para con David, que le concedió tener una comunión especial con Él aun después de aquel incidente. Sin embargo, la espada nunca se apartó de la casa de David (2 S. 12:7-14). Esto es el gobierno de Dios.

E. La separación de Pablo y Bernabé

Bernabé se separó de Pablo por causa de Marcos (Hch. 15:37-39). Marcos era pariente de Bernabé (Col. 4:10). Marcos estuvo en desacuerdo y desobedeció durante el primer viaje, pero Bernabé insistía en llevarlo consigo. Obviamente, esta decisión fue motivada por su relación familiar. Bernabé entonces se apartó de Pablo, y tomando a Marcos, se fue a Chipre (ambos eran naturales de Chipre). Aquí vemos en acción la influencia de una relación carnal. Es posible que después de esto Bernabé haya sido usado por Dios de alguna manera; quizás haya realizado alguna buena obra más tarde. Con todo, a partir de entonces el Espíritu Santo borró su nombre de la Biblia. Su nombre todavía estaba escrito en el libro de la vida, pero no en el libro de Hechos. Esto es el gobierno de Dios. ¡El gobierno de Dios no permite que nadie siga su propio camino!

El sistema de la gracia es una cosa, y el sistema del gobierno es otra. Cuanto más humilde sea una persona, más experimentada será en el sistema del gobierno de Dios. Nunca pensemos que podemos anular el sistema del gobierno de Dios simplemente porque estamos bajo el sistema de la gracia.

La gracia nunca anula el gobierno divino. De hecho, la gracia hace que una persona se sujete al gobierno de Dios. Digo esto solemnemente: La gracia nos capacita para someternos a la autoridad. La gracia no nos hace rebeldes; no nos lleva a derrocar el gobierno de Dios. Estos dos sistemas establecidos por Dios se perfeccionan mutuamente. La gracia no anula el gobierno de Dios. Sólo los necios dirían: "Ya que he recibido la gracia, puedo comportarme con ligereza y hacer cosas descuidadamente". ¡Esto es lo que haría un hombre necio!

Cuanto más los ojos de una persona sean abiertos a la gracia, más se comportará como un siervo apropiado (si es un siervo) o como un amo apropiado (si es un amo). De igual manera, cuanto más los ojos de una persona sean abiertos a la gracia, más sabrá cómo ser un esposo apropiado, un padre apropiado, un hijo apropiado o un ciudadano apropiado, y más estará sujeto a la autoridad. Cuanta más gracia recibe uno de parte de Dios, más sabrá cómo respetar el gobierno de Dios. Nunca he visto que una persona que verdaderamente conozca la gracia de Dios, destruya Su gobierno.

IV. EL CUBRIRSE LA CABEZA SE RELACIONA CON EL GOBIERNO DE DIOS

El asunto de cubrirse la cabeza está relacionado con el gobierno de Dios. Yo no puedo persuadirle que se cubra la cabeza si usted no conoce nada acerca del gobierno de Dios. Si usted no conoce el gobierno de Dios, ¡tampoco sabrá lo que significa cubrirse la cabeza! Una vez que usted vea el gobierno de Dios y comprenda que el sistema del gobierno divino es revelado en la Palabra, entenderá que el cubrirse la cabeza tiene mucho que ver con dicho gobierno.

En 1 Corintios 11:2-3 dice: "Os alabo porque en todo os acordáis de mí, y retenéis las instrucciones tal como os las entregué. Pero quiero que sepáis que Cristo es la cabeza de todo varón, y el varón es la cabeza de la mujer, y Dios la cabeza de Cristo". Esto es el gobierno de Dios.

Estos versículos no dicen nada acerca de la relación entre el Padre y el Hijo; ésa es una relación existente en la Deidad. Más bien, estos versículos hablan de la relación que existe entre Dios y Cristo. Tomando prestado un término moderno, podríamos decir que Cristo es el delegado de Dios. Hay una distinción entre Dios y Cristo con respecto al ministerio y en cuanto al orden y gobierno divinos: Dios es Dios, y Cristo es Cristo. Cristo es Aquel a quien Dios envió. Juan 17:3 dice: "Que te conozcan a Ti, el único Dios verdadero, y a quien has enviado, Jesucristo". Dios es Dios, y el Señor Jesús es el Cristo enviado por Dios. Esta distinción entre Dios y Cristo tiene que ver con el gobierno de Dios. Cristo era originalmente igual a Dios, pero Él estuvo dispuesto a ser el Cristo y a ser enviado. Dios sigue siendo Dios, el Dios que está en las alturas, mientras que Cristo fue enviado para hacer la obra de Dios. Este es el primer asunto relacionado con el gobierno de Dios.

¿Cuál es la meta de Dios? Su meta es designar a Cristo como Cabeza, a fin de que todo hombre se someta a Él. Cristo es las primicias de toda la creación. Él fue el primero que Dios creó.

[Nota del editor: esto se refiere únicamente a Su humanidad.]
Por lo tanto, Él es la cabeza de todo varón, y todo varón debe
sujetarse a Él. Este es un principio básico en el gobierno de
Dios. Cristo es la cabeza de todo varón. Esto no pertenece al
sistema de la gracia, sino al sistema del gobierno de Dios. De
igual modo, el hecho de que el varón sea la cabeza de la mujer
también es algo relacionado con el sistema del gobierno de
Dios. En Su gobierno, Dios designa al varón como cabeza de la
mujer, así como Él designa a Cristo como cabeza del varón y
se designa a Sí mismo como Cabeza. Todo esto tiene que ver
con el sistema de Dios en su totalidad.

Dios mismo es la Cabeza, y Él también designa a Cristo
para que sea la Cabeza. Además, Él designa al hombre como
cabeza. Estos son tres grandes principios en el gobierno de Dios.

Dios es la Cabeza de Cristo. Esto no tiene nada que ver
con que Dios sea más grande que Cristo o que Cristo sea más
grande que Dios. Simplemente significa que en el arreglo gubernamental divino, Dios es la Cabeza de Cristo. De igual manera,
en el orden dispuesto por el gobierno de Dios, Cristo es la cabeza
de todo varón y el varón es la cabeza de la mujer. Esto es lo
que Dios ha establecido y ordenado.

Filipenses 2 presenta esto claramente. El Señor Jesús es
igual a Dios en cuanto a Su esencia misma. Pero en el gobierno
de Dios, Jesús es el Cristo. Ya que Él es el Cristo, Dios es Su
Cabeza. En el Evangelio de Juan, el Señor dijo que Él hacía
sólo lo que veía hacer al Padre (5:19). Él no vino para hacer
Su propia voluntad, sino la voluntad del que lo envió (6:38). Era
como si Él dijera: "Yo soy simplemente el Cristo, Aquel que fue
enviado. Yo no me atrevo a hablar por Mi propia cuenta. Lo
que oigo, eso hablo. No hago nada por Mí mismo; lo que veo, eso
hago" (cfr. 8:26, 28). Él habló estas palabras sobre la base del
gobierno de Dios. Lo que Dios dispuso es que Dios sea Dios, y
que Jesús sea el Cristo; como tal, Él debía obedecer a Dios.
En lo que a Su persona intrínseca se refiere, Dios el Hijo es
igual a Dios el Padre; ellos son de igual posición y merecen la
misma honra. En este aspecto, Dios el Hijo no tiene que obedecer a Dios el Padre. Sin embargo, en términos del gobierno de
Dios, Cristo no tomó la posición de Dios el Hijo, sino la posición de Cristo, Aquel que fue enviado por Dios.

Un día todos conocerán el gobierno de Dios. Todo el mundo sabrá que Cristo es la Cabeza. Esto es lo que Dios ha establecido en Su gobierno. Cristo será la Cabeza de todo varón. Pero hoy únicamente la iglesia sabe esto; el mundo no lo sabe. Un día todo el mundo sabrá que Cristo es la Cabeza, el que tiene la preeminencia en toda la creación. Él es las primicias de toda la creación. Todos los seres creados se someterán a la autoridad de Cristo. Bajo este mismo principio, sólo la iglesia sabe que Dios estableció al varón como cabeza de la mujer. ¿Ven ustedes esto? Hoy, sólo la iglesia sabe que Cristo es la cabeza de todo varón; del mismo modo, sólo la iglesia sabe que el varón es la cabeza de la mujer.

Ya vimos que la gracia nunca puede derrocar al gobierno de Dios. Pienso que las lecciones que hemos aprendido se hacen cada vez más claras. La gracia sostiene al gobierno de Dios; no lo destruye. Nadie puede ser tan necio como el que usa la gracia de Dios para oponerse a Su gobierno. ¡Nadie puede abrogar el gobierno de Dios! La mano de Dios sostiene permanentemente Su gobierno. Hoy ningún hombre puede derrocar la autoridad de su padre, argumentando que ha creído en el Señor; nadie tampoco puede derrocar la autoridad de su amo ni la autoridad del gobierno, tomando como base que ha creído en el Señor. Ningún hombre puede decir: "Yo no tengo que pagar impuestos porque soy cristiano. No tengo que cumplir con mis deberes". ¡No existe semejante cosa! El hecho de que usted sea cristiano lo compromete aun más a respetar el gobierno de Dios.

Hoy vivimos en el mundo con el fin de mantener el testimonio de Dios. El Señor nos ha mostrado tres clases de cabezas: Dios es la Cabeza, Cristo es la Cabeza y el varón es la cabeza. Esto no tiene nada que ver con la relación entre los hermanos y las hermanas; es una cuestión de gobierno, no de gracia. La gracia nos llama hermanos y hermanas, pero Dios tiene otro sistema, el cual tiene que ver con Su gobierno. Esta es la voluntad de Dios; es el deseo de Su corazón. Dios establece que Él mismo sea la Cabeza y que Cristo se someta a Él; Dios también establece que Cristo sea la Cabeza y que todos se sometan a Él; además, Dios establece que el varón sea la cabeza y que la mujer lleve una señal de sumisión.

V. EL SIGNIFICADO DE CUBRIRSE LA CABEZA

En 1 Corintios 11:4-5 dice: "Todo varón que ora o profetiza con la cabeza cubierta, afrenta su cabeza. Pero toda mujer que ora o profetiza con la cabeza descubierta, afrenta su cabeza; porque lo mismo es que si se hubiese rapado". Descubramos lo que significa cubrirse la cabeza.

Cubrirse la cabeza significa someterse al gobierno de Dios, es decir, aceptar esta posición. Una persona que se cubre la cabeza jamás anularía el gobierno de Dios simplemente porque ha recibido Su gracia. Ella ni siquiera daría cabida a tal pensamiento. Por el contrario, aceptaría el gobierno de Dios. Tal como Cristo aceptó a Dios como Su Cabeza, así también todo varón debe aceptar a Cristo como su Cabeza. De la misma manera, la mujer debe aceptar al varón como su cabeza representativa. Cubrirnos la cabeza significa que renunciamos a ser nosotros mismos la cabeza.

Por favor, tengan presente que en la práctica, Dios requiere que sólo la mujer se cubra la cabeza. En realidad, la cabeza de Cristo está cubierta ante Dios, y la cabeza de todo varón está cubierta ante Cristo. Pero en la práctica, Dios requiere que sólo la mujer se cubra la cabeza delante del hombre. ¡Esto es algo maravilloso! Ello expresa un profundo principio; este asunto de ninguna manera es trivial.

En ocasiones siento que no tengo la libertad de hablar a algunos santos acerca del tema de cubrirse la cabeza, porque ellos no tienen idea de lo que es el gobierno de Dios. Uno primeramente debe entender qué es el gobierno de Dios antes de que pueda entender qué significa cubrirse la cabeza. Ya que Cristo tiene Su cabeza cubierta ante Dios, yo también tengo mi cabeza cubierta ante Cristo. Me he cubierto la cabeza; ya no está descubierta. Dios es ahora mi Cabeza. De hecho, Dios desea que todo varón se cubra la cabeza. Cristo es nuestra única Cabeza. Nuestra cabeza no debe estar descubierta; debe desaparecer de vista.

A estas alturas, me dirigiré a las mujeres cristianas: Dios ha ordenado que el varón sea la cabeza de la mujer. En estos días de ignorancia con respecto a la autoridad de Dios, Dios requiere que sólo la iglesia cumpla esto. El tema de cubrirse la cabeza se relaciona con el hecho de si uno es cristiano o no. En la iglesia, Dios exige que todo cristiano respete el sistema de gobierno que Él ha establecido.

VI. LA RESPONSABILIDAD DE LAS HERMANAS

El hecho de que las hermanas se cubran la cabeza significa que ellas toman la posición que Cristo toma ante Dios y que el varón toma ante Cristo. La intención de Dios es que las mujeres se cubran la cabeza de modo que expresen el gobierno de Dios sobre la tierra. Dios pide que sólo las mujeres se cubran la cabeza. La mujer no se cubre la cabeza por causa de ella misma, sino por lo que ello representa. Hay muchas cosas que uno hace para sí mismo, pero también hay muchas cosas que uno hace como representante de todo el grupo. La mujer se cubre la cabeza por ser mujer; además, se cubre la cabeza como representante, pues ella representa a todo hombre y también representa a Cristo. La mujer representa a todo hombre ante Cristo y ella también representa a Cristo delante de Dios. El hecho de que la mujer se cubra delante de Dios, equivale a que Cristo mismo se cubra delante de Dios. De la misma manera, el hecho de que la mujer se cubra la cabeza delante de Cristo, equivale a que cada varón se cubra delante de Cristo.

Nadie debe asumir ninguna autoridad delante de Cristo. Todos deben cubrir su cabeza y permitir que Cristo sea la Cabeza. Si alguien no cubre su cabeza delante de Cristo, habrá dos cabezas. Cuando hay dos cabezas, una de ellas debe ser cubierta. Entre Dios y Cristo, una cabeza debe estar cubierta. De igual modo, entre el hombre y la mujer, una cabeza debe estar cubierta. Entre Cristo y todo varón, una cabeza debe estar cubierta. Si una de las cabezas no se cubre, habrá dos cabezas. No debe haber dos cabezas en el gobierno de Dios. Si Dios es la cabeza, Cristo no puede ser la cabeza; si Cristo es la cabeza, el varón no puede ser la cabeza; y si el varón es la cabeza, la mujer no puede ser la cabeza.

Dios pide a las hermanas que sean representantes. Las hermanas tienen la responsabilidad de llevar señal de sumisión sobre sus cabezas. Esto expresa el sistema del gobierno de Dios. En particular, Dios ordena que la mujer se cubra la cabeza al orar y profetizar. Esto se debe a que ella debe conocer el gobierno de Dios cuando acude a Dios. Ya sea que ella profetice por Dios ante los hombres o que ore por los hombres ante Dios, ya sea que ore, profetice, actúe por Dios o acuda a Dios, ella debe realizar estas actividades —las cuales tienen que ver con Dios— con la cabeza cubierta. Esto tiene como propósito expresar el gobierno de Dios.

Al hombre no le es permitido cubrirse la cabeza. El hombre afrenta su propia cabeza si se la cubre delante de la mujer. El hombre representa a Cristo. Si un hombre cubre su cabeza, estaría afirmando que ningún hombre debe cubrir su cabeza delante de Cristo, y que Cristo debe cubrir Su cabeza delante del hombre.

VII. UNA SEÑAL DE SUMISIÓN A LA AUTORIDAD POR CAUSA DE LOS ÁNGELES

En 1 Corintios 11:6 dice: "Porque si la mujer no se cubre, que se corte también el cabello; y si le es vergonzoso a la mujer cortarse el cabello o raparse, que se cubra". En otras palabras, Dios le dice a las hermanas que deben ser íntegras en todo lo que hagan.

Ninguna mujer puede tener su cabeza descubierta y a la vez dejarse el cabello largo. Si una mujer no se cubre la cabeza, debería cortarse el cabello o raparse. Si usted siente que es vergonzoso cortarse el cabello o rapárselo, debería cubrirse la cabeza. Esto es lo que Pablo quería decir. La mujer debe cortarse el cabello o raparse si no quiere cubrirse la cabeza. Si una mujer piensa que es vergonzoso cortarse el cabello o raparse, que se cubra. Ella debe ser resoluta de un modo u otro, y no hacer nada a medias.

El versículo 7 dice: "Porque el varón no debe cubrirse la cabeza, pues él es imagen y gloria de Dios". El varón representa la imagen y gloria de Dios; por lo tanto, él no debe cubrirse la cabeza. "Pero la mujer es gloria del varón". Esta es la razón por la que la mujer debe cubrirse la cabeza. Si la mujer no se cubre, no puede expresar el hecho de que el varón es la cabeza.

Lo que dicen los versículos 8 y 9 es muy claro. Ambos versículos hablan del gobierno de Dios. Por eso digo que una persona nunca entenderá 1 Corintios 11 si no comprende lo que es el gobierno de Dios. El versículo 8 dice: "Porque el varón no procede de la mujer, sino la mujer del varón". Esto es lo que Dios estableció. En la creación, el hombre no procedió de la mujer, sino que la mujer fue hecha de la costilla tomada del hombre. La cabeza era Adán, no Eva. El versículo 9 dice: "Y tampoco el varón fue creado por causa de la mujer, sino la mujer por causa del varón". La mujer debe ser sumisa aun por causa de la creación.

El versículo 10 declara: "Por lo cual la mujer debe tener señal de sumisión a la autoridad sobre su cabeza, por causa de los ángeles". La Biblia no dice lo que la mujer debe usar para cubrirse la cabeza; sólo dice que su cabeza, la parte donde está su cabello, debe estar cubierta. Ella debe hacer esto por causa de los ángeles.

Siempre he considerado que esta enseñanza es maravillosa. Es por causa de los ángeles que la cabeza de las hermanas debe llevar una señal de sumisión. Todos conocemos la historia de la caída de los ángeles. Satanás se rebeló, pero ¿cómo sucedió esto? Satanás se exaltó a sí mismo con la intención de ser igual a Dios. En Isaías 14 dice que él se ensoberbeció y quiso ascender a la altura de Dios. En otras palabras, Satanás descubrió su cabeza ante Dios; no se sujetó a la autoridad de Dios. En Isaías 14 Satanás expresó su propia voluntad repetidas veces, diciendo: "Subiré al cielo ... levantaré mi trono ... en el monte del testimonio me sentaré ... sobre las alturas de las nubes subiré / Y seré semejante al Altísimo" (vs. 13-14). Esta fue la ambición de Satanás. Aquí vemos la caída del arcángel. Apocalipsis 12 nos muestra que Satanás arrastró consigo a la tercera parte de los ángeles cuando fue echado abajo (v. 4). ¡La caída de los ángeles se produjo porque trataron de asumir autoridad sin antes someterse a la autoridad de Dios!

Hoy la mujer debe llevar señal de sumisión. ¡Esto es por causa de los ángeles! Sólo en la iglesia encontramos, sobre la cabeza de las hermanas, señal de sumisión. Esta señal en efecto declara: "Nuestra cabeza está cubierta, y no tenemos cabeza propia. No queremos ser la cabeza; nuestra cabeza no está descubierta. Aceptamos al varón como cabeza. Hacemos esto para testificar a los ángeles rebeldes que nosotros aceptamos a Cristo como nuestra Cabeza y aceptamos a Dios como la Cabeza". Esto es lo que significa la expresión *por causa de los ángeles.*

Cuando hay señal de sumisión sobre nuestra cabeza, es decir, cuando cubrimos nuestra cabeza, damos el mejor testimonio a los ángeles caídos. Esto explica por qué Satanás se opone a que nos cubramos la cabeza. Al cubrirnos la cabeza avergonzamos a Satanás, ya que hacemos lo que él no hizo delante de Dios. Lo que Dios no obtuvo de los ángeles, Él lo ha obtenido en la iglesia. Algunos de los ángeles no se sujetaron a la autoridad de Dios y de Cristo. Esto trajo caos al universo. Satanás y los ángeles caídos constituyen un problema aun más grande que la caída del hombre. Lo que Dios no pudo obtener de los ángeles caídos, Él lo obtiene en la iglesia.

Cuando muchas hermanas en la iglesia permanecen firmes en su posición de mujer y se cubren la cabeza, se exhibe ante los ángeles, que están en los aires, un testimonio implícito y sin palabras. Esto les proclama a los ángeles que Dios ha obtenido en la iglesia lo que Él desea. Así que, la mujer debe llevar señal de sumisión sobre su cabeza por causa de los ángeles.

VIII. NO IRSE AL EXTREMO

Sin embargo, es posible que algunos se vayan al extremo. Tal vez piensen que ya que el varón es la cabeza, la mujer debe sujetarse al hombre en todo. Esto pone a la mujer en una posición de sumisión ciega respecto a todo. Esta clase de sumisión no es provechosa. El problema es que algunos, o no hacen nada en absoluto o se van al extremo cuando hacen algo. Pablo dice que este asunto no es tan sencillo. Él continuó en 1 Corintios 11:11 con la palabra *pero.* El hecho de cubrirse la cabeza constituye un testimonio externo. Tenemos que hacerlo para testificar de forma externa. Pero ¿cuál es la realidad y el significado intrínseco de dicho testimonio? El versículo 11 dice: "Pero en el Señor, ni la mujer es sin el varón, ni el varón sin la mujer". Algunos podrían preguntar: "¿Qué quiso decir Pablo cuando dijo que ni la mujer es sin el varón, ni el varón es sin la mujer?". Pablo explicó esto en el versículo 12, diciendo: "Porque así como la mujer procede del varón, también el varón mediante la mujer".

En el huerto de Edén, la mujer procedió del varón. Pero

hoy, después de la época del huerto de Edén, la mujer es el medio por el cual nace el varón. Todo varón nace de una mujer. En realidad, ni el varón es sin la mujer, ni la mujer sin el varón. Ni el varón ni la mujer puede decir que él o ella es algo especial. "Pero todo procede de Dios" (v. 12). El velo sobre la cabeza es simplemente una señal de sumisión a la autoridad. Al final, todas las cosas proceden de Dios. De hecho, el hombre nace de la mujer y la mujer provino del hombre. Nadie puede enorgullecerse de sí mismo y nadie tampoco puede menospreciarse a sí mismo.

El versículo 13 dice: "Juzgad vosotros mismos: ¿Es propio que la mujer ore a Dios sin cubrirse la cabeza?". Aquí Pablo parece preguntarle a las hermanas específicamente: "Después de escuchar estas palabras y comprender que en el gobierno divino Dios es la Cabeza de Cristo, que Cristo es la Cabeza de todo varón, que el varón es la cabeza de la mujer y que Dios designó a la mujer como representante de Cristo delante de Dios, ¿aún piensan que es apropiado que la mujer ore a Dios con la cabeza descubierta?".

El versículo 14 añade: "La naturaleza misma ¿no os enseña que si el varón tiene el cabello largo le es una deshonra...?". Aquí Pablo apeló al sentir de la iglesia al juzgar este asunto. Pongamos especial atención a las palabras: "La naturaleza misma ¿no os enseña?". El versículo 15 dice: "¿...pero que si la mujer tiene el cabello largo, le es una gloria? Porque en lugar de velo le es dado el cabello". En todo el mundo, las mujeres valoran mucho su cabello y se sienten orgullosas de él. El cabello expresa la gloria de una mujer; a la mujer siempre le gusta cuidarse el cabello. Nunca he visto que una mujer tire todo su cabello al cesto de basura. El cabello es una gloria para la mujer; le es muy preciado. En otras palabras, Dios le dio el cabello largo a la mujer para cubrirla.

Quisiera hacerles notar dos cosas: puesto que Dios dio a la mujer el cabello largo para cubrirla, Pablo indicó que la mujer debe usar un velo adicional, para que ella esté cubierta como Dios desea. Ya que el cabello largo de la mujer es un velo que Dios le dio, ella debe cubrirse también con un velo hecho por el hombre. Debemos leer los versículos 6 y 15 juntos. El versículo 6 dice: "Porque si la mujer no se cubre, que se corte también el cabello; y si le es vergonzoso a la mujer cortarse el cabello o raparse, que se cubra". Y el versículo 15 dice: "¿...pero que si la mujer tiene el cabello largo, le es una gloria? Porque en lugar de velo le es dado el cabello". El pensamiento es muy claro una vez que unimos estos dos versículos. Dios cubrió la cabeza de la mujer dándole el cabello largo. Siendo éste el caso, aquellas mujeres que aceptan la autoridad de Dios deben usar algo para cubrirse el cabello. Si una mujer rehúsa cubrirse el cabello, ella debe cortarse el cabello que Dios le dio. En otras palabras, si usted acepta lo que Dios ha provisto, también debe añadir su propio velo; pero si usted no lo acepta, entonces debe renunciar a lo que Dios ya le dio. La Biblia no prohíbe que la mujer se deje el cabello largo; sólo dice que el cabello largo no es suficiente y que la mujer debe añadir un velo sobre su cabeza.

Actualmente ninguno de estos dos mandamientos bíblicos está siendo guardado. Si una hermana no se cubre la cabeza sino que en lugar de ello se rapa, podríamos decir que ella sigue obedeciendo las Escrituras. El problema es que muchas mujeres rehusan hacerlo: ni se rapan ni se cubren la cabeza. El versículo 6 dice que si una mujer no se cubre, debe raparse, y que si no se rapa, debe cubrirse la cabeza. El versículo 15 dice que puesto que Dios ya nos cubrió, nosotros también debemos cubrirnos.

¿Qué deberían hacer las personas obedientes? Este versículo dice que, puesto que Dios ya nos cubrió, también nosotros debemos cubrirnos. Los que conocen a Dios siempre agregarán su parte a lo que Dios ya hizo. Siempre seguirán la manera en que Dios actúa, sin contradecirla.

IX. NO SER CONTENCIOSOS

El versículo 16 dice: "Con todo eso, si alguno quiere ser contencioso, nosotros no tenemos tal costumbre, ni las iglesias de Dios". Pienso que las palabras de Pablo son bastante fuertes. Pablo conocía muy bien a los corintios. ¡A los corintios se les encuentra no sólo en Corinto, sino también en muchos otros lugares! ¡Incluso se encuentran en la iglesia donde está usted!

Pablo dijo: "Con todo eso, si alguno quiere ser contencioso". ¿Sobre qué asunto hay contienda? Los versículos del 1 al 15 hablan acerca de cubrirse la cabeza. Así que, en el contexto, la contienda tiene que ver con el asunto de cubrirse la cabeza. Pero Pablo dijo que es erróneo que alguien sea contencioso. Nadie debe protestar por el asunto de cubrirse la cabeza.

¡Muchos quieren argumentar que la mujer no tiene que cubrirse la cabeza! Esto equivale a decir que la autoridad de Dios sobre Cristo es un asunto exclusivo de los corintios, y no un asunto universal; esto equivale a decir que la autoridad de Cristo sobre el hombre es un asunto exclusivo de los corintios, y no un asunto universal; y esto equivale a decir que la autoridad del hombre sobre la mujer es un asunto exclusivo de los corintios, y no un asunto universal. Pero ¡damos gracias a Dios! Ser cristiano es un asunto universal, y no un asunto exclusivo de los corintios. Del mismo modo, el hecho de que Dios sea la Cabeza de Cristo y que Cristo sea la cabeza de todo varón son asuntos universales, no asuntos exclusivos de los corintios. Así también, el hecho de que el hombre sea la cabeza de la mujer es un asunto universal, y no una cuestión que pertenece exclusivamente a los corintios.

¿Qué les dijo Pablo a aquellos que pensaban que las hermanas no debían cubrirse la cabeza y que se oponían a sus palabras, a esta decisión y a la comisión que él había recibido de parte del Señor? Él dijo: "Nosotros no tenemos tal costumbre". La palabra *nosotros* se refiere a Pablo y a los apóstoles. No había tal costumbre entre los apóstoles. No había hermanas que no se cubrieran la cabeza entre los apóstoles. "Si alguno quiere ser contencioso, nosotros no tenemos tal costumbre". No hay modo de argumentar. Si alguno desea argumentar, "tampoco las iglesias de Dios" tienen tal costumbre. Esto quiere decir que nadie puede argumentar sobre esto.

Aquí Pablo nos mostró la costumbre de las iglesias de Dios en aquella época. Según la costumbre de esos tiempos, todos los judíos se cubrían la cabeza cuando entraban en la sinagoga. Los hombres y las mujeres judíos se cubrían la cabeza con un velo antes de entrar en la sinagoga. Sin ese velo, no podían entrar en la sinagoga. La costumbre de los griegos (Corinto era parte de Grecia) consistía en que, al entrar en el templo, tanto los hombres como las mujeres tenían descubierta la cabeza. En los tiempos de Pablo, ninguna raza ni país tenía la costumbre de que los hombres se descubrieran la cabeza y que las mujeres se la cubrieran. Todos los judíos de aquella época se cubrían la cabeza, mientras que todos los gentiles se la descubrían. Sin embargo, con respecto a los hijos de Dios, los varones deben descubrirse la cabeza mientras que las mujeres deben cubrírsela.

Por tanto, el que el varón no se cubriera la cabeza y que la mujer se la cubriera, era un mandamiento dado exclusivamente por los apóstoles de Dios y era una costumbre guardada únicamente por las iglesias de Dios. Esta costumbre era diferente de las costumbres de los judíos y de los gentiles. Dicha costumbre se encontraba únicamente en la iglesia. Puesto que esta costumbre fue instituida por los apóstoles, era algo nuevo, algo recibido de parte de Dios.

Todos los apóstoles creían firmemente que la mujer debía cubrirse la cabeza. Si hubiese habido algún apóstol que no creyera que la mujer debiera cubrirse la cabeza, no habría estado entre los otros apóstoles y seguramente habría sido como uno ajeno a ellos. Los apóstoles no tenían tal costumbre entre ellos. Si una iglesia intentaba protestar contra esto, la respuesta de Pablo era que las iglesias de Dios no tenían esa costumbre. Ninguna iglesia tenía tal costumbre. No existía tal costumbre entre las iglesias locales que los apóstoles visitaban. A partir del versículo 16, Pablo cesó de presentar razonamientos respecto a este asunto. Sus razonamientos terminaron en el versículo 15. En el versículo 16, Pablo ya no expuso más razones. Si alguien quería ser contencioso, Pablo dijo que ningún apóstol debería estar de acuerdo con tal persona. Tal persona no tendría nada que ver con los apóstoles ni con la iglesia. Todos los apóstoles y todas las iglesias creían en esto, y nadie debía argumentar al respecto.

Esta es la razón por la que pedimos a todas las hermanas en la iglesia que cubran su cabeza en las reuniones cuando se da un mensaje o cuando ellas oran. Ellas deben hacer esto debido a que Dios desea obtener en la iglesia lo que Él no pudo obtener en el mundo. Él desea obtener aquí lo que no pudo obtener en el universo. Y nosotros también queremos que Él obtenga en la iglesia lo que no pudo obtener entre los ángeles. Queremos que Él obtenga lo que no ha podido obtener en el mundo. Las hermanas deben saber esto. El versículo 3 nos da una enseñanza clara acerca de esto. Dios es la Cabeza de Cristo, Cristo es la cabeza de todo varón, y el varón es la cabeza de la mujer. Por esta razón, la mujer debe cubrir su cabeza. Esta es la enseñanza fundamental que se presenta en este pasaje de la Palabra.

X. EL PRINCIPIO DE LA REPRESENTACIÓN

La Biblia contiene un principio muy importante: el principio de la representación. Ya he hablado de esto anteriormente y quisiera reiterarlo aquí.

Como cristianos, nosotros nos conducimos conforme a dos principios diferentes. Uno es que andamos como individuos delante de Dios, y el otro es que andamos ante Dios como representantes. A los ojos de Dios, no sólo vivimos la vida cristiana individualmente, sino también en calidad de representantes. Si no estoy equivocado, creo que en el juicio venidero seremos juzgados no sólo como individuos, sino también conforme a lo que hemos hecho como representantes.

A. Como amos

Supongamos que hay un amo que tiene varios siervos en su casa. El amo es un hermano, pero trata a sus siervos injustamente, sin misericordia y a su antojo. Él será juzgado por Dios en el futuro por su necedad, injusticia y crueldad. Pero el asunto no se detendrá allí, pues él recibirá otro juicio. Este hermano no sólo es responsable por su relación con sus siervos, sino que, a los ojos de Dios, por ser amo él representa al Señor. Siempre que tengamos la posición de amos, representamos al Señor, quien es el Amo. La manera en que tratamos a nuestros siervos debe representar la manera en que el Señor trata a Sus siervos. Si tratamos a nuestros siervos injustamente, no sólo pecamos como individuos sino también como representantes; al comportarnos de esta manera, hemos representado mal al Señor. Si no me equivoco, creo que en el juicio venidero seremos juzgados ante Dios por nuestros propios pecados y también por el pecado de representar mal al Señor.

B. Como siervos

Supongamos que yo no soy un amo, sino un siervo. Y

supongamos que como siervo robo, miento y soy perezoso en mi trabajo. No soy genuino al servir a mi amo y le engaño en muchas maneras. Si hago esto, ciertamente he pecado y seré juzgado por mi conducta pecaminosa. Pero el juicio no se detendrá allí. Por un lado, soy un siervo individualmente, pero por otro, represento a todos los siervos que están sujetos al Señor en los cielos. Si se tratara sólo de un servicio personal que rindo ante los hombres, tal vez me podría dar el lujo de engañar, de hurtar y de ser perezoso. Pero cada vez que la Biblia habla de un siervo, nos recuerda que tenemos otro Señor en los cielos. Por consiguiente, no sólo somos siervos individualmente, sino que representamos a todos los siervos que están en la tierra. Esto expresa otra relación.

C. El ejemplo de Moisés

Cuando Moisés estaba en Meriba, en Cades, se enojó con los israelitas porque ellos tentaron a Dios, así que golpeó la roca dos veces. Dios inmediatamente reprendió a Moisés. Moisés se enojó, y eso estuvo mal. Si éste hubiera sido únicamente un asunto personal o una acción independiente de Moisés como líder de Israel, él podría haber sido perdonado. Moisés ya se había enojado en otras ocasiones. Cuando él vio a los israelitas que adoraban el becerro de oro al pie del monte y quebró las dos tablas de piedras escritas por Dios mismo, Moisés mostró aún más ira que en esta ocasión (Éx. 32:19). Sin embargo, en aquella ocasión Dios no lo reprendió, pues Moisés representaba la ira de Dios cuando se enojó. Él se enojó en nombre de Dios, y representó a Dios correctamente. Pero ¿qué dijo Dios cuando Moisés se enojó y golpeó la roca dos veces? Dios dijo: "Por cuanto no creísteis en Mí, para santificarme ante los ojos de los hijos de Israel" (Nm. 20:12). Dicho en otras palabras, no me separaste a Mí de tus acciones; me representaste incorrectamente. Los israelitas pensaron que Dios estaba enojado, pero en realidad, Dios no estaba enojado.

D. La posición como individuos y la posición como representantes

Los pecados personales son una cosa, mientras que los pecados que cometemos como representantes son otra. En

1 Corintios 11:3 vemos que toda hermana, es decir, toda mujer (aunque no podamos encontrar tal mujer fuera de la iglesia) debe comprender que ella tiene una posición individual así como una posición representativa. Dios es la Cabeza de Cristo, Cristo es la cabeza de todo varón y el varón es la cabeza de la mujer. Por lo tanto, la mujer debe cubrirse la cabeza. La mujer debe comprender que ella representa a otros. Por lo menos, ella debe tener presente su posición individual.

E. Cubrirse la cabeza como individuos y como representantes

Cuando una hermana se cubre la cabeza al hablar o al orar, ella proclama delante de Dios que nadie en el mundo puede asumir ninguna autoridad delante de Cristo. Ella declara que no debe de haber ninguna cabeza descubierta delante de Dios. Nadie puede ser cabeza delante de Cristo; nadie puede ofrecerle sus sugerencias u opiniones a Cristo. Todos tienen que cubrirse la cabeza delante de Él. Toda persona debe esconder sus propias sugerencias y opiniones y decirle al Señor: "Tú eres mi Cabeza". Una hermana debe cubrir su cabeza como individuo que es, y tiene que cubrir su cabeza como representante del gobierno de Dios. Ella tiene una posición representativa en este universo. Las hermanas declaran al mundo la posición apropiada que todos debemos tomar delante de Cristo.

El cubrirse la cabeza podría parecer un asunto pequeño; no obstante, ¡es un gran testimonio!

CAPÍTULO CUARENTA Y CINCO

LA SENDA DE LA IGLESIA

Lectura bíblica: Ap. 2—3

I. LA REVELACIÓN DE LA SENDA DE LA IGLESIA

En Apocalipsis 2 y 3 se mencionan siete iglesias. Estas eran siete iglesias que realmente existieron en Asia Menor durante la época en que Juan escribió el libro de Apocalipsis. En ese tiempo, existían muchas iglesias en Asia Menor, pero Dios eligió únicamente siete a fin de usarlas como símbolos proféticos. Apocalipsis 1:3 nos dice que este libro es una profecía. Por tanto, Dios eligió a estas siete iglesias como una profecía para predecir la senda que la iglesia seguiría sobre la tierra.

¿Por qué debemos estudiar detenidamente los capítulos 2 y 3 de Apocalipsis? Una razón profunda e importante es que estos dos capítulos revelan la historia de la iglesia por los dos mil años que siguieron su fundación. Además, estos capítulos nos muestran la clase de iglesia que Dios condena y la clase de iglesia que Él aprueba. Por esto, resulta imperativo leer Apocalipsis 2 y 3. Únicamente si estudiamos estos capítulos podremos comprender la senda de la iglesia, la clase de iglesia en la que debemos estar y la clase de persona que debemos llegar a ser a fin de agradar al Señor. El tema de Apocalipsis 2 y 3 es la senda de la iglesia. En particular, estos capítulos nos dicen qué es lo que la iglesia debe hacer a fin de agradar al Señor. Por lo tanto, es imprescindible que entendamos Apocalipsis 2 y 3, sino no podremos ser cristianos buenos y apropiados.

A. La primera iglesia: Éfeso

Hay siete iglesias. La primera es Éfeso. La iglesia en Éfeso corresponde al período de la historia de la iglesia que transcurrió a finales del primer siglo, época en la cual el libro de Apocalipsis fue escrito. Cuando Juan escribió el libro de Apocalipsis, la condición en la que se encontraba la iglesia era como el de la primera iglesia que se describe aquí: Éfeso.

B. La segunda iglesia: Esmirna

La iglesia en Esmirna es la segunda iglesia y es un cuadro representativo de la condición en la que se encontraba la iglesia durante diez períodos de persecución bajo el imperio romano, los cuales transcurrieron desde el segundo siglo, después de la muerte de Juan, hasta los inicios del cuarto siglo. Esmirna, pues, nos muestra la condición de la iglesia bajo persecución desde la época posterior a los primeros apóstoles, hasta el tiempo en que Constantino admitió al cristianismo en el imperio romano. Durante ese período, la iglesia fue muy perseguida. La iglesia en Esmirna es una descripción profética de la historia de la iglesia durante aquel período de tiempo.

C. La tercera iglesia: Pérgamos

La tercera iglesia es la iglesia en Pérgamos. Esta tuvo sus inicios a principios del siglo cuarto, en el año 313 d. C., cuando Constantino acepta el cristianismo como religión estatal. La raíz griega *gamos* significa "matrimonio". Por ejemplo, "poligamia" procede de la raíz griega *gamos* y significa un matrimonio en el que hay más de una esposa. Pérgamos literalmente significa: "¡Atención! Ahora existe un matrimonio".

1. Las primeras tres iglesias ya no existen

Estas primeras tres iglesias han dejado de existir. La cuarta iglesia y las posteriores a ella todavía existen: La cuarta, quinta, sexta y séptima iglesia ¡aún están en nuestro medio! La diferencia entre las primeras tres iglesias y las últimas cuatro, es que cada una de las primeras tres iglesias surge únicamente después que la anterior ha dejado de existir. Por ejemplo, la segunda iglesia surge después que la primera ha desaparecido, y la tercera iglesia surge después que la segunda iglesia ha dejado de existir. Después de la tercera iglesia, surge la cuarta iglesia. Pero la cuarta iglesia no desaparece antes que surja la quinta iglesia; tanto la cuarta como la quinta iglesia existen al mismo tiempo. La quinta iglesia surge de la cuarta iglesia, pero, por ello, la cuarta iglesia no deja de existir. Asimismo, la sexta iglesia surge de la quinta, y es entonces que la cuarta, quinta y sexta existen simultáneamente. Cuando la sexta iglesia produce la séptima iglesia, las cuatro iglesias —la cuarta, quinta, sexta y séptima— existen al mismo tiempo.

2. Las últimas cuatro iglesias continúan existiendo hasta la segunda venida del Señor

Las siete iglesias en Apocalipsis 2 y 3 se hallan divididas en dos grupos. Las primeras tres iglesias han desaparecido, pero las últimas cuatro todavía están entre nosotros hoy en día. Ellas permanecerán hasta la segunda venida del Señor Jesús.

Con respecto a Tiatira, la profecía dice: "Hasta que Yo venga". Apocalipsis 2:25 dice: "Pero lo que tenéis, retenedlo hasta que Yo venga". Esto prueba que la iglesia en Tiatira permanecerá hasta la venida del Señor. La iglesia en Sardis también permanecerá hasta la venida del Señor. Apocalipsis 3:3 dice: "Acuérdate, pues, de cómo las has recibido y oído; y guárdalas, y arrepiéntete. Pues si no velas, vendré como ladrón, y no sabrás a qué hora vendré sobre ti". Esto nos dice que la iglesia en Sardis permanecerá hasta la segunda venida del Señor Jesús. Sabemos que la iglesia en Filadelfia permanecerá hasta la segunda venida del Señor Jesús porque el versículo 11 dice: "Yo vengo pronto; retén lo que tienes, para que ninguno tome tu corona". La iglesia en Laodicea es la última de las iglesias que surgirán sobre la tierra. El versículo 21 dice: "Al que venza, le daré que se siente conmigo en Mi trono, como Yo también he vencido, y me he sentado con Mi Padre en Su trono". Ésta es la última iglesia y lógicamente permanecerá hasta la segunda venida del Señor Jesús. Las primeras tres iglesias no recibieron promesa alguna con respecto a la venida del Señor, pero las últimas cuatro iglesias recibieron una promesa con respecto a la venida del Señor. Ciertamente todas ellas permanecerán hasta que el Señor Jesús venga de nuevo.

3. Entre las últimas cuatro iglesias, debemos elegir la iglesia apropiada

Hoy, delante del Señor, examinaremos cuidadosamente estas

cuatro iglesias. Ello nos mostrará la senda que nosotros, los hijos de Dios, debemos tomar. Si hay cuatro clases diferentes de iglesias sobre la tierra hoy, y todas ellas han de permanecer hasta que el Señor venga de nuevo, ¿cuál es la actitud que corresponde a un hijo de Dios con respecto de estas iglesias? Nosotros tenemos que elegir cuidadosamente entre estas cuatro iglesias. Si elegimos una iglesia que no es grata al Señor y que el Señor condena, sufriremos gran pérdida delante de Él. Por ello, tenemos que examinar con detenimiento las últimas cuatro iglesias.

D. La cuarta iglesia: Tiatira

La cuarta iglesia es Tiatira. Después que el césar de Roma aceptó al cristianismo como religión estatal, utilizó su poder político para promover dicha religión y encumbrarla. Antes de esto, el imperio romano se valía de su poder político para reprimir al cristianismo; pero después, utilizó su poder político para apoyarlo. En consecuencia, el cristianismo no sólo se unió en matrimonio con el mundo, sino que fue exaltado por encima de este. Uno de los significados del título *Tiatira* es "torre alta". Ahora la iglesia ha llegado a ser una torre alta en el mundo, una torre que es vista, respetada y adorada.

1. Tiatira es el catolicismo romano

Todos los lectores de la Biblia concuerdan en que Tiatira representa a la Iglesia Católica Romana, la cual es una unión de la iglesia con el mundo. Como resultado de esto, la iglesia es elevada en el mundo. Un problema intrínseco de esta unión es que hace que surja una profetisa. Esta mujer se llama Jezabel, la cual asume la posición de maestra entre los siervos de Dios, con lo cual la iglesia cae bajo su dominio y control. El problema de la Iglesia Católica Romana es el problema descrito en la cuarta parábola de Mateo 13, donde una mujer toma la levadura y la esconde en tres medidas de harina. En la Biblia, esta mujer simboliza a la Iglesia Católica Romana.

a. Dos pecados fundamentales: la fornicación y el comer lo sacrificado a los ídolos

¿Qué hace esta mujer? Apocalipsis 2:20 dice: "Pero tengo

contra ti que toleras a esa mujer Jezabel, que dice ser profetisa, y enseña y seduce a Mis esclavos a fornicar y a comer cosas sacrificadas a los ídolos". Jezabel comete dos pecados principales: uno es la fornicación y el otro es el comer de los sacrificios ofrecidos a los ídolos. Estos dos pecados merecen la excomunión. El Señor reprendió las enseñanzas de Jezabel. Los versículos del 21 al 23 dicen: "Y le he dado tiempo para que se arrepienta, pero no quiere arrepentirse de su fornicación. He aquí, Yo la arrojo en cama, y en gran tribulación a los que con ella adulteran, si no se arrepienten de las obras de ella. Y a los hijos de ella heriré de muerte, y todas las iglesias sabrán que Yo soy el que escudriña las entrañas y los corazones; y os daré a cada uno según vuestras obras". La iglesia en Tiatira y las enseñanzas de Jezabel tienen dos características: una es la fornicación y la otra es la adoración a los ídolos. En la Biblia, la fornicación significa mixtura. Que un hombre participe de una mixtura quiere decir que él está participando de fornicación. Aquí vemos que la Iglesia Católica Romana está mezclada con el mundo.

b. María ocupa el lugar de la diosa de Grecia

Todas las religiones de este mundo tienen sus diosas. El budismo tiene a *Kuan Yin* y los griegos adoran a Venus. Los romanos adoptaron esta práctica de los griegos y ellos también adoraron a diosas. Como ellos no pudieron encontrar en el cristianismo una diosa a la cual adorar, tomaron a la virgen María como su diosa. La llamaban María, pero en realidad era tratada como la diosa griega. Esto es fornicación y mezcla.

c. El festival del sol se convirtió en la Navidad

Todos los años, el 25 de diciembre, muchos romanos adoraban al sol y celebraban el cumpleaños del sol. El 22 de diciembre es el día más corto del año, después del cual los días se prolongan y las noches se acortan. Los adoradores del sol consideraban el 25 de diciembre como el día del nacimiento del sol y, por eso, celebraban un gran festival. Después que muchos de ellos se convirtieron, al ver que sus amigos incrédulos celebraban dicho festival con gran prontitud mientras ellos no tenían ninguna celebración, arguyeron que el Señor Jesús era el verdadero sol y que el 25 de diciembre debía de ser el cumpleaños del Señor. En consecuencia, ellos hicieron este día la Navidad. Lo único cristiano que tiene la Navidad es que hace alusión al nombre de Cristo, pues en los hechos, tal práctica pertenece a la religión del sol. Por favor consideren que todo esto constituye fornicación delante de Dios; esto es una mixtura, pues la adoración del sol ha sido mezclada con el cristianismo.

d. El templo pagano se convierte en el templo de Dios

La iglesia es el templo de Dios. En el Antiguo Testamento el templo de Dios era edificado en parte con madera y en su mayor parte con piedra. En la era del Nuevo Testamento, Dios permitió que el templo fuese destruido, sin dejar piedra sobre piedra. ¿En la actualidad dónde está el templo? Hoy en día todos aquellos que creen en el Señor son el templo de Dios. Nuestro cuerpo es el templo del Espíritu Santo. Aun así, hoy en día la Iglesia Católica Romana ha erigido edificios muy altos e imponentes. Los griegos eran expertos en la arquitectura refinada. Los romanos continuaron la tradición griega y dedicaron mucho tiempo al estudio de la arquitectura. Además, eran expertos en la construcción de edificios artísticos. Ellos consideraron que todos los dioses tenían su propio templo y que, en contraste, el cristianismo carecía de algo digno de ser admirado. Entonces, abandonaron la enseñanza de los apóstoles y construyeron edificios muy altos y hermosos. Ningún otro edificio en el mundo puede compararse a las catedrales del cristianismo. Los hombres llaman a estas catedrales los templos de Dios. Las catedrales en Milán, la catedral de San Pablo en Roma y la catedral de Notre Dame en París son todos ellos edificios muy elevados a los que la gente llama templos de Dios. Pero por favor tengan presente que este es un pensamiento de origen pagano. Los hombres convirtieron los templos paganos en templos del cristianismo, pues ellos los consideraban como edificios cristianos, pero en realidad son edificios paganos. El cristianismo cometió fornicación y siguió a los paganos.

e. El sacerdocio del judaísmo se convirtió en el sacerdocio del catolicismo

En el Nuevo Testamento, todos los hijos de Dios son

sacerdotes. Si usted es un hijo de Dios, es un sacerdote. A los ojos de Dios, todos los que creen en el Señor Jesús son sacerdotes y todos ellos le sirven. Pero la Iglesia Católica Romana, al darse cuenta de que los sacerdotes en el judaísmo efectivamente servían como una clase intermediaria, dividieron a los creyentes del catolicismo romano en dos clases, y el concepto judaico del sacerdocio, que era propio del Antiguo Testamento, fue introducido en la iglesia del Nuevo Testamento. Una de estas clases se viste con túnicas y birretes sacerdotales. Todo lo que la Biblia describe acerca del sacerdocio antiguotestamentario, la Iglesia Católica Romana lo aplicó a sus sacerdotes. Los sacerdotes católicos se visten de la misma manera que lo hacían los sacerdotes del Antiguo Testamento y, además, ellos le añaden una gran parafernalia. Ellos no solamente han adoptado muchas cosas del judaísmo, sino que también han introducido en el cristianismo muchas cosas de la religión griega y de los templos romanos. De esta forma, ellos han alterado la manera ordenada por Dios. Esto es fornicación. En la Biblia, la fornicación significa confusión.

f. Elementos supersticiosos procedentes del paganismo

Esto no es todo. La Iglesia Católica Romana introdujo cosas tales como cirios, candeleros, incensarios, etc. que corresponden al Antiguo Testamento. Incluso introdujo objetos paganos. Todo esto no es sino fornicación. El paganismo, la idolatría, la superstición y los misterios romanos fueron todos cristianizados. ¡Esto no es cristianismo sino una gran confusión!

g. Se llenaron de ídolos

Dios reprendió a Tiatira no solamente por su mixtura, sino también por su idolatría. ¡Qué extraño es que Dios tenga que reprender a Su propia iglesia por ser idólatras! Ciertamente la iglesia estaba involucrada en idolatría. En el Antiguo Testamento los hombres adoraron a la serpiente de bronce. En la Iglesia Católica Romana, los hombres adoran la cruz del Señor Jesús. El catolicismo romano dice haber encontrado la cruz original, y muchas crucecitas han sido hechas con esa madera. Los hombres adoran estos objetos. El Señor Jesús es Dios, y Dios no tiene una imagen. Sin embargo, estos hombres se hicieron una imagen de Dios y la adoraron. Ellos también hicieron imágenes de María, Pedro y Marcos. Finalmente, ¡toda la tierra está llena de sus imágenes! Debido a las diferencias culturales, algunos ídolos son muy sofisticados, mientras que otros son burdos. Aquellos cuyas civilizaciones están más avanzadas crean hermosas imágenes, mientras que los que pertenecen a civilizaciones atrasadas, sólo tienen objetos muy burdos. Pero todos estos objetos son ídolos. ¡Sus catedrales están llenas de ídolos! Cuando los católicos oran, no oran a Dios en los cielos; más bien, ellos encienden cirios delante de sus ídolos, se persignan haciendo gestos en forma de cruces delante de los ídolos. Ellos tienen imágenes del Padre, del Señor Jesús, y de María, Pablo y Pedro. Tienen imágenes de todos los santos sufrientes y de los mártires de diversas épocas. Durante todos los siglos y hasta ahora, cuando individuos prominentes en la iglesia fallecen, la Iglesia Católica Romana los canoniza y hace imágenes de ellos. Entonces, tales ídolos son fabricados y adorados por todos.

h. Adoran los huesos de los mártires

Esto no es todo. Incluso los huesos de los mártires se han convertido en objeto de adoración. Si alguno desentierra una pierna o uno de los huesos de un mártir, la Iglesia Católica Romana se reúne alrededor de dichos objetos y los adora. A menos que uno esté bien informado sobre esta religión, le será imposible adivinar cuántos ídolos hay en el catolicismo. Aquellos que están familiarizados con el catolicismo saben que está, literalmente, lleno de ídolos.

La iglesia en Tiatira representa a la Iglesia Católica Romana, la cual tiene dos pecados fundamentales. Uno es la fornicación, es decir, que introdujo cosas paganas en la iglesia. El otro es la idolatría, que consiste en hacer ídolos de muchas cosas en la iglesia.

2. Tiatira es una iglesia condenada por Dios

Esta iglesia es condenada por Dios. A quienes están en la Iglesia Católica Romana el Señor les dice: "Salid de ella, pueblo Mío, para que no seáis partícipes de sus pecados, ni recibáis sus plagas" (Ap. 18:4). Dios no se agrada de aquellos que permanecen en el catolicismo romano.

De acuerdo a Apocalipsis 2 y 3, Tiatira es la cuarta iglesia. Esta iglesia es posterior a Pérgamo, ya que junto con Éfeso y Esmirna, las tres primeras han dejado de existir. Tiatira surge después de estas iglesias y continúa existiendo, y estará en medio nuestro hasta que el Señor Jesús regrese. Es la cuarta iglesia, pero permanecerá hasta que el Señor Jesús venga de nuevo. Por ser creyentes e hijos de Dios, jamás debemos involucrarnos con nada que se relacione con el catolicismo. Nunca toquen esas cosas inmundas; pues una vez que las toquen serán afectados por ellas. Recuerdo que una vez el Sr. D. M. Panton dijo: "Los errores en sus libros son tan numerosos que uno difícilmente se da cuenta de que son errores". Es difícil para una persona distinguir lo correcto de lo incorrecto porque hay tantos errores, es decir, en una cosa tras otra uno no encuentra sino errores. ¡Esto confunde la mente! Por ello, ¡jamás debemos optar por la senda del catolicismo romano!

E. La quinta iglesia: Sardis

La quinta iglesia es Sardis, que es la iglesia recobrada o la iglesia que permanece. También podemos decir que ésta es la iglesia que es dejada atrás. Esta iglesia viene después de Tiatira, pero Tiatira no desaparece ni es reemplazada por Sardis.

1. Tiene nombre de que vive, pero está muerta

Podemos ver la condición en la que se encuentra Sardis por las palabras: "Yo conozco tus obras, que tienes nombre de que vives, y estás muerto. Sé vigilante, y afirma las cosas que quedan, las que están a punto de morir; porque no he hallado que tus obras hayan sido acabadas delante de Mi Dios ... Pero tienes unas pocas personas en Sardis que no han contaminado sus vestiduras" (3:1-2, 4). La característica de Sardis es que tiene nombre de que vive, y está muerta.

2. La reforma religiosa y la reforma política

El protestantismo surge después del catolicismo romano. Sardis representa a todo el protestantismo. Si bien incluye a la Reforma, Sardis no es un cuadro de la Reforma, sino más bien un cuadro de todo el protestantismo. En el cenit de su poder, el catolicismo romano se convirtió en un sistema que era autocrático y maligno. La Reforma ocurrió durante una época en la cual las naciones europeas ya no podían tolerar la supresión que les imponía el catolicismo. Sin embargo, durante la Reforma operaron dos clases de fuerzas: una era la de Dios y la otra la de los hombres.

En la parte que competía a Dios, estaba Martín Lutero. Él fue el único que se opuso a los sacerdotes, los obispos, el papa y toda la Iglesia Católica Romana. En esa época, Dios les concedió a los hombres una Biblia abierta y les reveló la verdad acerca de la justificación por la fe. Los amadores de Cristo se levantaron de todos los rincones y produjeron la Reforma. Ellos sacrificaron sus vidas por el Señor y este fue el sello distintivo de la palabra de su testimonio. A pesar de que fueron perseguidos por la Iglesia Católica, ellos perseveraron en su fe con respecto a la obra de recobro del Señor. Ellos lo sacrificaron todo a fin de sustentar la Reforma. El Espíritu Santo se movió de manera prevaleciente y produjo muchos siervos fieles. La Biblia fue abierta y los hombres comenzaron a ver la luz; hombres y mujeres en todo lugar fueron iluminados con respecto a su salvación. Ellos declararon que, en cuanto a su salvación, ya no volverían a poner su confianza en sus propias obras ni en los sacerdotes, sino que pondrían su confianza únicamente en Dios. ¡Ciertamente esta fue una gran obra del Espíritu Santo!

Mientras Lutero luchaba por la Reforma, muchos poderes políticos que criticaban a la Iglesia Católica Romana trataron de aprovecharse de la Reforma para lograr sus propios objetivos políticos. La Reforma se convirtió tanto en una reforma política como en una reforma religiosa. En parte, esto se debió a que el catolicismo romano se había armado no sólo de poder religioso sino también de poder político, pues en aquel tiempo la Iglesia Católica Romana regía sobre toda Europa. La Reforma fue originalmente un movimiento religioso. Sin embargo, reyes, gobernadores y políticos de muchos países aprovecharon esta oportunidad para liberarse de la tiranía de Roma y para declarar su independencia de Roma. Esta es la razón subyacente por la cual la reforma política tomó lugar. Anteriormente, tanto el gobierno de la iglesia como el gobierno civil estaban bajo la influencia de Roma. Ahora, tanto la iglesia como las naciones podían liberarse de Roma.

3. La formación de las iglesias estatales

A la larga, la Reforma se convirtió en un frente unido de la iglesia y el mundo en contra del catolicismo romano. No solamente la iglesia se oponía a Tiatira, sino que además, los poderes políticos se oponían a Tiatira. Ambas facciones aprovecharon la oportunidad para organizar simultáneamente una sublevación en contra de la Iglesia Católica. Como resultado de ello, se formaron las iglesias estatales. En Alemania y en Suecia estaba la Iglesia Luterana; en Inglaterra, la Iglesia Anglicana, y en Holanda, la Iglesia Holandesa Reformada, etc. Todas estas eran iglesias del estado.

a. La religión se mezcló con la política

Al comienzo de la Reforma, muchos de los que pertenecían al pueblo de Dios salieron del catolicismo debido a que deseaban ser libres de la fornicación e idolatría católicas. Pero tal reforma fue fomentada por el poder político. En su ignorancia, ellos aceptaron la ayuda de poderes externos, de modo que, al establecer sus nuevas iglesias, repitieron el error del catolicismo romano. En el catolicismo encontramos una iglesia en que la política y la religión se han unido en matrimonio. Así mismo, al establecer sus propias iglesias, los protestantes también combinaron la política con la religión.

b. La iglesia adoptó los límites de la nación como sus propios límites

Si los creyentes que dejaron la Iglesia Católica Romana hubiesen querido retornar a lo establecido en el Nuevo Testamento, habrían visto que la iglesia es el pueblo de Dios y que, como tal, es una sociedad que no depende de ninguna otra entidad. Pero la luz que ellos tenían en ese entonces no era muy intensa, y además, muchas fuerzas surgieron a su alrededor procurando aprovecharse de ellos. Como resultado, ellos formaron las iglesias estatales. En Alemania, los creyentes formaron la iglesia estatal alemana, y todos los ciudadanos alemanes se convirtieron en miembros de dicha iglesia. En Inglaterra se estableció la Iglesia Anglicana. Todo aquel que nacía en Inglaterra reunía los requisitos para ser bautizado por un sacerdote anglicano. Según la definición de lo que es una iglesia estatal, los límites de la nación son los límites de la iglesia. No solamente los creyentes están incluidos en la iglesia, sino también todos los ciudadanos de la nación reúnen los requisitos para ser bautizados en la iglesia. En cuanto a su nombre, la iglesia estatal es viviente; pero en realidad, está muerta. Es así como las iglesias estatales llegaron a existir.

c. Una mezcla de creyentes con incrédulos

El protestantismo se caracteriza por la mezcla del mundo con la iglesia. Antes de esto, tal mezcla era universal; pero después se localizó por sus países. Originalmente, la Iglesia Católica Romana regía todo el mundo. Luego surgieron iglesias independientes en todos los países, y cada país tenía su propia iglesia. La iglesia fue identificada con los que eran el pueblo de Dios y con los que no eran el pueblo de Dios; esto es, se mezcló. Tiene nombre de que vive, ¡y está muerta! Esta es la condición del protestantismo.

d. Gigantes espirituales en forma individual

Por supuesto, esto no evitó que el protestantismo produjera muchos hombres prominentes. Muchos hombres verdaderamente espirituales proceden del protestantismo y fueron muy usados por Dios. Por ello, el Señor dijo: "Pero tienes unas pocas personas en Sardis que no han contaminado sus vestiduras; y andarán conmigo en vestiduras blancas, porque son dignas" (3:4). Esta es la historia y la característica del protestantismo. Por un lado, tiene nombre de que vive, pero está muerto; por otro, ha producido muchos hombres espirituales prominentes. Sin embargo, todos estos hombres fueron individuos aislados; no constituyeron un hombre corporativo. Sardis tiene "unas pocas personas". Siempre hay unos cuantos aquí y unos cuantos allá. Esta es la característica del protestantismo.

e. El surgimiento de las iglesias independientes

La historia del protestantismo comenzó con las iglesias

estatales. Después, vemos que se desarrollaron las iglesias independientes mediante los llamados "disidentes" (aquellos que tenían opiniones diferentes de las que sostenían las iglesias estatales). Ellos comenzaron a darse cuenta de que eran muchos los que se unían a las iglesias estatales por medio del llamado "bautismo", y no por medio de la fe. Así pues, las personas llegaban a ser creyentes no por medio de la fe, sino por medio del bautismo. Fueron muchas las personas que se despertaron de este error que se cometía en las iglesias estatales. Estas personas creían que una persona llega a ser hijo de Dios únicamente después de haber creído en Él.

f. División por causa de las verdades

Así pues, algunas de estas personas comenzaron a prestar especial atención a ciertas verdades nuevas que iban descubriendo. En realidad, las iglesias estatales no tenían otra intención que no fuera la de mantener sus propias organizaciones estatales; ellas realmente no se interesaban seriamente en servir al Señor. Entonces, Dios comenzó a hacer surgir ciertos hombres, unos cuantos aquí y otros allá, los que comenzaron a descubrir ciertas verdades y a condenar ciertas prácticas. Tales personas dieron inicio a las que fueron llamadas iglesias independientes o iglesias disidentes, iglesias que sostenían opiniones diferentes. Ellas sufrieron mucha persecución y mucha oposición. La historia de Juan Bunyan es un ejemplo de tal clase de persecución. También los presbiterianos fueron perseguidos en Escocia. Y debido a la persecución los puritanos zarparon para América. Entre tales hombres podemos nombrar a John Wesley, George Whitefield y sus grupos. Dios hacía surgir una persona aquí y otra allá a fin de mostrarles algunas verdades específicas. Tales personas respondían a Dios levantándose para condenar ciertas prácticas y para renunciar a cualquier relación con los pecados. Como resultado de todo esto, hubo varios que se separaron de las iglesias estatales.

g. La unidad tiene como base el juicio de los pecados

Al comienzo, cuando estos disidentes se alejaban de las

iglesias estatales, se les tachaba de ser divisivos. Debido a que ellos sostenían opiniones divergentes, los marcaron como divisivos, pero en realidad, ellos no eran los divisivos. Las iglesias estatales habían llegado a ser demasiado amplias, ya que incluían a demasiadas categorías de personas. A fin de que los hijos de Dios pudieran seguir al Señor, ellos no tuvieron otra alternativa que separarse de las iglesias estatales.

Tenemos que comprender que la unidad no se basa en la tolerancia de nuestros pecados, sino en el juicio de los pecados. Hoy en día, la unidad de la que algunos hablan está basada en la tolerancia de cierto pecado. Cierto pecado es puesto en evidencia, y entonces, uno lo tolera y luego otro también lo tolera. Así, todos aquellos que toleran tales pecados dan origen a cierta unidad basada en la tolerancia. Cuando todos toleran cierto pecado, entonces ninguno tiene problemas con nadie. Hay muchas cosas en las iglesias estatales que no son de Dios. Quizás el Espíritu Santo despierte la conciencia de alguno para que rechace cierto pecado, pero los demás no lo rechazarán. Entonces, aquel que rechaza tal pecado es tachado de ser divisivo. En realidad, el problema no estriba con aquel que vio algo, sino con aquellos que no han visto nada.

Si todos los hijos de Dios pronunciaran juicio sobre los pecados, serían uno. La unidad entre los hijos de Dios no se debe basar en sus concesiones. En primer lugar, tenemos que ser uno con el Señor. Si los hijos de Dios son negligentes al juzgar el pecado, es probable que logren cierta unidad entre ellos, pero ciertamente habrán dejado de ser uno con el Señor.

La historia del protestantismo nos muestra que Dios constantemente está levantando ciertas personas aquí y allá, aquellas que buscan conocer el corazón de Dios y que juzgan al pecado. Puede ser que los demás no vean lo que ellas ven, o que tal vez se nieguen a verlo. Como resultado, aquellos que ven algo son llamados divisivos por obedecer a Dios. Si todos los hijos de Dios juzgaran el pecado y eliminaran todo aquello que no es de Dios, entonces serían uno, los unos con los otros, y serían uno con el Señor. Por favor, recuerden que ejercer juicio sobre el pecado es la verdadera base de nuestra unidad.

*h. La primera generación recibe la bendición,
la segunda generación trae la organización
y la tercera la degradación*

Otro de los fenómenos que se dan entre los protestantes es el siguiente ciclo: Durante cierta generación, surge una determinada persona que recibe mucha gracia y mucha bendición de parte del Señor; así, esta generación es muy bendecida. Una vez que esta generación pasa, la segunda generación continúa en una condición bastante buena. Pero, en las postrimerías de esta segunda generación, los hombres comienzan a prestar atención a otras cosas. Ellos comienzan a decir: "Hemos recibido tanta gracia de parte del Señor que debemos de idear maneras en que podamos salvaguardar esta gracia. Debiéramos formar una organización que se encargue de dar continuación a esta gracia y salvaguardarla". Así, durante la segunda o tercera generación, surge la organización. A veces, tal clase de organización surge incluso durante las postrimerías de la primera generación.

Estos creyentes saben que Dios es el dador de la gracia, pero no creen que Dios también es quien resguarda esta gracia. Ellos creen en la bendición de Dios, pero les es imposible creer en la bendición continua de Dios. Como resultado de ello, los credos humanos, las normas, los métodos y los diversos medios son introducidos como parte de un esfuerzo por conservar la bendición. Cuando la fuente ha sido cerrada, tarde o temprano el estanque se seca; el nivel de agua ha dejado de subir. Entonces cuando surge la tercera generación se encuentra en la condición de muerte; todo ha regresado a la misma condición que antes, es decir, ha retornado al estado inicial del cual había salido. Por esto, Dios tiene que ir a buscar a otra persona, o a un grupo de personas, que habrá de buscar una nueva visión, nuevas bendiciones, un nuevo grado de separación y una nueva gracia. Esto traerá un nuevo período de avivamiento. Este ciclo se repite una y otra vez: bendición en la primera generación, organización en la segunda generación y degradación en la tercera generación.

i. Oscilando entre la vida y la muerte

Al comienzo, algunos se alejaron de las iglesias estatales.

Después, los que dejaron las iglesias estatales fueron a su vez dejados atrás por otros. Inicialmente, aquellos que dejaron las iglesias estatales lo hicieron debido a que éstas estaban muertas. Luego, aquellos mismos que salieron de las iglesias estatales, cayeron en una condición de muerte, y otros los dejaron atrás. La historia entera del protestantismo es una historia de tener nombre de que vive, pero en realidad están muertos. Es una historia que oscila entre la vida y la muerte. Algunos fueron vivificados y otros cayeron en una condición de muerte. No todos están muertos, ya que siempre hay unos pocos que no se contaminan, y quienes son las personas prominentes que Dios ha elegido y a las cuales utiliza. Estos son los gigantes del protestantismo, ellos son dignos de andar con el Señor en vestiduras blancas. Ésta es la historia completa del protestantismo.

La iglesia en Tiatira fue reprendida. Sardis también fue reprendida. Entonces, ¿cuál es el camino que los creyentes deben tomar?

F. La sexta iglesia: Filadelfia

Después viene la sexta iglesia, que se llama Filadelfia. *Fila* significa "amor" y *delfia* significa "los hermanos". *Filadelfia* significa "amor fraternal".

1. Retorna al amor fraternal

Entre las siete iglesias, esta es la única que no es reprendida por el Señor. La Iglesia Católica Romana fue reprendida, y lo mismo ocurrió con las iglesias protestantes. Únicamente Filadelfia no es reprendida. Con respecto a Filadelfia, solamente encontramos elogios.

¿Cuáles son las características de Filadelfia? Apocalipsis 3:8 dice: "Yo conozco tus obras; he aquí, he puesto delante de ti una puerta abierta, la cual nadie puede cerrar; porque tienes poco poder y has guardado Mi palabra, y no has negado Mi nombre". Esta es la característica de Filadelfia. La característica de Tiatira es la enseñanza de una mujer. La característica de Sardis es la unión entre la iglesia y el mundo así como una necesidad constante de separarse, es una lucha constante entre la vida y la muerte. Pero la característica de Filadelfia es el amor fraternal; es un retorno al amor fraternal. Aquí no hay nada mundano porque todos son hermanos. No existe la necesidad de luchar para mantenerse separados de toda muerte. Sólo hay un retorno a nuestro estado original de hermandad. Aquí encontramos el amor fraternal. Así como Sardis sale de Tiatira, Filadelfia sale de Sardis. Los protestantes salieron del catolicismo romano, y Filadelfia sale del protestantismo. Ciertamente se trata de un nuevo mover del Espíritu Santo. Este nuevo mover hizo que las personas fueran atraídas a salir de Sardis, la iglesia muerta, y fuesen puestas en el territorio donde hay amor fraternal. En otras palabras, ellos ahora se encontraban en el terreno del Cuerpo. No reconocían otra relación aparte de la relación propia de los hermanos. Ellos no reconocían otra comunión que no fuese la comunión de amor. Esto es Filadelfia.

2. Guarda la palabra del Señor

Filadelfia tenía dos características: guardó la palabra del Señor y no negó el nombre del Señor. He aquí un grupo de personas que son guiadas por Dios a fin de guardar Su palabra. Dios les abrió la Palabra y otros pudieron comprender la Palabra de Dios por medio de ellas. Estas personas no poseían ningún credo, ni doctrina ni tradiciones; solamente tenían la Palabra de Dios. En la época de Filadelfia, encontramos un grupo de personas que retorna completamente a la Palabra de Dios y que no reconoció ninguna otra autoridad, doctrina ni credo.

Un hombre puede comprender e incluso predicar cierta doctrina, pero esto no significa que haya entendido la Biblia. Él podrá memorizar credos y proclamar su fe en ellos, pero esto no quiere decir que haya entendido la Biblia. El Señor nos habría dado credos hace mucho tiempo si la iglesia realmente los necesitara. Hoy en día, los hombres forman credos al analizar la Biblia y tratar de condensar las enseñanzas que están en ella. Los credos son limitados, pero la Biblia es ilimitada. Los credos son sencillos, pero la Biblia es complicada. Una persona necia podrá entender los credos si los estudia, pero no podrá comprender la Biblia. Sólo cierta clase de personas pueden comprender la Biblia, y sólo bajo ciertas condiciones un hombre podrá entender la Palabra de Dios. Los credos abren una puerta demasiado amplia y cualquiera puede entrar por ella, pero la Palabra de Dios no es una puerta muy ancha y sólo los que tienen vida pueden entrar en ella. La puerta que abren los credos es tan amplia que todo lo que se necesita para entrar por ella es una mente inteligente. Pero la Palabra de Dios no es tan simple. A menos que un hombre posea vida y sea sencillo delante del Señor, no podrá ver ni podrá comprender Su palabra.

Mucha gente piensa que la Palabra de Dios es demasiado estrecha. Ellos quieren hacerla más amplia, de tal manera que puedan atraer a más personas hacia ella. Pero aquellos que están en Filadelfia rechazan todos los credos y todas las doctrinas. Ellos han retornado a la Palabra del Señor. El Señor dijo: "Has guardado Mi palabra". En la historia de la iglesia, jamás ha habido otra era en la que los hombres entendieron la Palabra de Dios tanto como aquellos que formaron parte de Filadelfia. En Filadelfia, la Palabra de Dios ocupaba el lugar que le correspondía. En otras eras, los hombres aceptaban los credos y las tradiciones, pero Filadelfia no aceptaba otra cosa que no fuera la Palabra de Dios. Filadelfia retornó a la Palabra de Dios y anduvo conforme a ella. En la historia de la iglesia jamás ha habido otro tiempo en que el ministerio de la Palabra haya sido tan rico como el que se encontraba en Filadelfia.

3. No niega el nombre del Señor

El Señor dijo: "No has negado Mi nombre" (v. 8). Esta es otra característica de Filadelfia. En la larga historia de la iglesia a través de las edades, el nombre del Señor Jesús siempre ha ocupado el último lugar en importancia. Los hombres prestan atención a los nombres de santos tales como Pedro y los otros apóstoles; prestan atención a los nombres que les gustan, o a los nombres de ciertas doctrinas, o de algunas naciones. Son muchos de ellos los que declaran orgullosos: "Yo soy luterano" o "Yo soy wesleyano". ¡Oh, los nombres de los hombres! Muchos otros proclaman orgullosos: "Yo soy cóptico" (nombre de un lugar) o "Yo soy anglicano" (que significa británico). Estos son nombres de países. ¡Estos nombres han dividido a los hijos de

Dios en diversas denominaciones! Es como si el nombre de Cristo no fuese suficiente para separarnos del mundo. Si alguien le pregunta: "¿Qué es usted?", y usted le responde: "Yo soy cristiano", la otra persona no estará satisfecha con tal respuesta y le preguntará nuevamente: "¿Qué clase de cristiano es usted?". Recuerdo que en cierta ocasión, cuando estaba en otro país, una persona me preguntó: "Pero bueno, ¿qué es usted?". Yo le dije: "Soy cristiano". Entonces, él me dijo: "¡Eso no significa nada!".

a. El nombre del Señor nos basta

Para el Señor, Su nombre es suficiente para Sus hijos. Pero en cuanto a nosotros, tuvimos que esperar hasta llegar a Filadelfia para ver a hombres que están satisfechos solamente con el nombre del Señor. No hay necesidad de tener tantos otros nombres que causan división. ¡Su nombre nos basta! El Señor nos lo hace notar: "No has negado Mi nombre". Esto es lo que a Él le importa.

En la historia de la iglesia nunca ha habido otra época en la que los hombres hayan aborrecido tanto tomar otros nombres como en la época de Filadelfia. Cuando uno retorna a Filadelfia, ¡todo otro nombre es negado! Filadelfia ha abolido todos los otros nombres y únicamente ha exaltado el nombre de Cristo. Debemos tener en mente que al Señor solamente le importa esto. Esta es la base de Su elogio que le da a Filadelfia. Esto es de Su agrado. No menospreciemos esto ni seamos negligentes al respecto. El Señor deliberadamente señala que estos creyentes han confesado Su nombre y no han negado Su nombre. ¡Él le presta mucha atención a esto y lo elogia!

b. En cuanto a vencer

Algunos hermanos han preguntado: "¿Sobre qué han vencido los vencedores en Filadelfia?". ¿Captan cuál es el problema que plantea esta pregunta? Los vencedores de Éfeso vencen el abandono del primer amor. Los vencedores de Esmirna vencen sobre las amenazas de muerte. Los vencedores de Pérgamo vencen la opresión y las tentaciones de este mundo. Los vencedores de Tiatira vencen la enseñanza de una mujer. Los vencedores de Sardis vencen la muerte espiritual, es decir, superan la condición de tener nombre de que viven y en realidad están muertos. Los vencedores de Laodicea vencen la tibieza y la vanagloria. Pero ¿qué es lo que vencen los vencedores de Filadelfia? En toda la epístola a Filadelfia únicamente se nos muestra el deleite que tiene el Señor en lo que ellos hacen. De las siete epístolas, esta es la única que cuenta con la aprobación del Señor. ¿Sobre qué tendríamos que vencer si el Señor está plenamente satisfecho? Esta es una iglesia plenamente aprobada y considerada como la mejor, pues se trata de una iglesia que responde plenamente al anhelo del corazón del Señor. Pero el Señor tiene una promesa para los vencedores de Filadelfia. ¿Qué tienen que vencer? Nada, porque no hay ningún problema con esta iglesia.

c. Retén lo que tienes

Pero el Señor hace una advertencia aquí. El versículo 11 dice: "Yo vengo pronto; retén lo que tienes, para que ninguno tome tu corona". Esta es la única advertencia en toda la epístola. Se les recuerda a quienes están en Filadelfia que deben retener lo que tienen. En otras palabras, ellos poseen lo correcto y no deben de perderlo. Ellos no deberían cansarse de hacer lo mismo por largo tiempo y no deben suplicar un cambio. Ellos no deberían considerar hacer algo nuevo después de tantos años de hacer las mismas cosas. ¡Ellos tienen que retener lo que tienen y no deben soltarlo! Esta es la única advertencia dirigida a Filadelfia. El Señor le manda a Filadelfia una sola cosa: retén lo que tienes. Lo que ellos han hecho es lo correcto y es bendecido por el Señor; por tanto, deben continuar en ello.

Si Filadelfia no retiene lo que posee, Dios hará que surjan otras personas que le quitarán su corona. La corona ya ha sido dada a Filadelfia, pero otros podrían quitársela si ella no la retiene. Esta es la única advertencia que se le hace a Filadelfia. Filadelfia vence por medio de no perder aquello que ya tiene. Esto difiere del caso de las otras seis iglesias. Tenemos que prestar atención a la Palabra del Señor. Solamente hay una iglesia que se conforma a la norma establecida por el Señor: la iglesia en Filadelfia. Su característica es que ha guardado la

Palabra del Señor y no ha negado Su nombre. Jamás debemos ser negligentes respecto a estos dos asuntos.

G. La séptima iglesia: Laodicea

Cinco de las siete iglesias fueron reprendidas. Una no recibió ninguna reprensión y otra recibió solamente elogios. La iglesia que solamente recibió elogios es Filadelfia. El catolicismo, el protestantismo y Filadelfia permanecerán hasta que el Señor Jesús retorne. La última iglesia, la séptima, Laodicea, también permanecerá hasta que el Señor Jesús venga de nuevo. Puesto que Sardis salió de Tiatira y Filadelfia salió de Sardis, lógicamente Laodicea tiene que salir de Filadelfia. Una genera a la otra.

1. Laodicea es el resultado de la degradación de Filadelfia

Este es el problema en la actualidad. Una vez que Filadelfia fracasa, se convierte en Laodicea. No piensen que el protestantismo es Laodicea. Es completamente erróneo pensar así. El protestantismo no es Laodicea sino Sardis. El protestantismo actual sólo puede ser Sardis; no puede ser Laodicea. Ningún lector de la Biblia debería ser tan necio como para pensar que el protestantismo es Laodicea. No, el protestantismo es Sardis. Después que Filadelfia fracasa, se convierte en Laodicea. Sardis salió de Tiatira y estaba un paso más adelante que Tiatira. Filadelfia salió de Sardis y estaba un paso más adelante que Sardis. Laodicea, sin embargo, sale de Filadelfia, pero está un paso detrás de Filadelfia. Estas cuatro iglesias permanecerán hasta que el Señor Jesús venga de nuevo.

Laodicea es una Filadelfia distorsionada. Cuando el amor fraternal se desvanece, Filadelfia de inmediato se inclina por las opiniones de muchos. Este es el significado de la palabra *Laodicea*. Laodicea era una ciudad cuyo nombre fue dado por un príncipe romano, Antíoco. Él tenía una esposa que se llamaba Laodius. Este príncipe tomó el nombre de su esposa y sustituyó el sufijo "us" por "cea" para crear el nombre: Laodicea. En griego, *Lao* significa "multitudes" y *cea* o *sea* significa "opiniones".

En cuanto Filadelfia se degrada, los "hermanos" se convierten en "multitudes", y su "amor fraternal" se convierte en "las opiniones de una multitud". Así pues, el amor se ha degenerado hasta convertirse en una opinión. El amor fraternal es algo viviente, pero la opinión de las multitudes es algo muerto. Cuando se pierde el amor fraternal, se pierde la relación propia del Cuerpo. La comunión de la vida divina es interrumpida también, y lo único que queda son las opiniones de los hombres. La opinión del Señor ya no está presente, y las únicas cosas que permanecen son los votos de la mayoría, las balotas y las manos en alto. Una vez que Filadelfia cae, se convierte en Laodicea.

2. La tibieza y la arrogancia espiritual

Apocalipsis 3:15 dice: "Yo conozco tus obras, que ni eres frío ni caliente. ¡Ojalá fueses frío o caliente!". Esta es la característica de Laodicea. El versículo 17 dice: "Porque tú dices: Yo soy rico, y me he enriquecido, y de ninguna cosa tengo necesidad; y no sabes que tú eres un desventurado, miserable, pobre, ciego y desnudo". Estas son las características de Laodicea. A los ojos del Señor, las características propias de Laodicea son la tibieza y la arrogancia espiritual. Ya es bastante malo decir: "Yo soy rico", pero además continúa diciendo: "y me he enriquecido". Estas dos afirmaciones ya son bastantes malas de por sí, pero aún continúa diciendo: "y de ninguna cosa tengo necesidad". Pero a los ojos del Señor, se trata de un "desventurado, miserable, pobre, ciego y desnudo". ¿De dónde procede la arrogancia espiritual? Procede de la historia. Cuando algunos fueron ricos una vez y todavía piensan que son ricos. Alguna vez el Señor tuvo misericordia de ellos, y ahora ellos recuerdan su historia. Pero en la actualidad ellos han perdido tal realidad.

3. La vida que otrora estaba presente ahora se ha perdido

Es difícil encontrar en el protestantismo una persona que se jacte de sus propias riquezas espirituales. Yo he conocido a muchos líderes protestantes en el extranjero así como a muchos pastores protestantes en China. Todos ellos exclaman: "¡Somos pobres! ¡Somos pobres!". Es difícil encontrar una persona orgullosa en Sardis. Solamente hay un grupo de personas orgullosas —aquellas que fueron Filadelfia y que otrora guardaron la Palabra de Dios y no negaron Su nombre; sin embargo, la vida que otrora tenían, se ha perdido. Ellos todavía recuerdan su historia, ¡pero han perdido la vida que antes tenían! Ellos recuerdan que otrora fueron ricos y se habían enriquecido y que de ninguna cosa tenían necesidad. ¡Pero ellos ahora son pobres y ciegos! Solamente hay un grupo de personas que puede gloriarse de sus riquezas— la Filadelfia caída, la Filadelfia que ha perdido su poder y su vida.

4. Aprendamos a humillarnos delante de Dios

Hermanos y hermanas, si ustedes desean permanecer en la senda de Filadelfia, recuerden que deben humillarse delante de Dios. Algunas veces escucho a algunos hermanos decir: "La bendición de Dios está con nosotros". Si bien la bendición de Dios está con nosotros, tenemos que ser cuidadosos cuando decimos esto. En cuanto nos descuidamos, adquirimos el sabor de Laodicea, que dice: "Yo soy rico, y me he enriquecido, y de ninguna cosa tengo necesidad". Quisiera decirles que el día que adoptemos tal posición nos habremos convertido en Laodicea.

Tengan presente que no tenemos nada que no hayamos recibido. Los que nos rodean pueden estar llenos de muerte, pero no necesitamos estar conscientes de que nosotros mismos estamos llenos de vida. Quizás los que nos rodean sean pobres, pero no es necesario estar conscientes de que nosotros somos ricos. Aquellos que viven delante del Señor no serán conscientes de sus propias riquezas. Quiera el Señor tener misericordia de nosotros y que aprendamos a vivir delante de Él. Quiera Dios que seamos ricos y, aun así, no sepamos que lo somos. Era mejor para Moisés no saber que su rostro resplandecía, ¡aun cuando en verdad sí resplandecía! Una vez que una persona se conoce a sí misma, se convierte en Laodicea, y el resultado es la tibieza. Laodicea significa saberlo todo, pero en realidad, no ser fervientes en nada. En nombre, lo posee todo, pero es incapaz de sacrificar su vida por algo. Recuerda su antigua gloria, pero se olvida de su estado actual delante de Dios. Antiguamente, era Filadelfia; hoy en día, es Laodicea.

II. ESCOJAMOS PARA NOSOTROS
LA SENDA DE LA IGLESIA

Hoy les presento a todos ustedes estas cuatro iglesias. Las últimas tres salieron del catolicismo romano, y las cuatro permanecerán hasta que el Señor Jesús regrese. Hoy en día todo hijo de Dios tiene que elegir por sí mismo la senda que habrá de tomar con respecto a la iglesia. ¿Quiere usted ser un católico romano? ¿Quiere ser un protestante? ¿Quiere seguir la unidad del catolicismo romano? ¿Quiere seguir las muchas denominaciones del protestantismo? ¿O quiere optar por la senda de Filadelfia? ¿O será que usted alguna vez fue Filadelfia pero ahora vive a la sombra de su historia, jactándose de su antigua gloria, y se ha convertido en Laodicea? Cuando una persona se vuelve arrogante, abandona la senda de la vida y no tiene en cuenta la realidad, mientras que rememora su historia y sus propias riquezas, pero lo único que le quedará serán las opiniones de una multitud. Entre tales personas únicamente puede haber discusiones y consenso. Parece ser una sociedad democrática, pero en realidad no tiene nada que ver con las relaciones que son propias del Cuerpo. Si usted no conoce los lazos, la autoridad y la vida del Cuerpo, entonces no conoce el amor fraternal.

Estas cuatro iglesias permanecerán con nosotros. Tenemos que ser fieles y perseverar en Filadelfia. No sean curiosos con respecto al catolicismo romano, porque los curiosos siempre sufrirán pérdida. No se involucren en las denominaciones del protestantismo. Ese no es el camino de Dios. La Biblia nos muestra claramente que el movimiento protestante en su totalidad contó con la bendición de Dios, pero que hay también muchas cosas en él que el Señor condena y reprende. No es necesario que profundicemos en estas cosas ni hagamos más preguntas al respecto.

Nosotros tenemos que aprender a permanecer firmes sobre el terreno de Filadelfia. Guardemos siempre la Palabra del Señor y jamás neguemos Su nombre. ¡Estemos firmes en la posición de hermanos y jamás seamos arrogantes! No seáis arrogantes delante del catolicismo, del protestantismo o de las denominaciones. Una vez que ustedes son arrogantes, ¡se convierten en Laodicea y dejan de ser Filadelfia! Apenas manifiesten arrogancia delante de ellos, ya no serán Filadelfia sino Laodicea. ¿Qué camino desean tomar? Quiera Dios bendecir a Sus hijos y que todos los hermanos tomen la senda recta con relación a la iglesia.

La senda que Dios dispuso para la iglesia es la senda de Filadelfia. Quizás no tenga miles de casos para probar que aquellos que sobresalen entre los hijos de Dios hablan esto mismo y eligen esta misma senda. Pero sí tengo cientos de casos para probar lo que les digo aquí. Una vez que el asunto del protestantismo en general ha sido definido, no necesitamos fijarnos en los asuntos más insignificantes. Asimismo, una vez que el asunto del catolicismo romano en general ha sido determinado, no tenemos que estar preocupados por los asuntos menores de este. La Iglesia Católica Romana cuenta con veintiún organizaciones diferentes en China. No es necesario que nosotros nos involucremos con la Iglesia Católica, ni tampoco es necesario conocer a las organizaciones de sus diferentes "hijas". Una vez que el asunto del catolicismo romano en general ha sido zanjado, ninguna de estas veintiún organizaciones es una cuestión pendiente para nosotros. Asimismo, una vez que ha quedado en claro el tema del protestantismo en general, no es necesario que abordemos el caso de cada una de sus mil quinientas denominaciones.

La senda del Señor es única. Es la senda de Filadelfia. Anden por esta senda, pero tengan cuidado de no ser arrogantes. Una vez que tomamos la senda de Filadelfia, la mayor tentación es la de hacerse arrogantes y decir: "Nosotros somos mejores que ustedes. ¡Nuestras verdades son más claras que las suyas y las entendemos mejor que ustedes! ¡Nosotros sólo tenemos el nombre del Señor y somos diferentes!". Una vez que nos hacemos arrogantes, caemos en Laodicea. Aquellos que siguen al Señor no tienen orgullo. El Señor vomitará de Su boca a los orgullosos. ¡Que el Señor tenga misericordia de nosotros! Esta es una advertencia para todos nosotros: ¡Nunca debemos ser orgullosos al hablar! Para que una persona evite pronunciar palabras arrogantes, ella tiene que vivir continuamente en la presencia del Señor. Únicamente los que viven en la presencia de Dios todo el tiempo, no se considerarán ricos. ¡Solamente ellos no serán orgullosos!

APÉNDICE: LA HEREJÍA DE LA CONFUSIÓN

Lectura bíblica: Mt. 13:31-33; Ap. 17—18

En este apéndice a la sección referida a Tiatira, abordaremos un tema que hemos llamado la herejía de la confusión. Todos los que estudian las profecías saben que el catolicismo romano se hará cada vez más poderoso, mientras que el protestantismo se debilitará cada vez más. Apocalipsis 17 nos dice que la gran ramera, la cual tipifica al catolicismo romano, estará sentada sobre la bestia y luego será aniquilada por ella. Por tanto, todo hijo genuino de Dios tiene que prepararse cabalmente para esta crisis que ocurrirá en los últimos días. No sabemos cuándo el catolicismo romano se convertirá en un problema para nosotros. Esto puede ocurrir dentro de cinco, diez o veinte años. Tal vez nosotros sigamos aquí o puede ser que ya no existamos, pero tenemos que estar claros con respecto a esta herejía y desde ya debemos educar a los hermanos y hermanas, de otra manera será demasiado tarde tratar de hacerlo después que se haya convertido en un problema para nosotros. Nosotros, que somos los atalayas de la iglesia, tenemos que prestar atención a este asunto y enfrentarnos al mismo antes que se convierta en un problema.

A. Una semilla de mostaza que crece hasta ser un gran árbol

1. Siete parábolas acerca del reino de los cielos

El Señor Jesús nos contó siete parábolas en Mateo 13. Estas siete parábolas nos muestran la historia del reino de los cielos sobre la tierra; además, revelan las diferentes etapas por las cuales el reino de los cielos atraviesa sobre la tierra, comenzando desde la época en que el Señor Jesús sembró la semilla hasta Su segunda venida. Estas siete parábolas abarcan desde el período que comienza cuando el Señor Jesús vino por primera vez, es decir, desde que el Hijo del Hombre vino a la tierra a sembrar la semilla, hasta Su segunda venida, cuando habrá de venir a juzgar y a recoger el trigo en el granero. Muchas cosas sucederán en el lapso comprendido entre estas dos venidas. Así pues, el Señor se vale de estas siete parábolas para explicar tales cosas y profetizar acerca de las mismas.

Dos de estas parábolas nos dicen que el reino de los cielos sobre la tierra será corrompido. En Mateo 13:31-32 la primera parábola nos dice que el reino de los cielos es semejante a una semilla de mostaza: "Otra parábola les presentó, diciendo: El reino de los cielos es semejante a un grano de mostaza, que un hombre tomó y sembró en su campo; el cual a la verdad es la más pequeña de todas las semillas; pero cuando ha crecido, es la más grande de las hortalizas, y se hace árbol, de tal manera que vienen las aves del cielo y anidan en sus ramas". Tenemos que prestar especial atención a la frase *el reino de los cielos es semejante a*. Esta frase se refiere a toda la parábola, no sólo a las palabras que le siguen de inmediato. En el versículo 33, la segunda parábola dice: "Otra parábola les dijo: El reino de los cielos es semejante a levadura, que una mujer tomó y escondió en tres medidas de harina, hasta que todo fue leudado". Todo este versículo describe aquello a lo cual "el reino de los cielos es semejante a". En otras palabras, la frase *el reino de los cielos es semejante a* no se refiere a las palabras que le siguen de inmediato, sino a toda la parábola.

2. El reino de los cielos es como una semilla de mostaza

a. La palabra de Dios ha sido sembrada en el mundo

El Señor Jesús dijo: "El reino de los cielos es semejante a un grano de mostaza". La semilla de mostaza es Su palabra, tal como *la semilla* en la sección previa también representa Su palabra. Esto es algo que procede completamente de Dios. La vida de esta semilla y todo lo que se relaciona con esta semilla procede completamente de Dios. Con respecto a la semilla, el versículo 31 dice: "Que un hombre tomó y sembró en su campo". Los versículos anteriores indican que el campo es el mundo; también nos muestran que el hombre de la parábola es el propio Señor. Esto quiere decir que el Señor siembra la palabra de Dios en el mundo.

b. La expectativa es que la semilla crezca como una hortaliza

De acuerdo al propósito de Dios, esta semilla "es la más

pequeña de todas las semillas" (v. 32). La semilla de mostaza es muy pequeña; de hecho, es la más pequeña de todas las semillas. Cuando Dios sembró Su palabra en el mundo, Su propósito era que esta semilla de mostaza permaneciera como una hierba cuando creciera. La ley dispuesta por Dios desde el comienzo de Su creación es que la semilla de mostaza creciera según su especie, es decir, como una hierba. Todo tiene que crecer conforme a su especie. Lo correcto es que la pequeña semilla de mostaza crezca hasta llegar a ser una hierba: la mostaza. Este era el propósito original de Dios. Dios envió a Su propio Hijo al mundo para sembrar Su palabra en el mundo. El resultado de esta siembra es la iglesia, la cual crece de esta tierra. Es la expectativa de Dios que la iglesia sobre la tierra esté llena de vida, produzca fruto y sea comestible. Para ello, tiene que permanecer como una hierba, como algo temporal, pequeño, que pasa desapercibido y que no es lo suficientemente grande como para albergar a otros.

El propósito de Dios es sembrar, cultivar y cosechar una y otra vez. Es como el cultivo de trigo, el cual se siembra y se cosecha una y otra vez. Una vez que la semilla ha crecido hasta convertirse en una hortaliza, se remueve esta hierba, y el terreno queda limpio para la siguiente siembra. El terreno debe estar limpio para que algunos hombres crean, sean engendrados, crezcan y sean cosechados. Otros tienen que creer, crecer y ser cosechados por Dios. Por un lado, la iglesia siempre permanece sobre la tierra; por otro, Dios tiene la intención de cosechar hombres de grupo en grupo para introducirlos en Sí mismo. La iglesia puede ser alimento para los hombres y puede nutrirlos, pero tiene que ser cosechada de manojo en manojo, una y otra vez, como los cultivos de hortalizas.

Las hortalizas no son para exhibirse, ni se supone que sean grandiosas. Se supone que ellas sean alimento para el hombre. Después que pecó, en Génesis, Dios primero le dio al hombre hortalizas para comer. Dios las dio como alimento. Las hortalizas no como las flores, las cuales existen para ser exhibidas; tampoco son como un árbol, el cual es de gran tamaño. Por ser una hortaliza, ella debe permanecer débil, carente de poder y frágil a los ojos de los hombres.

c. Crece hasta convertirse en un árbol

Sin embargo, el Señor profetizó que algo inesperado habría de ocurrir. Cuando el Señor sembró la semilla de mostaza en el campo, ésta era la más pequeña de todas las semillas, "pero cuando ha crecido, es la más grande de las hortalizas, y se hace árbol" (v. 32). No era el propósito del Señor que la iglesia se convirtiera en un gran árbol con raíces profundas en la tierra. Ahora, por ser un árbol, ha dejado de crecer y de ser cosechada en manojos. En lugar de ello, se ha convertido en algo que perdura y permanece; algo muy alto, grande y ancho; que llama la atención e inspira respeto; es muy visible y se ha convertido en albergue de otros.

B. El comienzo del catolicismo romano

La manera ordenada por Dios para la iglesia es aquella que sigue las huellas que dejó Jesús de Nazaret, Aquel que estuvo escondido y que permaneció solo y humilde. Así pues, la iglesia debe seguir las pisadas de nuestro Señor, quien anduvo sobre esta tierra con toda sencillez y humildad. En los inicios de su historia sobre la tierra, la iglesia padeció persecución y sufrió mucha oposición. Sin embargo, un día echó raíces en la tierra y comenzó a crecer. Los césares romanos que regían el mundo y controlaban los destinos de las naciones, de improviso se convirtieron en socios de la iglesia y hermanos de la iglesia. El cristianismo se convirtió en una religión de reyes, gobernadores y líderes. La hortaliza se convirtió en un árbol. Obtuvo cierto estatus a los ojos del mundo. Se hizo grande. Este fue el comienzo del catolicismo romano.

1. Una iglesia unificada

La iglesia en el Nuevo Testamento es local por naturaleza. Se halla esparcida por todas las localidades y no está unida ni organizada de manera alguna. Si bien hubo centros de la obra, las iglesias en sí jamás se consolidaron en una organización unida. Pero después de los apóstoles, las iglesias gradualmente comenzaron a unirse sobre la tierra. Las iglesias en las grandes ciudades organizaron las iglesias en las ciudades pequeñas de sus alrededores y, espontáneamente, las iglesias en las grandes ciudades asumieron el liderazgo.

2. El sistema de obispos

Al comienzo, los obispos, los que vigilan, eran los ancianos y éstos eran siempre varios. Después, se eligió a un obispo entre los ancianos. Después de esto, los obispos comenzaron a vigilar no solamente la iglesia en su propia localidad, sino también las iglesias en diversas localidades. Los ancianos, sin embargo, continuaron velando por una iglesia local. Como resultado de ello, los ancianos y los que vigilaban diversas localidades ¡se convirtieron en dos clases diferentes de personas! Inicialmente, los que vigilan y los ancianos era un solo grupo de personas, pero después, uno de los ancianos era elegido entre el grupo de ancianos, para ejercer la función de obispo. Un anciano recibía el título de obispo, mientras que el resto permanecía como ancianos, pero ya no se les consideraba como aquellos que vigilan la iglesia. El obispo era considerado como un anciano de ancianos que presidía sobre los demás ancianos y que regía sobre la iglesia en dicha localidad. Después de esto, estos obispos expandieron su autoridad y comenzaron a abarcar a otras localidades. Poco a poco, la condición en la que se encontraba la iglesia fue cambiando. El obispo de la capital de una provincia comenzó a regir sobre toda esa provincia, y el obispo de la ciudad capital de la nación regía sobre todas las iglesias de esa nación. El obispo de Roma naturalmente regía sobre todas las iglesias en todo el imperio romano. Como resultado de todo ello, ¡la iglesia se convirtió en algo enorme!

Inicialmente, la iglesia era una semilla de mostaza, algo muy pequeño, pero después se hizo un árbol muy grande. Ahora nos encontramos con algo muy extraño sobre la tierra: las iglesias unidas. Estas son instituciones organizadas por los hombres. La Biblia nos muestra que la unión que Dios quiere que exista entre las iglesias terrenales es la unión que es propia del Cuerpo. La comunión de las iglesias sobre la tierra es la comunión del Cuerpo. Pero ¿qué es lo que vemos hoy en día? Los hombres han desechado esta comunión espiritual y esta unión espiritual. La comunión del Cuerpo es espiritual, y la unión que existe en el Cuerpo es una unión espiritual. Hoy, sin embargo, los hombres reemplazan esta unión espiritual con uniones organizadas. Comenzando en el segundo siglo, la iglesia poco a poco se fue degenerando hasta convertirse en una confederación de iglesias. Cuando Constantino aceptó el cristianismo, él vio una iglesia que para entonces ya se había convertido en la Iglesia Católica Romana, una iglesia bien recibida por los hombres. Aquella iglesia había crecido en plenitud, era un árbol. Ya no estaba conformada por muchas iglesias individuales; se había convertido en un árbol unido. Cuando el Imperio Romano aprueba el cristianismo, ¡muchas aves vinieron a anidar en sus ramas!

3. Satanás trajo contaminación a la iglesia

Las aves mencionadas en la segunda parábola representan a los principados en los aires. En la primera parábola, el Señor Jesús dijo que las semillas habían sido arrebatas por las aves, y luego Él mismo explicó que las aves eran el maligno que venía a arrebatar las semillas que habían sido sembradas. Las aves en este capítulo se refieren a Satanás y a sus principados malignos. Esto significa que Satanás es responsable de introducir muchas cosas contaminadas en la iglesia.

Ahora la iglesia se ha convertido en una organización monumental. Sin embargo, tal grandeza es una grandeza falsa y deforme. Inicialmente, la iglesia era menospreciada por los hombres. Ahora ella se ha convertido en un instrumento político muy valioso en las manos de hombres ambiciosos. En la iglesia hay multitud de gentes, y en la política, cuanto más gente haya, más valor tiene. Ahora, todo tipo de cosa contaminada se ha infiltrado en la iglesia. Las aves de los cielos vinieron y anidaron en sus ramas. Tal condición es semejante a la de Pérgamo, una iglesia que se ha unido y casado con el mundo. Hoy en día, la iglesia es una organización grande y mundana, pues a ella ha entrado toda clase de gente.

4. El Cuerpo de Cristo se ha hecho grande

En este árbol está incluida la iglesia genuina, pero también incluye muchas otras cosas que no debieran estar allí. La semilla todavía es la semilla de un grano de mostaza. El problema estriba en que ha crecido demasiado. Esta grandeza excesiva es manufacturada por el hombre, pero la semilla que fue sembrada por el Señor todavía está allí. Por un lado, la iglesia se ha desviado; por otro, tenemos que admitir que la iglesia del Señor permanece oculta en semejante iglesia. El único problema es que algo más ha sido añadido a ella. Ha dejado de ser simplemente la iglesia del Señor y se ha convertido en algo más grande. El mundo ha penetrado por todos lados, de tal manera que la iglesia se ha engrandecido. La semilla de mostaza ha crecido hasta convertirse en un árbol muy grande.

5. La mujer ejerce su propia autoridad

Aquel que sembró la semilla fue el Señor mismo. La mujer representa a la iglesia. En la Biblia, las mujeres siempre tipifican a la iglesia. En la Biblia, la posición de la iglesia es la de esposa de Cristo. Cristo amó a la iglesia como un esposo ama a su esposa. Así como Dios hizo a Eva a partir de la costilla de Adán, Cristo produjo la iglesia con Su propia vida. En la Biblia, la iglesia siempre ha sido representada por mujeres. En el futuro, la iglesia será la esposa del Cordero. Un hombre, no una mujer, es quien siembra la semilla. En otras palabras, únicamente Cristo puede sembrar la semilla, la iglesia no puede hacerlo. La iglesia no puede tomar ninguna decisión por sí misma; no posee autoridad propia.

Sin embargo, un día la iglesia se hizo semejante a un árbol de raíces profundas y de numerosas ramas. La iglesia se hizo mundial y poderosa. Toda clase de poderes malignos se introdujeron en la iglesia y se albergaron allí. Debido a que el César romano estaba en la iglesia, la mujer se hizo grande y asumió mucha autoridad.

6. La mujer comenzó a enseñar

Mateo 13:33 dice: "El reino de los cielos es semejante a levadura, que una mujer tomó y escondió en tres medidas de harina". Esta mujer es el catolicismo romano, la iglesia degradada. Ella comenzó a ejercer la autoridad que ella misma se arrogó. Muchas hermanas no pueden comprender por qué la Biblia prohíbe que la mujer enseñe. Esto se debe a que la

Biblia prohíbe a que la iglesia enseñe. En tipología, la iglesia no posee autoridad para enseñar. El principio que prohíbe que enseñe una mujer nos muestra que la iglesia no tiene autoridad para enseñar. Aquí vemos que la mujer comenzó a introducir levadura en la harina, lo que significa que comenzó a ejercer autoridad. En otras palabras, la iglesia comenzó a enseñar.

La Iglesia Católica Romana les dice a los hombres que la Biblia es la palabra de Dios y, sin embargo, también sostiene que la iglesia puede hablar por Dios. Por supuesto, la iglesia a la que se refieren es la Iglesia Católica Romana, la cual se ha hecho muy poderosa y ha introducido muchas cosas en la iglesia. Si ustedes alegan que la Biblia no dice nada con respecto a las prácticas de la iglesia, la Iglesia Católica Romana les dirá que ella decide cómo deben ser las cosas. Si uno dice que de acuerdo a la Biblia no deben existir los ídolos, ella dirá que el papa ha autorizado los ídolos. Quizás usted diga que la Biblia no menciona la adoración a María, pero ella dirá que la iglesia cree que María debe ser adorada. La mujer ha asumido el papel de maestra.

Tiatira, que a los ojos de Dios es la Iglesia Católica Romana, tolera a Jezabel, una profetisa. Esta mujer introdujo el adulterio en la iglesia y también la idolatría. El símbolo de la mujer significa que la iglesia, y no el Señor, es quien ahora toma todas las decisiones. Es Jezabel, la profetisa, quien ahora enseña, no el Señor. Hubiera sido mejor para la iglesia si ella hubiese recibido sus enseñanzas de parte de la Cabeza, en lugar de asumir el papel de maestra por su propia cuenta. Cuando la iglesia asume tal función, se introducen toda clase de herejías en la iglesia. Esto es lo que el Señor quiere decir cuando afirma que el reino de los cielos es semejante a levadura, que una mujer tomó y escondió en tres medidas de harina.

C. La levadura en tres medidas de harina

1. La levadura representa las doctrinas erróneas que son fáciles de aceptar

La levadura se refiere a las doctrinas erróneas. El Señor Jesús habló acerca de la levadura de los fariseos y la levadura

890 MENSAJES PARA CREYENTES NUEVOS

de los saduceos. En Marcos 8:15 se habla de la levadura de Herodes. Por tanto, en la Biblia, la levadura se refiere a las doctrinas erróneas. Es bastante claro que la harina fina de Levítico 2:1 se refiere al alimento del pueblo de Dios; en particular, se refiere al Señor Jesús. La Palabra de Dios nos muestra que el Señor Jesús es la harina fina como el alimento dado por Dios a Su pueblo, en el cual no se permite levadura alguna. Cuando salieron de Egipto, Dios ordenó al pueblo de Israel que comiese pan sin levadura. En otras palabras, ¡poner levadura en la harina fina estropea al Señor Jesús en calidad de alimento! Originalmente, lo que había era harina fina, pero ahora se le ha añadido levadura.

¿Qué sucede cuando se le añade levadura a la harina fina? Sin levadura, el pan es áspero, insípido, duro, pesado y difícil de digerir. Con la levadura, el pan se hace ligero y fácil de digerir. La levadura hace que la harina adquiera un sabor agradable y sea muy digerible. Muchas personas sienten que es muy difícil aceptar al Señor Jesús y Sus enseñanzas, pues encuentran difícil asimilar estas cosas. Aquellos que estudian la tipología del Antiguo Testamento saben muy bien que la harina fina se refiere a la vida del Señor Jesús. Algunas personas creen que una vida así es demasiado pesada, difícil y sólida; simplemente no la pueden aceptar. La mujer de la parábola introduce muchas herejías en la iglesia. ¡Ella añade levadura a la harina fina, lo cual hace que para muchos sea más fácil aceptar al Señor! Cuando el mundo y toda clase de herejía y doctrina son traídos a la iglesia, ¡es más fácil para algunos aceptar al Señor Jesús y Sus enseñanzas! Esto es lo que el catolicismo romano ha hecho.

2. La herejía de la confusión

De acuerdo a la verdad con respecto a la iglesia, las obras previamente mencionadas constituyen una gran mezcla. El mundo se mezcla con la iglesia, la gracia se mezcla con la ley y los creyentes se mezclan con los incrédulos. El resultado es la confusión. Más aún, la justicia se mezcla con la misericordia, el paganismo con el cristianismo y la religión con la política. ¡No hay confusión ni fornicación más grande que aquella que se ve en el catolicismo romano! Aquí, se mezcla el cristianismo con el judaísmo y el arte griego con la adoración a Dios. ¡Todo cuanto el mundo pueda concebir es introducido en la iglesia! Las aves de los cielos han venido. La levadura ha sido añadida a la harina, la cual se ha leudada. Ahora, la masa es más ligera y esponjosa, y todo el mundo la puede tomar. Una persona puede ser católica siempre y cuando se haya bautizado. Si peca, puede comprar indulgencias, las cuales lo librarán de los pecados de esta vida, así como del purgatorio en el futuro. ¡Se han introducido toda clase de herejías! Como resultado de ello, la harina ahora ha sido leudada y los hombres pueden aceptarla con facilidad. El catolicismo romano no les pide a los hombres que acepten la levadura; únicamente les pide que acepten la harina fina, la cual contiene la levadura. El catolicismo romano nos da tanto herejías como verdades. El catolicismo cree que Cristo es el Hijo de Dios y que el Señor Jesús murió en la cruz para lograr la redención. Estos dos principios fundamentales de la fe cristiana están presentes, pero la harina fina ha sido leudada.

a. Tres medidas es una medida conveniente

¿Por qué la Biblia habla aquí de *tres medidas*? El número tres se usa con mucha frecuencia en la Biblia. Abraham tomó tres medidas de harina e hizo pan para aquellos ángeles. Tal parece que una porción de tres medidas cabe fácilmente en nuestras manos. Se trata pues de una unidad de medida muy común. Es como medir la harina o el arroz en paquetes o en sacos. En los tiempos antiguos, la unidad de medida más conveniente era tres medidas.

b. Confunde la Palabra de Dios

¡El problema es que la mujer ha sembrado confusión en el alimento del pueblo de Dios! ¡Ella ha arruinado su comida! Ella ha traído toda clase de herejías a la iglesia. Al introducir herejías en la iglesia, el catolicismo ha hecho confusa la Palabra de Dios.

Esta obra realizada por la Iglesia Católica Romana trae como resultado que el mundo sea arrastrado a la iglesia. La mujer, ahora, asume gran autoridad tomando control tanto de asuntos mundanos como de asuntos espirituales. Ella no solamente ha establecido una gran iglesia sobre la tierra, sino que además, ha extendido sus dominios sobre las naciones de la tierra. En otras palabras, la iglesia ha adquirido tanto poder político como poder religioso. Verdaderamente se ha hecho un árbol muy grande. Al mismo tiempo, verdaderamente ha mezclado la levadura con la harina fina.

3. Todo ha sido leudado

Las palabras del Señor al respecto son muy serias. La segunda parte de Mateo 13:33 dice: "Hasta que todo fue leudado". Por favor, tomen en cuenta que en la actualidad toda la masa aún no ha sido completamente leudada. Todo estudiante ortodoxo de la Biblia está de acuerdo en que el poder del catolicismo romano no ha disminuido. El Señor dice que esto continuará hasta que todo sea leudado. Hoy en día, el catolicismo romano ha sido leudado en un grado bastante serio. ¡Ha estado siendo leudado por más de mil años! Pero todavía no podemos afirmar que toda la masa ha sido leudada. El Señor dice que un día todo será leudado. El poder del catolicismo se seguirá expandiendo; no se detendrá hasta que llegue el fin, cuando sea completamente consumido por el fuego. La palabra del Señor es muy severa: "Hasta que todo fue leudado". Aquí el Señor nos dice que el poder del catolicismo romano continuará expandiéndose.

¡Cuán grande se ha hecho la Iglesia Católica Romana! ¡Cuán numerosas son las herejías encontradas en ella! La levadura ha ido ganando más y más terreno. La celebración de la cena del Señor se ha convertido en la misa, y el pan se ha convertido en la carne física de Cristo. La doctrina de la transubstanciación afirma que el pan se convierte en la carne física de Cristo en el momento mismo en que uno toca el pan. Tal doctrina es la que ha prevalecido en el catolicismo. Allí se encuentran inciensos, crucifijos, y también rituales. Las personas ponen su confianza en una diversidad de organizaciones y nombres. La Iglesia Católica está controlada más estrictamente que cualquier otro país o nación en este mundo. En su seno existen toda clase de organizaciones y uno no podría adquirir una comprensión cabal de las mismas aun si dedicara a ello varios años de estudio. Por un lado, ya ha hecho confusa la doctrina de Cristo; por otro, el árbol se ha hecho muy grande.

4. El Papa se ha convertido en el obispo universal

Aquí citaré algunas frases dichas por algunos Papas. Los Papas se llaman a sí mismos los obispos universales. Inicialmente, un obispo, uno que vigila, era un anciano de una iglesia local, y los ancianos de las iglesias locales eran llamados obispos, los que vigilan la iglesia. Pero después, uno de los que vigilan la iglesia se convirtió en un obispo que regía sobre los otros ancianos de la iglesia. Incluso después, estos obispos comenzaron a controlar a otras iglesias, y por último, ejercían control sobre el mundo entero. Por tanto, el Papa se autodenomina el obispo universal. Uno de los Papas dijo: "Yo, el Papa, soy el rey de reyes y mis leyes tienen preeminencia sobre todas las otras leyes". Esta es una declaración escrita emitida por un Papa al hablar de su autoridad papal. ¿Acaso una declaración así puede provenir de los labios de una persona que sigue al humilde Jesús de Nazaret? De ninguna manera.

5. La infalibilidad del Papa

En el concilio del Vaticano de 1870 se redactó un decreto que decía: "El Papa de Roma no puede cambiar ni mejorar sus propias palabras". ¡Imagínense cuán grande ha llegado a ser la autoridad que tiene el catolicismo romano! ¡Todo es susceptible de ser mejorado excepto las palabras del Papa de Roma! Sus palabras son órdenes supremas y no pueden ser mejoradas. ¿Qué clase de espíritu yace detrás de estas palabras? Claramente, ¡la autoridad de Dios ha sido usurpada por la autoridad de los hombres! El decreto citado al comienzo de este párrafo se aplica a todas las proclamaciones que hace cualquier Papa. Podemos encontrar un sinnúmero de declaraciones similares a éstas.

Un Papa de Roma publicó un mensaje titulado: "El plan". Al comienzo, el catolicismo romano creía que únicamente la iglesia era infalible. Pero en ese mensaje dicha aseveración se extendió al proclamar, delante de todos, que no solamente la iglesia era infalible, sino que también el Papa era infalible. El Papa jamás podía estar errado. En el idioma chino la expresión *bu-neng-tzo-wu* que significa "infalible" quizás no suene de forma muy categórica, pero ciertamente en griego, latín e inglés la palabra "infalible" es una expresión muy fuerte. Sólo Dios es infalible, pero los católicos dicen que el Papa también lo es. Esto es herejía y es levadura.

6. Cómo ve Dios el catolicismo

¿Cuál es la actitud de Dios con respecto al catolicismo? Apocalipsis 17 nos habla de la gran ramera. Ella no solamente es una adúltera, sino que es una ramera. El adulterio consiste en cometer pecado moral estando uno casado, pero si uno comete pecado moral sin haberse casado, eso es prostitución. Por ello, en este pasaje la Biblia llama ramera al catolicismo romano.

a. Roma es una gran ramera

Apocalipsis 17:18 dice: "Y la mujer que has visto es la gran ciudad que reina sobre los reyes de la tierra". El versículo 9 dice: "Esto para la mente que tiene sabiduría. Las siete cabezas son siete montes, sobre los cuales se sienta la mujer". ¿Quién es esta mujer? Dios nos muestra por medio de Juan que esta mujer es la gran ciudad que reina sobre los reyes de la tierra. Esta ciudad está edificada sobre siete colinas. La mujer está sentada sobre estos siete montes. En todo el mundo, existe solamente una ciudad que es conocida como "La ciudad de las siete colinas": Roma. Con frecuencia, las grandes ciudades del mundo tienen más de un nombre. Por ejemplo, a la ciudad de Cantón, en China, también se le conoce como "Sui", y Shanghái es conocida en China como "Hu". La ciudad de Roma tiene otro nombre: "La ciudad de las siete colinas". A lo largo de las edades, siempre se han celebrado competencias deportivas en Roma. Las medallas que obtienen los campeones, ya sea de oro o de plata, siempre llevan grabadas las siete colinas. Las monedas que el César emitía tenían los mismos grabados; tenían la imagen de César en un lado y las siete colinas en el otro. Tengan en mente que el apelativo: "La ciudad de las siete colinas" es otro de los nombres de Roma. Apocalipsis 17 nos muestra que esta mujer se sienta sobre siete colinas. Ella es la gran ciudad que rige sobre los reyes de la tierra y que está edificada sobre siete colinas. Esto nos muestra claramente que esta mujer es Roma.

b. La Roma religiosa y la Roma política

Está claro que esta mujer es Roma, pero la pregunta es, cuál Roma. ¿Es la Roma política o la Roma religiosa? Hay dos Romas diferentes. Esta mujer ¿será la Roma del catolicismo o la Roma imperial? Tendremos la respuesta después de haber tomado en cuenta las siguientes explicaciones.

Apocalipsis 17:3-4 dice: "Y me llevó en espíritu a un desierto; y vi a una mujer sentada sobre una bestia escarlata llena de nombres de blasfemia, que tenía siete cabezas y diez cuernos. Y la mujer estaba vestida de púrpura y escarlata, y adornada de oro, de piedras preciosas y de perlas, y tenía en la mano un cáliz de oro lleno de abominaciones y de las inmundicias de su fornicación".

He aquí dos cosas delante de nosotros: la mujer y la bestia. La mujer está sentada sobre la bestia que tiene siete cabezas y diez cuernos. Las siete cabezas de la bestia son siete reyes, y los diez cuernos son diez reyes. Los siete reyes son los grandes reyes, mientras que los diez cuernos son diez reyes menores. En el texto griego se hace la distinción entre estas dos clases de reyes. Mientras unos son los grandes reyes, los otros son los reyes menores. La mayoría de los lectores de la Biblia saben que la bestia es la Roma del imperio romano. Si la bestia es la Roma imperial, la cual incluye a los siete reyes y a los diez reyes, entonces la mujer tiene que ser la Roma religiosa. Solamente hay dos Romas: la Roma imperial y la Roma religiosa. Mientras una es la Roma política, la otra es la Roma eclesiástica. La mujer está sentada sobre la bestia, lo cual significa que la iglesia está sentada sobre el Imperio. Si la bestia es el imperio romano, claramente la mujer es la Roma religiosa.

Si bien el Espíritu de Dios nos muestra la Roma del pasado, ¿cómo es ella hoy en día y cómo será en el futuro? La palabra de Dios nos da una clara respuesta a estas preguntas.

c. Púrpura y escarlata

Apocalipsis 17:4 dice: "Y la mujer estaba vestida de púrpura y escarlata". Púrpura es el color de la realeza. El Papa siempre ha dicho que él es el rey. Al mismo tiempo, todos cuantos han visitado Roma saben que el escarlata es el color de Roma. ¿Cómo se les llama a los cardenales? En el chino se les conoce como los de "la bata escarlata". Sus túnicas, su ropa interior y hasta sus calcetines son de color escarlata. El carruaje del Papa es escarlata. Tres cuartos de su guardia personal están vestidos de escarlata. Sus alfombras son de color escarlata. Siempre que el Papa viaja, una alfombra escarlata es extendida a su paso. Roma está llena del color escarlata. Por un lado, sus vestiduras son de color púrpura; por otro, en ningún otro país o ciudad prolifera tanto el color escarlata como en Roma.

d. Adornada de oro, de piedras preciosas y de perlas

"Adornada de oro, de piedras preciosas y de perlas". Es difícil encontrar otro país de la tierra en el que haya una acumulación tan grande de oro, piedras preciosas y perlas. Las catedrales en Roma, los ídolos de sus catedrales y todos los adornos y coronas del Papa están hechos de oro, piedras preciosas y perlas. Por ejemplo, el Papa posee un diamante, el diamante Krüger, que vale 833,000 libras esterlinas.

1) El Papa posee dos coronas

El Papa tiene que usar dos coronas en la ceremonia de su coronación, una significa que él es el rey de la iglesia y la otra significa que él es el rey del mundo. Una corona, la mitra papal, significa que el Papa es el rey de la iglesia. Cuando el Papa recibe la mitra, él se proclama la autoridad como cabeza de la iglesia. Después de esto, otra corona, la tiara, le es dada. La tiara es una corona que tiene siete capas y está hecha de oro puro. Esta corona significa que él es el rey de toda la tierra. El Señor Jesús todavía no ha establecido Su reino sobre la tierra, pero aquí existen hombres que se arrogan el reinado por más de mil años. El reino todavía no se ha manifestado, pero ya hay aquellos que se han apropiado del reinado. La tiara tiene incrustadas 146 piedras preciosas y 540 perlas; todas ellas inmensas y de gran valor.

2) La catedral de San Pedro y el Vaticano

La catedral de San Pedro, en la que el Papa se presenta con frecuencia, fue edificada a un costo de novecientos millones de libras esterlinas. Tal edificación fue erigida supuestamente en memoria de Pedro, un pescador del mar de Galilea. Yo he visitado el Vaticano. Es difícil estimar cuánto vale esa ciudad porque todo cuanto hay en ella es de gran valor. Todo el cielo raso de la catedral de San Pedro está pintado con oro de dieciocho kilates. El oro resplandece por todos los lugares de la ciudad. ¡Los edificios en la residencia del Papa hacen que todos los otros palacios de reyes o emperadores palidezcan en comparación! Es muy difícil encontrar otro lugar que supere a Roma en cuanto a lujo y ostentación. Aun así, el Papa dice ser el representante terrenal de Jesús de Nazaret.

De esta manera, podemos ver que ¡todas las palabras de la Biblia se cumplen!

e. Llena de abominaciones

"Adornada de oro, de piedras preciosas y de perlas, y tenía en la mano un cáliz de oro lleno de abominaciones". En la Biblia, la palabra *abominaciones* siempre se refiere a los ídolos. Por ejemplo, en 2 Crónicas 33, en Ezequiel 20, en Daniel 9 y en Deuteronomio 7 el término *abominaciones* se refiere a los ídolos. Las abominaciones en la Biblia solamente se refieren a una cosa: ídolos.

f. Las inmundicias de su fornicación

"Un cáliz de oro lleno ... de las inmundicias de su fornicación". Esto quiere decir que elementos de otras religiones han sido introducidos en el cristianismo. Esto ciertamente es una contaminación.

g. Su poder se extiende a todas las naciones

"Con la cual han fornicado los reyes de la tierra, y los moradores de la tierra se han embriagado con el vino de su fornicación" (v. 2). ¡El poder del catolicismo romano ciertamente es de naturaleza internacional!

h. Todo es una confusión

Los moradores de la tierra se han embriagado con el vino de su fornicación. Los hombres se han convertido al catolicismo romano en todas partes. Ciertamente ella es Babilonia. Babilonia significa confusión y fornicación, ¡y eso es exactamente lo que ella es! Ya dije que ella ha mezclado el mundo con la iglesia, el paganismo con el cristianismo, los creyentes con los incrédulos, la gracia con la ley, el Nuevo Testamento con el Antiguo Testamento, y a Dios con los ídolos. Todo es una mezcla, y en todo lugar hay fornicación. Esto es lo que el catolicismo romano ha hecho.

7. Se embriaga con la sangre de los santos

Apocalipsis 17:6 dice: "Vi a la mujer ebria de la sangre de los santos, y de la sangre de los testigos de Jesús". ¡Ella se embriagó con la sangre de los santos! Todos los lectores de la Biblia saben que la persecución realizada por el imperio romano terminó el año 313 d. C. Pero la persecución que lleva a cabo la Iglesia Católica Romana jamás se ha detenido; continúa aún en nuestros días (1948). No necesitamos leer muchos libros para saber de estas cosas. El libro *Foxe's Book of Martyrs* (El libro de los mártires de Foxe) nos cuenta de hombres que fueron asesinados por la Iglesia Católica y por el imperio romano. De hecho, el número de personas asesinadas por la Iglesia Católica excede mucho al número de aquellos que fueron asesinados por el imperio romano.

a. Las persecuciones en España

Todo estudiante de historia está enterado de las persecuciones en España, es decir, la inquisición española. A los creyentes se les acusó de herejes, y 10,220 de ellos fueron quemados en la hoguera en un lapso de doce meses. En cuanto alguno confesaba su fe en el Señor, era llevado a la muerte. Todos los jueces enviados a los países católicos obedecían las órdenes de la iglesia. Era raro que la iglesia ejecutara a alguien directamente. Cuando la iglesia quería aniquilar a alguien, simplemente solicitaba a las cortes que los ejecutaran. La iglesia no los mataba directamente, pero solicitaba a las autoridades locales que ejecutaran tal trabajo.

b. Los veintisiete anatemas del Papa

El Papa pronunciaba veintisiete anatemas cada jueves en contra de aquellos que eran considerados herejes. Por supuesto que, en total, eran más de veintisiete anatemas cuando uno tomaba en cuenta sus especificaciones. El Papa maldecía a todos aquellos que creyeran en las así llamadas "herejías". Después de tal pronunciamiento, el Papa encendía una antorcha y la tiraba al piso apagándola, con lo cual daba a entender que todo aquel que creyera en estas herejías habría de sufrir perdición eterna. Debemos tener en mente que estas herejías a las cuales la Iglesia Católica Romana se refería son aquellas cosas en las cuales usted y yo creemos.

c. Ha jurado perseguir a los creyentes

Desde la época de Martín Lutero, todos los obispos de la Iglesia Católica Romana tuvieron que hacer un juramento solemne en el que juraban perseguir a los herejes. En otras palabras, la Iglesia Católica Romana se ha comprometido a perseguir a todos aquellos que comparten nuestra fe. Tomás de Aquino, una figura de renombre en el catolicismo, dijo alguna vez: "Cualquiera que cree en herejías, después de haber sido amonestado dos veces, tiene que ser entregado a oficiales seculares a fin de ser destruido". La Iglesia Católica Romana no ejecutaría tal castigo directamente, sino que debía de entregar tales casos a los oficiales locales para su ejecución. La Iglesia Católica Romana profesa públicamente que lo manifestado por Tomás de Aquino es inspirado directamente por el Espíritu Santo.

No debemos creer que esta persecución ha concluido. No, todavía continúa. Todo aquel que tiene ojos verá que el catolicismo romano seguirá asediándonos una y otra vez.

d. Leyes y decretos homicidas

Como parte de los decretos para la ciudad de Roma, existe una cláusula que establece que los reyes seculares tienen que destruir a todos los herejes que se hallen en sus territorios o de lo contrario corren el riesgo de ser excomulgados o perder sus tronos.

Unos cuantos Papas en Roma, tales como Holonesis III, Ignacio III, Ignacio IV y Alejandro III, aprobaron decretos que exigían a todos los católicos que aniquilaran por completo a los herejes. Gregorio XIII le dijo a Carlos IX que para mantener la piedad y religiosidad en sus reinos debía de condenar a los herejes en toda la tierra y acabar con ellos por completo. Esta expresión dicha por el Papa fue publicada en un periódico británico, el *Times*, el 13 de julio de 1895: "Si ustedes asesinan a un protestante, ello hará que sean absueltos del pecado de haber asesinado a un católico romano". ¡Estas fueron las palabras de un Papa! Otro Papa dijo: "Asesinar a alguien en obediencia a las órdenes de un sacerdote no es considerado asesinato". Estas eran las leyes y los edictos del catolicismo romano.

e. El testimonio de la sangre de los santos

1) En Madrid

Incluso al llegar el 1809, todavía hubieron testigos que presenciaron cómo los protestantes, llamados herejes, eran muertos en Madrid, la capital de España. Algunos de ellos habían sido recientemente asesinados mientras que otros fueron abandonados hasta podrirse. Entre las víctimas habían algunos que todavía estaban medio vivos, mientras que otros, tanto hombres como mujeres, jóvenes y viejos, incluso ancianos mayores de setenta años de edad, ya habían fallecido. Algunos de ellos fueron desnudados a azotes y arrojados en la prisión. Los instrumentos de tortura que se emplearon sólo pudieron haber sido ideados por Satanás en colaboración con los hombres. Ésta era la condición en la que se encontraba Madrid en 1809.

2) En Roma

En 1848, durante la revolución italiana, pilas de huesos fueron encontradas en grandes edificios de Roma. Allí se encontraron dos hornos con huesos que no se habían incinerado completamente.

Una manera de tratar a los protestantes era la siguiente:

"Con una polea, se colgaba a la persona de las piernas y se le ataba con una cuerda. Se apretaba la cuerda con un trinchete de modo que éste cortara la piel. Después, se arrojaba desde el techo agua sobre la boca de esta persona y se le cubría la boca para que no pudiera respirar ni ventilarse".

En 1540 la sociedad jesuita fue formada por la Iglesia Católica Romana para contraatacar a los protestantes, y desde entonces, más de 1.9 millones de creyentes fueron asesinados solamente en Roma.

f. La persecución aún continúa en nuestros días

En 1901, el Papa León XIII publicó en Roma un artículo que decía: "La iglesia, es decir, la Iglesia Católica Romana, tiene autoridad de Dios para confiscar todas las propiedades de los herejes, encarcelarlos e incinerarlos".

Por favor, recuerden que el catolicismo romano ha perseguido a los hijos de Dios a lo largo de las eras. Yo he leído muchas historias al respecto. Muchos mártires sufrieron serias persecuciones en América, Alemania, España y otros lugares. La Iglesia Católica llama hereje a todo aquel que pone su fe en Cristo; tener fe en Cristo es una herejía, un crimen que se castiga con la muerte. Ciertamente se cumple lo anunciado por las Escrituras: "Vi a la mujer ebria de la sangre de los santos, y de la sangre de los testigos de Jesús". En esto consiste la persecución llevada a cabo por el catolicismo romano, la cual está aún presente en nuestros días.

8. El catolicismo romano abarca toda la tierra

Apocalipsis 17:1 dice: "Vino entonces uno de los siete ángeles que tenían las siete copas, y habló conmigo diciéndome: Ven acá, y te mostraré el juicio contra la gran ramera que está sentada sobre muchas aguas". El versículo 15 dice: "Me dijo también: Las aguas que has visto donde la ramera se sienta, son pueblos, multitudes, naciones y lenguas". La Biblia nos muestra que esta ramera está sentada sobre muchas aguas, lo cual significa que el catolicismo romano habrá de expandirse grandemente. El versículo 16 pronuncia el juicio en contra del catolicismo romano. El versículo 15 nos muestra que el catolicismo romano abarcará toda la tierra antes de ser juzgado. ¡Esta es la profecía del Señor, y no podemos cambiarla! Ella se sentará sobre muchos pueblos, multitudes, naciones y lenguas. Ella se extenderá a todo lugar y se expandirá grandemente. El catolicismo romano no solamente prospera en China sino también en todo el mundo. Yo siempre he estado pendiente de las estadísticas. Por cada protestante en los Estados Unidos de América, hay siete católicos. Los católicos superan siete veces a los protestantes. Desde 1920, después que Mussolini hizo un pacto con el Papa en el que reconocía el Vaticano como un estado independiente, el catolicismo romano se ha expandido grandemente. En 1913 catorce naciones enviaron sus embajadores al Vaticano. Cinco emisarios de Roma fueron asignados a naciones extranjeras. Para 1922, eran veinticinco las naciones que tenían un embajador en el Vaticano, y Roma contaba con veinticinco emisarios en el extranjero. Hoy, en 1948, setenta naciones tienen embajadores en el Vaticano, incluyendo a China. El poder del catolicismo romano está expandiéndose continuamente.

En nuestros días, la mujer todavía está entre nosotros. Llegará el día en que ella se case con el anticristo. Esta mujer cabalga sobre la bestia. En el versículo 3, ella está sentada sobre la bestia, lo cual quiere decir que el catolicismo romano dirigirá al anticristo. Después, el anticristo destruirá a la mujer cuando los diez reyes se levanten para dejarla desolada y desnuda, devorar sus carnes y quemarla con fuego (v. 16). Este será su final, lo cual sucederá al comienzo de la gran tribulación.

9. El mandamiento de Dios para Su pueblo

a. Salid del catolicismo romano

Debemos tener presente que hay personas salvas en el catolicismo romano. No debemos de pensar que en el catolicismo romano no hay personas salvas. El catolicismo todavía sostiene estos dos postulados: que Cristo es el Hijo de Dios y que Él murió por la humanidad. Así pues, ahora Dios nos llama a salir: "Salid de ella, pueblo Mío, para que no seáis partícipes de sus pecados" (Ap. 18:4).

b. No seáis curiosos

Les digo estas cosas para que vean lo que ha de suceder en la tierra. ¡Tarde o temprano el poder del catolicismo romano habrá de expandirse inmensamente! Estén advertidos y no seáis curiosos; no intenten tener contacto con el catolicismo. Por un lado, debemos tener conocimiento al respecto, pero por otro, no debemos tener ninguna relación con él. Esta debe ser nuestra actitud. Dios prohíbe a todos sus hijos, sin excepción, involucrarse en las cosas del catolicismo romano. Él no dijo que ella era sólo una adúltera, sino que era una ramera. Una persona que comete pecado en contra del matrimonio es llamada adúltera, pero aquella que no se ha casado, ni siquiera puede considerarse una adúltera; ella es una ramera. El catolicismo romano no tiene nada que ver con Dios. Hoy en día, una mujer se ha entrometido y está enseñando a la iglesia; está poniendo levadura en las tres medidas de harina y está cabalgando sobre el anticristo, el imperio romano. A esta mujer, ¡Dios la llama la gran ramera! Los nuevos creyentes no deben dejarse engañar. Jamás piensen que puesto que nosotros y los católicos creemos en Jesús, todos somos iguales. Tenemos que entender muy bien que de ninguna manera podemos relacionarnos con el catolicismo romano. ¡Tenemos que cerrar esa puerta y jamás entrar allí! ¡No seáis descarriados por vuestra curiosidad!

CAPÍTULO CUARENTA Y SEIS

LA UNIDAD

I. CRISTO ES LA CABEZA,
EL CUERPO Y TODOS LOS MIEMBROS

En este capítulo trataremos el tema de la unidad entre los cristianos. Hemos visto que el Cuerpo de Cristo es una entidad visible en esta tierra. Pablo les dijo a los corintios: "Porque así como el cuerpo es uno, y tiene muchos miembros, pero todos los miembros del cuerpo, siendo muchos, son un solo cuerpo, así también el Cristo" (1 Co. 12:12). Pablo no dijo: "Así también son Cristo y Su iglesia". Tampoco dijo: "Así también son Cristo y Su pueblo". No, Pablo dijo: "Así también el Cristo". En otras palabras, la Cabeza es Cristo, el Cuerpo es Cristo y todos los miembros son Cristo. Por eso dijo, así como el cuerpo es uno y tiene muchos miembros, pero todos los miembros del cuerpo, siendo muchos, son un solo cuerpo, así también el Cristo. Esta palabra nos muestra que Cristo es la Cabeza, el Cuerpo y todos los miembros.

Cuando Pablo vio la luz en el camino a Damasco, el Señor le dijo: "Saulo, Saulo, ¿por qué me persigues?". Saulo le preguntó: "¿Quién eres, Señor?". El Señor le contestó: "Yo soy Jesús, a quien tú persigues" (Hch. 9:4-5). Aquel "Yo" estaba en los cielos. ¿Cómo podría Pablo, quien tenía cartas del sumo sacerdote aquí en la tierra, estar persiguiendo a Jesús de Nazaret, quien estaba sentado a la diestra del Padre en los cielos? Aquí vemos la unidad del Cuerpo de Cristo. Cristo es la Cabeza, el Cuerpo y todos los miembros. Cuando Saulo perseguía a la iglesia aquí en la tierra, el Señor no le preguntó: "¿Por qué persigues a Mi iglesia?" o "¿Por qué persigues a Mi pueblo?". En lugar de ello, el Señor le preguntó: "¿Por qué me persigues?". Al perseguir a la iglesia, Pablo estaba persiguiendo al Señor. Esto quiere decir que Cristo y la iglesia son uno.

II. LA UNIDAD ES EXPRESADA EN LA TIERRA HOY

A. El Cuerpo de Cristo está en la tierra

Debido a que Cristo puede ser perseguido, es obvio que este Cristo está en la tierra. Por tanto, el Cuerpo de Cristo es algo que está presente en la tierra. Este Cuerpo, al cual 1 Corintios 12:12 se refiere con la frase *así también el Cristo*, existe aquí en la tierra. El Cuerpo es uno y tiene muchos miembros, pero todos los miembros del Cuerpo, siendo muchos, son un solo Cuerpo. Este Cuerpo está presente en la tierra puesto que se le puede perseguir. De hecho, Saulo perseguía al Cuerpo aquí en la tierra, pero el Señor le dijo que lo estaba persiguiendo a Él. Esto significa que este Cuerpo está en la tierra.

Esto tiene repercusiones cruciales en muchas cosas. Si el Cuerpo de Cristo es uno y Cristo sólo tiene un solo Cuerpo, la unidad del Cuerpo no puede ser algo que se exprese únicamente en los cielos o en el futuro; tiene que ser algo que se exprese aquí en la tierra. El Cuerpo es uno aquí en la tierra. En 1 Corintios 12 se nos muestra el Cuerpo de Cristo. Allí se nos dice: "De manera que si un miembro padece, todos los miembros se duelen con él, y si un miembro recibe honra, todos los miembros con él se gozan" (v. 26). Esto nos muestra claramente que el Cuerpo de Cristo es una entidad que existe aquí en la tierra. Si el Cuerpo estuviera en los cielos, sería razonable decir que éste se regocija, pero sería irrazonable decir que el Cuerpo sufre. Sería imposible decir que un miembro sufre en los cielos. "Si un miembro padece, todos los miembros se duelen con él". Queda claro que esto es algo que ocurre en la tierra. Sólo por el hecho de estar en la tierra, es posible que un miembro sufra, y únicamente en la tierra puede haber la posibilidad de que todo el Cuerpo sufra y sea perseguido. Por tanto, la unidad del Cuerpo de Cristo no es algo que existe en los cielos o en el futuro, sino que es algo que existe en la tierra hoy en día.

B. La unidad se expresa hoy en el mundo

La oración del Señor Jesús en Juan 17:21 es que la iglesia

sea una aquí en la tierra. Él dijo: "Para que todos sean uno; como Tú, Padre, estás en Mí, y Yo en Ti, que también ellos estén en Nosotros; para que el mundo crea que Tú me enviaste". Si colocamos entre paréntesis esta frase: "como Tú, Padre, estás en Mí, y Yo en Ti, que también ellos estén en Nosotros", se ve claramente que el Señor ora pidiendo que la iglesia sea una, a fin de que el mundo crea. Si el mundo puede creer en virtud de tal unidad, entonces resulta evidente que esta unidad está delante del mundo para ser vista. El Señor oró pidiendo que el mundo crea. Esto nos muestra que la unidad es algo que se manifiesta en el mundo hoy.

En primer lugar, tenemos que tener bien en claro que la unidad de los cristianos se manifiesta en la tierra y que está hoy presente en el mundo. La unidad cristiana no es algo que se manifestará en los cielos en el futuro. Por supuesto, los cristianos serán uno en los cielos en el futuro, pero la unidad cristiana se expresa y se practica sobre la tierra hoy y no solamente en los cielos en el futuro. Todos debemos entender claramente este asunto. Algunos quizás les digan a los demás: "No deben preocuparse si la iglesia es una ahora o no, y no debe preocuparles que los cristianos sean uno o no. Cuando lleguemos al cielo, entonces seremos uno". Estas personas están hablando acerca de algo que ocurrirá cuando el Señor aparezca. Pero lo que el Señor procura hoy es una unidad aquí en la tierra. Tal responsabilidad recae sobre nosotros. No debemos esperar hasta llegar a los cielos para ser uno. La unidad de los cristianos debe ser expresada hoy en la tierra. Esto es lo primero que debemos tener en claro.

III. LOS LÍMITES DE LA UNIDAD NO SOBREPASAN LOS LÍMITES DEL CUERPO

A. La unidad de la iglesia está limitada a los límites del Cuerpo

Son muchas las personas que tienen cierto concepto acerca de la unidad. Ellas creen que siempre y cuando una persona lleve el nombre de "cristiana", podrán ser uno con ella, ya sea que dicha persona pertenezca a Dios o no, posea la vida divina o no y sea miembro del Cuerpo o no. Pero la unidad de la cual nos habla la Biblia es la unidad *del Cuerpo*. La unidad que mucha gente propone hoy en día sobrepasa los límites del Cuerpo; incluye cadáveres y elementos ajenos al Cuerpo. La Palabra de Dios no aprueba esta clase de unidad. Quisiera hacer hincapié en que únicamente la unidad del Cuerpo constituye la unidad de la iglesia. La unidad de la iglesia se circunscribe a los límites del Cuerpo y no puede extenderse más allá del Cuerpo. La unidad no implica que tengamos que ser uno con todos los que se asemejen al cristianismo o que lleven el nombre de cristiano. La Palabra de Dios no aprueba esto ni dice nada al respecto.

B. El trigo no es uno con la cizaña

A muchas personas les gusta citar Mateo 13. Ellas dicen que el Señor compara Su partida de este mundo con el hombre que duerme de la segunda parábola, la cual dice que su enemigo vino y sembró cizaña entre el trigo, y se fue. Cuando brotó la hierba y dio fruto, apareció también la cizaña. Se acercaron entonces los esclavos del dueño de la casa y le dijeron: "¿Quieres, pues, que vayamos y la recojamos?" (v. 28). El dueño les respondió: "Dejad que ambos crezcan juntos hasta la siega; y al tiempo de la siega yo diré a los segadores: Recoged primero la cizaña, y atadla en manojos para quemarla; pero recoged el trigo en mi granero" (v. 30). Muchos han asumido que la unidad consiste en unificar el trigo y la cizaña. Piensan que la unidad no solamente es la unidad del trigo sino también de la cizaña, pero debemos percatarnos que en este pasaje el Señor no está hablando de la unidad. Él jamás dijo que los creyentes y los incrédulos deberían entremezclarse; dijo que los creyentes no deberían matar a los incrédulos. La Iglesia Católica Romana ha hecho exactamente eso, es decir, ellos están listos para arrancar toda la cizaña, esto es, arrancar a todos aquellos que consideren herejes. Nosotros sabemos que ellos están equivocados no solamente en los principios, sino también en cuanto a las prácticas. No sólo han arrancado la cizaña, sino también el trigo. Ellos están errados tanto en los principios que siguen como en la práctica que tienen, pues consideran que los protestantes son herejes.

El Señor no nos dijo que arrancáramos la cizaña de este

mundo. Lo que Él dijo es que debe haber una separación apropiada en la iglesia. Cuando la Palabra habla de dejar que ambas crezcan juntas hasta la cosecha, no quiere decir que se deba dejar que crezcan juntas en la iglesia, sino que debemos dejar que ambas crezcan juntas en el campo, es decir, en el mundo. (En la interpretación de la primera parábola, el campo es el mundo.) En otras palabras, no es necesario arrancar del mundo a todos los cristianos nominales. No hay necesidad de matarlos, tal como la Iglesia Católica Romana ha tratado de hacerlo. Debiéramos dejarlos tranquilos en este mundo. Pero, esto no quiere decir que la unidad entre los cristianos deba incluir a la cizaña.

1. La iglesia no incluye a los incrédulos

Hay muchos incrédulos dentro de las llamadas organizaciones, sectas y denominaciones cristianas. Tales grupos toleran a los incrédulos, es decir, permiten que la cizaña permanezca en la iglesia. El Señor no dijo que debemos permitir que la cizaña permanezca en la iglesia. Él únicamente dijo que permitiéramos que esta permanezca en el mundo. El Señor nos manda que guardemos la unidad cristiana en la iglesia, no en el mundo.

Hoy en día, hay muchas personas que, al igual que la Iglesia Católica Romana, no toleran la cizaña en el mundo. Ellos procuran arrancar toda la cizaña que encuentran en la tierra. Este es un extremo. El otro extremo es el de incluir a los incrédulos en la iglesia. Esto es lo que practican algunos grupos. En las iglesias estatales, siempre y cuando uno sea ciudadano de ese país o haya nacido en ese país, puede ser bautizado y ser miembro de la iglesia. Todo aquel que haya nacido en ese país es considerado cristiano en ese país. Estas iglesias han abierto sus puertas a los incrédulos. Esto está mal.

2. La iglesia no debe ser muy amplia

Cuando John Wesley redactó la constitución de la iglesia metodista, escribió: "Todo aquel que desee escapar de la ira venidera puede ser miembro de la iglesia metodista". Por favor, dense cuenta de que esto es ser muy amplio. Reconocemos que John Wesley fue un vaso muy importante usado por el Señor y nos supera en muchas cosas. Todavía nos falta muchas cosas que aprender, y él nos lleva la delantera en muchos aspectos. Pero hay una cosa que podemos decirle: "Hermano, ¿no piensa usted que una afirmación así incluye a demasiadas personas?". En realidad, la iglesia no puede incluir a todos los que desean escapar de la ira venidera. Incluso los budistas podrían ser contados entre los que desean escapar de la ira venidera.

3. La unidad de los cristianos sólo incluye a los hijos de Dios

Quisiera que todos nosotros consideremos lo que es la iglesia. La iglesia es un grupo de personas que poseen la vida de Cristo. ¿Qué es la iglesia? La iglesia es el Cuerpo de Cristo. Por tanto, la unidad cristiana se aplica únicamente a los hijos de Dios. No puede incluir a aquellos que son cristianos nominales, ya que pertenecen al mundo y todavía no han sido regenerados. A los ojos de Dios, ellos siguen siendo pecadores y no pueden estar incluidos en la iglesia. Por tanto, no pueden ser partícipes de nuestra unidad.

C. En cuanto al procedimiento y el principio que debemos seguir

En cierta ocasión, un siervo del Señor de una denominación me dijo: "¡Nosotros recibimos a todos los que han sido salvos!". Yo le contesté: "¡Por supuesto que sí! Se espera que toda iglesia reciba a quienes son salvos. Pero permítame preguntarle: ¿Rechazan ustedes a quienes no son salvos?". Él me respondió: "Usted es muy listo; usted puede determinar quién ha sido salvo y quien no, pero yo no puedo hacerlo". Yo asentí en silencio, pero le dije nuevamente: "No le estoy preguntando si usted sabe si una persona es salva o no; le estoy preguntando si ustedes recibirían a alguien que saben que no es salvo. No estamos discutiendo acerca de ciertos hechos, sino acerca de ciertos principios. Así pues, mi pregunta es si ustedes recibirían a alguien que saben que no es salvo". Él me dijo: "Aun si sabemos que él no es salvo, temo que todavía lo recibiríamos". Si una iglesia, por cuestión de principios, admite a quienes no son salvos, no es la iglesia. No estamos hablando de hechos concretos. Por ejemplo, no nos preocupa si el Simón que se menciona en Hechos 8 era salvo o no. Son muchos los que parecen ser salvos cuando uno conversa con ellos, pero que de hecho no lo son. En este caso, no se estaría violando ningún principio. Pero hay algunos que admiten a cualquiera, sin importarles si son salvos o no. Esto involucra un asunto de principios.

Hoy no estamos discutiendo sobre el procedimiento que debemos seguir para recibir a los demás. Estamos hablando del principio sobre el cual nos basamos para admitir a los demás. Quizá resolvamos decir que todos los descendientes de Hwang-ti son chinos, ésta es una cuestión de principio. Pero si alguno comete el error de incluir a alguien que es japonés, esto es un error en cuanto al procedimiento. No obstante, si ustedes también deciden que una persona de origen japonés debiera ser considerada como china, están ampliando el principio. A lo largo de las eras, siempre se han cometido errores. Aun nosotros mismos nos equivocamos con frecuencia. Pedimos mucha misericordia de parte de Dios, pues no podríamos jactarnos de nada con respecto a nosotros mismos. Pero sabemos que el Señor ha establecido de antemano el principio que la iglesia no puede abrir sus puertas para recibir a incrédulos.

Por tanto, hermanos, cualquier grupo que de manera abierta manifieste ejercer el principio de recibir tanto a los que son salvos como a quienes no lo son, no es la iglesia; es el mundo. Si tanto el trigo como la cizaña están presentes, lo que tenemos delante de nosotros no es la iglesia de Dios. En la iglesia, todos deben ser los llamados. Si algunos han sido llamados mientras otros no, lo que tenemos no es la iglesia.

D. Dejar las organizaciones en las que impera la confusión

Si un grupo abre sus puertas de par en par para incluir tanto a creyentes como a incrédulos, entonces éste no es un grupo cristiano. Su unidad no es la unidad cristiana. Un día el Señor abrirá nuestros ojos para ver la necesidad de apartarse de tal grupo. Si esto sucede, por favor, tengan presente que al dejar tal grupo uno no está abandonando la unidad cristiana genuina, porque no hay unidad cristiana en ese grupo; sólo hay confusión y mixtura. Cuando uno deja esta clase de grupo, no está dejando la unidad cristiana. Si hay un grupo que recibe y mezcla a creyentes con los incrédulos, los que son salvos con quienes no lo son, ¡Dios nos manda salir de allí!

1. Somos el templo del Dios viviente

En 2 Corintios 6:14-16 dice: "No os unáis en yugo desigual con los incrédulos; porque ¿qué compañerismo tiene la justicia con la injusticia? ¿Y qué comunión la luz con las tinieblas? ¿Y qué concordia Cristo con Belial? ¿O qué parte el creyente con el incrédulo? ¿Y qué acuerdo hay entre el templo de Dios y los ídolos? Porque nosotros somos el templo del Dios viviente". Ustedes deben saber quiénes son. Ustedes son el templo del Dios viviente. Por tanto, no pueden tener ninguna relación con los ídolos.

El versículo 16 continúa: "Como Dios dijo: 'Habitaré entre ellos y *entre ellos* andaré, y seré su Dios, y ellos serán Mi pueblo'". Ustedes son el templo del Dios viviente. Dios quiere habitar con vosotros y andar en vuestro medio. Dios es vuestro Dios y vosotros sois Su pueblo.

2. Salir de en medio de los incrédulos

¿Cuál es el resultado de esto? El mandamiento de Dios es: "Por lo cual, 'salid de en medio de ellos, y apartaos, dice el Señor, y no toquéis lo inmundo; y Yo os recibiré'" (v. 17). Aquí podemos ver que tenemos que salir de cualquier grupo cristiano que reciba tanto a los creyentes como a los incrédulos. Si existe una mezcla de creyentes e incrédulos en un grupo, aun cuando ellos tuviesen el nombre de la iglesia de Cristo, nosotros tenemos que salir de allí.

E. Debemos estar en lo correcto en cuanto al principio

En principio es correcto impedir que los incrédulos entren a formar parte de nosotros. Cierta vez un hermano me preguntó: "¿Alguna vez ha recibido a alguien por error?". En aquel entonces mi sentir era que no habíamos recibido a ninguna persona equivocadamente. Así que le respondí: "Quizás lo hayamos hecho, pero el número es muy reducido". Él me

dijo: "Entonces, ¿en qué difieren ustedes de nosotros?". Yo le
dije: "Si algún incrédulo está entre nosotros, éste ha ingresado
saltando el muro durante la noche. Pero si hay algún incrédulo entre ustedes, es porque ustedes le permitieron entrar
por la puerta abierta y a plena luz del día". Jamás debemos ser
arrogantes. Con frecuencia nos podemos equivocar. Podemos
bautizar a la persona equivocada y recibir a la persona equivocada. Sin embargo, tales personas se habrán infiltrado por su
propia cuenta. No es que estemos errando en nuestros principios. En la llamada cristiandad, hoy en día basta con que uno
lleve el nombre de cristiano para poder entrar a plena luz del
día. Esto no quiere decir que jamás nos equivoquemos en
cuanto al procedimiento. Tenemos que ser cuidadosos delante
de Dios para no cometer errores, pero fallar intencionalmente
o estar equivocados en cuanto al principio que seguimos es
algo muy distinto. En tal caso, dejamos de ser la iglesia.

F. No es necesario guardar la unidad con los que no son cristianos

Si un grupo sabe que cierta persona es incrédula y aun así
la admite caprichosamente, ciertamente ese grupo no es la iglesia. No es necesario que los hijos de Dios guarden la unidad con
tal grupo. Puesto que esta unidad no es la unidad cristiana, no
necesitan guardarla. Se nos exige simplemente guardar la
unidad del trigo; no tenemos que guardar la unidad entre el
trigo y la cizaña. Hoy en día existen en el mundo muchos
grupos que se autodenominan la iglesia, pero que incluyen
tanto a creyentes como a incrédulos. Ellos desean mantener
una mera fachada de unidad. Por favor, tengan en mente que
no se nos exige guardar esta clase de unidad; antes bien, esta
clase de unidad trastornará la unidad genuina. La unidad que
ellos desean mantener es una unidad de la que nosotros deseamos escapar. Una vez que nos involucramos en esa clase de
unidad, perjudicamos la unidad auténtica.

IV. LOS LÍMITES DE LA UNIDAD NO SON MÁS REDUCIDOS QUE LOS LÍMITES DEL CUERPO

Existe aún otro asunto muy importante en lo que concierne

a los límites de la unidad cristiana. Es verdad que la unidad cristiana incluye a todos los hijos de Dios; es tan extensa como el Cuerpo de Cristo. La comunión cristiana es tan vasta como lo es el Cuerpo de Cristo, y la iglesia de Cristo es tan grande como el Cuerpo de Cristo. Esto se nos revela claramente en la Palabra de Dios. Tal como lo hemos señalado en la sección anterior, existe el riesgo de agrandar el Cuerpo de Cristo con el fin de incluir a los falsos creyentes. Sin embargo, surge otro problema cuando los hijos de Dios guardan una unidad que es más reducida que la unidad cristiana.

A. La unidad cristiana es la unidad del Espíritu Santo

Quisiera que ustedes tomen en cuenta lo siguiente: el propósito de Dios no sólo es que Sus hijos sean uno, sino que ellos sean uno *en el Espíritu Santo*. Esto es lo que significa la unidad cristiana. Dios no dijo que podíamos poseer cualquier clase o forma de unidad. Él dijo que tenemos que ser uno en el Espíritu. A esto se debe que llamemos a tal unidad, la unidad cristiana. Esta unidad es la unidad en Cristo. A fin de guardar la unidad cristiana, tenemos que ser guardados en Cristo, en el Cuerpo y en la unidad del Espíritu. Esta unidad tiene sus propios límites; es tan grande como el Cuerpo. Por favor, tengan presente que el Cuerpo de Cristo constituye los límites de la unidad cristiana.

B. No guardar una unidad más reducida que el Cuerpo

Son muchos los que suponen equívocamente que todo lo que Dios anhela es que seamos uno. Sin embargo, si la delimitación de nuestra unidad no es el Cuerpo de Cristo, entonces esta unidad debe ser condenada. Si guardamos cualquier clase de unidad cuyos límites sean más reducidos que los del Cuerpo de Cristo, estaremos involucrados en lo que la Biblia llama división. Dios quiere que nosotros guardemos la unidad en el Espíritu. En esta unidad, los límites son tan amplios como el Cuerpo de Cristo. El Cuerpo de Cristo delimita esta unidad.

Suponga que a un grupo de creyentes le parece que todos

debieran ser bautizados por inmersión. Ésta es una verdad bíblica y no tiene nada de malo. Pero supongamos que estos creyentes establecen un principio que excluye a todo aquel que no haya sido bautizado por inmersión, aun cuando tal persona sea un hijo de Dios. Si ellos hacen esto, estarán tomando una doctrina como la base de su unidad. Ésta no es la unidad en el Espíritu. Tal grupo tiene límites más reducidos que los del Cuerpo. Supongamos que un hermano decide unirse a esta clase de grupo. Él tiene buena comunión con ellos y recibe mucha ayuda espiritual de parte de ellos. Pero un día Dios le hace ver que aunque estos hermanos son auténticos hijos de Dios, el grupo en su totalidad no es la iglesia debido a que únicamente acepta a quienes han sido bautizados por inmersión y se reúne con ellos, pero no acepta a los que no han sido bautizados por inmersión, aun cuando sean hijos de Dios. Cuando este hermano se dé cuenta de que ellos han rechazado a otros hijos de Dios, debe abandonar tal grupo. Él abandona dicho grupo porque el Señor lo ha iluminado.

Supongamos que después de cierto tiempo, otro hermano se le acerca para suplicarle diciendo: "Todos somos cristianos y todos somos hijos de Dios. Nosotros somos hermanos. Dios dice en la Biblia que los hermanos deben amarse unos a otros. No debes dejarnos. Si nos dejas, ofendes la unidad cristiana, estás causando división, y te conviertes en una secta y en una denominación". Después que el hermano escuche esto, probablemente acuda a la Biblia y la estudie, y llegue a la conclusión de que los hijos de Dios deben ser uno y que él no debió haber dejado aquel grupo. ¿Ven ustedes en qué radica el error en este caso? El error aquí es bastante obvio.

C. Dejar un grupo que es más pequeño que el Cuerpo, no es quebrantar la unidad

Si uno piensa que no debe causar división, primero debe tener en cuenta qué es lo que significa causar división. Causar división significa estar dividido del Cuerpo. La división a la que se refiere 1 Corintios 12 es la división del Cuerpo (v. 25), no la separación de un grupo que no se conforma al Cuerpo. La unidad cristiana a la cual Dios se refiere, es aquella unidad

que es tan grande como el Cuerpo. Esta es la unidad que debemos guardar y de la cual no debiéramos salir. Si una persona
que se preocupa en guardar la unidad forma parte de un
grupo que es más pequeño y más estrecho que el Cuerpo de
Cristo, deberá darse cuenta de que aun cuando el grupo hable
de unidad, esta unidad no es la unidad cristiana o la unidad
del Espíritu. No es la unidad cristiana porque la clase de
unidad que tiene no es tan grande como el Cuerpo. Si esta
persona deja cualquier ámbito, grupo u organización que no
sea del mismo tamaño que el Cuerpo, no está ofendiendo la
unidad cristiana ni está quebrantando dicha unidad.

Nosotros no podemos respaldar ninguna linea divisoria ni
apoyar grupo alguno que sea más reducido que el Cuerpo de
Cristo. Tenemos que salir de esa clase de "unidad". Un hijo
de Dios que guarda una unidad que sea más reducida que el
Cuerpo de Cristo está, en realidad, quebrantando la unidad
cristiana.

D. Con respecto a la división

Había contiendas en la iglesia en Corinto. Algunos decían:
"Yo soy de Pablo; y yo de Apolos; y yo de Cefas; y yo de Cristo"
(1 Co. 1:12). Pablo estaba completamente en contra de estas
contiendas. Él dijo: "¿Acaso fue crucificado Pablo por vosotros? ¿O fuisteis bautizados en el nombre de Pablo?" (v. 13). Él
les dijo a los corintios que eran facciosos y que esto era obra
de la carne (3:3-4). Los corintios eran divisivos al hablar de
esa manera.

1. Quiénes son los divisivos

Supongamos que uno de estos corintios se llamaba Marcos,
otro Esteban y un tercero Filemón. Supongamos que todos ellos
estaban a favor de Pablo y que, un día, uno de estos hermanos,
ya sea Esteban o Filemón, se levanta y dice: "Nosotros nos
hemos estado reuniendo juntos y hemos disfrutado de muy
buena comunión. A nosotros nos ha parecido que Pablo, el
siervo de Dios, ha sido usado de manera muy especial por Dios
y debemos prestar más atención a sus enseñanzas. Hemos
tenido muy buena comunión y hemos recibido gran ayuda
tanto de lo que nos ha hablado como de sus epístolas. Todos

nosotros estamos en el Señor y nuestra comunión es muy íntima. Pero, últimamente, he percibido que esto es incorrecto. Hoy en Corinto hay cientos de creyentes, pero nosotros no somos muy numerosos. Debemos ir a ellos y tener comunión con ellos de una manera apropiada".

Supongamos que los otros hermanos se levantan y dicen: "¡Tú has pecado! Cuando el Señor Jesús estaba en la tierra, Él oró y pidió al Padre que nosotros fuésemos uno. El Señor Jesús quiere que seamos uno, pero tú estás procurando dejarnos por seguir otro camino. Tú no estás siendo uno con nosotros. ¡No estás glorificando al Señor! Si tú no quieres ser uno con nosotros, el mundo no creerá en el Señor a través de nuestra unidad. Tú has pecado y tienes que salir de en medio de nosotros porque eres divisivo".

2. Ellos mismos son divisivos, mas condenan como divisivos a aquellos que los han dejado

Hermanos, ¿pueden ver esto? Esto es lo que muchos le dicen a nuestros hermanos. Ellos mismos causan división al decir: "Yo soy de Pablo; y yo de Apolos; y yo de Cefas; y yo de Cristo". Ellos mismos ya han creado una serie de divisiones, pero en cuanto alguno quiere marcharse, ellos dicen: "Debes guardar la unidad cristiana". Pero su unidad no es tan grande como el Cuerpo de Cristo. La unidad de ellos es apenas del tamaño de Pablo. Guardar una unidad cuyos límites son más reducidos que el Cuerpo de Cristo equivale a ser divisivo. Incluso afirmar que yo soy de Pablo es ser divisivo. Por favor, tengan en cuenta que ellos ya se han separado del Cuerpo. Ellos no se percatan de que están causando división, pero si alguno los deja, ellos afirman que tal persona está siendo divisiva.

Hermanos y hermanas, éste es el problema que tienen muchos grupos cristianos hoy en día. Muchos de los que se llaman pueblo de Dios, muchos de los que se denominan grupos cristianos, ya se han separado del Cuerpo. (Espero no ofender a estas personas al decir esto. Nuestro espíritu debe ser recto. Delante de Dios, debemos saber que esto es algo triste y no es un motivo de regocijo, pero tenemos que tener bien claro cuál es nuestra posición delante de Dios.) Cuando algunos hermanos y hermanas desean volver al Cuerpo de Cristo, estos grupos afirman entonces que esos que quieren dejarlos son los causantes de división. Ellos no se dan cuenta que todos los que pertenecen a grupos divisivos y que se niegan a dejar dichos grupos, ellos mismos son divisivos.

3. Es correcto destruir la unidad de las divisiones

Rogamos a Dios que abra los ojos de estas personas para que puedan ver que el Cuerpo de Cristo es uno y que estos grupos están divididos. En 1934 había mil quinientas denominaciones grandes en el mundo. Hay muchos grupos que se autodenominan la iglesia. Y todos ellos han reducido los límites del Cuerpo de Cristo. Uno de ellos es una pierna y el otro es una mano. Ellos han dividido el Cuerpo de Cristo. Hoy en día algunos hermanos y hermanas desean retornar a los límites del Cuerpo y tener comunión en el Cuerpo. De inmediato, otros se levantan para protestar, afirmando que están destruyendo la unidad. Si alguien le dice a usted que usted ha quebrantado la unidad, usted deberá contestarle diciendo que usted ha quebrantado la unidad de las divisiones, pero que no ha quebrantado la unidad del Cuerpo. Es correcto afirmar que hemos quebrantado la unidad de las divisiones. No se puede formar parte de la unidad mayor a menos que primero se destruya la unidad menor.

4. Es necesario salir de las unidades menores para ser partícipes de la unidad mayor

La unidad cristiana es tan estrecha como el Cuerpo. Todo cuanto sea extraño al Cuerpo jamás deberá ser introducido en él. Asimismo, puesto que la unidad cristiana se circunscribe a límites tan amplios como los del Cuerpo, cualquier clase de "unidad" cuyos límites sean más reducidos que los del Cuerpo, tampoco puede ser considerada como la unidad cristiana. Cuanto más celo usted ponga en guardar esta supuesta "unidad", más será partícipe de una división. Cuanta más intimidad haya logrado entre usted y su grupo de hermanos, más sectario y faccioso estará siendo usted. Es necesario que salga de esa "unidad" reducida, para ser partícipe de la unidad mayor. Si usted quiere ser partícipe de la unidad mayor, tiene que abandonar cualquier otra unidad menor. No debemos pensar que la unidad es necesariamente buena en sí misma, tenemos que preguntarnos de qué clase de unidad se trata. No digan que basta con estar unidos. La única unidad que es lo suficientemente buena es la unidad del Cuerpo. Los cristianos no deben aprobar ninguna unidad que sea más reducida que la unidad del Cuerpo. Ninguna unidad debe ser menos que el Cuerpo. Todo lo que sea más reducido que el propio Cuerpo de Cristo no es aceptable para Dios.

E. En qué consiste la división

La palabra que se traduce "división" o "secta" en el idioma griego es *hairesis*. Esta palabra se utiliza nueve veces en la Biblia. En el libro de Hechos se utiliza en seis ocasiones y se traduce como "secta", tal como la secta de los saduceos, la secta de los fariseos y la secta de los nazarenos. En las epístolas, se usa tres veces. Examinemos aquellos pasajes de las epístolas en los que se usa esta palabra.

1. La división puede ocurrir solamente en la iglesia

En 1 Corintios 11:18 dice: "Pues en primer lugar, cuando os reunís como iglesia, oigo que hay entre vosotros divisiones; y en parte lo creo". Aquí dice que los corintios estaban divididos entre sí en sus reuniones. ¿Qué significa estar dividido? La división únicamente puede ocurrir en la iglesia. Corinto era una iglesia, y estos creyentes estaban en la iglesia en Corinto. Un día uno de ellos declaró: "Yo soy de Pablo". Otro dijo: "Yo soy de Cefas". Un tercero dijo: "Yo soy de Apolos", e incluso un cuarto dijo: "Yo soy de Cristo". Las palabras fueron erradas, el tono estaba errado y la actitud en su espíritu era errada. Había celos y contiendas, y era obvio que el amor de Cristo estaba ausente. Cuando se reunían, aquellos que decían que eran de Pablo se reunían en un lugar, y los que decían ser de Apolos se reunían en otro lugar. Eso era división.

Cualquiera que desee acusar a otra persona de ser divisivo, únicamente podrá levantar tal acusación en la iglesia. Esta acusación no es posible fuera de la iglesia. Una persona sólo puede cometer el pecado de división en la iglesia; ella no puede cometer tal pecado fuera de la iglesia. Un hombre puede amotinarse únicamente en contra de un gobierno legítimo, pero no se puede amotinar en contra de un gobierno que es ilegítimo. Una rebelión consiste en separarse de un gobierno legítimo, pero si se separa de un gobierno que no es legítimo, eso no puede ser considerado como rebelión. Por tanto, la división es algo que únicamente puede suceder en la iglesia. Tales divisiones no son gratas a Dios.

2. La división es obra de la carne

Gálatas 5:19-20 dice: "Manifiestas son las obras de la carne, que son: ... iras, disensiones, divisiones, sectas [hairesis]". Una de las obras de la carne son las sectas. En la traducción al chino de la Biblia, esta palabra se traduce como "herejía". En el idioma griego es la misma palabra que se traduce "división" o "secta". Aquí vemos en qué consiste la división. La división es una obra de la carne. Pablo no sólo les estaba diciendo a los gálatas y a los corintios, sino también a usted y a mí, que la división no es algo espiritual, sino una obra de la carne. Pablo dio una descripción detallada de todas las obras de la carne. Habló de fornicación, inmundicia, lascivia, idolatría, hechicerías, enemistades, contiendas, celos, etc., y también habló de divisiones.

a. Se le condena de la misma manera que la fornicación y la idolatría

Cuando usted les pregunta a ciertas personas: "¿Puede un cristiano cometer fornicación?", ellos responderán con un "no" rotundo. Si usted les pregunta: "¿Puede un cristiano adorar a los ídolos?", también le contestarán con un "no" enfático. Pero si usted les pregunta: "¿Pueden los cristianos estar divididos?", tal vez digan: "Aun cuando ellos están divididos externamente, no están divididos en sus corazones". Esto es como si los adoradores de ídolos dijeran: "Sólo adoramos a los ídolos externamente, no los adoramos de corazón". No hay excusa para esto. Tanto la idolatría como la división están condenadas a los ojos de Dios.

b. No tener preferencias según las obras de la carne

Es extraño que algunos que se consideran a sí mismos siervos de Dios escriban libros en los que alientan a los demás a permanecer en las divisiones. Si un siervo de Dios escribiera un libro en el que alentara a los cristianos a adorar ídolos, ¿cuál sería su reacción? Si un siervo de Dios escribiera un libro alentando a los cristianos a cometer fornicación, a ser lascivos, a perder la paciencia y a ser celosos, ¿qué pensaría usted al respecto? Ciertamente sentiría que esta persona no es un siervo de Dios. Pero hay quienes afirman que los cristianos pueden permanecer en las divisiones, y muchos publican sus libros. Lo único que puedo decir al respecto es que hoy en día ¡los hombres están ciegos a lo que resulta abominable a los ojos del Señor! Les ruego que tengan en mente que no podemos tener preferencias según la carne. Ser sectarios, al igual que la idolatría, la fornicación, la ira y la hechicería, es una obra de la carne; todo esto pertenece a la misma lista de lo que es condenado. Tenemos que actuar de manera responsable delante de Dios y no ser tentados a regresar al sectarismo.

c. Cómo la palabra "secta"
llegó a ser traducida "herejías"

En el idioma griego, el significado de la palabra *secta* está muy claro. Se traduce como "divisiones" en 1 Corintios 11:18 y como "sectas" en Gálatas 5:20. De hecho, son la misma palabra. ¿Por qué [en la versión Reina Valera, así como versión *King James*] esta palabra se tradujo como "herejías"? En el griego, la palabra es *hairesis*. Los traductores de la Biblia probablemente decidieron no traducir el significado de la palabra, sino que usaron la palabra *herejías*. La versión *King James* fue producida por la iglesia anglicana, la cual tenía problemas con este versículo porque era una iglesia estatal. Al tener ciertas reservas al respecto, se prefirió usar un término ambiguo. Probablemente los traductores sabían que ésta no era la palabra correcta; sin embargo, la usaron. Esta misma práctica puede ser detectada en las Biblias traducidas al idioma chino en las que la palabra *Dios* es traducida *Shangdi* o *Shen*. Las editoriales saben muy bien que *Shangdi* es la expresión equivocada, pero debido a que muchas denominaciones están familiarizadas con este término, continúan usándolo. Ellas publican versiones que usan ambos términos para satisfacer las necesidades de ambos lados. Puede encontrarse otro ejemplo en la traducción de la palabra *bautismo*. Esta palabra debiera traducirse "inmersión", pero dado que el bautismo por aspersión era una práctica prevaleciente, las editoriales no fueron explícitas en cuanto a su traducción. Si hubiesen utilizado el término *inmersión,* esto hubiese suscitado controversias. Pero los que saben griego saben que la palabra "bautismo" significa "sumergir algo en agua"; sin embargo, los traductores no se atrevieron a traducirla de esta manera. En lugar de ello, inventaron una nueva palabra inglesa, "bautismo", la cual no significa nada en sí misma y mantiene al lector en oscuridad con respecto al verdadero significado de esta expresión. Esta palabra es una transliteración de una palabra foránea. El mismo principio se aplica a la traducción de la palabra *hairesis.* Al traducir esta palabra como "secta" o "división" y llamar al sectarismo o la división como una obra de la carne, habría generado controversia. Esta fue la razón por la cual se utilizó la palabra *herejías* en lugar de las otras palabras. Esta palabra evitó que el lector comprendiera el verdadero significado del texto original. De hecho, la palabra *herejía* no es una palabra inglesa. Ninguna persona de habla inglesa sabe lo que esta palabra realmente significa. Conozco a dos hermanos que trabajaban para la "Librería Evangélica", quienes estuvieron involucrados en la traducción de la Biblia. Ellos simplemente hicieron una transliteración de la palabra *baptizo* y colocaron los caracteres *ba-di-zo* en su lugar. Me temo que ni una sola persona en China sabe qué significa *ba-di-zo,* ni si ello significa inmersión o aspersión. Nadie sabe qué significa la palabra *ba-di-zo* y, por ende, tanto el grupo que propugna la inmersión, como el grupo que practica la aspersión, están contentos. Esto sólo pone en evidencia la infidelidad humana. Una ligera lectura de algunas otras traducciones le serviría para darse cuenta de que la palabra *hairesis* en realidad significa "secta" en el inglés. Pero debido a que se tenían ciertas reservas, se usó en su lugar la palabra "herejías", y desde entonces todos han estado en la oscuridad en cuanto al verdadero significado del término original. La palabra griega *hairesis* se convirtió en el anglicismo *heresy* en 1611, y la palabra *heresy, herejía,* ha estado con nosotros durante los últimos trescientos años. Para cuando los chinos tradujeron esta palabra, llegó a ser *i-duan,* que significa herejía, una palabra más bien ambigua. Podría darles otros ejemplos de semejantes transliteraciones de palabras al inglés.

d. No es posible guardar la unidad en las sectas

Las herejías son sectas y son consideradas por Dios como obras de la carne. Por tanto, no podemos guardar la unidad de las sectas. Tenemos que guardar la unidad cristiana, pero no la unidad de las sectas. Quebrantamos nuestra unidad cristiana si nos mantenemos en unidad con las sectas.

3. Las sectas traen destrucción repentina sobre los hombres

En 2 Pedro 2:1 dice: "Pero hubo también falsos profetas entre el pueblo, como también entre vosotros habrá falsos maestros, que introducirán secretamente herejías [sectas] destructoras, y aun negarán al Amo que los compró, acarreando sobre sí mismos destrucción repentina". Las sectas traen destrucción. Ellas son introducidas mediante los falsos maestros. Nosotros, quienes pertenecemos a Dios, tenemos que aprender a mantener en alto la unidad cristiana delante de Dios. No debemos mantener ninguna unidad que sea más reducida que la unidad cristiana.

V. LA UNIDAD NO ES UNA OBRA ECUMÉNICA

A. Los hijos de Dios tienen la noción general de que la unidad es necesaria

Después que una persona se da cuenta de que las sectas llevan a la destrucción y que Dios las condena, comienza a ver la necesidad de unidad entre los cristianos. A muchas personas les parece que el sectarismo y la división son incorrectos, que ellas debieran tener comunión con todos los hijos de Dios y que tal comunión debe ser tan amplia como el Cuerpo.

Me parece que durante los últimos diez años esta noción se ha generalizado bastante en China. El año pasado alguien me escribió diciéndome: "Aunque no podemos concordar con sus enseñanzas en contra del sectarismo, sentimos que es conforme a la verdad y es correcto que los cristianos sean uno". Esto fue escrito por uno de los líderes del cristianismo. Hoy en día muchos líderes del cristianismo sienten que deben darle la debida importancia a la unidad cristiana y no a la unidad de las sectas.

B. El ecumenismo:
un hogar transitorio para la unidad

Sé que durante años recientes muchos han estado enfatizando la unidad. Pero lo que han generado es una especie de movimiento ecuménico, el cual no constituye un retorno a la unidad del Cuerpo. Es una unidad manufacturada por los hombres. No es sino una obra ecuménica o interdenominacional. El ecumenismo no hace más que aminorar las distinciones que diferencian a las denominaciones. Personalmente, siento que esta clase de unidad es sólo un hogar transitorio; ninguna de las partes logrará recorrer el camino que lleva a la casa.

C. Es necesario que los cristianos sean absolutos

Permítanme hablar con franqueza: Si es correcto ser sectarios, debemos apoyar tal práctica, pero si es incorrecto, debemos destruir tal práctica. ¿Qué hacen los hombres ahora? Ellos dicen que no hay nada de malo con las divisiones o las sectas, sin embargo, se oponen a ellas. Otros están de acuerdo en que es incorrecto ser sectarios, pero tratan de mantener dicha práctica. Por un lado, son reacios a renunciar al sectarismo; por otro, están en contra de ello. Quieren tener contentas a ambas partes, y desean mantener la comunión con ambos grupos. Esta actitud no es propia de un cristiano. Si el deseo del Señor es que Sus hijos participen de la comunión del Cuerpo, debemos desechar toda otra comunión y únicamente practicar la comunión del Cuerpo. A ellos les digo: Si a ustedes les parece que las sectas son necesarias, entonces deben hacer lo que puedan por sustentarlas. Tal vez su conducta sea equivocada, pero por lo menos su intención será la correcta. Los cristianos no deben ser fluctuantes en cuanto a su postura. Un cristiano tiene que ser fiel y absoluto en todo cuanto hace. Si el sectarismo es correcto, debemos ser sectarios cueste lo que cueste. Si es incorrecto, debemos oponernos a éste a cualquier precio. Lo peor es tener un hogar transitorio. Por un lado, ellos admiten que es erróneo ser sectarios; por otro, son renuentes a abandonar tal práctica y se esfuerzan por mejorarla. Admiten que es erróneo que existan denominaciones, pero tratan de organizar afiliaciones ecuménicas. No están claros con respecto a la postura que están adoptando. Ésta no es la manera cristiana de hacer las cosas. Un cristiano jamás debiera ser uno que cambia de parecer todo el tiempo. Si algo es correcto, debe haber una manera apropiada de manejarlo. Si algo es incorrecto, debe haber también una manera apropiada de manejarlo. Cualquier clase de concesión o reconciliación es errónea. Un cristiano debe ser una persona que hace las cosas de una manera absoluta. Si es correcto ser sectario, se debe defender tal práctica; si es incorrecto, se la debe condenar. No puede haber ninguna concesión o reconciliación.

D. Las afiliaciones ecuménicas tienen el Cuerpo como sus límites, mas permiten que se siga siendo sectario

Ya nos hemos referido a las diversas clases de unidad. Una de ellas es aquella cuyos límites sobrepasan los del Cuerpo; en ella se recibe incluso a la cizaña. Otra clase tiene límites más reducidos que el Cuerpo; es una organización, una secta. Y otra clase de unidad tiene límites que son tan amplios como el Cuerpo de Cristo, pero dentro de estos límites existen recuadros que se segregan mutuamente. Es como un tablero de ajedrez. Sus límites son tan amplios como los del Cuerpo de Cristo, pero dentro de ella hay sectas, cada una de las cuales se preocupa de lo suyo dentro de su propia esfera. Esta es la unidad organizada, no la unidad propiamente dicha; es una afiliación a cierta unidad, no la unidad misma. Si bien los límites de esta clase de comunión son tan amplios como el Cuerpo, todavía existen muchas sectas en esta comunión.

Según las estadísticas de 1930, había por lo menos unos mil quinientos de estos pequeños "cuadrados". Si la iglesia debería dividirse en sectas, ciertamente Dios lo habría dicho en la Biblia con toda claridad. Pero en la Biblia Dios nos dice que la iglesia es el Cuerpo. Sólo existe un Cuerpo, y todos los miembros del Cuerpo están unidos a este Cuerpo. Ésta es la única manera de seguir avanzando. Incluso una máquina o un automóvil no puede dividirse. Si se divide, no podrá desempeñar su función. Hoy en día muchas sectas están pugnando por unirse entre sí. Me siento obligado a mostrarles cuál es el terreno en que se basan tales límites ecuménicos.

E. El Cuerpo no tiene una organización como su unidad básica

La Biblia dice que el Cuerpo está compuesto de miembros. Por tanto, los miembros son la unidad básica del Cuerpo. Hoy en día, los obreros del ecumenismo ven el Cuerpo de Cristo, pero no están dispuestos a pagar el precio para tomar la comunión del Cuerpo. Enfatizan el Cuerpo de Cristo, pero el Cuerpo del cual hablan no tiene a los miembros como su unidad básica, sino a las organizaciones. La unidad básica de la comunión cristiana debe ser los propios cristianos. Son los cristianos los que se unen para formar el Cuerpo. Pero las afiliaciones ecuménicas de hoy toman como unidad básica ciertas organizaciones. En otras palabras, si hay cinco mil denominaciones en todo el mundo, ellos dicen que existen cinco mil unidades básicas en el Cuerpo. Esto sólo puede ser llamado una comunión de organizaciones.

La comunión, en la Biblia, considera a los cristianos individuales como su unidad básica. Yo soy un creyente y usted es un creyente. Espontáneamente nosotros dos tenemos comunión. Otra persona es creyente y, como creyente, usted tendrá comunión con ella también. La comunión siempre se lleva a cabo con base en individuos. Los obreros del ecumenismo de hoy, apilan a los creyentes en organizaciones y luego unen a las diversas organizaciones. Este es un elemento adicional que ha sido añadido a la comunión del Cuerpo.

F. Las organizaciones dan lugar a la carne

La Biblia reúne a todos los hijos de Dios en el Cuerpo de Cristo. Juntos ellos expresan Su Cuerpo aquí en la tierra. Pero hoy en día, los hombres han unido a aquellos que son de la misma opinión, las mismas creencias y de los mismos puntos de vista. Han unificado a aquellos hombres que respetan a ciertas personas y los han convertido en organizaciones. Un paso adicional que han dado, es tratar de formar asociaciones de las diferentes organizaciones. En realidad, ellos primero están dividiendo para aceptar la voluntad del hombre y luego uniéndose para aceptar el propósito de Dios. De este modo, ¡piensan que han logrado complacer a ambas partes! Se tolera la práctica carnal de ser sectarios, mientras que en apariencia, se consigue la unidad cristiana. Esto es lo que son las afiliaciones ecuménicas. Reitero con el mayor énfasis, que el único propósito para hacer esto es el de dar lugar a la carne. El Señor nos ha mostrado que la división es una obra de la carne.

Hermanos y hermanas, no tienen que ir a las denominaciones para descubrir que ser sectarios es una obra de la carne; lo descubrirán en ustedes mismos. Si tienen que ir a otros lugares para descubrir tal cosa, yo pondría en duda vuestra espiritualidad delante de Dios. Los seres humanos tienden a la división. A todos les gusta separarse de otros hermanos y hermanas de acuerdo a su propia voluntad. Hoy en día a muchos les gusta, por un lado, mantener las denominaciones, mientras que por otro, tratan de lograr alguna forma de unidad. ¡Esto es contradictorio! Piensan que el sistema de denominaciones puede continuar y procuran mantenerlo. Pero luego, se unen a las afiliaciones ecuménicas debido a que su conciencia les molesta. Esto es dividir el Cuerpo primero, para luego tratar de unirlo.

G. La unión ecuménica es el producto de tener una conciencia bajo condenación

Si usted intenta dividir el Cuerpo en denominaciones y luego unirlo, ¡el Cuerpo se ha desvanecido! Unir algo después de haberlo cortado en pedazos resulta en una mera asociación y no en el Cuerpo. No debieran pensar que tendrán la misma persona después de haberla cortado en pedazos para luego juntar las piezas. Esto no es posible. ¡La vida se ha desvanecido! Es tonto cortar el Cuerpo en cientos de denominaciones para luego unirlas nuevamente! Eso no es el Cuerpo. Eso es simplemente una unión de diversas organizaciones. Espero que ustedes se percaten delante de Dios del error de dividir el Cuerpo de Cristo en muchas denominaciones. Cuando los miembros están juntos, ellos son el Cuerpo, y cuando los miembros están separados, son los miembros. Esto es todo lo que sabemos. Además de estas dos cosas —el Cuerpo y los miembros— no existe ninguna organización intermedia. No es posible agrupar a los miembros en muchas organizaciones para luego unir todas esas organizaciones en un Cuerpo. Este tipo de unificación ecuménica no es el Cuerpo de Cristo, sino una organización humana. Es el producto de tener una conciencia que está bajo condenación.

VI. CÓMO MANTENER LA UNIDAD

¿Cómo entonces debemos mantener la unidad? Si la iglesia en Foochow aceptase incrédulos, dejaría de ser la iglesia. Tendríamos que llamarla secta y deberíamos abandonarla. Supongamos que algunas iglesias están compuestas íntegramente por creyentes, mas persiste en ellas un elemento sectario. Nosotros tenemos que abandonar tales grupos también. Luego, están aquellos que juntan varias organizaciones para formar afiliaciones ecuménicas más grandes. Esto es también la obra de la carne, y también tenemos que abandonarlas.

A. Nuestra postura debe ser permanecer firmes en el Cuerpo de Cristo

Si hemos de ser la iglesia en Foochow hoy día, sus límites tendrán que ser tan amplios como el Cuerpo de Cristo. Que esto sea del agrado de los demás o no, eso es asunto de ellos. Que otros tomen este camino o no, es asunto de ellos. Pero aquellos que deseen tomar este camino deben ser fieles en tomar una postura firme; jamás pueden ser sectarios. Jamás deben admitir intencionalmente a ningún incrédulo entre ellos ni deben reemplazar el Cuerpo con organizaciones ecuménicas.

Este es el principio fundamental. Tenemos que permanecer firmes sobre el terreno del Cuerpo de Cristo. El Cuerpo de Cristo determina los límites de la iglesia. Este es el camino que escogemos hoy. Este es el único camino que los hijos de Dios deben de tomar en todas las localidades. Tenemos que tener bien en claro qué posición debemos tomar. No podemos ser ni sectarios ni divisivos. No debemos tener incrédulos entre nosotros, y no podemos reemplazar el Cuerpo de Cristo con las organizaciones ecuménicas. Las organizaciones ecuménicas nos hablan de que la luz opera, pero que se carece de la fuerza para obedecer a esta luz. Nos indican que se posee el conocimiento de la voluntad de Dios, pero que se es renuente para llevar a cabo dicha voluntad. Se cuenta con la revelación de Dios, pero se fracasa al no ponerla en práctica. Tales organizaciones no son sino un hogar transitorio.

Dios nos ha colocado en una posición diferente, la posición que todos los hijos de Dios deben tomar para reunirse. Pero otros no vendrán a nosotros. No estamos diciendo que los demás deben reconocer que somos lo que decimos que somos. Simplemente decimos que nosotros hemos optado por el Cuerpo de Cristo.

B. Reconocer la casa de Dios

Admitimos que hay hermanos y hermanas en las divisiones, en las iglesias estatales y en las organizaciones ecuménicas. Si ellos son fieles, deberán venir al hogar; deberán adoptar la misma postura que nosotros hemos tomado: optar por el Cuerpo. Hoy en día nuestra puerta está abierta para ellos. Sin embargo, no tenemos otra opción que mantener nuestra posición. ¿Cuál es la situación en estos días? Es como la de una familia en la que dos hermanos jóvenes han sido secuestrados. La familia no puede disolverse simplemente porque dos hermanos han sido secuestrados. Todavía están presentes el padre, la madre y los otros hermanos y hermanas. La familia no puede disolverse. Sin embargo, tenemos que decir que ahora no hay paz en la familia, porque dos hermanos han sido secuestrados.

Aquellos que han sido secuestrados están temporalmente alejados de la familia. Sin embargo, los otros hermanos que están en casa deben de tener un corazón ensanchado. Ellos no deben excluir a sus hermanos simplemente porque han sido secuestrados, sino que deben aprender a abrir sus puertas y corazones a ellos. Siempre que los que han sido secuestrados retornan al hogar, deben ser recibidos con los brazos abiertos. Gracias a Dios, puede ser que ellos retornen por un corto tiempo o que retornen para siempre. Tal vez hayan vivido deambulando por mucho tiempo, pero hemos de decirles que ésta sigue siendo su casa. No podemos cerrarles las puertas simplemente porque nos hayan dejado.

Hay quienes han dicho que demasiada gente está deambulando en las denominaciones hoy en día, y por eso la iglesia de Dios se ha disuelto y ha dejado de existir. Pero los hijos de Dios en la tierra no pueden disolverse, no pueden dejar de existir. Hoy en día tenemos que esforzarnos al máximo por mantener en alto nuestro testimonio. Nuestro Padre está aquí, nuestro Señor está aquí y el Espíritu Santo está aquí. Siempre y cuando los tengamos a ellos, ¡eso basta! Mientras seamos tres o cinco hermanos, eso es suficiente. Dos o tres hermanos es suficiente para testimonio. En algunos lugares, ¡incluso tenemos más que esto!

C. Debemos aprender a no ser arrogantes sino humildes

Jamás se jacte diciendo: "Yo ya tengo un hogar. No me importa si los demás hermanos están deambulando allá afuera". Hay algo que está mal en nuestra familia si es que no sentimos esta pérdida. Mientras haya un hermano o hermana deambulando por las denominaciones, nuestro corazón debería sentir dolor; deberíamos estar tristes. Debemos tener siempre dos actitudes: Por un lado, tenemos que defender y mantener nuestra postura; por otro, no debemos ser arrogantes. Tenemos que permanecer firmes sobre el terreno apropiado y perseverar en ello. No obstante, al mismo tiempo que mantenemos tal postura, nuestro corazón no debe elevarse. Jamás hay que decir: "Nosotros somos la familia, estamos satisfechos". Tenemos que recordar que todavía hay otros miembros de la familia que están deambulando afuera. Tenemos que humillarnos y aprender a hacer peticiones por ellos. Oramos que todos ellos vengan al hogar. La puerta siempre está abierta para ellos. Ya sea que ellos vengan al hogar para siempre o por breve tiempo, tenemos que mantener nuestra postura como familia. Jamás debiéramos estar tan equivocados que lleguemos a pensar que la iglesia ya no existe. ¡No hay que dar cabida a tal cosa!

VII. LA BASE DE NUESTRA UNIDAD: EL JUICIO

Finalmente, quisiera que recordaran algo: la unidad del Cuerpo no es solamente la unidad entre los cristianos, sino también la unidad con Dios y con Su presencia.

A. La presencia de Dios trae Su juicio

En el Antiguo Testamento, cada vez que la presencia de Dios era manifestada, Su juicio también era ejecutado. La presencia de Dios significa que el juicio está presente. Dios es santo. Allí donde no se siente Su presencia, no surge el asunto del juicio, pero tan pronto se tiene la presencia de Dios, el juicio está presente. Si deseamos guardar la unidad cristiana, tenemos que mantener Su presencia. Su presencia significa juicio y ley. Él ejecuta juicio en todo aquello que está errado. Allí donde Su presencia está ausente los requisitos no son rigurosos, pero donde se manifiesta Su presencia, ningún pecado puede ser tolerado. Si la iglesia tolera el pecado y encubre ciertas cosas, no existe posibilidad de mantener unidad alguna.

B. Abandonar los pecados es la base de la unidad

Quisiera dirigir su atención al asunto de la base de nuestra unidad. Esto es fundamental. La base de nuestra unidad es abandonar los pecados. Por favor, tengan presente que los hijos de Dios están divididos hoy en día debido al problema de los pecados. El asunto de los pecados es algo que siempre está implícito. Debido a los muchos pecados, hay muchas divisiones. En muchos de los hijos de Dios se da un malentendido fundamental: piensan que la paciencia y la comprensión son la base de la unidad. No hay tal cosa. La Biblia jamás considera la paciencia o la comprensión como base de la unidad. El hecho de abandonar los pecados es lo que la Biblia siempre ha tomado como base para nuestra unidad.

Cualquiera que desee tener comunión con Dios tiene que andar en la luz. Tendremos comunión los unos con los otros si estamos en la luz. Podemos decir que la comunión es la base de nuestra unidad, pero la base de nuestra comunión es el hecho de tomar medidas con respecto a nuestros pecados y a eliminarlos. Cuando todos estamos en la luz de Dios, tenemos comunión unos con otros. Aparte de esto, no hay comunión.

En 2 Corintios 6 se nos muestra que cuando nos apartamos "de en medio de ellos", Dios llega a ser nuestro Padre y nosotros llegamos a ser Sus hijos (vs. 17-18). La comunión de Dios con nosotros está basada en nuestra separación. No mantengan los lazos naturales del hombre a expensas de la comunión con Dios. ¡Esto es algo en lo que muchos han fracasado!

A los ojos de Dios, ¿quienes son los vasos de honra? Son aquellos que se han limpiado de lo que es deshonroso. Si un hombre se limpia de lo que es deshonroso, llega a ser un vaso para honra. Aquellos que invocan el nombre del Señor tienen que alejarse de toda injusticia. Únicamente aquellos que abandonan toda injusticia pueden invocar el nombre del Señor. Si un hombre se purifica, llega a ser un vaso para honra. Si un hombre es vaso para honra, podrá seguir la justicia, la fe, el amor y la paz con los que de corazón puro invocan al Señor (2 Ti. 2:22). Únicamente quienes desenvainan sus espadas y asumen una postura firme, poniéndose del lado de Dios a fin de matar a sus propios hermanos, están calificados para ser levitas (Éx. 32:26-28).

C. Pagar un precio para guardar la unidad

Los límites de la unidad sólo serán guardados a cierto costo. No piensen que podrán ser uno al tener más amor y comprensión. No es así. La base de la unidad es quitar el pecado. Todo cuanto insulte la unidad cristiana tiene que eliminarse. Hoy en día, la falta de unidad entre los cristianos no se debe a que carezcan de amor, sino porque el pecado no ha sido quitado de su medio. Es verdad que son muchos los que tienen paciencia y afecto humanos, pero estas cosas no sirven para lograr la unidad.

En nuestros días, si Dios le abre los ojos a una persona para que vea el Cuerpo, los límites de la iglesia y la unidad entre los cristianos, y si esta persona se desenreda de toda tolerancia y afecto humanos, ella espontáneamente dará un paso hacia adelante en su búsqueda del Señor. Si usted no puede avanzar, únicamente puede culpar a sus propios ojos porque carecen de luz y a su corazón porque no es lo suficientemente sencillo. No le eche la culpa a quienes no han podido avanzar. Usted tiene que comprender que sólo aquellos que anhelan apartarse de sus pecados, injusticias y deshonra, y que están dispuestos a renunciar al afecto de los hermanos para asumir una postura firme en pro del Cuerpo, tendrán ojos para ver. Hoy en día, no importa cuántos sean los que le reciban con afecto humano abrazándole y hablándole de unidad. Todavía es usted el que tiene que pagar el precio; tiene que alejarse de toda injusticia. Tiene que ver el Cuerpo de Cristo. Usted tiene que sacrificar el amor y afecto humanos. Una vez que los sacrifica, espontáneamente será uno con aquellos que han adoptado la misma postura. La base de la unidad consiste en renunciar a toda injusticia, no en tolerar ni soportar la injusticia.

En todas partes encontramos injusticias, ofensas y transgresiones en contra del Cuerpo de Cristo. Sin embargo, si una persona es fiel y obediente, usted puede unirse a ella. Pero si usted desea guardar cualquier otro tipo de unidad, prepárese a ser contaminado con pecados e injusticias. Si usted hace eso, por supuesto que podrá ser uno con aquellos que practican tales cosas.

D. La unidad entre los hijos de Dios se hace realidad cuando todos se levantan a condenar los pecados

Mucha gente condena a los que se han apartado de ellos acusándolos de no poseer suficiente comprensión, amor o paciencia. Pero no es así, no es que aquellos que se apartaron carezcan de paciencia; más bien, los que no se han apartado carecen de obediencia. Aquellos que se han ido no están carentes de amor; sin embargo, aquellos que se quedan no tienen suficiente luz delante de Dios. No es que quienes se apartan hayan endurecido su corazón, sino que aquellos que se quedan están vacilando delante de Dios. Si todos los hijos de Dios toman la firme determinación de condenar el pecado, habrá unidad en nuestra comunión cristiana. Si todos ellos juzgaran el pecado, habría unidad cristiana. Si todo el pueblo de Dios se sujetara a Dios, veríamos la unidad del Cuerpo. De manera espontánea, la carne, las sectas y las divisiones desaparecerían, y los hijos de Dios serían uno. La base de la unidad no es la tolerancia al pecado. La base de la unidad es el juicio sobre el pecado. No existe la posibilidad de que haya unidad entre aquellos que juzgan el pecado y aquellos que no lo juzgan. Si usted quiere ser uno con todos los hijos de Dios, tiene que asumir una postura firme junto con todos los hijos de Dios en cuanto a juzgar el pecado. Si ellos juzgan el pecado pero usted no, ¿cómo podría usted ser uno con ellos? Los que se apartan no están equivocados; son los que se quedan los que están equivocados. Aquellos que juzgan el pecado están en lo correcto; son uno con todos aquellos que, en todo el mundo, condenan el pecado. Nosotros rogamos a Dios que tenga misericordia de aquellos que rehúsan condenar el pecado, de modo que también ellos tomen la firme determinación de condenar al pecado. Le rogamos a Dios que les muestre que la unidad y la luz son posibles únicamente en un ámbito aparte de las organizaciones, los métodos, las asociaciones y las sectas. El Cuerpo de Cristo es la única esfera en la que es posible la unidad entre los hijos de Dios.

CAPÍTULO CUARENTA Y SIETE

AMAR A LOS HERMANOS

Lectura bíblica: Jn. 5:24; 1 Jn. 3:14

El Evangelio de Juan fue el último que se escribió, y sus epístolas fueron las últimas que se escribieron en el Nuevo Testamento. Hay tres evangelios antes del Evangelio de Juan: los Evangelios de Mateo, Marcos y Lucas, que hablan de los hechos y las enseñanzas del Señor Jesús. El Evangelio de Juan nos presenta los aspectos más elevados y más espirituales con relación a la venida del Hijo de Dios a la tierra. Claramente nos dice qué clase de personas pueden recibir la vida eterna. Nos dice repetidas veces que aquellos que *creen* tienen vida eterna. El tema de la fe impregna todo el Evangelio de Juan. Cuando una persona cree, recibe vida eterna. Éste es el tema y el énfasis del Evangelio de Juan; además, este Evangelio recalca aspectos que los otros evangelios no mencionan. En Juan 5:24 dice: "De cierto, de cierto os digo: El que oye Mi palabra, y cree al que me envió, tiene vida eterna; y no está sujeto a juicio, mas ha pasado de muerte a vida". En otras palabras, aquellos que oyen y creen, han pasado de muerte a vida. Como vemos, aquí la puerta del evangelio es muy amplia.

Ciertamente cuando leemos las epístolas de Pablo, Pedro y los otros apóstoles, vemos que ellos también proveen explicaciones muy claras acerca de la fe. Además, nos muestran que todo creyente puede recibir gracia. Sin embargo, al leer las últimas epístolas, las que escribió el apóstol Juan, vemos que el énfasis cambia. Mientras las otras epístolas recalcan la fe que una persona tiene en Dios, Juan hace énfasis en cierto aspecto de conducta que se debe mostrar delante de Dios en la práctica: las epístolas de Juan hablan de amor. En las otras epístolas se nos dice que aquellos que creen han sido justificados, perdonados y lavados. Pero en las epístolas de Juan se nos dice que la fe de una persona tiene que manifestarse por medio de su amor.

Si le preguntamos a alguien: "¿Cómo sabe usted que tiene vida eterna?", tal vez responda: "La Palabra de Dios así lo dice". Sin embargo, eso no es suficiente, ya que pudo haberlo dicho basándose en su conocimiento intelectual; quizá no haya creído verdaderamente en la Palabra de Dios. Por lo tanto, Juan nos muestra en sus epístolas, que si un hombre dice que tiene vida eterna, debe demostrarlo. Si una persona dice que pertenece a Dios, los demás deben ser testigos de cierta manifestación o testimonio en ella.

Una persona podría decir: "Yo sí creo, y por lo tanto, tengo vida eterna". Puede ser que ella diga esto sólo por conocimiento. Quizá esté haciendo del proceso de creer y tener vida eterna, una simple fórmula: primero, uno oye el evangelio; segundo, lo entiende; tercero, cree; y cuarto, sabe que tiene vida eterna. Pero esta "salvación" de fórmula no es confiable. La Biblia nos dice que en los días de Pablo había falsos hermanos (2 Co. 11:26; Gá. 2:4). Los falsos hermanos son aquellos que se hacen llamar hermanos, pero que, en realidad, no lo son. Hay quienes afirman pertenecer a Dios, pero en realidad carecen de la vida. Ellos se introducen en la iglesia basándose en las doctrinas, el conocimiento y ciertas regulaciones. Entonces ¿cómo podemos saber si la fe de una persona es genuina o no? ¿Cómo podemos saber, delante de Dios, si la fe de una persona es viviente y no simplemente una fórmula? ¿Hay alguna manera de comprobar quién es de Dios y quién no lo es? Las epístolas de Juan resuelven este problema. Juan nos muestra la manera de distinguir entre los hermanos verdaderos y los hermanos falsos, entre aquellos que han nacido de Dios y los que no han nacido de Dios. Ahora, veamos cómo discierne Juan esto.

I. LA VIDA DE AMOR

Hay sólo dos pasajes en la Biblia que contienen la frase *de muerte a vida*. Uno de ellos está en Juan 5:24, y el otro en 1 Juan 3:14. Hagamos una comparación entre estas dos porciones.

En Juan 5:24 dice: "De cierto, de cierto os digo: El que oye

Mi palabra, y cree al que me envió, tiene vida eterna; y no está sujeto a juicio, mas ha pasado de muerte a vida". Aquí dice que el que cree ha pasado de muerte a vida. En 1 Juan 3:14 dice: "Nosotros sabemos que hemos pasado de muerte a vida, en que amamos a los hermanos". Este versículo nos indica cuál es la evidencia de que uno ha pasado de muerte a vida. Esta evidencia es el amor a los hermanos. Supongamos que usted tiene muchos amigos y le agradan mucho, o que usted admira a muchas personas y las respeta en gran manera. Aun así, hay todavía una diferencia entre sus sentimientos hacia todas esas personas, y los sentimientos que tiene hacia sus hermanos y hermanas en su familia. De alguna manera, hay una diferencia. Si alguien nace de su misma mamá, es decir, si es un hermano suyo, espontáneamente surgirá en usted un sentimiento especial e inexplicable hacia él. Se trata de un sentimiento instintivo de amor. Este sentimiento es una evidencia de que usted y dicha persona pertenecen a la misma familia.

Lo mismo sucede con nuestra familia espiritual. Suponga que hay una persona cuya apariencia, abolengo, educación, modo de ser e intereses son totalmente diferentes a los suyos; sin embargo, ella ha creído en el Señor Jesús. De manera espontánea sentirá un afecto inexplicable hacia ella; siente que es un hermano, y llega a apreciarlo más que a sus hermanos en la carne. Este sentimiento es una evidencia de que usted ha pasado de muerte a vida.

En 1 Juan 5:1 dice: "Todo aquel que cree que Jesús es el Cristo, es nacido de Dios; y todo aquel que ama al que engendró, ama también al que ha sido engendrado por Él". Estas palabras son sumamente preciosas. Si usted ama a Dios, quien lo engendró, es natural que ame a aquellos que Él engendró. No podemos decir que amamos a Dios cuando no amamos a nuestros hermanos.

Este amor es prueba de que la fe que recibimos es una fe genuina. Este amor inexplicable sólo puede ser el resultado de una fe genuina. El amor hacia los hermanos es muy especial. Una persona ama a alguien por el simple hecho de que es un hermano. No lo ama porque tengan algún interés en común, sino porque dicha persona es su hermano. Es posible que dos personas de formación educativa y temperamentos distintos que tengan antepasados muy diferentes, así como opiniones y puntos de vista divergentes, se amen por la simple razón de que las dos son creyentes. Puesto que ambas personas son hermanos, espontáneamente tienen comunión entre ellas; sienten un afecto y gusto del uno por el otro que es inexplicable. Tal afecto y gusto es evidencia de que ellas han pasado de muerte a vida. Sabemos que hemos pasado de muerte a vida en que amamos a los hermanos.

Es cierto que la fe nos conduce a Dios. Es por medio de la fe que pasamos de muerte a vida, y es por medio de la fe que llegamos a ser miembros de la familia de Dios y somos regenerados. Pero la fe no sólo nos conduce al Padre, sino también a los hermanos. Una vez que recibimos la vida divina, brota en nosotros un sentimiento hacia las muchas personas que están por todo el mundo, quienes poseen esta misma vida. Esta vida espontáneamente nos atrae a aquellos que comparten la misma vida. Esta vida gusta de la compañía de estas personas, se deleita en comunicarse con ellas y tiene un amor espontáneo para con ellas.

Tanto en el Evangelio de Juan como en sus epístolas, se nos muestra el orden establecido por Dios. Primero, la fe nos conduce de la muerte a la vida, y luego los que han pasado de muerte a vida poseen este amor. Al amar a los hermanos sabemos que hemos pasado de muerte a vida. Esta es una manera muy confiable de determinar el número de los hijos de Dios que hay aquí en la tierra. Sólo aquellos que se aman unos a otros son hermanos. Aquellos que no se aman unos a otros no son hermanos.

¡Hermanos y hermanas! Debemos darnos cuenta de que a los ojos de Dios, nuestro amor por los hermanos es la prueba de que nuestra fe es genuina. No hay mejor manera de determinar si la fe de una persona es verdadera o falsa. En ausencia de tal discernimiento, cuanto más perfecto sea el evangelio que se predique, mayor será el peligro de que surjan falsificaciones. Cuanto más cabal sea la predicación del evangelio, más facilidad habrá de que se introduzcan falsos hermanos. Cuanto más se predique el evangelio con gracia, mayor será el número de personas descuidadas que logren infiltrarse. Debe haber una

AMAR A LOS HERMANOS

manera en la que se pueda discernir y reconocer la fe genuina de la fe falsa. Las epístolas de Juan nos muestran claramente que la manera de distinguir la fe verdadera de la falsa, no es mediante la fe en sí, sino por medio del amor. No necesitamos preguntar cuán grande es la fe de una persona. Tan sólo se necesita preguntarle cuán grande es su amor. Donde hay una fe genuina, allí hay amor. La ausencia de amor demuestra la carencia de fe; la presencia del amor confirma la presencia de la fe. Si llegamos a la fe por la puerta del amor, tendremos todo bien en claro.

Si alguien es un cristiano auténtico o no, depende de si dicha persona tiene un gusto especial o atracción hacia los demás hijos de Dios. La vida que Dios nos ha dado no es una vida independiente. Es una vida que, de manera espontánea, nos acerca a aquellos que comparten la misma vida; ama y desea intimidad recíproca. Los que tienen tales sentimientos han pasado de muerte a vida.

II. EL MANDAMIENTO DE AMAR

En 1 Juan 3:11 dice: "Porque éste es el mensaje que habéis oído desde el principio: Que nos amemos unos a otros".

El versículo 23 dice: "Y éste es Su mandamiento: Que creamos en el nombre de Su Hijo Jesucristo, y nos amemos unos a otros como nos lo ha mandado".

Amarnos unos a otros es un mandamiento de Dios. Él nos manda hacer dos cosas: creer en el nombre de Su Hijo Jesucristo y amarnos unos a otros. Puesto que ya hemos creído, debemos también amar. Dios nos dio este amor y también nos dio el mandamiento de amar. Primero, Él nos da este amor y luego nos da el mandamiento de que nos amemos unos a otros. Hoy debemos amarnos unos a otros conforme al mandamiento de Dios. Además, debemos amarnos con el amor que Él nos ha dado; debemos ejercitarnos en este amor que Él ha puesto en nosotros. Debemos aplicarlo según su naturaleza. Nunca debemos apagarlo ni lastimarlo

En 1 Juan 4:7-8 se nos dice: "Amados, amémonos unos a otros; porque el amor es de Dios. Todo aquel que ama, es nacido de Dios, y conoce a Dios. El que no ama, no ha conocido a Dios; porque Dios es amor".

Debemos amarnos unos a otros, porque el amor es de Dios. Todo el que tiene amor, ha nacido de Dios. Aquellos que no aman, no han conocido a Dios, porque Dios mismo es amor. Cuando Dios nos engendró, también engendró amor en nosotros. Nosotros no teníamos amor, pero ahora tenemos amor. El amor que hoy poseemos proviene de Dios. Dios ha generado amor en todos aquellos que han sido engendrados por Él; Dios le ha dado amor a usted, así como a todos ellos. Es por eso que nos podemos amar unos a otros.

Aquellos que nacieron de Dios han recibido cierta vida: una vida que es Dios mismo. Dios es amor; por tanto, aquellos que han nacido de Dios, en su interior poseen este amor que les ha sido engendrado. La vida que recibimos de Dios es una vida de amor. Así pues, todo el que es nacido de Dios posee amor, y todo aquel que tiene amor espontáneamente ama a los hermanos. Sería muy extraño que no pudiéramos amarnos unos a otros. Dios nos ha dado a todos los cristianos una vida de amor. Además, basado en esta vida de amor nos dio el mandamiento de amor: "Amémonos unos a otros". Primero, Dios nos da amor y luego nos dice que debemos amar. Primero, Él nos da la vida que es amor y luego nos da el mandamiento de amar. Debemos inclinar nuestra cabeza y decir: "¡Gracias, Señor! Ahora los hijos de Dios podemos amarnos los unos a los otros".

III. SI ALGUNO NO AMA A LOS HERMANOS

Ahora leamos los versículos correspondientes a esta categoría en 1 Juan.

En 1 Juan 2:9-11 dice: "El que dice que está en la luz, y aborrece a su hermano, está todavía en tinieblas. El que ama a su hermano, permanece en la luz, y en él no hay tropiezo. Pero el que aborrece a su hermano está en tinieblas, y anda en tinieblas, y no sabe adónde va, porque las tinieblas le han cegado los ojos". ¿Es esto claro para usted? Si un hombre es un hermano o no, y si él camina en la luz o no, o si se ha apartado de las tinieblas o no, se determina en el hecho de que ame o no ame a los hermanos.

Si una persona sabe que usted es un hermano, pero lo aborrece en su corazón, esto comprueba que ella no es cristiana. Si ella conoce a cinco hermanos y dice: "Amo a cuatro de ellos, pero en mi corazón aborrezco a uno", esto demuestra que tal persona no es un hermano. Debemos entender que no amamos a un hermano porque este sea una persona encantadora, sino únicamente porque es nuestro hermano. Le amamos porque él es un hermano. Esta es la única razón que tenemos para amarlo. Si una persona sabe que usted es un hermano y que pertenece al Señor, y aun así lo aborrece, esto comprueba que ella no tiene vida en él. En este pasaje dice: "El que aborrece a su hermano está en tinieblas, y anda en tinieblas". Está en tinieblas y anda en tinieblas. Es decir, la Biblia niega toda posibilidad de que una persona pueda aborrecer a su hermano; no admite tal posibilidad en lo absoluto. Si usted aborrece a alguien que usted sabe que es un hermano, debe confesar: "Señor, no estoy andando en la luz. Estoy en tinieblas y ando en tinieblas".

En 1 Juan 3:10 se nos dice: "En esto se manifiestan los hijos de Dios ... Todo aquel que no practica la justicia no es de Dios, y tampoco el que no ama a su hermano". Aquel que no practica la justicia externamente, no es de Dios. Asimismo, aquel que no ama internamente a su hermano, no es de Dios. El que no ama a su hermano no es de Dios, debido a que carece de este amor; tal sentimiento no está en él. En esto se manifiestan los hijos de Dios.

El versículo 14 dice: "El que no ama, permanece en muerte". Este amor no se refiere a cualquier clase de amor, sino al amor con el que uno ama a los hermanos. La Biblia dice que si una persona no tiene este amor por los hermanos, "permanece en muerte". Ciertamente es comprensible que alguien no sienta afecto ni atracción alguna por otro creyente, antes de haber creído. Pero sería muy extraño que después de haber creído, aún no sienta ningún afecto o atracción hacia otros creyentes. En tal caso, es posible que su fe no sea genuina. "El que no ama, permanece en muerte". Antes, dicha persona estaba muerta, y me temo que todavía esté muerta, pues la fe tiene como base el amor. El amor de la persona determina si su fe es genuina o no. Aquellos que creen en Dios tienen amor por los hermanos. Si la persona no tiene amor, esto comprueba que todavía permanece en muerte.

El versículo 15 dice: "Todo aquel que aborrece a su hermano

es homicida; y sabéis que ningún homicida tiene vida eterna permanente en él". No podemos imaginarnos que alguien pueda matar después de haber creído en el Señor. La Biblia nos dice que aborrecer a un hermano equivale a cometer homicidio. Una persona que tiene vida eterna jamás debiera aborrecer a su hermano. Si aborrece a los hermanos es evidencia de que no hay amor en ella. Eso significa que no posee la vida eterna.

Los hijos de Dios pueden hallarse en diversidad de condiciones, pero nunca pueden aborrecer a nadie. Si hay un hermano que es ofensivo en algún aspecto, tal vez en nuestro corazón él no sea de nuestro agrado. Si algún hermano ha cometido un pecado que lo hace merecedor de ser excomulgado, puede ser que nosotros, al enfrentar el asunto, actuemos con indignación. Si algún hermano ha hecho algo malo en extremo, podemos pedirle que comparezca ante nosotros y reprenderle con severidad delante del Señor. Pero jamás debemos aborrecer a nuestros hermanos. Si un hermano aborrece a otro hermano, esto sería indicio de que la vida eterna no está en él.

Todos los hijos de Dios poseen una vida, la cual es lo suficientemente rica como para amar a todos los hermanos y hermanas. Siempre y cuando una persona pertenezca al Señor, ella merece ser amada por sus hermanos, los creyentes. El amor que sentimos por un hermano en particular, debe ser el mismo que sentimos por todos los hermanos. Ese amor fraternal que se le dedica a un hermano debe aplicarse por igual a todos los hermanos. El amor fraternal no hace distinciones entre hermanos. Siempre y cuando uno sea un hermano, uno es digno de este amor. Si una persona aborrece a un hermano, eso demuestra que no tiene vida eterna. No es necesario que ella odie a todos los hermanos. Es suficiente evidencia que aborrezca a uno solo, para descubrir que ella no tiene amor fraternal. El amor fraternal del que estamos hablando es un amor que ama a todos los hermanos.

Esto es algo que reviste de gran seriedad. Si un creyente no ama a su hermano, sino que le aborrece, o si le amenaza o le ataca, lo único que podemos decir es: "¡Qué Dios tenga misericordia de él! He aquí una persona que piensa que es creyente; sin embargo, ¡no es salva!". En tanto ella aborrezca a su hermano, es evidente que dicha persona no pertenece al Señor. ¡Éste es un asunto muy serio! En condiciones normales, si un hermano ha hecho cosas que lo irritan, usted podrá exhortarle y reprenderle, pero jamás puede aborrecer a su hermano. Si él ha hecho algo que lo provoca a ira, es posible que usted se enoje con él y lo reprenda severamente, pero usted no puede concebir el odio. Aun si usted hace lo que Mateo 18 indica: "Dilo a la iglesia", debe ser motivado por el deseo de ganar al hermano y de restaurarlo. Pero si no tiene intención alguna de restaurar a su hermano, y si su meta es únicamente atacarlo y destruirlo, ello es prueba de que usted es menos que un hermano. El hermano al que se refiere Mateo 18, lo dijo a la iglesia porque deseaba ganar a su hermano. Así pues, todo estriba en si la meta suya es destruir a su hermano o ganarlo. Este asunto reviste de gran seriedad. ¡No debemos tomar esto a la ligera!

Con relación al que cometió fornicación, de quien se hace referencia en 1 Corintios 5:13, Pablo dijo: "Quitad a ese perverso de entre vosotros". Al principio Pablo entregó esa persona a Satanás para que en el nombre del Señor Jesús y con el poder del Señor Jesús su carne fuera destruida, ya que los corintios no habían hecho nada para echarlo fuera. ¿Es demasiado severa esta medida? Ciertamente se trata de una medida muy severa. Pero Pablo actuó así, a fin de que el espíritu de esta persona sea salvo en el día del Señor (v. 5). El propósito de que su carne fuese destruida en el tiempo presente, era para que dicha persona no sufra una pérdida eterna. Así pues, el propósito de decírselo "a la iglesia", según lo que indica Mateo 18, es la restauración; el quitar de en medio al hermano, que se menciona en 1 Corintios 5, también se efectúa con el fin de restaurarlo.

Cuando Josué juzgó a Acán, le dijo: "Hijo mío, da gloria a Jehová" (Jos. 7:19). A pesar de que Acán había cometido un pecado muy grave, Josué se dirigió a él con tal espíritu y amor fraternal.

Cuando un joven mensajero trajo a David la noticia de la muerte de Saúl, David, asiendo de sus vestidos, los rasgó. Y lloró y lamentó y ayunó hasta la noche (2 S. 1:11-12). Cuando alguien comunicó a David que Absalón había muerto, David se conmovió mucho. Él lloró diciendo: "¡Hijo mío Absalón, hijo mío, hijo mío Absalón! ¡Quién me diera que muriera yo en lugar de ti, Absalón, hijo mío, hijo mío!" (18:33). En el primer caso, Saúl era un rey que aborrecía a David, y Absalón era un hijo rebelde de David. Aun así, David lloró la muerte de ambas personas. David fue uno que tuvo que combatir en muchas batallas y ejercer muchos juicios, pero no podía reprimir sus lágrimas. Él tenía que juzgar y condenar, pero no podía contener sus lágrimas.

Hermanos y hermanas, si una persona sólo sabe juzgar y condenar, pero no es capaz de derramar lágrimas de tristeza, ello es prueba de que no tiene la menor noción de lo que es el amor fraternal. Si alguno reprende a su hermano con el único propósito de destruirlo, tal persona no tiene amor en él, sólo odio. ¡Aborrecer a los hermanos equivale a ser homicida de ellos! ¡Este asunto reviste de gran seriedad!

En cierta ocasión un hermano escribió a J. N. Darby preguntándole acerca de la excomunión. Las primeras palabras de Darby fueron: "Yo creo que lo más terrible que puede afrontar un pecador, cuyos pecados han sido perdonados, es tener que excomulgar a otro pecador". No hay nada más terrible para un pecador cuyos pecados han sido perdonados, que tener que excomulgar a otro pecador. La reacción que tuvo el hermano Darby es la reacción que surge de una vida que es amor. Sin duda alguna, hay muchas cosas que necesitan ser definidas. Podemos incluso excomulgar a un hermano o hermana de la iglesia si es necesario, pero jamás debemos disciplinarlos sintiendo alguna clase de odio hacia ellos.

En 1 Juan 4:20-21 se nos dice: "Si alguno dice: Yo amo a Dios, y aborrece a su hermano, es mentiroso. Pues el que no ama a su hermano a quien ha visto no puede amar a Dios a quien no ha visto. Y nosotros tenemos este mandamiento de Él: El que ama a Dios, ame también a su hermano". Aquí, Juan nos muestra que amar a los hermanos equivale a amar a Dios. El que no ama a su hermano a quien ha visto, no puede amar a Dios a quien no ha visto. Debemos amar a nuestros hermanos si queremos amar a Dios. Éste es el mandamiento que hemos recibido de Dios.

Debemos tener cuidado de no hacer nada que pueda

ofender al amor. No debemos ofender a nuestros hermanos ni siquiera en insignificancias. Tenemos que amarnos unos a otros y debemos honrar el amor fraternal que ha sido depositado en nuestros corazones. No debemos desdeñar tal corazón. Dios ha puesto tal corazón en nosotros a fin de que podamos usarlo al servir y ayudar a los hermanos. Debemos permitir que este amor fraternal crezca, se fortalezca y se revista de poder.

Leemos en 1 Juan 3:17: "Pero el que tiene bienes de este mundo y ve a su hermano tener necesidad, y cierra contra él sus entrañas, ¿cómo mora el amor de Dios en él?". Juan no dijo: "¿Cómo mora el amor fraternal en él?". Él dijo: "¿Cómo mora el amor de Dios en él?"; porque el amor de Dios es el amor fraternal y el amor fraternal es el amor de Dios. El amor de Dios no mora en una persona que rehúsa amar a su hermano. Ella puede engañarse a sí misma diciendo: "Aunque no ame a mi hermano, yo amo a Dios". Nuestra relación con los hermanos es el resultado de nuestra relación con Dios. Si no estamos relacionados con los hermanos, eso significa que tampoco estamos relacionados con Dios. Si rechazamos a nuestros hermanos, el amor de Dios no está en nosotros.

IV. CÓMO AMAR A LOS HERMANOS

En 1 Juan 3:16 dice: "En esto hemos conocido el amor, en que Él puso su vida por nosotros". ¿Qué significa amar a los hermanos? Juan procede a explicarlo. No sabemos lo que es el amor hasta que vemos cómo el Señor puso Su vida por nosotros. Juan continúa diciendo: "También nosotros debemos poner nuestras vidas por los hermanos". Amar a los hermanos es estar dispuestos a ponernos a un lado a nosotros mismos a fin de servirles. Es estar dispuestos a negarnos a nosotros mismos para perfeccionar a los demás y tener un corazón tal, que incluso podríamos poner nuestra propia vida por los hermanos.

El versículo 18 dice: "Hijitos, no amemos de palabra ni de lengua, sino de hecho y con veracidad". El amor fraternal no consiste en palabras insustanciales, sino que se manifiesta en hechos concretos y con veracidad.

En 1 Juan 4:10-12 se nos dice: "En esto consiste el amor: no en que nosotros hayamos amado a Dios, sino en que Él nos amó a nosotros, y envió a Su Hijo en propiciación por nuestros pecados. Amados, si Dios nos ha amado así, debemos también nosotros amarnos unos a otros. Nadie ha visto jamás a Dios. Si nos amamos unos a otros, Dios permanece en nosotros, y Su amor se ha perfeccionado en nosotros". Esto nos muestra que no podemos separar nuestro amor hacia Dios de nuestro amor hacia los demás. Si nos amamos unos a otros, el amor de Dios se ha perfeccionado en nosotros. Hoy en día, Dios nos ha rodeado de muchos hermanos a fin de que pongamos en práctica el amor que tenemos para con Dios. El amor de Dios se perfecciona en nosotros cuando nos amamos unos a otros. No podemos declarar en vano que amamos a Dios; tenemos que aprender a amar a los hermanos genuinamente. El simple hecho de hablar sobre el amor es vanidad. Nuestro amor por Dios tiene que expresarse mediante nuestro amor por los hermanos.

En 1 Juan 5:2-3 dice: "En esto conocemos que amamos a los hijos de Dios, cuando amamos a Dios, y cumplimos Sus mandamientos. Pues éste es el amor a Dios, que guardemos Sus mandamientos". Si amamos a Dios, debemos guardar Sus mandamientos. De igual manera, si amamos a los hijos de Dios, debemos guardar Sus mandamientos. Por ejemplo, los mandamientos de Dios dicen que debemos ser bautizados por inmersión, pero muchos hijos de Dios tienen diferentes opiniones al respecto. Ellos dicen: "No estoy de acuerdo con el bautismo por inmersión; si usted me ama, no se debe bautizar por inmersión. Esto me ofendería". ¿Qué debemos hacer? Dios nos manda que salgamos de las denominaciones y que no permanezcamos en ninguna secta; sin embargo, muchos hijos de Dios promueven las denominaciones. Ellos dicen: "No abandonen las denominaciones. Nos lastimarán si salen de nuestra denominación". ¿Qué debemos hacer? Si queremos amar a Dios, debemos salir de las denominaciones, y si queremos amar a los hermanos, debemos permanecer en ellas. Esto nos pone en un dilema. Pero el versículo 2 nos dice: "En esto conocemos que amamos a los hijos de Dios, cuando amamos a Dios, y cumplimos Sus mandamientos". En otras palabras, no podemos decir que amamos a los hijos de Dios si no guardamos los mandamientos de Dios. Supongamos que Dios guía a un hermano a bautizarse por inmersión. Él se debe bautizar si ama a los hijos de Dios. Si no se bautiza, afectará a otros hijos de Dios, pues tal vez ellos decidan no bautizarse; como resultado, esto les impedirá obedecer a Dios. Esta no es la manera de amarlos. Si guardamos todos los mandamientos de Dios, sabremos que amamos a los hijos de Dios. Habremos tomado el camino de la obediencia. Ahora otros pueden seguir el mismo camino. Si no obedecemos porque tememos que nuestra obediencia los lastime, no podremos seguir adelante, y tampoco ellos podrán avanzar. Debemos aprender a amar a Dios y debemos guardar todos Sus mandamientos. Es cuando lo amamos a Él y guardamos Sus mandamientos que sabemos que amamos a los hijos de Dios. Tenemos que guardar todos los mandamientos de Dios. Ésta es la única manera de dirigir a los hijos de Dios por el camino de la obediencia. Veamos otro ejemplo: Supongamos que sus padres no le permiten creer en el Señor. ¿Qué debe hacer usted? ¿Negar al Señor por amor a sus padres? Si los escucha a ellos y niega al Señor, ¡no está practicando el amor en lo absoluto! Si no los complace y cree en el Señor, ellos se enojarán por un tiempo, pero usted habrá abierto el camino para que ellos crean en el Señor. ¡Esto es amor!

Sin embargo, no debemos ofender a nuestros padres con nuestra actitud ni con nuestras palabras. Es correcto que obedezcamos y sigamos los mandamientos de Dios, pero no debemos ofender a nuestros padres con nuestra actitud ni con nuestras palabras. Es necesario asirnos de la verdad de Dios, pero al mismo tiempo debemos mantener nuestro amor. Desde el comienzo de nuestra vida cristiana, debemos aprender a ser justos, pero nunca debemos prescindir del amor. No hagamos énfasis en la santidad de la vida de Dios a expensas del amor que hallamos en Su vida. Ambos aspectos deben mantenerse en equilibrio. Deseamos obedecer a Dios, pero debemos obedecerlo con una actitud de humildad. Por ningún motivo ofenda al amor. Si se necesita hacer algo, hágalo, pero nunca haga nada que ofenda al amor. Debemos mantener una actitud amable. Aun cuando tengamos discrepancias de opinión entre los hermanos, debemos permanecer tiernos. Tenemos que estar llenos de amor cuando le digamos a nuestro hermano:

"Hermano, cuánto quisiera ver lo que tú has visto, pero Dios me ha mostrado algo diferente, y no puedo hacer otra cosa que obedecerle". No rebaje la norma de la Palabra de Dios ni ofenda al amor. Por un lado, sea obediente a Dios; por otro lado, ame. Debemos mostrarle a nuestro hermano que no estamos haciendo algo para beneficio nuestro, sino porque Dios lo ha dicho. Debemos mantener la debida actitud y debemos estar llenos de humildad. Esto hará que muchos hermanos y hermanas sean ganados.

V. EL RESULTADO DEL AMOR

En 1 Juan 4:16 leemos: "Dios es amor; y el que permanece en amor, permanece en Dios, y Dios en él". Esta es la segunda vez en esta epístola que vemos la expresión *Dios es amor*. Debido a que Dios es amor, Él desea que amemos a los hermanos y permanezcamos en amor. Mientras permanezcamos en amor, permaneceremos en Dios.

En los versículos 17 y 18 se nos dice: "En esto se ha perfeccionado el amor en nosotros, en que tengamos confianza en el día del juicio ... En el amor no hay temor, sino que el perfecto amor echa fuera el temor". En toda la Biblia, sólo 1 Juan 4 nos dice cómo podemos comparecer ante el tribunal divino llenos de confianza. Nos da el secreto: permanecer en amor. Permanecer en amor es permanecer en Dios. Tendremos confianza en el día del juicio cuando este amor sea perfeccionado en nosotros.

Debemos tener un sólo pensamiento hacia nuestros hermanos y hermanas: amor. Debemos ganarlos y buscar el mayor beneficio para ellos. No debe haber odio alguno, solamente amor. Practicar esto es un ejercicio para nosotros. Un día, todo nuestro ser permanecerá en amor, y el amor también permanecerá en nosotros. Entonces, nuestras vidas en la tierra serán libres de todo temor; cuando amamos, no hay temor. Cuando estemos delante del tribunal de Dios, no tendremos temor de nada. Esta vida que es amor operará entre nosotros hasta que el temor haya desaparecido. El fruto del Espíritu, el amor, nos dará la confianza necesaria para comparecer ante el tribunal de Dios.

Ya hemos visto que amar a los hermanos es amar a Dios.

Nuestro amor por los hermanos hará que el amor de Dios sea perfeccionado en nosotros. Además, es posible amar a los hermanos al punto de que no exista ningún temor en nosotros para con ellos. Amar a Dios y amar a los hermanos siempre van juntos. Así que debemos amar a los hermanos en la tierra si deseamos amar a Dios. Al hacer esto, el amor se perfecciona en nosotros, y tendremos confianza en el día del juicio. ¡Esto es maravilloso!

Que todos aprendamos a amar a los hermanos desde el inicio mismo de nuestra vida cristiana. Que la vida de amor encuentre en nosotros un canal por el cual pueda fluir.

CAPÍTULO CUARENTA Y OCHO

EL SACERDOCIO

La Biblia nos habla del ministerio del sacerdocio. Este ministerio es conformado por un grupo de personas que se separan totalmente del mundo para servir a Dios. Aparte de servir a Dios, ellas no tienen ninguna otra ocupación o deber. En la Biblia, a estas personas se las llama sacerdotes.

I. LA HISTORIA DEL SACERDOCIO EN LA BIBLIA

Al comienzo del libro de Génesis, encontramos que Dios llama a los hombres para que sean sacerdotes. Melquisedec fue el primer sacerdote de Dios. En los días de Abraham, Melquisedec se apartó para servir a Dios y se entregó servir exclusivamente a Dios.

A. Desde Génesis hasta después de la ascensión del Señor

El sacerdocio estuvo presente desde Génesis hasta después de la formación de Israel como nación. El sacerdocio no deja de existir durante el tiempo que el Señor Jesús estuvo en la tierra, ni aun después de Su partida. El sacerdocio ha perdurado en la tierra por mucho tiempo. La Biblia nos muestra que después de ascender a los cielos, el Señor Jesús llegó a ser un sacerdote que ministra en la presencia de Dios. Ahora, Él está en los cielos consagrado absolutamente al servicio de Dios.

B. En la dispensación de la iglesia

El sacerdocio continúa a lo largo de la dispensación de la iglesia; no ha habido ninguna interrupción.

C. En el reino milenario

En el reino milenario, aquellos que tomen parte en la primera resurrección, serán sacerdotes de Dios y de Cristo, y reinarán con Él mil años (Ap. 20:6). Los hijos de Dios seguirán siendo los sacerdotes de Dios y de Cristo por mil años. Serán reyes para el mundo y sacerdotes para Dios. El sacerdocio permanecerá inalterable, ellos seguirán sirviendo a Dios.

D. En el cielo nuevo y la tierra nueva

El término *sacerdote* ya no existirá más en el cielo nuevo y la tierra nueva. En aquel entonces, todos los hijos de Dios, por ser siervos de Dios, no harán otra cosa más que servir a Dios. En la Nueva Jerusalén "Sus esclavos le servirán" (22:3). En otras palabras, los hijos de Dios seguirán sirviéndole a Él.

Debemos hacer notar aquí algo maravilloso. El sacerdocio comenzó con Melquisedec, aquel que era una persona sin padre, sin madre, sin genealogía, que no tenía principio de días, ni fin de vida (He. 7:3) y se extiende hasta el final del milenio, lo cual significa que se extiende por la eternidad.

II. EL REINO DE SACERDOTES VIENE A SER LA CASA SACERDOTAL

Según la revelación contenida en las Escrituras, el propósito de Dios no consiste solamente en tener una o dos personas como Sus sacerdotes. Su propósito es que todos los miembros de Su pueblo sean Sus sacerdotes.

A. Dios escoge a los israelitas para que constituyan un reino de sacerdotes

Después que los israelitas salieron de Egipto, llegaron al monte Sinaí, y Dios ordenó a Moisés que les dijera: "Y vosotros me seréis un reino de sacerdotes, y gente santa" (Éx. 19:6). Dios dijo a los israelitas que ellos constituirían un reino de sacerdotes. Esta expresión es un tanto difícil de entender. ¿Por qué dijo Dios que ellos le serían un reino de sacerdotes? En realidad, Dios deseaba que la nación entera fuese un pueblo de sacerdotes. Ni uno solo de los miembros de Su pueblo debía ser una persona común; el reino solamente estaría constituido de sacerdotes. Esto es lo que Dios se había propuesto. Al escoger a Israel como Su pueblo, Dios puso esta meta delante de ellos. Esta nación debía ser diferente de las otras naciones de la tierra; sería un reino de sacerdotes. Todos y cada uno de los que conformaren esta nación habrían de ser sacerdotes, es decir, que toda persona en la nación tendría una ocupación única: servir a Dios. Dios se deleita en separar a los hombres de la tierra para Su servicio, y se complace en ver que los hombres vivan dedicados por completo a Sus asuntos. Así pues, Dios desea que todos Sus hijos sean sacerdotes y le sirvan.

Cuando la nación de Israel llegó al monte Sinaí, Dios le dijo que Él haría de ella un reino de sacerdotes. Este es un llamado maravilloso. Inglaterra, por ejemplo, es llamada "el reino de la marina"; Estados Unidos, "el reino del oro"; China, "el reino de los buenos modales y las virtudes", y a la India se le llama "el reino de los filósofos". Pero aquí tenemos un reino que es llamado "el reino de sacerdotes". Esto es maravilloso. Todos los ciudadanos de esta nación son sacerdotes. Hombres, mujeres, adultos y niños, todos son sacerdotes. Todos en este reino sirven únicamente a Dios. Tanto los adultos como los niños están dedicados a una sola ocupación: ofrecer sacrificios a Dios y servirle. Éste es un cuadro maravilloso.

Después que Dios prometió establecer a Israel como un reino de sacerdotes, le dijo a Moisés que subiera al monte, para que recibiese los Diez Mandamientos. Estos Diez Mandamientos fueron escritos por Dios en dos tablas de piedra. Mientras Dios escribía los Diez Mandamientos, Moisés permaneció en aquel monte por cuarenta días. El primer mandamiento es: "No tendrás dioses ajenos delante de Mí". El segundo dice: "No te harás imagen" (20:3-4). Tal parece que Dios iba dictando los mandamientos uno por uno.

B. Los israelitas sirvieron a los ídolos

Mientras Moisés estaba en el monte, el pueblo, que estaba al pie del monte, se preguntaba por qué se tardaba tanto. Le dijeron a Aarón: "Levántate, haznos dioses que vayan delante de nosotros" (32:1). Aarón sucumbió a sus palabras y, habiendo recolectado el oro del pueblo, hizo un becerro de oro. Entonces todo el pueblo adoró al becerro de oro y dijo: "Israel, estos son tus dioses, que te sacaron de la tierra de Egipto" (v. 4). Así, ellos comenzaron a adorar un ídolo, después de lo cual se sentaron a comer y a beber, y se levantaron a jugar. Se entregaron a una gran celebración. Por fin habían encontrado para sí mismos un dios que podían ver. El Dios del que Moisés hablaba era misterioso; no se podía determinar dónde vivía o dónde se le podía encontrar. Ni siquiera podían encontrar a Moisés, quien adoraba a este Dios. Pero ahora ellos tenían un becerro de oro que era visible y al cual podían adorar. Dios los había designado como Sus sacerdotes, pero aun antes de ejercer dicho sacerdocio, se hicieron sacerdotes del becerro de oro. Dios deseaba que ellos fueran un reino de sacerdotes, pero aun antes de que esto fuera posible, ya se habían entregado a la adoración de un ídolo, al servicio de un becerro de oro. Establecieron otros dioses y otras formas de adoración aparte de Jehová, el Dios de ellos.

Éste es el concepto que el hombre tiene acerca de Dios. El hombre siempre tiende a crear su propio dios y adorarlo a su manera; le gusta adorar a un dios creado por sus propias manos. No acepta la soberanía de Dios sobre la creación, la cual le pertenece a Dios, y no quiere reconocer que Él es el Creador.

C. Dios asigna el sacerdocio a la tribu de Leví

Cuando Moisés estaba en el monte, Dios le dijo que descendiera a su pueblo; y volvió Moisés y descendió trayendo en su mano las dos tablas del testimonio, los Diez Mandamientos. Al acercarse al campamento y ver la condición en la que se encontraba el pueblo, se encendió su ira y arrojó las dos tablas. Se puso a la puerta del campamento y dijo: "¿Quién está por Jehová? Júntese conmigo" (32:26). Y se juntaron con él todos los hijos de Leví. Y les dijo: "Poned cada uno su espada sobre su muslo; pasad y volved de puerta a puerta por el campamento, y matad cada uno a su hermano, y a su amigo, y a su pariente" (v. 27). Ellos tenían que matar a quien vieran. Debido a que el pueblo había adorado un ídolo: el becerro de oro, los fieles tenían que sacar sus espadas y matar a todo el pueblo, sin importar la relación que los uniera a ellos.

Mucha gente piensa que esta orden fue demasiado cruel. ¿Quién puede matar a su propio hermano? ¿Quién se atrevería a matar a sus amigos? De las doce tribus, once de ellas no tomaron ninguna acción; consideraban que era un precio demasiado alto. Como resultado de ello, solamente los de la tribu de Leví desenvainaron sus espadas y, pasando de un lado a otro, de puerta a puerta por todo el campamento, mataron en aquel día como tres mil hombres. Aquellos que murieron eran hermanos, parientes o amigos de los levitas.

Reflexionemos un poco acerca de esto. Después del incidente del becerro de oro, Dios inmediatamente le dijo a Moisés que desde ese momento la nación de Israel no podía ser un reino de sacerdotes. Aunque nada se dijo explícitamente para ese efecto, ahora Dios había asignado el sacerdocio solamente a la tribu de Leví. Originalmente, el sacerdocio era para toda la nación de Israel, pero ahora estaba limitado a la casa de Aarón, de la tribu de Leví.

D. El pueblo de Dios y los sacerdotes de Dios llegan a ser dos grupos distintos

Desde entonces, siempre ha habido dos clases de personas en la nación de Israel. Una de ellas es el pueblo de Dios en general, y la otra, los sacerdotes de Dios. El propósito original de Dios era que todos los que conformaban Su pueblo fuesen Sus sacerdotes. Dios no tenía la intención de hacer distinciones entre Su pueblo y Sus sacerdotes. Él anhelaba que la nación entera fuese un reino de sacerdotes. El pueblo de Dios y los sacerdotes de Dios debían ser una sola entidad. Quienquiera que perteneciera al pueblo de Dios, debía ser un sacerdote de Dios. Si una persona formaba parte del pueblo de Dios, ésta debía ser un sacerdote de Dios. Ser parte del pueblo de Dios implicaba ser uno de Sus sacerdotes. Todo Su pueblo iba a estar constituido de sacerdotes Suyos. Sin embargo, muchos amaron el mundo y sucumbieron ante los afectos humanos, desechando toda fidelidad a Dios para entregarse a la adoración de ídolos. Como resultado, el pueblo de Dios y los sacerdotes de Dios vinieron a ser dos entidades distintas. Por tanto, si un hombre no amaba al Señor más que a su padre, madre, esposa, hijos, hermano, hermana y más que todo lo demás, no era apto para ser discípulo del Señor. Muchos no pudieron cumplir con este requisito, ni pagar tal precio. Desde ese día, la nación de Israel se dividió en dos grupos: el pueblo de Dios y Sus sacerdotes.

E. El sacerdocio se convirtió en el privilegio de una sola familia

A partir de ese entonces, el reino de sacerdotes vino a ser una tribu de sacerdotes. La esfera que abarcaba el sacerdocio se redujo de un reino de sacerdotes a una sola familia. El sacerdocio llegó a ser la responsabilidad de una sola familia, en lugar de ser la responsabilidad de toda la nación. En la tribu de Leví, el pueblo de Dios y los sacerdotes de Dios conformaban la misma entidad, es decir, Su pueblo eran Sus sacerdotes. Pero en lo que concierne a las otras once tribus, el pueblo de Dios era solamente el pueblo de Dios, y dejaron de ser los sacerdotes de Dios. Ciertamente, esto revistió de gran seriedad. Es algo muy serio que una persona sea un creyente, un miembro del pueblo de Dios, y aun así, no sea un sacerdote.

III. EL SACERDOCIO SE CARACTERIZABA POR SER UNA CLASE MEDIADORA

Desde los tiempos de Éxodo hasta los días del Señor Jesús en la tierra, ninguna tribu pudo ejercer el oficio de sacerdote salvo la tribu de Leví. Nadie más podía ofrecer sacrificios a Dios. Los sacrificios que ofrecía el pueblo debían ser hechos por medio de los sacerdotes. El pueblo ni siquiera podía acercarse a Dios para confesar sus pecados, pues tenía que hacerlo por medio de los sacerdotes. Tampoco podía separarse del mundo ya que no tenía autoridad para tocar el aceite de la unción. Solamente los sacerdotes podían ungir y santificar a una persona; los sacerdotes realizaban todos los servicios espirituales en su lugar.

Una característica particular con respecto a los israelitas en tiempos del Antiguo Testamento era que Dios permanecía alejado de ellos, y no cualquiera podía tener contacto con Él. En el Antiguo Testamento podemos contemplar la evolución del sacerdocio, al cual yo llamaría *una clase mediadora*. El hombre no podía acudir a Dios directamente. El pueblo de Dios tenía que acercarse a Dios por intermedio de los sacerdotes, pues no podía comunicarse con Él directamente. Dios se acercaba al hombre mediante los sacerdotes, y el hombre, a su vez, acudía a Dios por intermedio de ellos. Así pues, entre Dios y el hombre había una clase mediadora. El hombre no podía ir directamente a Dios, y Dios tampoco podía venir directamente al hombre. Entre Dios y el hombre existía una clase mediadora. Esta clase mediadora no formaba parte del plan original de Dios. El propósito original de Dios era acercarse directamente a Su pueblo para que Su pueblo pudiese acudir directamente a Él; pero ahora habían tres partidos. El pueblo tenía que acudir a Dios por intermedio de los sacerdotes, y Dios tenía que acercarse a Su pueblo también por intermedio de los sacerdotes. Dios y el hombre ya no podían disfrutar en forma directa de una comunión íntima. Todo contacto entre ellos llegó a ser indirecto.

IV. CAMBIO EN EL SACERDOCIO

Por mil quinientos años, desde los tiempos de Moisés hasta los tiempos de Cristo, el pueblo de Dios no pudo acercarse a Dios directamente. Sólo una familia era considerada apta para ejercer el sacerdocio. El hombre podía acercarse a Dios sólo si pertenecía a esta familia; cualquier otro que intentara acercarse directamente a Dios, moriría. Así, durante ese período, el ministerio de los sacerdotes llegó a ser un ministerio muy poderoso. Los hombres no podían acudir a Dios directamente, sino que requerían de la intercesión de los sacerdotes. ¡Cuán noble e importante era el ministerio sacerdotal! Sin los sacerdotes, los hombres simplemente no tenían manera de acudir a Dios. Pero con la llegada de la era neotestamentaria, la salvación y la redención se extienden a todos los hombres. Ahora oímos esta palabra: "Vosotros también, como piedras vivas, sois edificados como casa espiritual hasta ser un sacerdocio santo, para ofrecer sacrificios espirituales aceptables a Dios por medio de Jesucristo" (1 P. 2:5).

A. En la dispensación neotestamentaria, toda persona que ha sido redimida es un sacerdote

En 1 Pedro 2:4-7, Pedro nos dice que Cristo es el fundamento de la iglesia. Él fue la piedra que los edificadores desecharon y que ahora ha llegado a ser la piedra angular. Ahora nosotros hemos llegado a ser piedras vivas, las cuales están siendo unidas y edificadas como una casa espiritual. Ahora nosotros también hemos llegado a ser un sacerdocio santo para Dios. Es como si una voz desde los cielos irrumpiera proclamando: "¡Ahora todos los salvos son sacerdotes de Dios! ¡Todas las piedras vivas, aquellos que forman parte de la casa espiritual, son ahora sacerdotes de Dios!".

B. La iglesia de nuevo recupera el sacerdocio universal

En ese momento, la promesa que había sido postergada durante mil quinientos años fue recobrada por Dios. Aquello que se había perdido por causa de los israelitas, ahora había sido recobrado por la iglesia. El sacerdocio universal se había perdido con Israel. Al iniciarse la era neotestamentaria, era como si una voz irrumpiera desde los cielos proclamando la promesa de que el sacerdocio universal estaría nuevamente entre nosotros. Todo aquel que es salvo es llamado a ser un sacerdote.

C. La iglesia es un reino de sacerdotes

Esta misma palabra se halla en Apocalipsis 1:6, donde dice: "E hizo de nosotros un reino, sacerdotes para Su Dios y Padre". Originalmente, toda la nación de Israel ejercía el sacerdocio. Después esto cambió. Pero ¿qué ocurre de nuestros días? Hoy en día, la iglesia es un reino de sacerdotes. Lo que perdieron los israelitas en la presencia del becerro de oro, la iglesia lo ha recuperado por completo por medio del Señor Jesús. Hoy en día, toda la iglesia se ha convertido en un sacerdocio. El reino de sacerdotes que Dios había ordenado, ha sido restaurado totalmente.

D. La única ocupación del cristiano: servir a Dios

Lo que Dios no pudo obtener entre los israelitas, ahora lo está obteniendo por medio de la iglesia. Hoy la iglesia es el reino de sacerdotes. La iglesia es un sacerdocio. ¿Qué significa esto? Esto significa que a todo aquel que ha gustado de la gracia de Dios, sólo le queda una ocupación: servir a Dios. Ya he dicho esto a los jóvenes anteriormente: "Si una persona es un doctor antes de creer en el Señor, su ocupación es la medicina; si es enfermera, su ocupación es la enfermería; si es maestro, su ocupación es la enseñanza; si es agricultor, su ocupación es la agricultura; si es comerciante, su ocupación es su negocio. Pero tan pronto una persona es salva, su ocupación cambia radicalmente. Todos los cristianos tienen como única ocupación servir a Dios. Desde el momento en que somos salvos, venimos a ser sacerdotes para Dios. Por tanto, tenemos que servir a Dios en Su presencia. Ésta es nuestra meta espiritual para el resto de nuestros días.

Todos los cristianos tienen una sola ocupación: servir a Dios. Un médico cristiano ya no debe tener la aspiración de convertirse en un médico de renombre muy famoso; ahora él practica la medicina con el único fin de ganarse el sustento. Su verdadera ocupación es ser un sacerdote de Dios. Un profesor o maestro ya no debe esforzarse por ser un académico reconocido o de fama, sino que debe esforzarse por ser un sacerdote apropiado delante de Dios. Ahora, enseñar para este maestro es meramente su profesión; su principal ocupación es servir a Dios. Los artesanos, los comerciantes, los agricultores y los demás profesionales ya no viven en función de sus respectivas profesiones. Ahora hay una sola profesión para todos: servir a Dios.

E. La única ambición: agradar al Señor

El mismo día en que son salvos, todos los hermanos y hermanas deben dejar a un lado sus antiguas ocupaciones. Espero que en el momento de iniciar su vida cristiana, ustedes renuncien a todas sus aspiraciones y ambiciones. Ya no deben aspirar a convertirse en un personaje distinguido. Ya no deben luchar por ser alguien que sobresale y se distingue en sus respectivos campos de acción o profesión. Deben aprender de Pablo, cuya única ambición era agradar al Señor. No deben tener ninguna otra aspiración más que ésta. Toda ocupación mundana deberá hacerse a un lado. Ya no deben tener la aspiración de ser grandes o sobresalientes, sino que deben aspirar únicamente a servir al Señor en Su presencia.

V. LA GLORIA DEL SACERDOCIO

En los primeros años de mi vida cristiana, siempre me parecía una tarea muy difícil exhortar a los nuevos creyentes a servir a Dios. Parecía que tenía que esforzarme para convencerlos y pensaba que tenía que rogarles y suplicarles a que sirvieran a Dios. Pero la perspectiva que Dios tiene es totalmente diferente de la nuestra. Dios despojó del sacerdocio a los israelitas cuando éstos pecaron. A los ojos de Dios, el servicio constituye un gran privilegio y un alto honor. Si un hombre cae en degradación o se desvía, Dios le quita el sacerdocio. Dios no tiene la menor intención de persuadir al hombre para que le sirva ni de rogarle a que le sirva. Él no tiene la intención de contar con la aprobación del hombre. El ser llamado para ser un sacerdote de Dios es una gloria para el hombre, no para Dios.

A. Dios nos honra cuando nos llama al sacerdocio

Aquellos que ofrecieron fuego extraño en el Antiguo Testamento fueron consumidos por el fuego. Algunos murieron cuando entraron al lugar santo; otros murieron cuando trataron de ofrecer sacrificios a Dios. Dios no permitió que nadie, salvo los sacerdotes, se acercara a Él. A los ojos de Dios, el sacerdocio es una responsabilidad que Él le ha dado al hombre. Al llamar al hombre al sacerdocio, Dios le confiere gloria y honra, y también lo eleva a una posición superior. Aquella persona que tomaba voluntariamente el sacerdocio conforme a su propia voluntad, moría. Uza, que extendió su mano para impedir que el arca cayera, inmediatamente murió fulminado.

B. Las personas necias estiman que servir es hacerle un favor a Dios

Hay muchas personas que creen que le hacen un favor a Dios cuando se ofrecen a Él. En décadas pasadas, siempre me he sentido muy incómodo cuando en ciertas reuniones de avivamiento los predicadores imploraban a los creyentes que se entregaran a servir a Dios. Algunos dan una pequeña cantidad de dinero a Dios y piensan que le están haciendo un favor especial. Muchos se ofrecen para servir a Dios y piensan que de esa manera lo honran. Otros piensan que rinden un gran honor a Dios cuando abandonan una insignificante posición en el mundo. En sus corazones es como si dijeran: "¡Yo, una persona tan importante, me entrego para servir a Dios hoy!". Abandonan su insignificante posición y creen que con ello exaltan al Señor. ¡Pero esto es ceguera! ¡Esto no es más que insensatez y tinieblas!

C. Servir a Dios es nuestro más grande honor

Si el Dios de los cielos nos llama a ser Sus sacerdotes, deberíamos recibir tal llamado postrados de rodillas ante Él. Éste es nuestro mayor honor. Dios nos ha elevado a una posición superior. No estamos diciendo que podemos darle algo a Dios, sino que no existe mayor honra que el hecho de que Dios acepte lo que le ofrecemos. ¡Qué inmenso honor que personas como nosotros puedan servir a Dios! ¡Esto es la gracia pura! ¡Esto ciertamente es el evangelio! No es solamente el evangelio que proclama la salvación de Jesús, sino el evangelio que también proclama que personas como nosotros podemos servir a Dios. Ciertamente éste es el evangelio, un gran evangelio.

VI. DEBEMOS DEFENDER EL SACERDOCIO

A. Sin el sacerdocio universal, no hay iglesia

Hoy, en la iglesia, el sacerdocio ya no está restringido a unas cuantas personas, pues ha venido a ser un sacerdocio universal. La nación de Israel fracasó; la iglesia no puede fracasar nuevamente. El fracaso de la nación de Israel radica en que el pueblo de Dios y los sacerdotes de Dios se convirtieron en dos entidades distintas. ¡Que el Señor tenga misericordia de nosotros! ¡Que en la iglesia hoy, no se produzca una separación entre el pueblo de Dios y Sus sacerdotes! En la iglesia, los miembros del pueblo de Dios son Sus sacerdotes. Todos los que conformamos el pueblo de Dios, somos sacerdotes de Dios. Los sacerdotes deben ser tan numerosos como la cantidad de hermanos y hermanas que tengamos en la iglesia. Todos ellos deben venir a Dios para ofrecer sacrificios espirituales y sacrificios de alabanza. Todos deben participar en este servicio espiritual. Éste no es un ministerio selectivo; todos debemos acudir a Dios para servirle. Aquella iglesia que carece de un acceso directo y universal a Dios, no es la iglesia. Por favor, tengan presente que sin el sacerdocio universal no hay iglesia. La nación de Israel fracasó, la iglesia no debe fracasar nuevamente. Durante los pasados dos mil años, no se ha podido recobrar la esfera del sacerdocio hasta el grado de que abarque a todo el pueblo de Dios. Los dos mil años de historia de la iglesia nos muestran que existe una constante separación entre el pueblo de Dios y el ministerio de los sacerdotes. Hemos visto que una y otra vez surge una clase mediadora que se interpone entre Dios y Su pueblo. Esta es la obra y la enseñanza de los nicolaítas.

B. No debemos tolerar más la existencia de una clase mediadora

No debemos tolerar más que exista una clase mediadora entre nosotros y Dios. Ya no debemos aceptar una jerarquía en nuestro medio. No debemos permitir que haya sacerdotes que se interpongan entre Dios y Sus hijos; ya no podemos permitir que exista una clase mediadora. Tenemos que ver lo que es la iglesia. La iglesia es aquel lugar donde cada uno de los hijos de Dios ejerce su sacerdocio. No podemos permitir que una persona o un grupo de personas monopolice el servicio espiritual. Ellos no deben ser las únicas personas mediante las cuales Dios pueda hablar, ni las únicas personas a quienes los demás acuden para que Dios les solucione los problemas espirituales. Esta clase mediadora simplemente no debe de existir en la iglesia.

La controversia que tenemos con las diferentes denominaciones no es un asunto de formalismos externos, sino de contenido interno. Hoy en día hay jerarquías en las denominaciones; es decir, hay un grupo de personas dedicadas a servir a Dios, mientras que los demás tan solo son miembros de "bancas". Un grupo de personas tiene la profesión de servir a Dios, mientras que el resto, los miembros que se sientan en las bancas, aunque también son nacidos de Dios, necesitan acercarse a Dios mediante tales profesionales. Esta práctica jerárquica es tolerada por muchas de las organizaciones que existen en el cristianismo hoy. Pero nosotros no podemos aceptar que exista alguna clase mediadora entre nosotros y Dios. No podemos desdeñar la gracia que le fue dada a la iglesia en el Nuevo Testamento. No podemos desecharla como lo hicieron los israelitas.

C. La clase mediadora es anulada cuando todos sirven

Debemos abolir la clase mediadora. Para lograrlo, cada uno de nosotros debe formar parte de esta clase. Cuando todos llegamos a ser parte de esa clase, la jerarquía desaparece. ¿Cómo podemos hacer de estos tres grupos involucrados solamente dos? ¿Cómo podemos hacer que el tráfico de tres vías se transforme en uno de dos vías? ¿Cómo pueden Dios, los sacerdotes y el pueblo, convertirse en solamente dos? No hay otro modo de hacerlo, excepto por medio de arrodillarse ante el Señor y decir: "Señor, estoy dispuesto a servirte. Estoy dispuesto a ser un sacerdote". Cuando todos los hijos de Dios lleguen a ser Sus sacerdotes, estas tres partes se reducirán a dos.

Las jerarquías proceden del mundo, la carne, la adoración a los ídolos y del amor por este mundo. Así pues, si todos los hermanos le dan la espalda a este mundo y, desde el inicio de sus vidas cristianas, rechazan toda idolatría, entonces todos ellos se ofrecerán a Dios. Podrán decir: "A partir de este día, viviré en la tierra con el único propósito de servir a Dios". Entonces la jerarquía, espontáneamente, desaparecerá entre ellos. Si todos los hermanos se dan cuenta de que su única ocupación consiste en servir a Dios y todos ellos le sirven en coordinación, ¡la clase mediadora desaparecerá!

D. Si somos cristianos, debemos ser sacerdotes

Espero que no permitan que surja entre ustedes clase mediadora alguna. Desde un comienzo sean firmes en esto. La clase mediadora podría resurgir únicamente entre aquellos que caen en degradación o que son disidentes, o entre aquellos que andan a su manera. Ciertamente es normal que entre cristianos derrotados, algunos sirvan al Señor y otros no. Aquellos que no sirven al Señor están dedicados a sus propios asuntos, mientras que los que sirven al Señor toman cuidado de los asuntos espirituales. Los que no sirven al Señor, a lo más, dan algún dinero para sostener a los que sirven al Señor. Probablemente ellos sean empresarios, maestros o doctores; pero todos están dedicados a sus propios asuntos y andan a su manera. Da la impresión de que no tuvieran nada que ver con el servicio a Dios. Ante una situación como ésta, ¿qué tienen que hacer las personas para ser catalogados como cristianos apropiados? Sólo necesitan reservar un tiempo cada semana para asistir a los cultos de adoración. Y si disponen de dinero, bastará con que ofrenden una pequeña porción del mismo. ¡Pero el hacer esto hace del pueblo de Dios y de los sacerdotes dos categorías distintas de personas! Hoy en día debemos darnos cuenta que, o simplemente no somos cristianos o somos aquellos que lo consagran todo absolutamente al Señor. Siempre y cuando seamos cristianos, tenemos que ser sacerdotes para Dios.

VII. EL RECOBRO DEL SACERDOCIO

A. En las primeras iglesias no existía este problema

El mismo peligro que acosó a la nación de Israel, es el que la iglesia ha tenido que enfrentar por los pasados dos mil años. Desde la partida del Señor hasta que se escribió el libro de Apocalipsis y poco después de ese entonces, todos los hijos de Dios eran sacerdotes. Todo el que se consideraba hijo de Dios era sacerdote de Dios. No había problema al respecto. Desde el primer siglo hasta el tercero, no se suscitaron problemas. Se dieron algunos problemas por aquí y por allá aisladamente, pero no de manera global. Aquí y allá algunos hijos de Dios se negaron a asumir sus funciones sacerdotales, pero en general, no se suscitaron problemas al respecto. Siempre y cuando uno fuese hijo de Dios era un sacerdote de Dios.

B. La naturaleza de la iglesia cambió cuando el Imperio Romano acogió al cristianismo

Cuando el Imperio Romano respaldó al cristianismo, muchas personas empezaron a infiltrarse. Cuando alguien creía en el Señor, se le rendía ciertas garantías materiales; se convertía en correligionario del emperador y en hermano del César. En un principio, la orden del Señor había sido: "Devolved, pues, a César lo que es de César, y a Dios lo que es de Dios" (Mt. 22:21). Ahora se le daba a Dios tanto lo que era de César como lo que era de Dios. Ciertamente esto constituyó una gran victoria para la cristiandad. Constantino, el emperador, se convirtió a Cristo. El resultado fue que la iglesia sufrió un cambio gradual, aunque significativo. Los creyentes ya no eran como aquellos que profesaron la fe cristiana en los primeros siglos. Durante los diez períodos de persecución bajo el Imperio Romano, fueron decenas de millares de cristianos los que sufrieron el martirio. No era sencillo pretender ser un cristiano. Pero después las circunstancias cambiaron radicalmente. Se puso de moda convertirse en un creyente que compartía la misma fe que profesaba el emperador y así poder llamarlo "hermano". Cuando se produjo este cambio, muchos decidieron unirse al cristianismo. Como resultado, aunque se aumentó el número de personas, el número de sacerdotes permaneció igual. Es muy fácil infiltrarse en el redil del cristianismo, pero es absolutamente imposible infiltrarse en el servicio de Dios.

C. La separación entre personas espirituales y personas mundanas

La iglesia presenció un cambio radical en el cuarto siglo. Durante ese período, muchos de los que se unieron a la iglesia eran incrédulos o creyentes a medias. Parecían ser creyentes, pero se aferraban a algún poder mundano que tenían en sus manos; no tenían interés en servir al Señor en la iglesia. A lo más, es posible que hayan sido salvos, pero ciertamente no podían servir al Señor. Espontáneamente, algunas personas espirituales empezaron a encargarse de los asuntos de la iglesia, mientras que los demás optaron por decir: "¡Sí, ustedes encárguense de eso! Ustedes sirvan al Señor, y nosotros seremos los seglares". La palabra *seglar* fue introducida en el cuarto siglo. Así pues, algunos atenderían los asuntos terrenales, mientras que otros se encargarían de la obra espiritual. Como resultado, si bien había muchos que servían a Dios, eran muchos más los que dejaron de servirle.

Durante el primer siglo, en la época en que vivieron los

apóstoles, todos los creyentes servían al Señor. A partir del cuarto siglo, los hombres empezaron a decir: "Nosotros solamente somos el pueblo de Dios. Atenderemos nuestros propios asuntos en el mundo y mantendremos nuestra posición en la sociedad. De vez en cuando, daremos algo de dinero y así seremos catalogados como creyentes. Dejaremos que las personas más espirituales atiendan las cosas espirituales por nosotros". Desde ese momento, la iglesia siguió los pasos de la nación de Israel; se dedicó a adorar "el becerro de oro", y estableció una clase mediadora. Todo aquel que pertenecía al pueblo de Dios ya no era un sacerdote. Muchos seguían siendo el pueblo de Dios, pero ya no eran Sus sacerdotes.

En la actualidad, a los clérigos de la Iglesia Católica Romana se les llama sacerdotes. En China y en otras partes se les conoce como padres. Los llamados "padres" son de hecho los sacerdotes. Algunas iglesias nacionales siguieron el ejemplo de la Iglesia Católica Romana y asignaron a sus pastores el título de sacerdotes. Aquellos que se dedican a los asuntos terrenales son llamados el pueblo de Dios, mientras que quienes se encargan de los asuntos espirituales son llamados sacerdotes. La iglesia se dividió en sacerdotes y pueblo.

D. El Señor toma el camino de recobro

Quisiera que todos comprendiéramos que en estos últimos días Dios está haciendo una obra de recobro; Él está adoptando la manera de un recobro. En esta última era, tengo la certeza de que Dios está guiando a Sus hijos a adoptar esta misma postura. Aquí hay una porción del camino que la iglesia necesita recobrar: el sacerdocio universal de los hijos de Dios. Siempre y cuando una persona forme parte del pueblo de Dios, ella debe ser un sacerdote. En nuestros días, hay sacerdotes y en el reino venidero, también habrá sacerdotes. Dios quiere obtener Sus sacerdotes. Él desea que todos los miembros de Su pueblo sean Sus sacerdotes.

VIII. EL SERVICIO DE LOS SACERDOTES

Tan pronto como usted se hace cristiano, se convierte en sacerdote. Si desea hacerse cristiano, tiene que convertirse en un sacerdote. No espere que otra persona vaya a reemplazarlo en esta función. Ser un sacerdote es algo que le corresponde a usted. Entre nosotros no existe ninguna clase mediadora. Nadie se hará cargo de los asuntos espirituales en nuestro lugar. Nadie realizará nuestra labor. No debe existir entre nosotros otra categoría diferente de personas llamada obreros.

A. Toda la iglesia necesita servir

Si Dios tiene misericordia de nosotros, espontáneamente todos los hermanos y hermanas trabajaremos juntos en la predicación del evangelio y en el servicio al Señor. Cuanto más universal sea el sacerdocio, más visible será la iglesia. Cuando el sacerdocio cesa de ser universal, fracasamos, y nuestra senda se corrompe.

B. Dios nos honra
al permitirnos servirle

Somos personas débiles, pobres, ciegas y minusválidas; que el Señor permita que personas como nosotros lleguen a ser sacerdotes, constituye un gran honor para nosotros. En el Antiguo Testamento, tales personas no podían ser sacerdotes. Todos aquellos que eran minusválidos, todos los que eran cojos o tenían algún defecto físico, no podían ser sacerdotes. Sin embargo, hoy las personas más viles, inmundas, ciegas y minusválidas ¡han sido llamados por Dios para que sean sacerdotes! Él es el Señor. Ya he dicho esto antes y lo reitero: debiéramos estar deseosos de poder consagrarnos al servicio de Dios, aun si para ello fuera necesario arrastrarnos a Sus pies para implorarle que nos permita servirle. Debemos regocijarnos de poder doblar nuestras rodillas para rogar por semejante honor. Yo estoy dispuesto a arrodillarme ante el Señor y suplicarle a Él: "Señor, quiero servirte. Me ofrezco con alegría para Tu servicio. Tú me honras al permitirme acudir a Ti". Ser un sacerdote equivale a acercarse a Dios. Ser sacerdotes significa que no hay distancia entre nosotros y Dios, sino que podemos tener acceso directo sin tener que esperar por nadie. Ser sacerdotes significa que podemos tener contacto con Dios por nosotros mismos.

C. El reino de Dios se hace realidad cuando todos sirven

Si un día todos los hermanos y hermanas de todas las iglesias se dedican a realizar su servicio, el reino de Dios estará entre nosotros. Éste será un reino de sacerdotes, ya que todas las personas serán sacerdotes. Esto es glorioso. Anhelo ver el día en que todos los ídolos sean quitados de entre nosotros. Para lograr esto, es necesario que en la presencia del Señor estemos dispuestos a pagar cualquier precio. Los levitas pagaron un precio; fueron fieles al hacer a un lado todo afecto personal. Sólo esta clase de persona podrá tener una porción en el sacerdocio.

D. La base del sacerdocio: ser aceptos ante Dios

Para poder entender cabalmente el sacerdocio, debemos entender cómo se relacionaba Dios con los sacerdotes del Antiguo Testamento. Es un asunto de gran importancia para Dios el hecho de permitirle a una persona que se acerque a Él y no muera. Solamente los sacerdotes podían comer el pan de la proposición, servir en el altar y entrar en el lugar santo. Y sólo ellos podrían ofrecer sacrificios. Si otros entraban en el lugar santo, morían. El sacerdocio, pues, se basa en la aceptación de Dios. Puesto que Dios ya nos aceptó, ¿acaso no podemos nosotros entrar allí también? Anteriormente, cualquiera que se atreviera a entrar, podía morir, pero hoy en día, Dios nos dice: "¡Puedes acercarte!". Cuán extraño sería si después de ello, aún nos sintiéramos reacios de acercarnos.

E. La misericordia de Dios nos hace aptos para servir en la gracia

Es necesario que el Señor abra nuestros ojos. Es sólo por la gracia en su mayor expresión que a una persona se le otorgue el privilegio de servir al Señor. Aquellos que verdaderamente conocen la voluntad de Dios dicen: "La gracia que me permite servir a Dios es mayor que la gracia que me condujo a la salvación". El perro que está debajo de la mesa puede comer las migajas, pero jamás podrá servir en la mesa. Ser salvo por gracia es relativamente simple, pero no todos pueden servir por gracia. Hoy en la iglesia, todo el que es salvo por gracia también puede servir. Es una insensatez no considerar esto como una gracia espléndida.

F. Debemos rechazar el principio bajo el cual existe una clase mediadora

La cristiandad actual reconoce la presencia de una clase mediadora. Tal como se manifiesta en la actualidad, el cristianismo incluso divide a los sacerdotes de Dios y el pueblo de Dios en dos categorías de personas. Anhelamos ver el día en que no haya jerarquía entre nosotros. Es posible que una o dos personas en la iglesia caigan en dicho error. Con todo, eso no altera el principio correcto. Hoy está de moda en el cristianismo hacer concesiones en cuanto a los principios. En esencia, el cristianismo presente ha caído y ha tomado el camino de los israelitas; es decir, el pueblo de Dios y los sacerdotes han venido a ser dos categorías de personas. ¡Quiera Dios que nosotros no caigamos en tal sistema!

CAPÍTULO CUARENTA Y NUEVE

EL CUERPO DE CRISTO

Lectura bíblica: Ef. 1:23; 4:11-13; 5:29-30; Gn. 2:21-24; 1 Co. 10:16-17; 12:12-30; Ro. 12:4-8

I. LA IGLESIA PROCEDE DE CRISTO

Génesis 2 nos muestra que Dios tomó una costilla de Adán y con ella hizo a Eva. Esto tipifica la relación que existe entre Cristo y la iglesia. Tal como Eva procede de Adán, la iglesia procede de Cristo. Fue de Adán que Dios formó a Eva; asimismo, es de Cristo que Dios creó a la iglesia. Dios no sólo nos ha dado la gracia, el poder y la naturaleza de Cristo, sino que Él también nos ha dado el Cuerpo de Cristo. Dios nos ha dado Sus huesos, Su carne y Su persona misma, de la misma forma en que Él le dio a Eva una costilla de Adán. Entonces, ¿qué es la iglesia? La iglesia procede de Cristo. La Biblia nos muestra que Cristo es la Cabeza de la iglesia y que la iglesia es el Cuerpo de Cristo. En forma individual, todos los cristianos son miembros del Cuerpo de Cristo y proceden de Cristo.

Es importante que nos percatemos de una cosa: El Cuerpo de Cristo está en la tierra, pero no es una entidad terrenal. Es una entidad celestial, pero está en la tierra. Cuando Saulo perseguía a la iglesia, camino a Damasco el Señor Jesús le dijo: "Saulo, Saulo, ¿por qué me persigues?" (Hch. 9:4). Lo que el Señor dijo fue muy extraño. Él no dijo: "Saulo, Saulo, por qué persigues a Mis discípulos", sino: "Saulo, Saulo, ¿por qué me persigues?". El Señor no dijo: "Por qué persigues a Mi iglesia", sino: "Saulo, Saulo, ¿Por qué me persigues?". Esto le mostró a Pablo que la iglesia y Cristo son una unidad. La iglesia es una con Cristo, al punto que cuando alguno es hostil o persigue a la iglesia, en realidad, persigue a Cristo. Esto también nos muestra que el Cuerpo de Cristo está en la tierra; si estuviera en los cielos, nadie podría perseguirlo. Puesto que el Cuerpo de Cristo está en la tierra, Pablo pudo perseguirlo. Debido a que el Cuerpo de Cristo es la iglesia que está en la tierra, al perseguir a la iglesia, Pablo perseguía al Señor mismo. Muchos dicen que la manifestación del Cuerpo de Cristo es algo que ocurrirá en los cielos. Afirman que uno tiene que esperar hasta que esté en el cielo para presenciar la manifestación del Cuerpo de Cristo. De ser así, la persecución que Pablo desató en contra de la iglesia no podría haber sido considerada como una persecución en contra del Señor. Pero el Señor dijo que, al perseguir a la iglesia, Saulo lo estaba persiguiendo a Él. Por ende, el Cuerpo de Cristo se manifiesta en la tierra, no en los cielos. La iglesia, que es el Cuerpo de Cristo, está en la tierra; nosotros tenemos que expresar a este Cuerpo mientras estamos aquí en la tierra. Si bien la Cabeza está en los cielos, el Cuerpo y la Cabeza son uno. El Cuerpo que está en la tierra y la Cabeza que está en los cielos forman una sola entidad. Por lo tanto, perseguir al Cuerpo es perseguir a la Cabeza. Perseguir a la iglesia equivale a perseguir al Señor. Los dos son uno y es imposible separarlos.

Quizá algunos se pregunten: "¿En los días de Pablo, cómo se podía expresar el Cuerpo de Cristo en la tierra? Desde el tiempo en que Pablo vivió en la tierra hasta ahora, han transcurrido mil novecientos años. Cada año, un sinnúmero de personas en todo el mundo es salva y añadida al Cuerpo de Cristo. Muchos más se añadirán en los días y años por venir. ¿Cómo entonces la iglesia del tiempo de Pablo pudo ser llamada el Cuerpo de Cristo?". Un hermano del siglo diecinueve nos dio una muy buena respuesta. Él dijo que la iglesia es como un ave. Cuando recién sale del cascarón, las plumas no se han desarrollado bien, y aun así, podemos decir que es un ave. Cuando crece, se continúa diciendo que es un ave. Las plumas le salen espontáneamente, no son traídas de otra parte. El crecimiento y la madurez del ave son el resultado de la operación interna que es propia de la vida de dicha ave. Es así como la iglesia crece hoy. Aunque la iglesia que Pablo perseguía estaba en su infancia, de todos modos era el Cuerpo de Cristo. Desde entonces y hasta el día de hoy, nada externo le ha sido añadido; sencillamente ha madurado. Si bien hoy, en lo que respecta a su tamaño, la iglesia en la tierra es muy pequeña; no obstante, es perfecta en sí misma. Todo el crecimiento de la iglesia se gesta en el interior de ella misma; su crecimiento procede de Cristo. Hoy, la iglesia que está en la tierra es el Cuerpo de Cristo. Aparentemente, los que son salvos son añadidos a la iglesia, pero en lo que concierne a la realidad espiritual, jamás ninguna persona se ha integrado a la iglesia. El Cuerpo de Cristo crece por sí mismo y a partir de sí mismo. Este crecimiento continuo procede de la Cabeza. La iglesia es simplemente la extensión del Cuerpo de Cristo aquí en la tierra. La iglesia mora en la tierra, pero procede de la Cabeza celestial. Al mismo tiempo, la iglesia es un Cuerpo que está en unidad con la Cabeza.

Debemos tener bien en claro lo que es la iglesia a los ojos de Dios. Ella es el Cuerpo de Cristo. Por consiguiente, nada que sea más reducido que el Cuerpo podrá ser la base para la formación de una iglesia. No podemos establecer una iglesia basándonos en doctrinas, ni en sistemas, ni en ritos. Tampoco podemos establecer una iglesia tomando como base el nombre de un fundador o un determinado lugar de origen, pues todas estas cosas son más pequeñas que el Cuerpo de Cristo. Si deseamos establecer una iglesia en una localidad, tenemos que aprender a permanecer firmes en el terreno del Cuerpo. Tenemos que recibir y aceptar a todos aquellos miembros del Cuerpo de Cristo que tienen comunión en el Cuerpo de Cristo. Todo aquel que está en el Cuerpo y pertenece al Cuerpo, es un hermano o hermana en la iglesia. Si nos mantenemos firmes en la posición que corresponde al Cuerpo de Cristo, es probable que nuestro número sea muy reducido, pero contaremos con la base necesaria para formar la iglesia. Sin embargo, si no permanecemos firmes en nuestra posición como Cuerpo de Cristo, no tendremos la base requerida para formar una iglesia, aun cuando podamos ser muy numerosos.

Si en una localidad se establece una iglesia cuya base es el Cuerpo de Cristo, nadie debe separarse de ella para establecer otra iglesia aduciendo diferencias en cuanto a sus doctrinas, sus puntos de vista o sus opiniones. La base de la iglesia es el Cuerpo de Cristo. El deseo de defender cierta doctrina no es una base legítima para formar una iglesia. Si la base de la primera "iglesia" no es el Cuerpo de Cristo, obviamente uno podrá establecer allí una iglesia que tenga como base el Cuerpo de Cristo. Pero si la base de la primera iglesia es en verdad el Cuerpo de Cristo, debemos mantenernos en comunión con ella. No podemos salir de ella y formar otra "iglesia" que sea nuestra.

Una iglesia local debe incluir a todos los hijos de Dios que viven en esa localidad. La iglesia toma el Cuerpo de Cristo como su unidad fundamental. Si hay hermanos y hermanas que no desean venir, eso es problema de ellos. La iglesia no debe imponer ninguna condición a nadie, aparte de la necesidad de reconocer el Cuerpo. El Cuerpo es la única condición requerida para establecer una iglesia. Una iglesia no puede ser más reducida que el Cuerpo de Cristo. En otras palabras, todo el que sea de Cristo debe estar en la iglesia; todo aquel que esté en el Cuerpo de Cristo, no deberá ser rechazado.

Sin embargo, aceptar a alguien que no esté en el Cuerpo de Cristo o recibir a los incrédulos, es extenderse más allá del Cuerpo de Cristo. Tal entidad ya no sería la iglesia de Cristo, sino una organización llena de confusión. En conclusión, cualquier entidad que sea más reducida o más extensa que el Cuerpo de Cristo, no es la iglesia.

II. LA IGLESIA ES UNA EN EL ESPÍRITU SANTO

En 1 Corintios 12:12-13 dice: "Porque así como el cuerpo es uno, y tiene muchos miembros, pero todos los miembros del cuerpo, siendo muchos, son un solo cuerpo, así también el Cristo. Porque en un solo Espíritu fuimos todos bautizados en un solo Cuerpo, sean judíos o griegos, sean esclavos o libres; y a todos se nos dio a beber de un mismo Espíritu".

Ya hemos visto que la iglesia procede de Cristo. Ahora quisiéramos examinar en qué forma la iglesia es una en el Espíritu Santo.

La iglesia procede de Cristo, lo cual nos habla de su origen. Todo cristiano posee una nueva vida. Esta única vida, la vida de Cristo, ha venido a ser millones de cristianos. En Juan 12 se habla del grano de trigo que cae en la tierra y muere, y lleva mucho fruto. Todos los granos que produjo aquel único grano comparten la misma esencia. Un solo grano ha llegado a convertirse en muchos granos, los cuales, a su vez, proceden de ese único grano. ¿Cómo es posible que los cristianos que comparten la misma vida, siendo muchos, puedan llegar a constituir el Cuerpo de Cristo, el cual es uno solo? Aquí es donde interviene la obra del Espíritu Santo. Cristo, siendo uno solo, ha llegado a convertirse en millones de cristianos. Entonces, el Espíritu Santo bautiza en un solo Cuerpo a estos millones de cristianos. Esta es la enseñanza fundamental que se registra en 1 Corintios 12:12-13. El Cuerpo es uno solo; sin embargo, lo conforman muchos miembros. ¿Cómo pueden los muchos miembros llegar a ser un solo Cuerpo? "En un solo Espíritu fuimos todos bautizados en un solo Cuerpo". En otras palabras, el Cuerpo llega a existir por medio del bautismo. Es por medio del bautismo en el Espíritu que los muchos cristianos pueden ser inmersos en un solo Cuerpo. Es como si todos los cristianos fuesen piedras extraídas de una misma roca, y el Espíritu Santo fuese el cemento en virtud del cual esas piedras vuelven a ser reunidas para llegar a ser una sola roca.

El Cuerpo de Cristo mantiene dos principios básicos: primero, aparte de lo que proviene de Cristo, el Cuerpo de Cristo no puede existir; y segundo, aparte de la operación del Espíritu Santo, el Cuerpo de Cristo no puede existir. En primer lugar, tenemos que experimentar el bautismo efectuado por el Espíritu y ser llenos interiormente del Espíritu. A fin de constituir el Cuerpo, todos los hijos de Dios tienen que ser bautizados por el Espíritu. Según Hechos 2, esto fue lo que sucedió el día de Pentecostés. Muchos habían recibido la vida del Señor y llegaron a ser Sus miembros. Luego el Señor los bautizó en un solo Cuerpo por medio del Espíritu Santo. Los que conocen al Señor y al Espíritu Santo también conocerán Su Cuerpo único. Hay muchos miembros en el cuerpo humano, pero la cabeza los gobierna a todos ellos por medio del sistema nervioso. De igual manera, la Cabeza de la iglesia une a los muchos miembros en un solo Cuerpo por medio del Espíritu Santo.

La iglesia procede de Cristo y llega a conformar un solo Cuerpo en el Espíritu Santo. La comunión y la participación mutua entre los cristianos debe basarse en que hemos tomado como base al Cuerpo de Cristo. No tenemos ninguna otra relación aparte de esta. No somos uno porque todos seamos judíos o griegos. Debido a que todos somos miembros del Cuerpo de Cristo, tenemos una comunicación muy íntima los unos con los otros. El Cuerpo es la base de nuestra comunión. Nuestra comunión en la iglesia debe estar basada únicamente en el hecho de que en el Cuerpo, somos miembros los unos de los otros. No debemos mantener ninguna comunión que se base en ningún otro fundamento. Cualquier comunión que se tenga fuera del Cuerpo de Cristo es una división. Cualquier comunión que no sea tan amplia como el Cuerpo mismo y que, en efecto, sea inferior al Cuerpo de Cristo, no es la comunión del Cuerpo de Cristo. Toda delimitación que sea diferente de la que posee el Cuerpo, aun cuando no contradiga los límites del Cuerpo, es un estorbo para los límites que posee el Cuerpo. Tal variación de límites siempre representará un obstáculo para la comunión del Cuerpo. No podemos aceptar ninguna comunión que sea diferente del Cuerpo. Estamos aquí para mantener la comunión de los cristianos, la comunión del Cuerpo, y no para crear una comunión que sea más reducida que el Cuerpo mismo.

III. EL SERVICIO EN EL CUERPO

En 1 Corintios 12:14-21 dice: "Porque el cuerpo no es un solo miembro, sino muchos. Si dice el pie: Porque no soy mano, no soy del cuerpo, no por eso deja de ser del cuerpo ... Si todo el cuerpo fuese ojo, ¿dónde estaría el oído? Si todo fuese oído, ¿dónde estaría el olfato? Mas ahora Dios ha colocado los miembros cada uno de ellos en el cuerpo, como Él quiso. Porque si todos fueran un solo miembro, ¿dónde estaría el cuerpo? Pero ahora son muchos los miembros, pero el cuerpo es uno solo. Ni el ojo puede decir a la mano: No te necesito, ni tampoco la cabeza a los pies: No tengo necesidad de vosotros". Y se añade en los versículos 28-30: "Y a unos puso Dios en la iglesia, primeramente apóstoles, en segundo lugar profetas, en tercer lugar maestros, luego obras poderosas, después dones de sanidad, ayudas, administraciones, diversos géneros de lenguas. ¿Son todos apóstoles? ¿son todos profetas? ¿son todos maestros? ¿hacen todos obras poderosas? ¿tienen todos dones de sanidad? ¿hablan todos en lenguas? ¿interpretan todos?". En el Cuerpo de Cristo hay muchos miembros a los cuales el Espíritu Santo les imparte toda clase de dones y ministerios según lo necesite el Cuerpo. El Señor concede a los miembros diferentes clases de dones y ministerios con el fin de suplir la necesidad de todo el Cuerpo. El Señor sabe que Él no hará que todo el Cuerpo sea sólo ojos u oídos. El Señor da a los miembros diferentes dones y ministerios como un suministro para todo el Cuerpo. Así como el cuerpo humano necesita todos sus miembros, la iglesia necesita las diferentes clases de dones y ministerios en el servicio espiritual. Algunos sirven en el ministerio de la Palabra, otros realizan obras poderosas; algunos ejercen el don de sanidad, otros ayudan; algunos hablan en lenguas y otros interpretan, etc. La iglesia debe darle a todos los hermanos y hermanas amplia oportunidad para servir. Todos los miembros, incluyendo los menos decorosos, son útiles en el ministerio del Espíritu. Es imposible que el Cuerpo tenga un miembro inútil. Todo hermano y hermana es miembro del Cuerpo y, como tal, posee su propia función y servicio. Siempre y cuando usted sea cristiano, usted es un miembro del Cuerpo de Cristo y, como tal, debe desempeñar su propio servicio delante de Dios. Debemos honrar la práctica del servicio universal. Todo cristiano debe tener su respectiva función y debe servir al Señor según la misma.

Todos los miembros de la iglesia deben descubrir en qué pueden servir. Todos deben servir, y nadie debe crear un monopolio. Un miembro, o unos cuantos, no deben hacer todas las cosas, reemplazando así a los demás. Cualquier sistema que no garantice a todos los miembros la oportunidad de desempeñar su función, ciertamente no es del Cuerpo. En el cuerpo físico, los ojos, la boca, los pies y las manos pueden estar muy ocupados; sin embargo, jamás se contradicen entre ellos. Algo anda mal cuando sólo los ojos desempeñan su función, mientras la boca, los pies y las manos no lo hacen. Si los ojos, la boca, los pies y las manos operan conjunta y coordinadamente como una sola entidad, esto es el cuerpo. Pero si sólo algunos sirven y otros no, o si solamente uno o unos cuantos sirven, esto no es el Cuerpo de Cristo. Debemos entender claramente este principio.

Romanos 12:4-8 dice: "Porque de la manera que en un cuerpo tenemos muchos miembros, pero no todos los miembros tienen la misma función, así nosotros, siendo muchos, somos un solo Cuerpo en Cristo y miembros cada uno en particular, los unos de los otros. Y teniendo dones que difieren según la gracia que nos es dada, si el de profecía, profeticemos conforme a la proporción de la fe; o si de servicio, seamos fieles en servir; o el que enseña, en la enseñanza; el que exhorta, en la exhortación; el que da, con sencillez; el que preside, con diligencia; el que hace misericordia, con alegría".

Otro aspecto al cual se le debe prestar especial atención en el Cuerpo es el hecho de que cada miembro recibe una gracia y un don que son distintos de los demás. El pasaje de 1 Corintios 12 hace hincapié en el ministerio de la palabra y en los dones milagrosos. El pasaje de Romanos 12, además de hablar del ministerio de la palabra, menciona que existen ministerios de otros servicios en la iglesia. Hay quienes dan, algunos presiden y otros hacen misericordia. Todo esto podría ser considerado como la labor que es propia de los levitas. Estos son servicios que conciernen a los asuntos prácticos.

Romanos 12 nos muestra que todo aquel que tiene algún don, debe desempeñar su función en conformidad con el don que Dios le haya dado, sea en el ministerio de la Palabra o en el servicio. El que tiene el don de profecía, debe profetizar; el que tiene el don del servicio, que sirva; el de la enseñanza, que enseñe; el de la exhortación, que exhorte; el que tiene el don de dirigir, que presida con diligencia en la iglesia. En otras palabras, todos deben servir. Todos deben tener un servicio específico y deben ser fieles en dicha función. Cada uno, delante de Dios, debe saber qué puede hacer y cuál es el don que ha recibido del Señor. Tal conocimiento deberá dirigir a dicha persona a cumplir, específicamente, una determinada función. Nadie debe sobrepasar los límites de su propia función, ni debe asumir el servicio que le corresponde a otros. Ningún miembro debe tomar el lugar de otro, y ninguno debe renunciar a ejercer su propia función. Todos deben servir juntos, y cada uno debe dedicarse por entero a su propia labor. De esta manera, el Cuerpo de Cristo será expresado.

El Cuerpo no puede permitir que ningún miembro descuide

su deber. Si el ojo no puede ver, todo el Cuerpo queda en tinieblas. El Cuerpo entero no podrá andar, si los pies se niegan a caminar. Los ojos deben ver, y los pies deben andar. Aunque el don que usted recibió de Dios sea pequeño, usted no debe ocultarlo. Aunque sólo sea un talento (Mt. 25:14-30), no debe guardarlo ni descuidarlo. Sea el don pequeño o grande, sean "cinco talentos", "dos talentos" o "un talento", tiene que usar lo que recibió y servir en conformidad con lo que recibió. Si se niega a darse a este servicio y entierra su talento, la iglesia sufrirá. El Cuerpo sufrirá gran pérdida si unos cuantos miembros del Cuerpo rehúsan desempeñar sus respectivas funciones.

No es fácil encontrar miembros de cinco talentos en la iglesia, pero todo hijo de Dios, no importa cuán pequeño sea su don, tiene por lo menos un talento. Si todos los de un talento toman la determinación de servir, serán más eficaces que aquellos pocos que tienen cinco talentos. Si todos los que tienen un talento toman la determinación de servir, la iglesia ciertamente florecerá. Todos los que poseen un talento deben levantarse a servir. Si la iglesia prospera o no, depende de si los de un solo talento se levantan a servir. Si sólo unas cuantas personas se dedican a laborar y a trabajar, eso no es la iglesia. Pero si todos los hermanos y hermanas sirven y laboran, se producirá el servicio de la iglesia y las funciones del Cuerpo. Ya no es posible que unos cuantos miembros asuman las funciones de todo el Cuerpo de Cristo. Espero que todos aquellos que tengan "un talento" lo desentierren. Todo aquel que tiene la "mina", debe tener presente que el pañuelo es para secar el sudor de su frente y no para envolver la mina (Lc. 19:20). Debemos aprender a servir según nuestras habilidades. Cuando todos se levanten a servir, y ninguno transfiera su propia responsabilidad a otro, entonces se tendrá la iglesia.

IV. LA EDIFICACIÓN DEL CUERPO

Efesios 4:11-13 dice: "Y Él mismo dio a unos como apóstoles, a otros como profetas, a otros como evangelistas, a otros como pastores y maestros, a fin de perfeccionar a los santos para la obra del ministerio, para la edificación del Cuerpo de Cristo, hasta que todos lleguemos a la unidad de la fe y del pleno conocimiento del Hijo de Dios, a un hombre de plena madurez, a la medida de la estatura de la plenitud de Cristo".

Las personas de las que se habla aquí son ligeramente diferentes de las que se mencionan en Romanos 12 y en 1 Corintios 12. Estas personas son los ministros de la Palabra. Cuando Dios dio a la iglesia los ministros de la Palabra, Su intención era la edificación del Cuerpo de Cristo. Los ministros de la Palabra tienen un lugar especial en la edificación del Cuerpo de Cristo. Para que el Cuerpo de Cristo sea edificado, debemos pedir a Dios que haya más ministros de la Palabra.

Al mismo tiempo, la iglesia debe proveer amplias oportunidades a los nuevos creyentes para que se manifiesten y descubran si son ministros de la Palabra. No debemos poner obstáculos a los dones que Dios les haya dado. No debemos privarlos de la oportunidad de manifestarse como ministros de la Palabra. A fin de que el Cuerpo de Cristo sea edificado, es necesario que la iglesia le pida a Dios que dé más ministros de la Palabra. Además, la iglesia debe proveer amplia oportunidad a cada miembro para que se manifieste como ministro de la Palabra.

V. EL TESTIMONIO DEL CUERPO

En 1 Corintios 10:16-17 dice: "La copa de bendición que bendecimos, ¿no es la comunión de la sangre de Cristo? El pan que partimos, ¿no es la comunión del cuerpo de Cristo? Siendo uno solo el pan, nosotros, con ser muchos, somos un Cuerpo; pues todos participamos de aquel mismo pan".

La iglesia es el Cuerpo de Cristo. Por consiguiente, su misión en la tierra es ser la expresión de ese Cuerpo y manifestar la unidad del Cuerpo. Así pues, la iglesia debe mostrar a los hombres que el Cuerpo es uno solo. La iglesia no tiene que esperar hasta llegar al cielo para expresar la unidad del Cuerpo. La iglesia expresa la unidad del Cuerpo de Cristo mientras está aquí en la tierra.

"Siendo uno solo el pan, nosotros, con ser muchos, somos un Cuerpo". El Nuevo Testamento le da especial importancia al partimiento del pan. Siempre que nos reunimos en el día del Señor para partir el pan y recordar al Señor, reconocemos que el cuerpo del Señor fue partido por nosotros. Además, expresamos que el Cuerpo es uno. El partimiento del pan representa el hecho de que nuestro Señor, en la cruz, se entregó por nosotros en amor; la unidad hace referencia a la unión que hay entre los hijos de Dios. Cada día del Señor, cuando acudimos al Señor, reconocemos que Su cuerpo fue partido por nosotros y que todos los hijos de Dios son uno. Por un lado, damos testimonio de que el cuerpo del Señor fue partido por nosotros; por otro, testificamos que la iglesia es el Cuerpo de Cristo y que dicho Cuerpo es uno solo. Aunque somos muchos, somos un solo pan y un solo Cuerpo, y así expresamos la unidad. Todo aquel que entiende lo que es el Cuerpo de Cristo, ofrece este testimonio en el día del Señor, ya que ese día testifica que hay un solo pan. A los ojos de Dios, este pan es el centro de todas las reuniones. Los hijos de Dios deben reunirse con el fin de partir el pan y de tener comunión mutua. Cuanto mejor uno conozca el Cuerpo de Cristo, más dará testimonio de la unidad del Cuerpo por medio del partimiento del pan. El partimiento del pan es un recordatorio de la muerte del Señor y una expresión de la unidad del Cuerpo. "Siendo uno solo el pan, nosotros, con ser muchos, somos un Cuerpo". Hacemos esto para mostrarle al mundo, al universo y a toda la creación que ¡la iglesia es un solo Cuerpo!

Que el Señor nos conceda Su gracia y nos muestre claramente que la base sobre la cual se forma la iglesia es el Cuerpo de Cristo. En el Cuerpo, somos miembros los unos de los otros. Mediante el bautismo del Espíritu, somos constituidos un solo Cuerpo. Por tanto, nuestra comunión se debe basar exclusivamente en el Cuerpo de Cristo. En el Cuerpo, todos los miembros poseen su propia función y todos ellos deben servir. Por el bien de la iglesia, debemos pedirle a Dios que nos dé más ministros de la Palabra, esto es, ministros que perfeccionen a los santos para la obra del ministerio, para la edificación del Cuerpo de Cristo. Además, mediante el partimiento del pan, nosotros debemos dar expresión al testimonio de la unidad del Cuerpo de Cristo. ¡Qué Dios nos bendiga a todos nosotros!

CAPÍTULO CINCUENTA

LA AUTORIDAD DE LA IGLESIA

En este capítulo abordaremos el tema de la autoridad de la iglesia.

I. DIOS DETERMINÓ QUE LA AUTORIDAD FUESE EL PRINCIPIO GOBERNANTE EN SU ADMINISTRACIÓN DEL UNIVERSO

Cuando Dios creó el universo, Él estableció que la autoridad fuese el principio gobernante en Su administración del universo. Sólo Él es la máxima autoridad. Él también es el origen de toda autoridad. Bajo Él había algunos arcángeles, y a su vez, otros ángeles estaban sujetos a ellos. En los libros de Jeremías e Isaías se nos muestra que en aquellos tiempos había otras criaturas vivientes sobre la tierra. Este era el orden original según el cual Dios había gobernado el universo. No solamente los hombres existían en virtud de la autoridad divina, sino incluso las estrellas del universo, la tierra y toda criatura viviente existía en virtud de Su autoridad. Mediante Su palabra de autoridad, Dios estableció leyes naturales, las cuales rigen sobre toda criatura viviente y todo elemento natural. Así pues, la autoridad es crucial para todo el universo. Si cualquier objeto o criatura actuara en contra de las leyes ordenadas por Dios, el universo entero se sumergiría en confusión.

II. LA HISTORIA DE LA REBELIÓN EN EL UNIVERSO

A. La rebelión del arcángel

¿Qué sucedió después de la creación de Dios? Sabemos que el mundo que antes existía se degradó cuando Satanás, el arcángel nombrado por Dios, trató de exaltarse a sí mismo.

Este arcángel dijo en su corazón: "Subiré al cielo; / Levantaré mi trono. / ... Y seré semejante al Altísimo" (Is. 14:13-14). La rebelión de Satanás no estaba en contra de nada más que la autoridad. Él quería ser igual a Dios. Él deseaba exaltarse a sí mismo para ser Dios. Él no pensó que ser señor sobre todo al estar sujeto a Dios era suficiente para él. Él se rebeló en contra de la autoridad de Dios e intentó usurpar Su autoridad. Como resultado de ello, la estrella de la mañana se convirtió en Satanás; el ángel de luz se convirtió en el diablo. Esto sucedió antes que el hombre fuese creado.

B. La primera rebelión del hombre

1. Lo dispuesto por Dios para el hombre

Después de que Dios creó al hombre, lo puso en el huerto del Edén. Dios dispuso todas las cosas y designó las autoridades en el mundo. Él creó primero al hombre y después a la mujer; Él creó primero al esposo y después a la esposa. La intención de Dios era que Eva se sujetara a Adán y que Adán se sujetara a Él. En este arreglo, Dios estaba estableciendo el fundamento para que los hijos obedecieran a sus padres, los esclavos a sus amos y los ciudadanos a sus gobernadores y reyes. Dios arregló las cosas de una manera definida. Él estableció la autoridad en el universo.

2. La tentación y la corrupción que introdujo Satanás

Después vino Satanás y tentó al hombre en el huerto del Edén. Por medio de la tentación, Satanás indujo al hombre no solamente a pecar, sino también a subvertir la autoridad establecida por Dios. Dios dispuso que la mujer obedeciera al varón, pero en el huerto del Edén, el hombre hizo caso a la mujer. Dios dispuso que Adán fuese la cabeza, pero en el huerto del Edén, Eva tomó el liderazgo. Ella enseñó, tomó decisiones e hizo sugerencias. El resto de la humanidad todavía no había nacido, sólo Adán y Eva estaban presentes. La única regla era que la mujer debía someterse al varón. La esposa debe someterse al esposo. Pero debido a Satanás, este arreglo único fue inmediatamente quebrantado.

3. La caída y rebelión del hombre

Aunque únicamente dos personas se rebelaron en esta catástrofe, en realidad, todo el mundo se rebeló. No solamente la autoridad del varón sobre los hombres fue derrocada, sino que incluso la autoridad de Dios sobre el varón fue también derrocada. Satanás les dijo que el día que ellos comiesen del fruto del árbol, serían como Dios, y que Dios les había prohibido comer del árbol de la ciencia del bien y del mal para que no llegaran a ser iguales a Él. Así pues, hubo dos rebeliones: una fue la rebelión del hombre en contra de la autoridad designada por Dios entre los hombres. La otra fue la rebelión del hombre en contra de la propia autoridad de Dios. En otras palabras, la autoridad directa de Dios fue derrocada así como también lo fue Su autoridad delegada. El hombre no se sujetó a Dios. El hombre creyó que podría llegar a ser igual que Dios al hacer lo que hizo. De este modo, la autoridad de Dios fue derrocada. El hombre quería ser Dios mismo, quiso derrocar la autoridad divina.

Eva debió haberse sometido a Adán. Ella debió haber consultado con Adán acerca de todo, pero no le consultó. En lugar de consultarle, se puso a considerar y tomó una decisión. Ella tomó la iniciativa en pecar. Les ruego que tengan presente que la independencia de pensamiento es el primer paso hacia el pecado. Si una persona rehúsa aprender de la autoridad designada y delegada por Dios, y jamás presenta sus asuntos ante Dios, y en lugar de ello desarrolla sus propios pensamientos, considerando únicamente lo que es agradable a sus ojos, lo que es bueno para comer y lo que es codiciable para alcanzar la sabiduría, entonces dicha persona no sólo se está rebelando en contra de Dios, también se está rebelando en contra de la autoridad que Él designó sobre la tierra. Este único acto de trasgresión en el huerto del Edén al mismo tiempo derrocó dos clases de autoridad: la autoridad delegada de Dios y la autoridad directa de Dios.

4. El hombre sigue a Satanás para llevar una vida de desobediencia

La historia del huerto del Edén fue una repetición de la

historia de Satanás. Satanás quería encumbrarse a sí mismo a fin de ser igual a Dios. Además, él tentó al hombre para que se encumbrase a sí mismo, a fin de ser igual a Dios. En el primer paraíso, el brillante querubín se rebeló. En el segundo paraíso, el hombre se rebeló. Desde aquel día, el hombre ha estado andando por el camino de la desobediencia. Romanos 5 nos dice que por medio del delito de uno, resultó la condenación para todos los hombres (v. 18), y que por la desobediencia de un hombre, los muchos fueron constituidos pecadores (v. 19). Recuerden que a los ojos de Dios, lo sucedido en el huerto del Edén no sólo constituía un delito, sino también un acto de desobediencia. No debemos de pensar que en el huerto del Edén únicamente hubo pecado, sino que también hubo desobediencia. El pecado entró en el mundo por medio de la desobediencia de un hombre. Desde ese día, el hombre ha estado viviendo bajo el principio de la desobediencia.

C. La rebelión de la humanidad después del diluvio

1. Dios dispuso el gobierno humano después del diluvio

En la época del diluvio, Dios designó a ciertos hombres como gobernadores. Ese fue el comienzo del gobierno humano. Desde los tiempos de Adán hasta los tiempos del diluvio, no hubo gobiernos sino familias. El gobierno humano fue instituido 1,656 años después de la creación. Una vez instituido el gobierno, la autoridad ya no sólo reposa sobre la familia, sino también sobre el gobierno. "El que derramare sangre de hombre, por el hombre su sangre será derramada" (Gn. 9:6). Este fue el comienzo del gobierno.

2. La rebelión de las naciones

Después del diluvio, Cam se rebeló contra la autoridad de su padre (Gn. 9:20-27). Entonces, Dios estableció las naciones. Pero los pueblos de las diversas naciones se unieron y edificaron la torre de Babel para sí mismos. Si bien ellos no se rebelaron unos contra otros, ellos se unieron para rebelarse en contra de Dios. En el huerto del Edén, tanto el individuo como la familia se rebelaron en contra de Dios, pero en la torre de Babel, las naciones se rebelaron contra Él. El propósito del hombre era edificar una torre que llegara a los cielos y le permitiera subir a lo alto para tomar el lugar de Dios. Dios preparó piedras en la tierra, pero el hombre preparó ladrillos, falsificando las piedras de Dios. La humanidad hizo ladrillos y edificó una torre para sí misma. El hombre intentó ser igual a Dios. Después del diluvio, las naciones se unieron para rebelarse en contra de Dios.

D. La rebelión de los israelitas

1. Dios eligió a Abraham como un modelo de sumisión

Dios no sólo eligió a Abraham para ser el padre de la fe, sino también para ser un ejemplo de sumisión. En medio de la rebelión de las naciones y la confusión imperante en la torre de Babel, Dios eligió a Abraham no solamente por su fe, sino también por su sumisión. Dios demanda, espera y anhela hallar un hombre que se le sujete. Él anhela encontrar un hombre que, en el día de la rebelión, permanezca firme en el terreno de la sumisión.

No sólo Abraham era un varón sumiso, incluso su esposa era sumisa. No solamente Abraham y Sara eran sumisos a Dios, sino que además, Sara estaba sujeta a Abraham. Sara se sujetó a Dios y aceptó Su autoridad directa. Además, ella aceptó a Abraham como la autoridad delegada de Dios para ella. Tanto el esposo como la esposa estaban sujetos a Dios, y había sujeción entre esposo y esposa, es decir, entre un ser humano y otro también existía la sumisión. Ellos guardaron el principio de la autoridad divina aquí en la tierra. Como resultado, el pueblo de Dios provino de ellos. Así pues, la autoridad de Dios fue la base para elegir al pueblo de Dios.

2. Dios establece la autoridad sobre los israelitas

Dios le dijo a Abraham que sus descendientes habrían de ser esclavos en Egipto, pero que Él los liberaría durante la cuarta generación. Después, Moisés sacó a los israelitas en el éxodo de Egipto. Primero, Dios ganó a un hombre, a Moisés, quien era una persona sumisa. Una vez que Moisés aprendió lo que es la autoridad, Dios le encargó conducir a los israelitas fuera de Egipto. Vemos en el libro de Éxodo que Dios estableció Su autoridad directa entre los israelitas, cuando la presencia de Dios se manifestaba por medio de la columna de humo y la columna de fuego. El Señor también expresó Su autoridad por medio de los mandamientos. Además, Él nombró a Moisés y Aarón como Sus autoridades. Moisés y Aarón eran la autoridad designada por Dios, Su autoridad delegada entre los israelitas.

3. Dios no tolera a los que ofenden Su autoridad

Dios no toleraba que los hombres pequen contra Él, ni tampoco toleraba que los hombres pecasen contra Sus siervos. Dios no sólo le prohibió al hombre que pecara en contra de Él, sino que también le prohibió pecar contra Sus sacerdotes y profetas. Dios designó autoridades para los hijos de Israel, y cuando ellos agraviaron a Sus autoridades, les sobrevino juicio y castigo. A los que cometieron agravio en contra de las autoridades puestas por Dios, no les fue permitido entrar en la tierra de Canaán.

4. La rebelión de los israelitas a lo largo de la historia

Después de ingresar a la tierra de Canaán, los israelitas de nuevo se rebelaron flagrantemente en contra de Dios. Ellos querían tener un rey. No quisieron que Dios los gobernara. Quisieron adoptar las costumbres del mundo y desearon ser regidos por un rey. Dios le dijo a Samuel: "No te han desechado a ti, sino a Mí me han desechado" (1 S. 8:7). Saúl fue elegido, y a él le sucedió David. Dios designó a David como autoridad y por medio de él reunió materiales para edificar el templo, el lugar de Su morada en medio de Su pueblo. El templo fue edificado en tiempos de Salomón.

Inmediatamente después de la muerte de Salomón, los israelitas se tornaron a los ídolos. Desde entonces, tanto la nación de Israel como la nación de Judá fueron abandonadas. Si bien Dios las toleró por muchos años y les permitió conservar a sus reyes, fue únicamente en virtud de Su promesa a

David que Dios guardó a la nación de Israel, y no porque
deseara guardarla. Nada ofende a Dios tanto como la idolatría. La idolatría usurpa la adoración a Dios. Desde aquel
entonces, la historia de Israel se volvió nada más que una historia de rebeliones.

III. EL SEÑOR JESÚS ESTABLECIÓ
EL MODELO DE SUMISIÓN

A. El Señor Jesús es el Sumiso perfecto

Cuando Jesús de Nazaret aparece, Él era el elegido de Dios
en la tierra. Como tal, Él mismo dijo que sólo hablaba lo que
escuchaba del Padre y que no podía hacer nada por Sí mismo,
sino lo que veía hacer al Padre (Jn. 5:19). Él no buscaba Su
propia voluntad, sino la voluntad del que lo envió (v. 30). He
aquí un hombre que se rehusaba a hablar o actuar por Sí
mismo. Él se sujetaba completamente a la autoridad de Dios.

El Señor Jesús es Dios mismo. Sin embargo, Él no consideró el ser igual a Dios como cosa a que aferrarse, sino que
se despojó a Sí mismo y se sometió completamente a la autoridad de Dios. Después de Su muerte en la cruz, Dios le levantó
de entre los muertos y le exaltó hasta lo sumo, haciéndolo
Señor y Cristo; y le dio un nombre que es sobre todo nombre,
para que en el nombre de Jesús se doble toda rodilla de los
que están en los cielos, y en la tierra, y debajo de la tierra; y
toda lengua confiese públicamente que Jesucristo es el Señor
(Fil. 2:5-11).

El Señor produjo Su iglesia después de Su ascensión. Él
no estableció Su iglesia de la misma manera en que los hombres establecen una sociedad o una organización. El Señor
resucitado y ascendido es ahora la Cabeza de la iglesia. La
iglesia es Su Cuerpo. En otras palabras, Él anhela que la vida
de sujeción que Él llevó sobre la tierra sea ahora manifestada
por medio de la iglesia.

B. El evangelio es un mandato a sujetarse

El evangelio constituye un mandamiento en la Biblia.
La Biblia nos muestra que después que uno ha escuchado
el evangelio, debe creer. Pero además, cuando uno cree en el

evangelio, es necesario que se sujete al evangelio. El Espíritu Santo es dado a quienes obedecen a Dios (Hch. 5:32). Nosotros somos aquellos que han obedecido de corazón la palabra que nos fue predicada (Ro. 6:17). Por favor recuerden que recibir al Señor Jesús, así como la fe y la salvación que tenemos, tiene que ver con la obediencia. Este es el mandamiento de Dios: Él manda a los hombres en todo lugar a creer en el evangelio. Así pues, creer es sujetarse. Toda persona tiene que aprender a sujetarse al Señor y a la autoridad de Dios desde el primer día que entra a la iglesia.

C. El principio subyacente a la iglesia es la sumisión

A lo largo de las eras, la historia nos muestra que el mundo entero ha estado en rebeldía. El principio subyacente al mundo es derrocar la autoridad directa de Dios o Su autoridad delegada. La era actual es la era en la que el Cuerpo del Señor, la iglesia, es edificado aquí en la tierra. Por ende, el principio subyacente a la iglesia debe ser el principio de sumisión. Dios espera mucho de la iglesia; Él desea obtener aquello que originalmente había planeado obtener en el mundo. Hoy en la iglesia, Dios espera mucho de la mujer: ella tiene que sujetarse al varón. ¡Cuán difícil es para Dios obtener esto en el mundo hoy! Si en el mundo de hoy ustedes preguntaran a una mujer si ella está dispuesta a someterse al varón, a ella le parecerá que tal expectativa no tiene sentido. Aun así, en la iglesia hoy, Dios exige que la mujer se someta al varón, y la esposa a su marido.

Tanto Efesios como Colosenses son libros sublimes, pero ¿qué clase de mandamientos hallamos en estas epístolas? Se nos dice que las esposas deben sujetarse a sus propios maridos, los hijos a sus padres y los esclavos a sus amos. Esto no es algo que se ve en el mundo, esto sólo se puede ver en la iglesia.

Efesios y Colosenses abordan los temas más elevados. En ellos se nos muestra que una vez fuimos hijos de desobediencia y que, al igual que el mundo, el principio que antiguamente regía nuestras vidas era el principio de rebelión. Nosotros fuimos llamados hijos de desobediencia. Hoy hemos recibido un mandamiento de Dios: las esposas deben sujetarse a sus maridos, los hijos a sus padres y los esclavos a sus amos. Esto es completamente diferente de lo que sucede en el mundo entero. Esto nos muestra que el principio básico de la iglesia hoy es la sumisión.

D. También se debe estar sujeto a las autoridades de este mundo

Hay una palabra más clara aún en el libro de Romanos. En Romanos 13:1 dice: "Porque no hay autoridad sino de parte de Dios, y las que hay, por Dios han sido establecidas". Toda autoridad ha sido establecida por Dios. Este versículo y los que le siguen nos muestran específicamente que no solamente debemos sujetarnos a las autoridades, sino también a los gobernantes. Debemos pagarles a ellos lo que debemos: al que impuesto, impuesto; al que temor, temor, y al que honra, honra (v. 7). Ningún otro libro nos habla de nuestra salvación tan claramente como el libro de Romanos. No obstante, este mismo libro nos dice, comenzando en el capítulo 12 con el asunto de la consagración y terminando en el capítulo 14, que debemos ser sumisos no solamente en la iglesia sino también en el mundo. El hombre debe someterse a todas las autoridades que han sido puestas sobre él.

IV. LA SUJECIÓN ES UNA CARACTERÍSTICA DE LA IGLESIA

La iglesia es un cuerpo compuesto de personas. Este cuerpo posee una característica: la sumisión. Mientras vivimos aquí en la tierra hoy, nosotros tomamos la sumisión como aquello que forma parte de nuestra propia naturaleza y como el principio que rige nuestro vivir.

A. La iglesia es el Cuerpo que mantiene la autoridad de Dios

Hoy en día, la iglesia debe ser lo suficientemente fuerte como para declarar que puede ofrecer a Dios aquello que Él no pudo obtener en los tiempos de Adán. Debe poder ofrecerle a Dios lo que Él no pudo obtener del mundo, ni de la nación de Israel, ni de muchas tribus, pueblos, naciones y lenguas. En otras palabras, tiene que haber por lo menos un lugar en esta tierra en donde la autoridad de Dios sea mantenida. La iglesia debe elevar sus ojos y decir: "Señor, lo que no pudiste obtener de Satanás, Tú lo estás obteniendo de nosotros. Lo que no pudiste obtener del diablo y los ángeles rebeldes, lo estás obteniendo por medio de la iglesia".

Hoy en día, la iglesia exhibe la autoridad de Dios delante de todos los gobernantes y autoridades. La iglesia no sólo está en la tierra para predicar el evangelio y para edificarse a sí misma, sino también para manifestar la autoridad de Dios. La autoridad de Dios ha sido rechazada en todo lugar de la tierra; sólo recibe honra en la iglesia. En toda la tierra, no hay otro lugar en que los hombres busquen la voluntad de Dios. La iglesia es el único lugar donde los hombres buscan la voluntad de Dios. En otras palabras, la iglesia es la "institución de sumisión". Si usted todavía no ha sido salvo ni pertenece a la iglesia, entonces no hay nada más que decir. Pero si usted forma parte de la iglesia, debe mantener un principio básico y satisfacer una necesidad básica, esto es, que tiene que insistir que la autoridad de Dios sea llevada a cabo en la iglesia hoy. En ningún otro lugar se hace la voluntad de Dios, pero Su voluntad tiene que ser hecha en la iglesia. En la iglesia tenemos que mantener la autoridad de Dios.

B. En la iglesia, hay que aprender a someterse

Por este motivo, todos los hermanos y hermanas en la iglesia tienen que aprender sumisión. Por favor, tengan presente que ningún pecado es más serio que el pecado de rebelión. Esto es algo completamente contrario a la existencia misma de la iglesia. Cuando el Señor Jesús estaba en la tierra, Él no sólo era una persona buena, Él era una persona sumisa. Por supuesto que todo cuanto el Hijo hiciera por Sí mismo sólo podría ser algo bueno. No obstante, Él dijo que no podía hacer nada por Sí mismo. Él no vivía por Sí mismo sino por la voluntad de Aquel que lo envió. Debemos de recordar que sólo existe una autoridad en el universo y que nosotros debemos mantenerla. El Señor la resguardó, y la iglesia debe hacer lo mismo.

Hoy en día, Dios está obteniendo en la iglesia lo que no pudo obtener en ninguna de las eras ni en ningún otro lugar. La iglesia es el único lugar en el que uno puede aprender sujeción.

En la iglesia, no es cuestión de lo bueno y lo malo, lo correcto y lo incorrecto, sino de sumisión. La iglesia es el lugar donde uno aprende sumisión. No hay testimonio más importante que el testimonio de la sumisión. En el universo todo se ha rebelado, se ha degradado y ha tomado otra postura. En todo el universo, Dios no ha podido encontrar ningún otro ámbito en el que Su autoridad sea reconocida. Por ello, en la iglesia todos los hijos de Dios tienen que aprender a someterse.

C. La sumisión constituye la vida y la naturaleza de la iglesia

La sumisión forma parte de la vida y la naturaleza de la iglesia, y es el principio subyacente de ella. La iglesia existe con el propósito de mantener la sumisión. La iglesia está diametralmente opuesta a la situación de rebeldía que impera en las naciones a su alrededor. Hoy en día, las naciones del mundo dicen: "Rompamos sus ligaduras, / Y echemos de nosotros sus cuerdas" (Sal. 2:3). Esto es como decir: "Liberémonos y desatémonos de las ataduras del Hijo de Dios". Pero hoy la iglesia dice: "Gustosamente nos ponemos bajo las ataduras y las cadenas del Hijo de Dios para aprender la lección de la sumisión". Como resultado de esta declaración, algo muy especial está sucediendo en la iglesia. Ella ha venido a ser la "institución" donde se exhibe la sumisión. La iglesia aquí en la tierra honra no solamente la autoridad directa de Dios, sino también Su autoridad indirecta, o sea, Su autoridad delegada.

V. LA AUTORIDAD EN LA IGLESIA

La Biblia nos dice muchas cosas acerca de la sumisión. Ahora examinaremos la sumisión desde cuatro ángulos diferentes.

A. La sumisión a la ley del Cuerpo

1. Existe una ley en el Cuerpo

La iglesia es el Cuerpo de Cristo, y este Cuerpo posee su propia ley. Todos los órganos cumplen una función particular, y cada miembro del cuerpo tiene una ley que lo gobierna. Hoy en día, el conocimiento humano se ha expandido grandemente, pero el hombre aún no logra entender por completo su propio cuerpo. Nadie puede entender todas las leyes biológicas que le regulan. No obstante, todos los miembros del cuerpo deben someterse a estas leyes. Si un miembro actúa y labora de manera individual y según su propia voluntad, inmediatamente se enfermará. Lo que hace del cuerpo una entidad única es el hecho de que es una unidad en sí misma. En cuanto esta unidad sea quebrantada, ciertamente el cuerpo se enfermará. Ningún hijo de Dios debe violar la ley del Cuerpo de Cristo y actuar de manera individual. Todos los actos independientes son expresiones de rebeldía. Un sinónimo de rebeldía es la acción independiente. Actuar de manera individualista equivale a actuar en contra de la autoridad. Eso significa no someterse a la autoridad de la Cabeza, no sujetarse al principio de unidad que Dios estableció para el Cuerpo, así como no sujetarse a la ley de unidad que Dios estableció en la Biblia. El individualismo es rebeldía, no solamente contra el Cuerpo, sino también contra el Señor.

2. Los miembros ejercen su función y se relacionan en mutualidad

El Señor ha bautizado a Sus hijos en un solo Cuerpo mediante el Espíritu Santo. Tal unión interna es muy íntima. Si un miembro se regocija, todo el Cuerpo se regocija. Si un miembro padece, todo el Cuerpo se duele. Quizás no nos percatemos de cuán profunda es esta unidad. Algunas veces un hermano viene y me pregunta: "¿Por qué esta mañana al despertar, me sentía tan triste sin tener ningún motivo aparente?", o: "¿Por qué me he sentido tan feliz estos últimos días?". Muchas veces no puedo darles una explicación. Pero con frecuencia la razón de su gozo o tristeza no radica en ellos mismos; en realidad, no hay motivo para que ellos se sientan particularmente alegres o tristes. El Cuerpo actúa de manera misteriosa. Al presentarnos delante del Señor en aquel día, tendremos muy en claro por qué nos sentíamos así ciertos días. Tendremos bien en claro por qué estábamos tan llenos de energía ciertos días y por qué nos sentíamos tan notoriamente débiles otros días. Les ruego que tengan en mente que los otros miembros pueden causar un efecto en nosotros y que nosotros podemos influir en ellos. Pese a que no sabemos bien cómo opera tal relación, sí sabemos que tal unidad es una realidad. Hoy en día, no tenemos completamente clara esta unidad, ni cómo opera en mutualidad. Pero sigue siendo un hecho de que somos uno y que todos los miembros afectan a todos los demás miembros en todo el Cuerpo.

3. Actuar independientemente equivale a ser desobedientes

Existe una ley entre nosotros que todos debemos observar: tenemos que ver lo que el Cuerpo ve, rechazar lo que el Cuerpo rechaza y aceptar lo que el Cuerpo acepta. No podemos desempeñar nuestras funciones de manera independiente. El Cuerpo posee su propia ley, y la unidad es la autoridad. No podemos hacer nuestra propia voluntad. Hacer nuestra propia voluntad es desobediencia, y es rebelión en contra de la autoridad. Hoy tenemos que comprender que el Cuerpo es la autoridad y que el Cuerpo es el representante de la autoridad de Cristo. Si nos movemos de manera independiente del Cuerpo, somos rebeldes.

4. El ejemplo del cáncer

He usado antes el ejemplo de un tumor canceroso. El cáncer es una de las enfermedades más serias y es aún más peligrosa que la tuberculosis. Cuando el cáncer se manifiesta en ciertas partes del cuerpo, las células allí comienzan a multiplicarse. Una célula se convierte en dos, dos llegan a ser cuatro y cuatro se convierten en ocho. Comúnmente, toda célula posee la capacidad de crecer, pero hay una ley que regula su crecimiento. Esta ley les dice cuándo deben de crecer y cuándo no deben de crecer.

Las células de mi mano no se multiplican de forma continua e indefinida. Si me corto la mano por accidente, las células alrededor de la zona afectada comenzarán a crecer nuevamente. Dos células se multiplicarán y se harán cuatro, y cuatro serán ocho. Tales células continuarán creciendo hasta que mi herida haya sanado. Las células hacen esto porque existe una ley que hace que las células crezcan. Cuando la herida se cierra y ha sido sanada, las células dejarán de crecer. ¿Qué es lo que les dice a las células que detengan su crecimiento? No sabemos cómo crecen ni cómo dejan de crecer. Únicamente sabemos que es correcto que las células crezcan cuando ha habido una herida y que lo correcto es que ellas dejen de crecer cuando la herida ha sido sanada. Existe, pues, una ley interna a la cual ellas obedecen. En virtud de la ley biológica que opera en el cuerpo, las células saben cuándo deben crecer y cuándo deben dejar de crecer. Ellas saben sujetarse.

Por favor, tengan presente que la ley de nuestro cuerpo nos habla acerca de la autoridad de Dios. Todas las células se sujetan a la autoridad del cuerpo. ¿Cuándo es que una enfermedad llega a ser grave? Supongamos que me corto la mano con un cuchillo y que las células a cada lado de la herida comienzan a crecer. Cuando la herida ha sido sanada, entonces las células dejan de crecer. Damos gracias a Dios que todas las células dejan de crecer en cuanto la herida ha sido sanada. ¿Qué pasaría si ellas continuaran creciendo? Si lo hicieran, se trataría de un crecimiento canceroso. El cáncer implica que, aun cuando el cuerpo no requiere de mayor crecimiento, hay una célula que desobedece las normas que gobiernan este cuerpo y continúa creciendo de manera independiente. Tal crecimiento se convierte en un cáncer.

Todas las células tienen que ser restringidas en su crecimiento. Con el cáncer, sin embargo, las células no quieren que se les diga cuándo deben de crecer y cuándo deben dejar de hacerlo, ellas simplemente crecen por cuenta propia. Ignoran a las otras células del cuerpo. Crecen por su cuenta de manera continua. A esta clase de células las llamamos células malas o malignas. Recuerden que todo el cuerpo es afectado por el crecimiento de estas células. Las células de todo el cuerpo serán afectadas por las células malignas y se verán obligadas a contribuir a su crecimiento. Las células cancerosas únicamente causan su propio crecimiento; no traen salud al cuerpo. Todas las células del cuerpo deben contribuir a la salud de todo el cuerpo; pero todas ellas se ven afectadas por las células cancerosas. Cuando una persona tiene cáncer, las células de las otras partes del cuerpo son corrompidas por las células cancerosas en cuanto entran en contacto con éstas. Mientras tanto, el cáncer continúa creciendo. Se convierte en una entidad separada, algo que ha dejado de estar regido por la ley del cuerpo.

Si una persona no se somete a la autoridad, es decir, si no se somete a la ley del Cuerpo ni trabaja en conformidad con el principio de la unidad, y en lugar de esto opera según su propia voluntad; entonces, tal persona constituye un cáncer en el Cuerpo. Todos los nutrientes que pasen a través de dicha persona, los consumirá para su propio crecimiento y no para el crecimiento del Cuerpo. Tan sólo tomará cuidado de su propio crecimiento, y no del crecimiento del Cuerpo. Es muy difícil para los médicos enfrentarse al cáncer, debido a que otro principio está operando en el cuerpo, un principio que opera de manera independiente.

5. Restringidos por la ley del Cuerpo

El Cuerpo de Cristo es una entidad viviente. Podemos decir que no hay nada que sea más viviente, que sea más unido, ni que sea más vital que nuestro cuerpo. Quizás cierto hermano, antes de haber creído en el Señor, haya sido una persona individualista que actuaba por su propia cuenta. Después de haber creído en el Señor, llega a ser una célula del Cuerpo, un miembro del Cuerpo. Toda célula es restringida por la ley que opera en el Cuerpo. En el Cuerpo opera una ley obligatoria, y la persona tiene que actuar según esta ley, la ley del Cuerpo. No puede actuar según su propia voluntad. Una vez que lo hace, se convierte en un tumor, un cáncer en el Cuerpo. Esto, en vez de ser de ayuda para el Cuerpo, lo perjudica.

No confiamos en aquellos que actúan de manera individualista, los que no están restringidos por el Cuerpo, que actúan según su propia voluntad y que nunca han aprendido a sujetarse a la autoridad de la Cabeza. Después de que hemos creído en el Señor, el primer principio espiritual que debemos tomar en cuenta es que el Cuerpo es la autoridad establecida por Dios aquí en la tierra. El Cuerpo es la autoridad. La ley de Dios opera en el Cuerpo y nosotros no podemos violar dicha ley. No podemos actuar descuidadamente y según nuestra voluntad. Si actuamos según nuestra propia voluntad, nos convertiremos en células malignas sin restricciones en el Cuerpo, células que hacen sus propias cosas y que dañan por completo la unidad del Cuerpo. De inmediato, nos convertiremos en un tumor. Ya no seremos uno con los demás, pues nos volveremos personas independientes. No seremos de ninguna ayuda para el Cuerpo, sino que lo perjudicaremos. Tenemos que aprender a aceptar los juicios y restricciones del Cuerpo, y sujetarnos a la vida que opera en todo el Cuerpo.

6. Debemos aprender a no causar daño a la realidad de la unidad

Cuanto más avancemos en nuestra vida cristiana delante del Señor, más comprenderemos la realidad de la unidad del Cuerpo. Tarde o temprano, veremos que la unidad es una realidad, una sobria realidad. Tenemos que aprender a no dañar esta unidad. Cualquiera que dañe la unidad del Cuerpo incurre en anarquía, rebeldía y desobediencia. Además, si causamos algún daño a dicha unidad, la autoridad de Dios no estará con nosotros. La autoridad debe manifestarse en cada una de las células del Cuerpo. Estas ejercen sus funciones en mutualidad, no de manera individualista. Este es un hecho maravilloso. Cuanto mejor comprendamos los asuntos relacionados con el Cuerpo, más nos daremos cuenta de cuán apropiada es la comparación de la iglesia con nuestro propio cuerpo.

B. El principio de dos o tres

Existe otro principio en la Biblia, al cual tenemos que obedecer: el principio de dos o tres. Por favor lean Mateo 18:15-20. El Señor Jesús dijo que donde estuviesen dos o tres congregados en unanimidad, cuyas voces estén en armonía, en similitud a la armonía musical, y que estuviesen reunidos bajo Su nombre, Él estaría allí en medio de ellos. Y cualquier cosa que ellos pidieren, les sería hecha. Esta es una gran promesa del Señor. Si dos o tres pueden estar en plena unanimidad, el Señor dijo que Él estaría en medio de ellos y que respondería a sus oraciones.

1. Una persona puede ser un representante del Cuerpo

El Señor nos dijo algo más. Supongamos que hoy yo peco contra un hermano y éste viene a mí y me dice: "Tú me hiciste algo que me ha ofendido. Estuviste completamente errado". Supongamos que yo dijera: "No creo haber errado. Tú eres el que estaba errado. A mí no me parece que yo haya estado equivocado. Me parece que yo estaba en lo cierto". Puesto que este hermano me dice que yo estoy equivocado, ¿qué debo hacer? Debo aprender a escuchar a mi hermano. Si soy una persona que ha aprendido tal lección delante del Señor, cuando este hermano se me acerque, inmediatamente sentiré que he pecado. Éste es otro principio que hay en el Cuerpo. Una persona puede representar al Cuerpo. Quizás yo esté en lo cierto y puede ser que a mí me parezca no haberme equivocado. Pero este hermano es mucho más experimentado en el Señor que yo, y él ha aprendido mucho más en el Señor. Él sabe que yo he errado y procede a corregirme. Si yo soy dócil delante del Señor, de inmediato diré: "Hermano, por favor perdóname, yo me equivoqué".

Un solo individuo es suficiente para constituirse en la autoridad, no tienen que ser muchos. La persona que está al lado suyo puede ser la autoridad; ella puede representar al Cuerpo, a toda la iglesia. Usted tiene que reconocer que su manera independiente de proceder es errónea. Si una persona le hace ver esto, con eso basta. No estoy diciendo que usted debe de aceptar toda recriminación que se le haga. Lo que quiero decir es que usted debe responder rápidamente delante del Señor. Con frecuencia, no es necesario que dos o tres, o toda la iglesia le digan algo. Usted debe tocar y ver la realidad del mundo espiritual en cuanto una persona le diga algo. Esa persona *es* el Cuerpo; una persona es suficiente para ser un representante del Cuerpo.

2. Dos o tres constituyen la autoridad

Algunas veces, es necesario el testimonio de dos o tres. Cuando un hermano acude a mí, quizás yo no vea la luz. Es probable, entonces, que ese hermano invite a uno o dos hermanos más a acompañarlo; se trata de hermanos que están claros delante del Señor y que aman al Señor de todo corazón. Quizás tengan más peso delante del Señor y posean más madurez en lo que concierne a su servicio al Señor. Cuando estos dos o tres son llamados a intervenir en una situación, tal vez digan: "En nuestra opinión, usted está errado". En tales ocasiones, debo recordar las palabras del Señor: "Porque donde están dos o tres congregados en Mi nombre, allí estoy Yo en medio de ellos" (Mt. 18:20).

Si hay unanimidad entre estos dos o tres, el Señor responderá a sus oraciones y hará cosas a su favor. Si ellos se ponen de acuerdo al juzgar ciertos asuntos, el Señor honrará el juicio que ellos emitan. Si el Señor honra el juicio que ellos emitieron respecto a ciertos asuntos, ¿no debiéramos nosotros honrarlo también? Si el Señor ha aceptado el discernimiento de ellos, ¿no debiéramos nosotros aceptarlo igualmente? Si el Señor considera que es correcto aquello que ellos hicieron en unanimidad, ¿podríamos nosotros decir que ellos se equivocaron? Nosotros debemos someternos de inmediato al juicio que ellos emitieron. Si el Señor está de acuerdo con la represión que ellos manifestaron en unanimidad, ¿podríamos darnos el lujo de ignorarla? Todo lo que ellos aten, habrá sido atado en el cielo; y todo lo que ellos desaten, habrá sido desatado en el cielo. ¿No deberíamos de hacer caso a aquello que ya ha sido hecho en el cielo?

Dos o tres pueden constituir la autoridad. Por supuesto, estos dos o tres no deben hablar de manera precipitada. Ellos tienen que ser personas de autoridad delante del Señor. Tienen que temer al Señor y obedecerle. Si ellos unánimemente le dicen a usted que está errado, aun cuando a usted no le parezca haberse equivocado, tendrá que ceder ante el juicio de ellos. Usted debe decir: "Estoy equivocado". No tiene que esperar a que toda la iglesia venga a decirle que usted se ha equivocado. Aquellos que son perspicaces y sensibles sabrán cómo responder en cuanto una persona venga a ellos. Aquellos que son un poco más lentos, sabrán qué es lo que tienen que hacer cuando dos personas acudan a él. Con frecuencia, quizás usted no se percate de haber errado, pero si dos o tres personas piadosas ven las cosas del mismo modo, usted deberá humillarse delante del Señor. No sea orgulloso ni afirme que usted siempre está en lo correcto.

C. Aprendan a sujetarse a la autoridad de la iglesia

Si a usted todavía le parece estar en lo correcto después de que dos o tres hermanos hayan hablado con usted, Mateo 18 nos dice que estos hermanos deben llevar estos asuntos a la iglesia y dejar que sea toda la iglesia la que examine el asunto en presencia del Señor. Si toda la iglesia decide delante de Dios que usted se ha equivocado: ¿qué hará usted? Quizás usted diga: "Aunque el Cuerpo dice que yo estoy equivocado, la Cabeza afirma que estoy en lo cierto. Aun si mis padres me abandonan, Jehová me recibirá. Los hermanos me han rechazado, pero el Señor no me rechazará. Yo estoy llevando la cruz". Si usted dice eso, muestra claramente que usted está fuera de la iglesia. Usted cree ser perseguido y martirizado; piensa que está sufriendo a manos de los hermanos. Pero lo que en verdad debe hacer es aprender a humillarse y decir: "Si la iglesia lo afirma así, entonces es así. No existe un juicio diferente. Todos los hermanos y hermanas afirman que yo estoy equivocado. Aun si estuviera en lo cierto, estoy equivocado". Mientras estemos en la tierra hoy, tenemos que aprender a sujetarnos a la autoridad de la iglesia.

La iglesia, aquí en la tierra, lleva la autoridad de Dios. Usted jamás debiera endurecerse y decir: "Todos los hermanos dicen que yo estoy equivocado; pero yo sostengo que estoy en lo correcto". Una persona orgullosa no halla cabida en la iglesia. Las personas arrogantes no pueden ser sumisas. Ellas no saben lo que es la iglesia. Cuando toda la iglesia diga que usted está equivocado, usted tiene que aprender a ser manso, humilde y sumiso. Tiene que reconocer que usted está equivocado. No diga que la iglesia no tiene la autoridad para hacer lo que hace. La iglesia sí tiene la autoridad. Dios respalda las decisiones que la iglesia ha tomado delante de Él. Asimismo, Dios rechaza lo que la iglesia rechaza. No sea tan torpe como para decir que usted está en lo correcto cuando todos los hermanos y hermanas dicen que usted está equivocado. Si el Señor les ha permitido a ellos declarar en unanimidad que usted está equivocado, probablemente usted está equivocado.

Todos los hijos de Dios deben aprender a humillarse en la iglesia. Algunas veces, una sola persona representa a toda la iglesia. Otras veces, dos o tres personas pueden representar a la iglesia. Usted tiene que aprender a ser manso y dócil delante del Señor. Aprenda la lección de la sujeción. Los hijos de Dios deben estar basados en el principio de la sujeción. En la iglesia, todos tenemos que aprender sumisión.

D. Estar sujetos a las autoridades delegadas en la iglesia

La autoridad de Dios en la iglesia es representada no sólo por una, dos o tres personas; con mucha frecuencia, se necesita que toda la iglesia represente la autoridad de Dios.

1. Los hermanos responsables que sirven como ancianos

Dios nos ha mostrado por medio de la Biblia que los hermanos que llevan alguna responsabilidad delante del Señor, y a quienes conocemos como aquellos que velan por los demás y que sirven como ancianos son los que representan la autoridad de Dios en la iglesia. El resto de los hermanos tiene que aprender a asumir una postura de sumisión delante de ellos en presencia de Dios. Dios ha establecido autoridades en la iglesia, cuya labor es velar por la iglesia. Todos los demás hermanos tienen que aprender a aceptar sus juicios y a sujetarse a ellos.

En cualquier lugar de la tierra en donde se encuentren los hijos de Dios, deben de buscar mandamientos para obedecerlos, deben de buscar la oportunidad de sujetarse. Ellos no deberían simplemente estar buscando algún trabajo que hacer. Con frecuencia me parece que muchos jóvenes son de muy poca utilidad para el Señor, pues si bien pueden trabajar, no son capaces de someterse a nadie. Hay mucha gente que no puede sujetarse. Si usted les pregunta por cuántos años han estado laborando para el Señor, ellos le dirán que han laborado por diez años y que han hecho muchas cosas. Pero si usted les pregunta a quién se han sometido, quizás no puedan nombrar ni una sola persona. El principio básico que caracteriza la vida de iglesia es la sumisión.

Todos nosotros debiéramos aprender a sujetarnos. Es lamentable que una persona jamás se haya sometido a nadie en toda su vida. Tenemos que aprender a someternos a Dios, y no sólo a Él, sino también a la autoridad establecida por Dios en la tierra: la iglesia. Tenemos que someternos a la autoridad dispuesta por Dios en la iglesia, es decir, a los hermanos responsables. Podemos jactarnos de los muchos años que hemos laborado para el Señor, pero no podemos gloriarnos en nuestra obediencia al Señor, pues jamás hemos sido sumisos a nadie. Este es nuestro problema fundamental y constituye el desafío básico que se nos plantea. Si consideramos este asunto detenidamente delante del Señor, nos daremos cuenta de que esta clase de sumisión es obligatoria en la iglesia.

2. Los hermanos mayores que nos preceden

Leamos algunos versículos sobre los ancianos. En 1 Corintios 16:15-16 dice: "Hermanos, ya conocéis la familia de Estéfanas, *y sabéis* que es las primicias de Acaya; ellos se han dedicado a ministrar a los santos. Os exhorto a que os sujetéis a tales personas, y a todos los que colaboran y trabajan". Al estar en la iglesia en Corinto la familia de Estéfanas, no pensaba en otra cosa sino en ministrar a los santos. Pablo nos insta a sujetarnos a quienes son como ellos. Tenemos que sujetarnos a la autoridad delegada de Dios en la iglesia. Tenemos que sujetarnos a aquellos que son como la familia de Estéfanas, así como a todos los que colaboran y trabajan con aquellos que son como Estéfanas. Estos son hermanos más maduros que nosotros; ellos son las primicias en Cristo y fueron engendrados antes que nosotros. A ellos también les importan nuestros asuntos. Debemos de honrarlos y nunca menospreciarlos. Antes bien, debemos estar sujetos a ellos.

3. Los más ancianos

En 1 Pedro 5:5 dice: "Igualmente, jóvenes, estad sujetos a los ancianos". Los versículos anteriores a éste hacen referencia a los ancianos. Ahora se habla de un grupo de personas que llevan más tiempo en el Señor, quizás se trate de hermanos de más edad. Pedro dice que los jóvenes deben sujetarse a los ancianos, quienes son ejemplo en el Señor (v. 3). Si un joven se encuentra con alguien que cuida de él según la voluntad de Dios, debe aprender a sujetarse a dicha persona delante de Dios. Tal persona es un ejemplo que él debe seguir, y debe aprender a estar sujeto a dicho modelo. Debemos prestar particular atención a nuestra sujeción con respecto a los hermanos más ancianos, pues ellos, sin duda alguna, reúnen las cualidades necesarias para representar al Señor en la iglesia.

4. Aquellos que presiden bien y que trabajan en la predicación y en la enseñanza

En 1 Timoteo 5:17 se nos dice: "Los ancianos que presiden bien, sean tenidos por dignos de doble honor, mayormente los que trabajan en la predicación y en la enseñanza". Ustedes tienen que rendir doble honor a aquellos ancianos que presiden bien en la iglesia y jamás debieran menospreciarlos ni criticarlos. Ustedes tienen que honrar a los ancianos, mayormente a quienes trabajan en la predicación y en la enseñanza. Ustedes también tienen que honrar a quienes poseen el don del ministerio de la Palabra. Algunos ancianos pueden llevar a cabo el ministerio de la Palabra, mientras que otros no. Ustedes tienen que honrar no solamente a los que pueden cumplir tal ministerio, sino también a quienes no pueden hacerlo. Permítanme señalar que hay muchos hermanos que tienen un concepto errado en cuanto a la sumisión: ellos eligen la clase de persona a la que habrán de sujetarse. Piensan que solamente deben de someterse a los individuos que son perfectos. Por favor, no se olviden que esta no es la manera ordenada por el Señor. Nosotros no nos sometemos únicamente a quienes son perfectos. Antes bien, nos sometemos a la autoridad que el Señor ha puesto sobre nosotros. Si dependiera de nosotros la elección de la persona a la que debemos someternos, jamás encontraríamos tal persona sobre la faz de la tierra, porque siempre acabaríamos encontrándole defectos. Aun si Pedro se nos apareciera, continuaríamos encontrando faltas en él. Sólo una cosa es necesaria para nuestra sumisión: si un hermano nos precede en el Señor, nosotros debemos escucharle.

Usted puede tener un millón de razones para excusar su propia actitud. Quizás un anciano solamente sepa cómo cuidar de la iglesia pero no ejerza el ministerio de la Palabra. Tal vez usted crea que no es necesario que usted lo honre debido a que usted puede hablar mejor que él. Pero la Palabra de Dios dice: "Los ancianos que presiden bien, sean tenidos por dignos de doble honor, mayormente los que trabajan en la predicación y en la enseñanza". Esto no es opcional. Son muchos los que cubren su iniquidad y desobediencia al tomar como una excusa su derecho a escoger. Esto es una necedad. Si una persona es más madura que usted y lleva la delantera, usted debe de sujetarse a ella y no debe criticarla.

5. Aquellos que nos guían

Hebreos 13:17 dice: "Obedeced a vuestros guías, y sujetaos *a ellos*". La Palabra de Dios es muy clara. Usted debe sujetarse a los que le preceden y a los que le guían. Usted no puede elegir a los que prefiere, para someterse únicamente a ellos. Si usted únicamente escucha a un hermano, pero desecha lo que otro de los hermanos le dice, esto no es verdadera sumisión. No resulta difícil escuchar únicamente a un hermano. Para que una persona aprenda sujeción, ella tiene que sujetarse a todos cuanto le preceden, no sólo a quienes están por encima de él. Uno tiene que aprender a sujetarse a quien le esté guiando, no sólo a los ancianos que son particularmente dotados y usados por el Señor. Uno siempre tiene que estar en búsqueda de aquellos que le preceden.

En los días venideros, cuando ustedes salgan a otras localidades, tres o cinco de ustedes formarán un grupo. La primera pregunta que deberán hacerse es: ¿a quién debo sujetarme? Uno debe sujetarse a quienes le precedan. Cuando tres o cinco hermanos se reúnen, aun cuando sólo sea por dos o tres horas, espontáneamente uno de ellos se manifestará como el líder señalado por Dios. Usted tiene que sujetarse a dicha persona. La característica de un cristiano no es el trabajo, sino la sujeción. La característica de un cristiano es que sabe reconocer a todos los que llevan la delantera. Cuando cinco o seis hermanos están reunidos, es muy dulce verlos a todos ellos firmes en el terreno apropiado. Apenas se reúna junto con otros diez o veinte hermanos, debe identificar de inmediato a los que llevan la delantera. Una vez que establezca quiénes son, deberá sujetarse a ellos.

"Obedeced a vuestros guías, y sujetaos a ellos". Esto se debe a que "ellos velan por vuestras almas, como quienes han de dar cuenta; para que lo hagan con gozo, y no quejándose, porque esto no os es provechoso". Todos los que nos llevan la delantera velan por nuestras almas y deberán rendir cuentas de nuestras almas. En presencia del Señor, uno debe sujetarse a esa persona.

6. Aquellos que trabajan entre nosotros y están al frente entre nosotros en el Señor

En 1 Tesalonicenses 5:12-13 dice: "Asimismo, hermanos, os rogamos que reconozcáis a los que trabajan entre vosotros, y están al frente entre vosotros en el Señor, y os amonestan; y que los tengáis en mucha estima y amor por causa de su obra". Algunas personas tienen la responsabilidad en el Señor de cuidar de usted y guiarlo. Usted debe honrarlos y tenerlos en muy alta estima. Es a tales personas que usted debe sujetarse. Un cristiano que no tenga a nadie a quien sujetarse en este mundo, es una persona muy extraña. Todo cristiano debe encontrar a muchos que los preceden en el Señor, que tienen cierto peso espiritual y pueden, por tanto, suministrarle dirección espiritual. El creyente deberá sujetarse a ellos.

Si hacemos esto, estaremos guardando el principio apropiado en la iglesia. Dios no puede encontrar este principio en Satanás, ni en el mundo, ni en todo el universo. Este principio es el principio de la sumisión. Todos tenemos que aprender esta lección básica en la iglesia. El mundo ha rechazado este principio. Dios ahora tiene que asegurarse de obtenerlo en la iglesia. Así pues, el principio básico en la iglesia es el principio de sumisión.

7. Estar sujetos a todas las autoridades dispuestas por Dios

Hemos visto que la unidad del Cuerpo es la autoridad misma. También hemos visto que una, dos o tres personas, o una iglesia local puede representar al Cuerpo de Cristo. Finalmente, hemos visto que los ancianos en el Señor, aquellos que toman la delantera entre nosotros, también representan al Cuerpo de Cristo. Todos estos constituyen la autoridad de Dios. Ellos son la autoridad delegada de Dios entre nosotros, y tenemos que sujetarnos a ellos y honrarlos. Tenemos que consultar con ellos y escucharles. Si ponemos esto en práctica, el nombre del Señor y Su palabra serán magnificados entre nosotros, y ciertamente seremos Filadelfia.

APÉNDICE

UNA VIDA FLEXIBLE

Lectura bíblica: Mt. 11:16-19; 1 Co. 7:29-31; 9:19-22; 2 Co. 6:4-10; Fil. 4:11-13

(El siguiente mensaje fue dado por Watchman Nee en Kuling el 17 de julio de 1948 como parte de la serie de mensajes titulada: "Nuevos creyentes". Posteriormente fue excluido de la publicación que contenía esta serie de mensajes. La presente síntesis es una recopilación de las notas tomadas por el hermano K. H. Weigh.)

I. DOS FILOSOFÍAS

La iglesia de Cristo ha estado sobre esta tierra por dos mil años. Debido a la propagación del evangelio en diversas naciones, los hombres han desarrollado diferentes puntos de vista con respecto al cristianismo. Podemos agrupar estas diferentes perspectivas por lo menos en dos categorías. La primera categoría sugiere que todas las cosas deben seguir su curso natural. Los que comparten esta perspectiva comprenden que el hombre creado tiene muchas necesidades, las cuales Dios mismo sembró en él. Dado que el entorno que Dios ha dispuesto para el hombre le provee de muchas cosas placenteras que satisfacen todas sus necesidades, el hombre debe procurar el disfrute de todas estas cosas que hay en la vida. El segundo punto de vista es el de los ascetas, quienes piensan que el hombre debe negar todas las exigencias de su cuerpo. Ellos sostienen que el hombre es pecaminoso y que todas sus necesidades están relacionadas con el pecado. Además, el hombre no debe disfrutar de ningún placer, pues éste se deriva del pecado. Más bien, los hombres deben sufrir y reprimir sus deseos naturales. Ambos puntos de vista no son nada simples, sino que son bastante complejos.

II. LA VIDA CRISTIANA ES UNA VIDA FLEXIBLE

A. No es un asunto de comer y beber

Al comienzo del Nuevo Testamento, vino Juan el Bautista. Él fue un precursor del Señor Jesús. Podríamos decir que Juan el Bautista y el Señor Jesús juntos nos proveen una imagen completa del Nuevo Testamento. La combinación de ambos nos proporciona un cuadro completo de lo que es la vida cristiana. Mateo 11:16-19 dice: "Mas ¿a qué compararé esta generación? Es semejante a los muchachos que se sientan en las plazas, y dan voces a los otros, diciendo: Os tocamos la flauta, y no bailasteis; os endechamos, y no lamentasteis. Porque vino Juan, que ni comía ni bebía, y dicen: Demonio tiene. Vino el Hijo del Hombre, que come y bebe, y dicen: He aquí un hombre comilón, y bebedor de vino, amigo de recaudadores de impuestos y de pecadores. Pero la sabiduría es justificada por sus obras". El Nuevo Testamento no ha establecido un código estricto de conducta para los cristianos. El Señor Jesús dijo que Juan vino, y que no comía ni bebía; no obstante, Él vino y sí comía y bebía. Esta es la vida cristiana. La vida cristiana es una vida en la que se endecha así como se toca la flauta. Ella no enfatiza actos externos como el comer y el beber. El Señor Jesús actuó de manera exactamente opuesta a la de Juan el Bautista, mas Él no estaba en contra de Juan el Bautista. Podemos afirmar que el Señor Jesús se comportó como un cristiano y que Juan el Bautista también se comportó como un cristiano. Un cristiano no cree en la supresión de sus deseos naturales, ni tampoco cree en el hedonismo. Un cristiano puede endechar y puede tocar la flauta. Un cristiano es una persona flexible que puede actuar en cualquiera de las dos maneras. Este es un cristiano verdadero. Algunos cristianos creen en el gozo, mientras que otros creen en el sufrimiento. Los dos puntos de vista son dos "-ismos"; a la postre, una postura se vuelve en hedonismo, y la otra en ascetismo. Pero entre estos dos extremos, hay una vida flexible que es la clase de vida que un cristiano debe llevar. Debemos prestar atención a otras cosas. No debemos fijar nuestra atención en asuntos relacionados con el comer y el beber.

B. Se puede hacer todo
en virtud de la disciplina del Espíritu Santo

Ahora consideremos la vida de Pablo. La manera en que él sirvió a Dios se caracteriza por su flexibilidad. A todos los hombres él se hizo todo (1 Co. 9:19-22). Esta es una cualidad básica de un siervo del Señor. Si un cristiano no se comporta de este modo, no puede ser un siervo del Señor, porque las exigencias de la vida cristiana son más profundas que cualquier cosa relacionada con los asuntos externos del hombre exterior. La vida cristiana no tiene relación alguna con el hombre exterior, sino que tiene que ver con el hombre interior. La vida cristiana no consiste en comer y beber, sino en cierta comunión interna. La comunión cristiana, que ocurre interiormente, es más importante que cualquier actividad externa. Para un cristiano, comer no destruye nada, y el abstenerse de comer no causa ninguna frustración. A nosotros nos importan asuntos mucho más profundos que estos. Comer y beber son asuntos relacionados con el hombre exterior, pero la vida cristiana gira en torno al hombre interior. Para Dios, los asuntos relacionados al hombre exterior son asuntos menores; lo que sí es importante y crucial es que el Hijo de Dios sea internamente nuestra vida. Para Pablo, el énfasis de la vida cristiana es: "Cristo en vosotros, la esperanza de gloria" (Col. 1:27). Todos los demás asuntos, tales como la comida, la bebida y el vestido, son asuntos menores y sin importancia. La vida que llevaba Pablo era una vida flexible.

En Filipenses 4:11-13 Pablo dice: "He aprendido a contentarme, cualquiera que sea mi situación. Sé estar humillado, y sé tener abundancia; en todas las cosas y en todo he aprendido el secreto, así a estar saciado como a tener hambre, así a tener abundancia como a padecer necesidad. Todo lo puedo en Aquel que me reviste de poder". Pablo dijo que él sabía vivir tanto en abundancia como en humillación, que él sabía estar saciado y sabía padecer hambre. Todas estas cosas son asuntos externos y sin mayor importancia. Tenemos que recordar que un obrero del Señor no vive necesariamente en saciedad o en hambruna.

No es que forzosamente deba padecer necesidad o que deba tener bienes en exceso, ni que viva en abundancia o en humillación. Nuestra vida tiene que ser flexible; debe estar bajo la disciplina del Espíritu Santo. Un obrero tiene que pasar por una disciplina estricta antes de llegar a ser una persona flexible. De hecho, es más difícil llevar una vida flexible que vivir en pobreza o en abundancia. Ser flexible significa que cuando navegamos, podemos viajar en clase económica o en primera clase. Si solamente podemos viajar en primera clase, o solamente podemos viajar en clase económica, no somos siervos de Dios. Los siervos de Dios son flexibles. Nosotros tenemos un secreto en nuestro interior: el Cristo de gloria como Aquel que nos reviste de poder. Algunas personas se aferran a las pequeñas cosas que poseen, pero no tienen nada internamente que pueda respaldarlos. Cuando las cosas son ligeramente contradictorias a lo que ellos esperan, inmediatamente tropiezan. Muchos de los siervos de Dios no son capaces de adaptarse a diversas situaciones porque son inflexibles. Como obreros de Dios, tenemos que estar dispuestos a someternos a tratos estrictos. Los chinos son muy reservados, los estadounidenses son libres y desinhibidos, mientras que los británicos son muy conservadores. Por ser obreros, debemos laborar con muchas clases de personas diferentes. Esto es lo que significa ser un siervo del Señor. Un obrero tiene que saber relacionarse incluso con los niños y los ancianos. Tenemos que ser flexibles con respecto a todas las cosas externas.

C. Debemos trascender todas las cosas externas

En 1 Corintios 7:29-31 dice: "Pero esto digo, hermanos: que el tiempo se ha acortado; en adelante, los que tienen esposa sean como si no la tuviesen; y los que lloran, como si no llorasen; y los que se alegran, como si no se alegrasen; y los que compran, como si no poseyesen; y los que usan este mundo, como si no abusaran; porque la apariencia de este mundo pasa". Estas palabras de Pablo son bastante peculiares. Al mirar la grandeza y la gloria del Señor, quien mora en el hombre, todas las cosas externas han dejado de tener importancia. Si estamos llenos de Cristo, trascenderemos todo lo externo. Para un cristiano, tener esposa es como si no la tuviese, y los que no la tienen como si no la necesitasen. No importa si lloramos o no. Los que se alegran no tienen que preocuparse si actúan fuera de lo normal. Aquellos que tienen posesiones son iguales a los que no las poseen, y aquellos que usan este mundo son como los que no lo usan. Los siervos de Dios tienen que ser flexibles con respecto a todas las cosas externas. Un cristiano es una persona que trasciende todo lo externo.

D. Tratar con nuestro yo
y no estar atados a ningún modo de actuar

Según Lucas 10:38-42, María estaba quieta, mientras que Marta laboraba. Ambas estaban en lo correcto en cuanto al servicio que desempeñaban. El Señor reprendió a Marta porque estaba demasiado ocupada, no porque estaba trabajando; incluso le suplicó al Señor que enviara a su hermana a ayudarla. Ella estaba demasiado ocupada. Es correcto trabajar, pero también tenemos que ser capaces de permanecer calmados. Un obrero de Dios debe aprender tanto a estar quieto como a laborar. No es tan sencillo llevar una vida que sea flexible.

Entre todas las lecciones que tenemos que aprender con relación a nuestra carne, ser flexibles probablemente sea la más difícil. Algunos tienen dificultad en cuanto a comer comida sencilla, para otros es todavía más difícil ingerir buena comida. Estas cosas son un problema para ellos, porque han convertido el reino de Dios en un asunto de comer y beber. Pablo dijo que el reino de Dios no es comida ni bebida, sino justicia, paz y gozo en el Espíritu Santo (Ro. 14:17). Tenemos que aprender a ser personas muy amplias, personas que se acomodan a todo. En cierta ocasión, la señora Guyón dijo que una persona que está en perfecta unión con Dios es un maestro para los ancianos y un amigo para los niños. En 2 Corintios 6:4-10 Pablo nos da un largo discurso a fin de mostrarnos cuán flexible era como siervo del Señor: "como no teniendo nada, mas poseyéndolo todo" (v. 10). Esta es la norma establecida para el obrero del Señor. Únicamente aquellos cuyo yo ha sido exhaustivamente tratado, podrán llevar una vida tan flexible. Para algunos cristianos es muy difícil llevar una vida flexible, porque todavía viven por su propio yo. El yo posee conceptos e ideas propios y siempre considera estar en lo cierto; jamás se sometería a la soberanía del Espíritu Santo. Los cristianos que son así, son desequilibrados. Debemos permitir que Dios se encargue de nuestro yo. Apenas el yo se elimina, nos convertimos en personas flexibles.

Por tanto, antes de poder recorrer la senda recta que tenemos delante de nosotros, tenemos que someternos a una disciplina básica, exhaustiva y estricta. Sólo entonces podremos aceptar las debidas "contradicciones" espirituales que hay en nosotros. Los siervos de Dios siempre deben tener presente que la senda de Dios nunca es una senda de un solo carril, sino que posee dos carriles. Los musulmanes favorecen el disfrute de la vida, mientras que los budistas están a favor del sufrimiento, pero un cristiano normal no se inclina por ninguno de estos extremos; sino que vive sujeto al arreglo soberano de Dios y trasciende todo lo relativo al hombre exterior. El hombre exterior de Pablo seguía vivo, aun así, su hombre interior estaba escondido en Dios y por siempre se mantuvo imperturbable. Nuestra verdadera persona es aquella que vive en Dios; el hombre exterior no es nada más que una actuación. Es algo glorioso que nuestro hombre exterior y nuestro hombre interior puedan permanecer separados. El hombre interior debe estar escondido en Dios, mientras que el hombre exterior debe ser completamente quebrantado. Este es el requisito básico a fin de laborar para Dios. Cualquiera que se aferre a un solo estilo de vida, no ha sido sometido a la disciplina básica.

E. El hombre exterior debe ser quebrantado mientras que el hombre interior debe ser fortalecido

Siempre que un obrero del Señor vaya a algún lugar, tiene que vivir de la misma manera en que la gente de ese lugar vive. Debe vestirse y alimentarse igual que aquellas personas. Si nuestro evangelio se halla confinado por cosas tales como la comida, la bebida y el vestido, nuestra fe no será muy diferente de la que se profesa en las religiones mundanas. No estaremos dando a conocer el sabor correcto de nuestra fe. Nuestro Señor no trajo nada consigo cuando vino a la tierra. Él comió y bebió; Él era un hombre auténtico. El siervo no puede ser mayor que su señor. Nuestro hombre interior tiene que ser fortalecido, mientras que nuestro hombre exterior no debe insistir en nada externo; debe estar contento de apoyar a cualquiera. Por este motivo, nuestro hombre exterior debe ser disciplinado. La vida cristiana no es el comer o no comer. No es ni hedonismo ni ascetismo. La vida cristiana es una vida flexible. Lo que está en nuestro interior es mucho más grande y glorioso, y de ninguna forma debemos sentirnos afectados por ningún estilo de vida.

APÉNDICE DOS

ESPERAMOS EL REGRESO DEL SEÑOR

Lectura bíblica: 2 P. 3:11; 1 Co. 1:7; 1 Ts. 1:9-10; Fil. 3:20; Tit. 2:11-13

(El siguiente mensaje fue dado por Watchman Nee en Kuling el 23 de septiembre de 1948 como parte de la serie de mensajes titulada: "Nuevos creyentes". Posteriormente fue excluido de la publicación de esta serie de mensajes. La presente síntesis es una recopilación de las notas tomadas por el hermano K. H. Weigh.)

I. LA PROMESA BÍBLICA ACERCA DEL REGRESO DEL SEÑOR

La Biblia contiene la maravillosa promesa del regreso del Señor. Todos los libros, tanto del Antiguo Testamento como del Nuevo, tocan el tema del regreso del Señor. Aquellos que estudian la Biblia han contado las numerosas veces que el Nuevo Testamento habla sobre este tema y nos han dicho que uno de cada veinte versículos del Nuevo Testamento hace referencia al regreso del Señor. Éste es un tema muy importante. No debemos pensar que todo terminó con la venida del Hijo de Dios y la obra de redención que Él efectuó. El Señor regresará a esta tierra. Desde Génesis hasta Malaquías, el Antiguo Testamento reiteradamente habla sobre la segunda venida de Cristo; y lo mismo ocurre en el Nuevo Testamento, desde Mateo hasta Apocalipsis. Podemos decir que este tema es el tema de mayor relevancia en la Biblia. El registro bíblico de la primera venida del Señor es mucho más reducido que el de Su segunda venida, por lo que debemos prestar especial atención al tema de Su segunda venida. Debemos memorizar, por lo menos, unos cuantos pasajes de las Escrituras que hablan sobre este tema. Por favor, lean detenidamente las siguientes referencias: Juan 14:1-3, Hechos 1:10-11 y Hebreos 9:28. Una cuarta referencia está en el último libro de la Biblia: Apocalipsis. Este libro fue escrito más de sesenta años después de la ascensión del Señor. Para entonces, Jerusalén ya había sido destruida, y la primera generación de apóstoles casi había desaparecido. Sin embargo, todavía en ese entonces el Espíritu Santo habló en Apocalipsis 22:20 sobre el regreso del Señor Jesús.

II. UN LLAMAMIENTO CELESTIAL

Hoy en día, no solamente ponemos nuestra vista en la obra de la cruz que se efectuó en el pasado, sino que también dirigimos nuestra mirada hacia delante, a la segunda venida de Cristo. No estamos aquí solamente sirviendo al Señor, sino también estamos aguardando Su regreso. Ni es nuestra única intención sólo servirle a Él en esta tierra. Ya hemos hablado en diversas ocasiones sobre el tema del partimiento del pan. Al partir el pan, nosotros recordamos al Señor, y tal recordación se prolongará hasta que el Señor retorne. Los ojos de todos los cristianos deberían estar puestos en la segunda venida de Cristo. Si bien es cierto que predicamos acerca de la obediencia, la alabanza, el servicio y muchos otros temas, no nos proponemos servir de este modo para siempre. Nuestra esperanza es que la iglesia, un día, se convierta en la novia de Cristo. Todo cuanto hacemos es con miras a la segunda venida de Cristo. Si bien hacemos hincapié en las iglesias locales y en nuestra labor, nosotros no estamos edificando nada aquí en la tierra hoy. Estamos aguardando la venida del Señor. No estamos predicando la doctrina de la segunda venida de Cristo; verdaderamente estamos esperando Su regreso. Nuestro llamamiento es un llamamiento celestial, no es un llamamiento terrenal. Nuestro ministerio y servicio es de índole celestial. No estamos procurando obtener un gran edificio aquí en la tierra, pues todo cuanto hay en la tierra un día se desvanecerá. En la Biblia hay cinco grandes señales que nos indican que la venida del Señor está muy cercana.

La vida cristiana aquí en la tierra es una vida en la cual se aguarda el regreso del Señor. ¿Qué significa esperar por Su regreso? Esperar por Su regreso significa que mientras vivimos como los demás, en nuestro interior abriguemos la esperanza de Su retorno. La señorita M. E. Barber era una persona en quien yo no pude encontrar el menor indicio de que ella deseara permanecer en esta tierra por mucho tiempo. Era una persona que verdaderamente estaba esperando el regreso del Señor. Cierta vez, me encontraba caminando a su lado en la calle y me dijo: "Quizás me encuentre con el Señor al dar la vuelta a esta esquina". Me pidió que caminara a cierta distancia de ella al otro lado de la acera mientras repetía: "No sé si ésta será la esquina para mí". Aquellos que aguardan el regreso del Señor son semejantes a una persona que desciende por una cuesta empinada, quien no sabe con certeza si al voltear una esquina se encontrará con alguien que sube por ese mismo camino. Nuestra hermana genuinamente esperaba el regreso del Señor cada día y cada hora. Nótese que estamos refiriéndonos a nuestra expectativa con respecto a Su regreso, no a lo que creemos con respecto a Su regreso. Son muchos los que pueden hablar sobre el regreso del Señor; estudian el tema y creen en Su regreso, pero esto no significa que ellos estén esperando Su regreso. Mucha gente le presta gran atención a temas como el arrebatamiento, el tribunal de Cristo, el milenio, la Nueva Jerusalén, y los cielos nuevos y la tierra nueva. Son muchos los que están familiarizados con las profecías acerca del regreso del Señor, pero ellos no necesariamente están aguardando Su regreso. Tenemos que recordar que somos ciudadanos celestiales. Se nos debe enseñar mediante la gracia a esperar el regreso del Señor. Nosotros no depositamos esperanza alguna en este mundo, pues sabemos que el mundo jamás mejorará. Mientras servimos, trabajamos y colaboramos con Dios aquí en la tierra, estamos llamando y reuniendo a un grupo de personas a que vengan y permanezcan en el nombre del Señor para procurar Su satisfacción. Servimos y trabajamos con miras a Su segunda venida.

III. LAS DOS VENIDAS DE CRISTO

Cristo tiene dos venidas, y estas dos venidas difieren entre sí. En Su primera venida a la tierra, Él murió en la cruz para remisión de nuestros pecados. Por lo cual, los pecadores son reconciliados con Dios, y pueden acercarse a Dios y ser partícipes de Su vida. Pero esta obra en beneficio de los hombres, sólo ha llegado a medio camino. El problema del pecado ha sido resuelto, pero el pecado mismo todavía está en nuestro medio. El poder de la muerte ha sido anulado en nosotros, pero nuestro cuerpo aún experimenta la muerte. Si bien tenemos en nosotros una nueva vida, todavía no contamos con un ambiente nuevo. Si Cristo no regresa, nada será completado. Cuanto más santos seamos interiormente, más tenebroso, más pecaminoso y más anárquico será para nosotros el mundo externo. Nuestros labios eran inmundos, pero un día el fuego santo descendió sobre nosotros y limpió nuestros labios. Sin embargo, todavía vivimos en medio de personas que tienen labios inmundos. La segunda venida de Cristo no resolverá el asunto de nuestros pecados personales, sino el de todos los pecados de este mundo. En Su primera venida, Él resolvió el problema de nuestros pecados personales. En Su segunda venida, Él resolverá los pecados de este mundo.

IV. LOS PROBLEMAS DE ESTE MUNDO

A. Los problemas sociales

Hoy en día, el mundo está lleno de toda clase de problemas. ¿Cómo serán resueltos estos problemas? ¿Cuál debería ser nuestra actitud con respecto a estos problemas? Muchos reformadores sociales prestan gran atención a los problemas que se suscitan en la sociedad. Algunos les dicen a los cristianos: "Tus problemas personales ya han sido resueltos. ¿Pero qué me dices acerca de la existencia de las clases sociales, la pobreza de la gente del campo, el sufrimiento de los animales y la proliferación de establecimientos pecaminosos tales como los cines, los burdeles, los salones de baile y los casinos?". Aquellos que prestan tanta atención a la sociedad, se sienten turbados al ver tantos males en ella, males tan persistentes como el crimen, las enfermedades, la pobreza y las desigualdades entre los hombres. Ellos nos preguntan qué debería hacerse con respecto a estas cosas. Debemos decirles a tales personas que Dios no ignora estos problemas. Dios no desea solamente que los individuos sean salvos, sean perdonados y vayan al cielo. Tenemos que decirles que la salvación de la cual habla la Biblia no es solamente para individuos. Los cielos no se relacionan únicamente con el asunto de la salvación individual, sino que se relacionan con un tiempo en el que el mundo entero se volverá a Cristo. (Sin embargo, no estamos hablando del movimiento universalista.) La Biblia primero habla de la salvación personal, pero esto no significa que ella ignore los problemas sociales. No podemos enfrentarnos a los problemas sociales ahora, porque no tenemos la capacidad de solucionarlos en el tiempo presente. Según la Biblia, Dios nos ha hecho un llamamiento celestial, lo cual significa que los cristianos únicamente son responsables por la predicación del evangelio. La responsabilidad de la iglesia es la de reunir a los hombres en el nombre de Cristo. Nuestra esperanza no está puesta en este mundo, ni nuestra labor es para este mundo. No estamos aquí para mejorar la sociedad. El Señor dijo que no hay paz ni esperanza en este mundo. Todos los problemas sociales serán resueltos cuando el Señor regrese. Cuando Él regrese, todas las dolencias sociales serán eliminadas. El cristianismo sí se enfrenta a estos problemas, pero permanece la cuestión del tiempo en el cual se le dará solución a dichos problemas. Cuando el Señor regrese, estos problemas serán resueltos.

Los hijos de Dios no tienen otra obligación que la de llevar a los hombres a Cristo y esperar por Su regreso. No esperamos que sean eliminadas las distinciones de las clases sociales en este mundo. Tampoco tenemos la expectativa de que el pecado y el crimen sean erradicados de este mundo. Un día el Señor se encargará de todos los problemas que los sociólogos y científicos no han podido resolver. Nuestra expectativa difiere de las expectativas que abriga el mundo. Nosotros esperamos el día en que el Señor regrese, y ese día ya se acerca. Existen dos aspectos relacionados con la venida del Señor: el personal y el mundial. En lo personal, esperamos Su retorno porque anhelamos verle a Él. En lo que concierne al mundo, el regreso del Señor resolverá los muchos problemas que tiene este mundo. Muchos cristianos procuran reformar la sociedad y, al final, son corrompidos por la misma sociedad. Muchos buenos cristianos tratan de cambiar el mundo, pero a la postre ellos mismos son contaminados. Jamás debiéramos involucrarnos en esta clase de trabajos, porque nosotros sabemos que éste es el trabajo del Señor.

B. El sufrimiento de las criaturas vivientes

Hoy en día, muchas personas nos dicen que los animales están sufriendo y que se abusa de ellos al grado que están a punto de extinguirse. Ellas afirman que debiéramos hacer algo para protegerlos. El problema es que, en nuestros días, los seres humanos mismos son tratados peor que las vacas y los caballos. ¿Cómo podríamos primero atender a las criaturas inferiores? En algunos países hay activistas que defienden los derechos de los animales. Romanos 8 dice que toda la creación gime por su liberación. Sabemos que un día toda la creación será libertada de la esclavitud de corrupción. Entonces, tal como se anuncia en el Antiguo Testamento, el mundo será un lugar donde "morará el lobo con el cordero, / Y el leopardo con el cabrito se acostará; / El becerro y el león y la bestia doméstica andarán juntos, / Y un niño los pastoreará. / La vaca pacerá junto a la osa, / Sus crías se echarán juntas; / Y el león como el buey comerá paja" (Is. 11:6-7). Sabemos que un día todas las criaturas serán liberadas, pero ese día no es el día de hoy. Hoy en día, proteger a los animales no es nuestro trabajo.

C. Las pugnas terrenales por el poder

Todas las agrupaciones políticas de todas las naciones del mundo pugnan por ser la figura central y todas las naciones de este mundo procuran aprovecharse de las otras naciones. Tanto en el ámbito nacional como internacional afloran disputas y crisis. Nosotros no estamos llamados a involucrarnos en la labor de la Liga de las Naciones; nuestra labor no consiste en ayudar a las naciones más débiles e inestables. Un día los ángeles proclamarán que el reinado de este mundo ha pasado a nuestro Señor y a Su Cristo (Ap. 11:15). Incluso en nuestros días podemos responder a los incrédulos con estas palabras.

Los problemas personales que afectan a los cristianos, han sido resueltos por la primera venida de Cristo. Los problemas sociales de este mundo serán resueltos cuando llegue el tiempo de la segunda venida de Cristo. En ese entonces el mundo no será como el mundo en el que vivimos actualmente. Todos los problemas antes citados desaparecerán en un abrir y cerrar de ojos.

V. QUÉ DEBEN HACER LOS CRISTIANOS HOY

¿Qué deben hacer los cristianos en este mundo? Un cristiano debe esforzarse al máximo por ayudar a los demás. Por ejemplo, un médico debe esforzarse al máximo por ayudar a los demás al tratar sus enfermedades. Un científico debe esforzarse al máximo por ayudar a los demás por medio de enriquecer los niveles de nutrición y otras cosas parecidas. Pero hay que tener siempre en cuenta una cosa: debemos seguir siendo puros delante del Señor. No debemos contaminarnos con este mundo; tampoco debemos cerrar nuestros ojos a los asuntos de este mundo. En Su primera venida, Cristo trabajó en el individuo; Él no trató de hacer nada con respecto al sistema social. Del mismo modo, hoy en día los cristianos deben laborar en el individuo; no tienen que tratar de erigir un sistema o una institución. Antes que nuestros problemas personales fuesen resueltos o antes que los problemas de este mundo sean resueltos, nosotros éramos pecadores y vivíamos entre pecadores. Hoy hemos creído en el Señor. Nos hemos convertido en justos que están en medio de los pecadores. Pero llegará el día en que los justos estarán entre los justos. Todos los problemas serán resueltos el día en que el Señor regrese. Hoy en día debemos darles a los demás lo que podemos darles. No debemos involucrarnos en ninguna clase de revolución. Las revoluciones se suscitan porque existen malas instituciones, y los hombres inician revoluciones debido a que odian a esas instituciones. Ellos incluso derraman su propia sangre por causa de sus revoluciones. Pero nosotros no podemos ofrecer en sacrificio nuestra sangre para destruir ningún sistema social. Cuando Cristo venga por segunda vez, Él cambiará todos los sistemas sociales y las instituciones. Si nosotros nos involucramos en tales labores hoy, es muy probable que seamos desaprobados. Sería necio de nuestra parte ofrecernos hoy en sacrificio. El mundo ha llegado a estar como está, debido a que demasiada gente inocente se ha sacrificado. Los cristianos no deben aspirar a cambiar ninguna institución de este mundo.

La Biblia nos presenta un llamamiento celestial. Nuestro llamado no se ha hecho para la tierra. Este mundo no es lo que nos importa. Nosotros vivimos día a día en este mundo, pero nada con respecto a nosotros es permanente, nada es indispensable para nosotros y nada nos es obligatorio. En este mundo, no hay nada sin lo cual no podamos vivir y no hay nada que tengamos que tener. Nosotros aceptamos lo que el Señor nos provea en este mundo. Está bien si tenemos más y está bien si tenemos menos. Si el Señor ha dispuesto una jornada placentera para nosotros, la aceptamos. Si el Señor ha preparado para nosotros una ardua jornada, también la aceptamos. Estamos aquí aguardando la venida del Señor; no estamos procurando obtener las bendiciones de este mundo. Cuando Cristo regrese, todo lo terrenal habrá llegado a su fin. Mientras vivamos en esta tierra, no vivimos para nosotros mismos, para nuestras familias, ni para la sociedad; sino que vivimos para el Señor. Cuando el Señor regrese, ese será el más feliz de nuestros días. En este mundo todo cambia; únicamente las cosas relativas a la justicia permanecen para siempre. Si no pertenecemos a este mundo y no echamos raíces en este mundo, aquel día será un día de gloria inefable para nosotros. En aquel día, la gloria del Señor llenará la iglesia. Su reino vendrá a la tierra y el universo entero estará sujeto a Cristo. Por esto la iglesia no siente ningún afecto que le haga aferrarse a las labores de esta tierra.

VI. A LO QUE PONDRÁ FIN CRISTO CUANDO VENGA

A. La injusticia

Cuando el Señor regrese, a lo primero que dará fin es a la injusticia. Hoy en día, el problema más grande que hay en el mundo es la injusticia. Isaías 11:4 dice que el Señor "juzgará con justicia a los pobres, / Y resolverá con equidad a favor de los mansos de la tierra". Juzgar con justicia es más de lo que el mundo puede hacer hoy, pero tampoco es el trabajo de un cristiano. Cuando el Señor regrese, Él ejecutará justicia.

B. Las guerras

Cuando el Señor regrese, pondrá fin a todas las guerras. Hoy en día los hombres no pueden hallar solución al problema que representan las guerras. La Segunda Guerra Mundial apenas cesó, pero muchas regiones del mundo todavía están en guerra. Todos estamos de acuerdo en que debe hacerse la paz, pero no hay verdadera paz. Los hombres no pueden lograr la paz por medio de las guerras. Mas Isaías 2:4 dice que cuando el milenio venga, los hombres "convertirán sus espadas en rejas de arado, / Y sus lanzas en hoces; / No alzará espada nación contra nación, / Ni se adiestrarán más para la guerra". Debemos darnos cuenta de que nosotros no somos los que les quitarán a los hombres sus espadas y sus lanzas. Nosotros no libramos batallas ni detenemos batallas con la esperanza de lograr la paz. Estas cosas están fuera de nuestro alcance. Cuando Cristo venga, Él pondrá fin a todas las guerras y traerá la paz.

C. Las enfermedades

Cuando Cristo venga, Él pondrá fin a todas las enfermedades. Hoy en día, mucha gente se preocupa por la salud pública, la higiene y la ayuda médica, pero las enfermedades jamás serán erradicadas completamente en nuestros días. En la Biblia, los dos libros que hablan más que cualquier otro acerca de las plagas son Ezequiel y Jeremías. Ambos libros nos muestran que las plagas están en las manos del Señor: el Señor tiene esto bajo Su control. En las profecías de Apocalipsis y de Mateo dice que las plagas aumentarán al final de los tiempos. Un cristiano no debiera entregarse meramente a trabajos de higiene pública y ayuda médica. Tenemos que percatarnos que las enfermedades de este mundo irán en aumento. Isaías 33:24 dice que cuando Cristo venga, nadie dirá: "Estoy enfermo". En Ezequiel 47:12 dice que en los cielos nuevos y la tierra nueva, el árbol de la nueva ciudad será para sanidad de las naciones. Por tanto, cuando el Señor regrese, el problema que las enfermedades representan será resuelto.

D. El hambre

Cuando el Señor venga nuevamente, el problema del hambre también será resuelto. Recientemente en China, muchas personas han pasado a concentrar su atención en el problema del hambre. Algunas de ellas han realizado labores encomiables. Algo interesante que nuestros ojos han captado es que la cosecha, que es fruto de la labor del hombre, siempre requiere de mucho arar y labrar la tierra, mientras que las espinas, los cardos y la mala hierba crecen muy bien sin necesidad del cuidado humano. La cizaña no requiere de la siembra, pero crece junto al trigo. No importa cuánto se esfuercen los científicos y horticultores, no pueden detener el crecimiento de la mala hierba. En Génesis vemos que Dios maldijo la tierra, y ésta no volvió a darle su fuerza al hombre. Esto es un hecho. Hoy en día, la tierra no ha vuelto a darle su fuerza al hombre. Jamás hemos escuchado que un espino necesite ser labrado por el hombre. Es cierto que hemos avanzado en cuanto a técnicas de irrigación y maquinarias agrícolas, y se han obtenido mejores semillas y fertilizantes, pero, todavía no hemos podido eliminar la mala hierba. Tampoco hemos podido atender todas las otras necesidades del hombre.

El hombre tiene que luchar contra la naturaleza y pelear contra ella para poder sobrevivir. Si permitiera que la naturaleza siga su propio curso, no obtendría cosechas de ella. No estamos menoscabando los esfuerzos que realizan los científicos. Simplemente decimos que tales problemas no pueden ser resueltos por los hombres. Tampoco es el propósito de Dios que la iglesia resuelva tales problemas. Estamos aquí únicamente para esperar el regreso del Señor. La Biblia nos dice que cuando Cristo regrese, la tierra volverá a dar su fuerza al hombre. Isaías 43:19-20 y 35:1 declaran que Dios hace correr "ríos en el desierto" y que el yermo florecerá "como la rosa". En Isaías 51:3 dice que Dios cambiará el "desierto en paraíso". Cuando Cristo regrese, no habrá más desiertos, y las espinas y cardos desaparecerán.

E. La educación y el conocimiento

Los pedagogos y filósofos enseñan a los hombres acerca

del bien y del mal, y les enseñan a alejarse del mal y a elegir el bien; pero nadie puede resolver el problema del pecado que radica en el corazón del hombre. Ningún pedagogo puede darle al hombre el conocimiento de Dios. Hebreos 8:10-11 nos dice que cuando Cristo regrese, obtendremos el conocimiento de Dios que procede de nuestra intuición y todos conoceremos a Dios, del menor hasta el mayor.

F. Los establecimientos que fomentan el vicio

En este mundo hay muchos establecimientos que fomentan el vicio. Muchos lugares son un medio de cultivo para el pecado. La iglesia y los cristianos están salvando a los hombres de tales sitios pecaminosos. Sin embargo, estos establecimientos no cambian. Mateo 13:41-42 nos dice que cuando el Señor venga nuevamente, los ángeles echarán fuera todo lo que sirve de tropiezo y a los que hacen iniquidad, es decir, a los que corrompen a otros. En un instante, el Señor limpiará la tierra.

VII. LOS CRISTIANOS NO ECHAN RAÍCES EN ESTA TIERRA

Podemos considerar lo dicho anteriormente como la filosofía social de un cristiano. En otros capítulos hemos visto diversos aspectos de la fe cristiana y de la conducta propia de los cristianos. Mientras permanezcamos en la tierra, tenemos que hacer todo lo que es menester, pero nuestros corazones siempre deben estar anhelando el regreso del Señor. Nuestra atención debe estar centrada en el llamamiento celestial. Nosotros no tenemos planes permanentes con respecto a las cosas de este mundo. Ni siquiera los asuntos más espirituales deben atarnos al ámbito terrenal ni hacernos presos de este mundo. Los cristianos no deben arraigarse en esta tierra, ya que la tierra no es el lugar donde los cristianos deben echar raíces. La palabra de Dios se está cumpliendo poco a poco, y el Señor está a la puerta. Hoy en día, nuestros ojos no están puestos en los problemas de la iglesia, sino que estamos aguardando la venida del Señor. Éste es nuestro llamamiento celestial. Quiera el Señor otorgarnos Su gracia y que nuestra mirada esté fija solamente en Su regreso.

VENDERLO TODO

Lectura bíblica: Lc. 18:18-30; 19:1-10; Hch. 2:44-45; 4:32-35; Mt. 6:19-24

(El siguiente mensaje fue dado por Watchman Nee en Kuling en 1948 como parte de la serie de mensajes titulada: "Nuevos creyentes". En 1949, fue publicado por la "Librería de Kuling" como el tercer mensaje de la serie, pero luego fue excluido de la versión final. Para entender este mensaje con la luz apropiada y dentro del contexto del ministerio de Watchman Nee durante ese período, el lector puede leer además el tomo 57 de la colección titulada: "The Collected Works, The Resumption of Watchman Nee's Ministry" *(Obras seleccionadas: La reanudación del ministerio de Watchman Nee.)*

I. UN REQUISITO PREVIO

Lo primero que debemos comprender con respecto al asunto de que un nuevo creyente lo venda todo a fin de optar por el camino del Señor, es que la iglesia tiene que hacerlo primero. De otro modo, estaremos hablando en vano. Que un nuevo creyente obtenga la victoria en este asunto, depende del estado en el que se encuentra la iglesia. Si la iglesia no es una iglesia consagrada, sería inútil que les hablemos a los demás de la consagración. Si la iglesia no se ha separado del mundo, sería en vano hablar del bautismo o de la separación del mundo. Si los hermanos y hermanas en la iglesia no han adoptado la práctica de venderlo todo, sería en vano hablarles a los nuevos de venderlo todo. Los hijos de Dios deben estar afianzados en el terreno de lo que están predicando, antes de poder guiar a los nuevos creyentes a ese mismo territorio. No estoy diciendo que Dios no vaya ha realizar una obra particular a fin de hacer surgir nuevos hermanos y hermanas que opten por este camino. Pero, no es fácil para los nuevos creyentes tomar este camino. Primero, es necesario que algunas personas les den el ejemplo al tomar esa postura ellas mismos. Entonces con facilidad los demás podrán decidir al respecto. Si todos renunciamos a nuestras propias consideraciones y lo entregamos todo, entonces podremos esperar que los nuevos creyentes también renuncien a sus propias consideraciones y lo entreguen todo. Si nosotros no lo hacemos, será difícil para los nuevos creyentes hacerlo. Una localidad tiene que tener la certeza de que los creyentes que la conforman están muy fortalecidos, antes de esperar que esta práctica sea aceptada sin problemas. Si los hermanos y hermanas que forman la iglesia no son muy fuertes, esta práctica no podrá ser implementada.

II. LO QUE EL SEÑOR EXIGIÓ DEL JOVEN PRINCIPAL

Comencemos con el relato del joven principal en Lucas 18. Este joven era una persona de una moralidad muy elevada. Era una persona virtuosa en lo que concierne a su conducta delante de Dios. Además, él había guardado todos los mandamientos y respetaba mucho al Señor Jesús; es por eso que se dirigió al Señor llamándolo: "Maestro bueno" (v. 18). El Señor Jesús fue muy bondadoso con él e incluso le amó (Mr. 10:21). Pero el Señor sabía que no era fácil ganar a una persona así.

A. Es necesario ser absoluto para servir al Señor

No obstante, el Señor le impuso un requisito. Si un hombre desea servirle o seguirle, tiene que ser perfecto. Noten las palabras del Señor aquí: "Si quieres ser perfecto" y "una cosa te falta" (Mt. 19:21; Mr. 10:21). En otras palabras, el Señor le dijo que para seguirle, una persona tiene que seguirle de forma absoluta en todo aspecto, sin que le falte nada. No puede cuidar de noventa y nueve partes del todo, pero reservarse una cosa intacta para sí mismo. Aquellos que hagan esto no pueden seguir al Señor. El Señor exige que cuando venimos a Él, todo cuanto nos pertenece también debe venir a Él. El Señor exige que seamos perfectos; Él anhela que le sigamos de una manera absoluta. Algo inferior a esto simplemente no sirve. El joven principal había guardado los mandamientos desde su juventud. Él temía a Dios. Sin embargo, el Señor dijo que incluso a semejante persona le faltaba una cosa, sin la cual no podía seguir adelante. Esta única cosa era vender todas sus posesiones para repartirlas a los pobres y luego seguir al Señor. Esta era la única manera en que él podía seguir avanzando.

B. Para seguir al Señor uno tiene que venderlo todo

Por tanto, ninguno que no venda todas sus posesiones puede seguir al Señor. Si uno no lo vende todo, no puede seguir al Señor, no puede seguir avanzando en este camino. Tenemos que tener una comprensión profunda de este asunto tan serio.

C. Conservar nuestras posesiones equivale a conservar penurias para nosotros mismos

La Biblia afirma que cuando el joven principal oyó las palabras del Señor, se alejó entristecido. Es posible que una persona esté muy cerca del Señor y entienda claramente lo concerniente a Él y, aun así, no quiera renunciar a todas sus posesiones. Es posible que ella todavía quiera conservarlas, pero cuando retiene sus posesiones, también retiene penurias para sí. El dinero hace que una persona sea traspasada de muchos dolores (1 Ti. 6:10). Es imposible que una persona pueda acumular dinero y gozo simultáneamente. Si acumula riquezas, también acumula muchos dolores de cabeza para sí mismo. Al conservar sus posesiones, estará conservando muchos dolores y problemas para sí mismo. He aquí un hombre que conservó sus posesiones, pero que no pudo seguir al Señor. Si ustedes quieren retener su dinero, entonces no deben de seguir al Señor. Si no siguen al Señor, vuestro dinero se conservará intacto, y vuestras penurias también se conservarán intactas. El dinero y las penurias siempre van juntos. No pueden retener su dinero sin retener sus propias penurias.

Únicamente quienes lo han entregado todo pueden vivir una vida gozosa. Aquellos que no están dispuestos a renunciar a sus posesiones, siempre llevarán una vida muy triste.

Yo he podido observar esto en muchos lugares y con gran claridad. Puedo predecir que aquellos hermanos que se aferran a su dinero, siempre permanecen en tristeza. El apego a las posesiones materiales no es causa de alegría. Esto está muy claro. Tenemos que decirles a los nuevos creyentes que si anhelan tener gozo, deben renunciar a todo y seguir al Señor.

D. La salvación, recibir la vida eterna y la entrada al reino de Dios

El joven principal no estaba dispuesto a renunciar a sus posesiones y se alejó entristecido. Cuando el Señor vio esto, comentó: "¡Cuán difícilmente entrarán en el reino de Dios los que tienen riquezas!" (Mr. 10:23). El primer punto en esta historia es acerca de heredar la vida eterna. Después se habla acerca de entrar en el reino de Dios. Aquellos que escucharon las palabras del Señor con respecto a entrar en el reino, preguntaron: "¿Quién, pues, podrá ser salvo?" (v. 26). Aquí, se hallan vinculados entre sí los asuntos relativos a la salvación, recibir la vida eterna y entrar en el reino de Dios. Si deseamos heredar la vida eterna, tenemos que desprendernos de nuestras posesiones. De otro modo, ellas nos impedirán heredar la vida eterna. Si anhelamos entrar al reino de Dios, tenemos que recordar que es imposible para los ricos entrar en él. Si queremos ser salvos, el Señor nos salvará. Aun así, tenemos que recordar que si el Señor nos salva, tenemos que renunciar a nuestras riquezas. Esto no significa que uno es salvo por medio de renunciar a sus riquezas. Esto quiere decir que si una persona es salva, espontáneamente renunciará a sus riquezas.

Es imposible que un camello pase por el ojo de una aguja. Del mismo modo, es imposible para un hombre rico entrar en el reino de Dios. Pero todos los hermanos y hermanas que se encuentran entre nosotros son camellos. Aquellos que son ricos son camellos grandes y aquellos que no son tan ricos son camellos pequeños; pero todos somos camellos. Así como un camello no puede pasar por el ojo de una aguja, un hombre rico no puede entrar en el reino de Dios. Si el Señor dice que ningún hombre rico puede entrar en el reino de Dios, ciertamente significa que ningún hombre rico puede entrar en el reino de Dios.

E. Venderlo todo para heredar la vida eterna

Cuando los discípulos escucharon esto, se preocuparon. Ellos preguntaron: "¿Quién, pues, podrá ser salvo?". Ellos no entendieron bien al Señor. ¿Qué fue lo que le dijo el Señor a aquel joven? Cuando el joven le preguntó: "¿Qué he de hacer para heredar la vida eterna?". El Señor le respondió que debía vender todas sus posesiones y dárselas a los pobres. Por tanto, uno tiene que vender todo lo que tiene antes de poder recibir la vida eterna. Poco después, el Señor dijo que un hombre rico que entra al reino de Dios es semejante a un camello que pasa por el ojo de una aguja. Esto quiere decir que un hombre rico no puede entrar al reino de Dios. Si ustedes ponen ambas cosas juntas, podrán ver que un hombre rico no puede entrar al reino de Dios y que uno tiene que vender todo lo que tiene antes de poder heredar la vida eterna.

Pedro se comportó como un maestro bíblico. En cuanto escuchó esto, a él le pareció que esta era una exigencia terrible. Pedro pensó: "Si heredar la vida eterna se relaciona con las obras de uno, y si uno no puede entrar en el reino de Dios si es rico, sino que para ello tiene que vender todas sus posesiones; entonces, esto quiere decir que entrar al reino ya no depende de la fe. Si esto es así, ¿quién podrá ser salvo? ¿Quién podría vender todo lo que tiene antes de heredar la vida eterna? ¿Quién podría primero hacerse pobre a fin de ser salvo?".

F. El punto central concerniente a venderlo todo

El Señor Jesús dio la respuesta a esta pregunta, y Sus palabras son el tema central de este relato. Tenemos que asirnos de esta palabra, pues Él dijo: "Lo que es imposible para los hombres, es posible para Dios" (Lc. 18:27). Un nuevo creyente tiene que darse cuenta que es imposible primero renunciar a todo, para después entrar en el reino de Dios. El Señor reconoció que esto es imposible.

III. LO QUE ES IMPOSIBLE PARA EL HOMBRE, ES POSIBLE PARA DIOS

El error que cometió aquel joven no estribaba en su renuencia a vender todas sus posesiones, sino que su error consistió en entristecerse y alejarse. Dios sabe, y el Señor también sabía, que esto es algo que resulta imposible para los hombres. No había nada raro en que esta persona no pudiera realizar lo que se le exigía. El Señor sabe que somos incapaces de vender todas nuestras posesiones para dárselas a los pobres. Pero aquel hombre se alejó entristecido porque pensaba que, puesto que esto era imposible para él, también sería imposible para Dios. Aquel joven sabía que era terrible que él no pudiera renunciar a sus riquezas, pero ¿por qué el Señor, sabiendo que aquel joven no podría hacerlo, le pidió que renunciara a sus riquezas? La respuesta del Señor Jesús fue: "Lo que es imposible para los hombres, es posible para Dios". ¿Cómo podría un camello pasar por el ojo de una aguja? Esto es imposible. Del mismo modo, todas las personas de este mundo aman el dinero, y a todos nos resulta imposible vender todas nuestras posesiones, pero ¡sería un gran error si alguno se alejara entristecido simplemente porque no se siente capaz de hacerlo! Si nos alejamos apenados, estaremos limitando el poder de Dios.

A. El problema del hombre es que no acepta el poder de Dios

Aquel joven no fue capaz de hacerlo. Aun así, ¡no contempló la posibilidad de que Dios lo pudiera realizar! En otras palabras, el Señor estaba preparado para impartir gracia a este joven, pero él no estaba dispuesto a recibirla. Todo lo que necesitaba hacer era detenerse y exclamar: "¡Señor! No puedo renunciar a mi dinero. Por favor, dame la gracia necesaria. Lo que es imposible para mí es posible para Ti. Yo no puedo, pero Tú sí puedes. Yo no puedo hacerlo, pero Tú puedes operar en mí hasta el punto en que pueda llegar a hacerlo. ¡Señor! No puedo renunciar a mi dinero. No puedo vender todo cuanto tengo, para seguirte, pero Tú puedes. ¡Te pido que me des Tu gracia!". Él cometió el error de no orar. Él cometió el error de no creer ni pedir. Él cometió el error de alejarse entristecido. El error que cometen los hombres no radica en su propia debilidad, sino en que no pueden aceptar el poder de Dios. No estriba en su incapacidad, sino en que rechazan y no permiten que Dios sea para ellos: Aquel que todo lo puede. Su error no estriba en que sus obras no sean suficientes, sino en el hecho de no permitir que Dios los salve a tal grado que las obras de ellos lleguen al estándar correspondiente. Este era el punto principal de lo que le dijo el Señor. El tema central de este pasaje lo constituye esta oración: "Lo que es imposible para los hombres, es posible para Dios". El Señor Jesús estaba dispuesto a mostrar a aquel joven principal que, si bien el hombre no lo podía hacer, Dios sí podía. Aun así, aquel joven principal sólo vio su propia incapacidad y se alejó entristecido.

B. Hay un camino tanto para el que está dispuesto como para el que no lo está

Un nuevo creyente debe agradecer al Señor, tal como lo hizo Pedro, si Dios ha hecho que renuncie con gozo a todas sus posesiones. Pero si como el joven principal encuentra que le es muy difícil obedecer, todavía le queda otro camino. Hay un camino para quienes, al igual que los doce discípulos, responden rápidamente. Pero también hay un camino para los que vacilan, semejante al joven principal. Todo lo que uno tiene que hacer es inclinar su cabeza y decir: "Señor, no puedo hacerlo. ¡Necesito gracia!". Ésta es la manera de proceder. El joven principal no hizo esto, sino que se alejó del Señor entristecido. En esto consistió su error.

C. Ser absolutos para tomar la senda cristiana

Cuando el Señor vio que aquel joven se alejaba, Él hizo notar cuán difícil era que un hombre rico entrara en el reino de Dios. Entonces, Pedro le dijo al Señor: "He aquí, nosotros hemos dejado nuestras posesiones y te hemos seguido" (Lc. 18:28). El Señor le respondió a Pedro diciéndole: "De cierto os digo, que no hay nadie que haya dejado casa, o mujer, o hermanos, o padres, o hijos, por el reino de Dios, que no haya de recibir mucho más en este tiempo, y en el siglo venidero la vida eterna" (vs. 29-30). El Señor les mostró a los discípulos que seguirle implicaba dejarlo todo por Su causa y por causa del evangelio. A fin de ser un cristiano, uno tiene que poner todo a un lado para seguir al Señor.

D. Poner todo a un lado a fin de servir al Señor

Una persona joven tiene que comprender que para servir

al Señor tiene que poner a un lado todas las cosas, venderlas o abandonarlas, antes de poder seguir al Señor. Cuando el Señor llamó a los doce apóstoles, ellos le siguieron de inmediato y con alegría, no se detuvieron ni un segundo. Dejaron sus embarcaciones, sus redes y todo para seguir al Señor. Tal como podíamos encontrar personas así en aquellos días, los podemos encontrar hoy en China. Al igual que Pedro, Jacobo y Juan, estas personas escuchan el llamado del Señor y le siguen de inmediato y de forma incondicional. Tenemos que agradecer al Señor por esto. Aun así, existen personas que, al igual que aquel joven principal, encuentran difícil responder al Señor o dejarlo todo para seguirle; pero, damos gracias al Señor que todavía existe un camino para ellos. Tal camino consiste en lo siguiente: Lo que es imposible para los hombres, es posible para Dios.

E. Sólo uno tuvo temor de seguirle

Aquí encontramos la combinación apropiada: Trece hombres fueron llamados por el Señor. Once de ellos renunciaron a todo de inmediato y de forma absoluta; uno de ellos fue falso, y hubo otro que no estuvo dispuesto. De los trece, once fueron buenos, uno era falso (Judas) y el restante, el decimotercero, era el joven principal. No debemos pensar que cuando la palabra del Señor es impartida, únicamente una persona seguirá al Señor de forma genuina y los demás no. Por el contrario, la Biblia nos muestra que sólo uno tuvo temor de seguirle.

F. Debemos ocupar una posición firme delante del Señor

Por favor, recuerden que siempre y cuando nosotros tomemos una posición firme, y la iglesia también asuma una postura firme delante de Dios, no tenemos que preocuparnos de que haya muchos como aquel joven principal. Tenemos que darnos cuenta que son raros los casos que se asemejan a este joven. No todos en la iglesia son como Judas. Asimismo, no todos en la iglesia son como el joven principal. De los trece, once eran absolutos. Cuando la palabra de Dios es liberada, y el lugar es adecuado, y si también la audiencia es apropiada, es raro encontrar a una persona que no siga al Señor de forma incondicional.

IV. LA LECCIÓN QUE SE ENCUENTRA EN LA SALVACIÓN DE ZAQUEO

Consideremos ahora el relato de Zaqueo, quien pese a que era un judío, trabajaba para el gobierno romano. En términos humanos, Zaqueo era un traidor debido a que colaboraba con el imperio romano en la extorsión de sus propios compatriotas. Él era un recaudador de impuestos designado por el imperio romano, es decir, era un judío que, viviendo en tierras judías, cobraba impuestos de sus propios compatriotas para los romanos, los mismos que habían arrasado su tierra nativa.

A. Zaqueo era recaudador de impuestos y era pecador

Zaqueo no era una persona de buena moralidad. Él no era tan noble como el joven principal quien había guardado los mandamientos desde su juventud. Zaqueo era un recaudador de impuestos que trabajaba para los extranjeros. Los recaudadores de impuestos de aquellos días, como todos los recaudadores de impuestos, eran hombres muy codiciosos. Ellos siempre estaban procurando sacarle más dinero a la gente. En ese tiempo había dos clases de personas que eran muy despreciadas por los judíos. Un grupo eran los pecadores, y el otro, los recaudadores de impuestos. Tales nombres tenían un mal nombre, algo parecido al de ser considerado un vándalo en nuestros días, algo que señalaba a hombres de muy mala reputación. Pero un día el Señor Jesús vino y pasó por allí. He aquí una persona de gran poder y autoridad. Él atraía mucha gente hacia Sí. "Ninguno puede venir a Mí, si el Padre que me envió no le atrae" (Jn. 6:44). Fue el Padre quien atrajo a Zaqueo al Señor.

B. El Señor se reúne con Zaqueo y no le predica

Zaqueo se sintió atraído hacia el Señor y quería verlo. Debido a que era pequeño de estatura, tuvo que subirse a un árbol sicómoro. No obstante, antes de que él viera al Señor, el Señor ya lo había visto primero. Cuando el Señor lo vio, Él no le predicó un sermón. No le dijo: "Debes confesar tus pecados y arrepentirte". Tampoco le dijo: "No debías haber extorsionado a los demás"; ni le dijo: "No debías haber pecado ni haber sido tan codicioso". Tampoco el Señor le dijo que vendiera todo lo que tenía, lo diera a los pobres y le siguiera. El Señor no le impartió enseñanza alguna. Él tan sólo le dijo: "Zaqueo, date prisa, desciende, porque hoy es necesario que me quede en tu casa" (Lc. 19:5). Por favor noten que el Señor no lo exhortó en manera alguna. Él no le impartió ninguna enseñanza con respecto a nuestras obras, tal como lo había hecho del quinto al séptimo capítulo de Mateo. No le habló de la doctrina de la regeneración expuesta en Juan 3, o de la enseñanza acerca del agua viva mencionada en Juan 4, o acerca de la luz tal como consta en Juan 8, ni de la enseñanza sobre el único grano que cayó en tierra, la cual aparece en Juan 12. El Señor no le predicó a Zaqueo de manera alguna ni lo exhortó de modo alguno. Lo único que hubo fue un contacto personal, un encuentro personal. He aquí un corazón que buscaba al Señor. He aquí una persona que había elegido al Señor. De hecho, en lo que concierne a la doctrina, Zaqueo no sabía nada.

C. Los demás se indignaron

El Señor no le predicó en lo más mínimo. Él simplemente le dijo: "Date prisa, desciende, porque hoy es necesario que me quede en tu casa". Cuando Zaqueo escuchó estas palabras, recibió al Señor lleno de gozo. Al ver esto, mucha de la gente que los rodeaba se indignó: "¿Cómo es posible que Jesús de Nazaret vaya a la casa de este hombre? Podía haber ido a cualquier casa menos a la casa de Zaqueo. Aun si Jesús no supiera quién era este hombre, Sus discípulos debían haber investigado y descubierto que Zaqueo no es una persona recta ni tiene buena reputación. ¿Por qué no le habrán dicho estas cosas a su maestro?". Todo el mundo sabía qué clase de persona era Zaqueo. Todos conocían sus antecedentes. Cuando escucharon las palabras del Señor, todos murmuraron en sus corazones.

D. Adonde quiera que llegue el Señor,
hay liberación del dinero

Lo que queremos decir es esto: el Señor no le predicó a

Zaqueo en lo absoluto. Él únicamente le dijo: "Hoy es necesario que me quede en tu casa". Estas palabras fueron suficientes. Aun cuando Él todavía no se hallaba en la casa de Zaqueo, Sus palabras eran lo suficientemente poderosas. Adonde quiera que llegue el Señor, hay liberación del dinero. Allí donde Él va, el dinero es soltado. Allí donde el Señor llega, el amor al dinero es eliminado. Es como si el Señor dijera: "Si puedo visitar este hogar, entonces todo estará bien. Para Mí, simplemente afirmar que es necesario que me quede en esta casa es tan poderoso como estar verdaderamente en dicha casa". Tales palabras tuvieron un gran efecto. Aquellas pocas palabras *es necesario que me quede,* tuvieron un gran efecto y algo sucedió.

E. Una palabra bastó
para despojar la casa de Zaqueo

¿Cómo podríamos demostrar que algo sucedió? Después que Zaqueo oyó estas palabras, de inmediato se puso en pie y declaró: "He aquí, Señor, la mitad de mis bienes doy a los pobres; y si en algo he defraudado a alguno, se lo devuelvo cuadruplicado" (Lc. 19:8). Estas palabras implicaban que toda su casa sería despojada de sus riquezas. Una palabra del Señor Jesús bastó para despojar la casa de Zaqueo de todas sus riquezas.

V. LO QUE ES IMPOSIBLE PARA LOS HOMBRES, ES POSIBLE PARA DIOS

El Señor exhortó al joven principal, y aun así aquel joven no logró cumplir con lo requerido. El Señor no exhortó a Zaqueo, pero éste sí logró hacerlo. Ambos eran hombres muy ricos. El hombre rico mencionado en Lucas 18 era joven, mientras que el hombre rico mencionado en el capítulo 19 ya era mayor. De acuerdo al sentido común, el hombre más avanzado en años debería ser mezquino con su dinero, mientras que el joven debería ser más generoso. Pero lo que observamos aquí es algo muy diferente. Un caso nos ilustra lo que es imposible para los hombres, mientras que el otro nos muestra lo que es posible para Dios. No debemos mirar este asunto de manera superficial. No es fácil venderlo todo y seguir al Señor. ¿Quién puede renunciar a todas sus posesiones? Uno tiene que estar loco para renunciar a todo. Pero el relato de Zaqueo nos dice que lo que es imposible para el hombre, es posible para Dios. Zaqueo hizo esto sin recibir ninguna enseñanza. El Señor no le dijo lo que debía hacer, pero Zaqueo lo hizo. Lo que vemos aquí es un principio, y éste nos muestra cuán fácil es hacer esto.

VI. EL CAMELLO QUE PASA POR EL OJO DE LA AGUJA

En cuanto Dios intervenga, el camello pasará por el ojo de la aguja. Ustedes deben decirles a los nuevos creyentes que en Lucas 18 vemos a un camello que vaciló al verse frente al ojo de la aguja y luego se alejó, después de haber contemplado brevemente tal posibilidad. Sin embargo, en Lucas 19 vemos a otro camello que sí pasó por el ojo de la aguja. Por favor recuerden que lo que es imposible para los hombres, es posible para Dios. El capítulo 18 nos muestra que ello es imposible para los hombres, mientras que el 19 nos muestra que para Dios, sí es posible. Si se vuelven al Señor, las cosas se harán en un instante. Sus problemas serán resueltos en un instante. En términos humanos, vender todo lo que uno posee es una locura; no obstante, este asunto se resolvió en un instante.

A. La salvación vino a esta casa

¿Cómo es posible que este asunto sea resuelto en un instante? Uno jamás debe suponer que Dios hará algo sin motivo alguno. El Señor nos da dos razones: en primer lugar, Zaqueo era hijo de Abraham; en segundo lugar, la salvación había venido a esta casa. Zaqueo no hizo esto por sí mismo. El propio Zaqueo no fue el motivo por el cual él pudo acatar los mandamientos del Señor. Zaqueo no lloró ni oró repetidas veces. Tampoco luchó consigo mismo, esforzándose por vencer tal desafío varias veces hasta que, crujiendo los dientes, lo hizo. No es que Zaqueo haya dado un poco de dinero un día, otro poco al día siguiente, un poco más al tercer día, hasta que ya no retuvo nada. El Señor dijo que no fue la decisión, las luchas o las consideraciones de Zaqueo, ni fue por causa de su esfuerzo que Zaqueo estuvo dispuesto a venderlo todo. ¿Por qué su casa, la cual él había edificado durante años de ahorros y riesgos, años de sacrificio de su honor, ahora en un instante fue despojada? La casa de Zaqueo "se fue a la quiebra" en un instante, porque la salvación vino a su casa. Zaqueo no se salvó a sí mismo; fue el Señor quien lo salvó. ¡La salvación ha venido a esta casa! ¡El poder del Señor ha venido a esta casa! Cuando esto sucede, todo ocurre con rapidez y prontitud. Por favor, presten atención a las dos veces en que aparece la palabra *casa*. En el versículo 5 el Señor dijo: "Es necesario que me quede en tu casa", y en el versículo 9 Él dijo: "Hoy ha venido la salvación a esta casa". Esto nos muestra claramente que el Señor mismo es la salvación que vino a la casa de Zaqueo. Cuando el Señor viene a nuestra casa, la salvación viene a nuestra casa. La llegada del Señor es la llegada de la salvación. Una vez que Él viene, todo es posible. En efecto, lo que el joven principal estaba diciendo, era que Dios no era capaz de realizar algo. Zaqueo, en efecto, afirmó que Dios sí podía hacer lo que se requería. Ningún hombre puede ser liberado de la esclavitud del dinero. Todos los hombres siempre tendrán que alejarse entristecidos. Pero cuando Dios manifiesta Su misericordia hacia una persona y la salva, entonces nada es imposible.

B. El Señor sale a buscar a los que están perdidos en sus riquezas

Al final el Señor concluyó así: "Porque el Hijo del Hombre vino a buscar y a salvar lo que se había perdido" (Lc. 19:10). Este es un versículo muy conocido en el cristianismo. Una de las principales razones por las que el Hijo del Hombre vino, es para buscar a quienes estaban perdidos en sus riquezas. Todos los que aman el dinero están perdidos y alejados. Hoy en día, el Señor ha salido en busca de ellos. Zaqueo fue hallado por el Señor. En la era presente, el Señor también nos ha encontrado a nosotros. Inicialmente, todos estábamos perdidos. Estábamos perdidos en el dinero, pero el Señor nos ha encontrado, y ahora todos nuestros problemas pueden ser eliminados. Una vez que el dinero se va, todos nuestros problemas desaparecen.

VII. LA MANERA EN LA QUE DIOS PROCEDE HOY

Consideremos estos dos capítulos: Lucas 18 y 19. El Señor

le dijo al joven principal que vendiera todo lo que poseía, pero este joven se alejó entristecido. No obstante, el Señor no le dijo nada a Zaqueo, sin embargo, algo ocurrió. Cuando el Señor estuvo en la tierra, Él dio inicio a esta práctica. Después que la iglesia surgió el día de Pentecostés, este asunto fue puesto en práctica nuevamente. Cuando una iglesia es apropiada, todas estas cosas sucederán sin requerir mayor esfuerzo.

A. Vender todas las cosas es un mandamiento del Señor

Lo más importante de lo cual debemos percatarnos en Hechos 2 y 4, es que los creyentes tenían todas las cosas en común al inicio de la vida de iglesia. Ninguno decía ser suyo propio nada de lo que poseía. En otras palabras, la mano del Señor estaba sobre todos los que habían sido salvos. Una vez que una persona recibía la vida eterna, algo sucedía. Entre quienes poseían esta vida, la esfera de sus posesiones se esparcía cada vez más, pues sus posesiones dejaron de ser su posesión privada. Lo que se ve a continuación es que los hombres espontáneamente vendían sus propiedades y sus casas. En el capítulo 4, los creyentes vendieron todas sus propiedades y casas. Esta es la manera de proceder que el Señor quiere que adoptemos. Su mandamiento es que vendamos todo.

B. Todas las posesiones ordinarias eran tenidas en común

Antes de seguir al Señor, una persona lleva consigo muchas cosas, tales como sus bienes y todo lo que necesita diariamente. Una vez que viene al Señor y el Señor le toca, sus posesiones se convierten en bienes comunes a los demás. Desde ese momento, ninguno puede afirmar que algo le pertenece. Ninguno puede afirmar que está aprovechándose de nadie, ni tampoco podrá decir que algo le pertenece. El mismo objeto será compartido por todos. El mismo dinero puede estar en su bolsillo o en el mío. Los mismos vestidos pueden ser vestidos por usted o por mí. Cualquiera que sea nuestra práctica, esta deberá ser la clase de fragancia que emitamos. Tal práctica tiene que ver con las posesiones ordinarias que uno tiene.

C. Se deben vender todas las propiedades, las casas y los objetos de valor

En lo que concierne a las propiedades, las casas y los objetos de valor, tienen que ser vendidos. Todo objeto especial debe ser vendido. Las propiedades, las casas, así como otros bienes tangibles como joyas de jade, antigüedades y colecciones de caligrafía, tienen que ser vendidos. Después que han sido vendidas, lo recaudado debe ser dado a los pobres.

D. No conservemos nada como propiedad privada

Con respecto al resto de sus propiedades, todo cuanto sea necesario para cubrir sus necesidades diarias, no necesita ser vendido. Aun así, ustedes tienen que tener la actitud de que todos los hijos de Dios pueden compartir todas estas cosas. Permítanme decir algo acerca de mí mismo. Pueden tomarlo como una broma, pero por veinte años, he tenido el hábito de comprar todo en cantidades, a veces una media docena, otras veces una docena. Algunos hermanos se preguntan por qué siempre compro en cantidad. Por ejemplo, cuando compro un par de anteojos para el sol, pese a que mi intención es usarlos; aun así, todavía oro: "Dios, puesto que Tú deseas suministrarme anteojos, provéeme seis pares". No tengo paz a menos que ore de este modo. Entonces, cuando aparece algún hermano que los necesite, le puedo dar un par de anteojos. Si surge otro hermano con la misma necesidad, le doy otro par de anteojos. Así regalo cinco pares y conservo uno para mí mismo. De este modo mantengo mi paz.

Si compro cortaplumas, compro una docena, y si es hojas de afeitar, compro una caja de doce docenas. Actúo así porque si compro una sola, tendré el sabor de que hice algo, solamente para mí mismo. Pero si le regalo una de ellas cuando usted me visite y luego doy otra a otro hermano cuando él venga, entonces esa compra me parece mucho más dulce. Por supuesto, no puedo dar regalos a mil personas o a un millón, pero al hacer estos pequeños regalos, percibo otro sabor. Si compro una docena de cortaplumas y once hermanos acuden a mí, podré darles un cortaplumas a cada uno de ellos. Así puedo conservar para mí el último de ellos, y probablemente Dios me permita usarlo con entera libertad. Si no hago esto, seré acosado por el sentimiento de que estoy guardando algo para mí mismo. Todos los que han permanecido conmigo por cualquier lapso, saben a qué me refiero. Siempre que salgo de compras, hago mis compras por docenas, pero no uso tales artículos por docenas. Una vez que entrego mis posesiones, hay un dulce sabor en todo cuanto hago.

E. Poner en práctica el principio de tener todas las cosas en común

Debemos aprender a no aferrarnos a nuestras posesiones. Estoy convencido que el Señor no me permitirá conservar mi abrigo para siempre. Quizás mañana ya no lo tenga. Puesto que es así, de una vez podría pedir al sastre unos cuantos abrigos más y así podré regalar algunos. Debemos hacer lo posible por cultivar este sentir entre nosotros. Cada vez que salimos de compras, no debemos hacer planes sólo para nosotros. Siempre debemos pensar en los demás. Necesitamos ir de compras. No digo que no debamos salir de compras, pero cuando salgamos, debemos cultivar este sentir, es decir, el sabor de que poseemos todas las cosas en común. No estoy diciendo que debemos poner en práctica de manera concreta el tener todas las cosas en común. Lo que estoy diciendo es que tenemos que guardar este principio. Piensen siempre en los demás. Siempre tenemos que respetar y defender el principio de tener todas las cosas en común.

F. Aprendamos, delante de Dios, a no echar raíces ni a ser mezquinos

Todos los nuevos creyentes deben aprender, delante de Dios, esta lección. Si poseemos bienes u objetos especiales, debemos venderlos. Todo lo que sean bienes raíces, oro o plata debe ser vendido. No es de nuestro agrado ver que los creyentes posean oro, plata, propiedades o casas. Tales cosas nos tientan a echar raíces en esta tierra.

Sin embargo, no basta con simplemente deshacerse de estas cosas. Muchos han vendido sus propiedades, pero no te prestan ni siquiera un bolígrafo. ¡No es fácil ser librados de este mundo! En este mundo existen muchos tacaños. Ellos no sólo son mezquinos en cuanto a las cosas grandes, sino también en las cosas pequeñas. Son tacaños con respecto a cada cosita y a cada detalle.

G. No debemos aferrarnos a nada y siempre debemos renunciar a ello

Muchas veces al leer Hechos 2 y 4, tengo la impresión que, de alguna forma, todo cuanto se conoce como bienes raíces, tales como propiedades y casas, tienen que ser vendidos. La iglesia hizo esto en aquel entonces. El libro de Hechos no nos dice mucho al respecto; no obstante, sí nos dice expresamente que los primeros creyentes tenían todas las cosas en común. Nadie se aferraba a nada. Los hijos de Dios siempre deben estar dispuestos a renunciar a aquello que tienen, cuando se trata de suministrar a otros hijos de Dios. Si tenemos alguna posesión, debemos venderla o regalarla a los pobres. Nuestro sentir siempre debe ser el de compartir nuestras posesiones con los demás, ya sea que se trate de un cuchillo o un lapicero. No debemos guardar nada para nosotros mismos; se puede prescindir de todas las cosas. Si hacemos esto, Dios no permitirá que caigamos en pobreza. De hecho, Él multiplicará todo lo que tenemos.

H. El ejemplo de la iglesia primitiva

Los nuevos creyentes deben conocer este principio. La iglesia primitiva practicaba esto. Desde el comienzo, los doce discípulos le dijeron al Señor que ellos lo habían abandonado todo para seguirle. Y cuando llegó el día de Pentecostés, durante el primer avivamiento, hubo tres mil personas y luego cinco mil personas que, espontáneamente, vendieron todo cuanto poseían. Ellos fueron salvos, y al igual que Zaqueo, hicieron esto sin necesidad de recibir muchas enseñanzas.

I. Venderlo todo sin necesidad de oír muchas enseñanzas al respecto

Los doce discípulos no recibieron muchas enseñanzas antes de abandonarlo todo para seguir al Señor. El Señor no les dijo que vendieran todo lo que tenían para seguirle. Él únicamente les dijo que le siguieran (Mt. 4:19, 21). Cuando el Señor los llamó, ellos espontáneamente lo dejaron todo. Asimismo, los apóstoles tampoco le dijeron al primer grupo de tres mil personas que vendieran todo lo que tenían. Ellos vendieron todas sus posesiones de manera espontánea. Los apóstoles tampoco les dijeron a los cinco mil que lo vendieran todo; ellos lo hicieron espontáneamente. Hoy en día tenemos que hacer lo mismo. Nosotros hemos escuchado el evangelio y hemos creído en él. Debemos hacer lo mismo que hicieron los tres mil y los cinco mil, pues ellos también eran nuevos creyentes. Es así como la iglesia avanza de generación en generación. ¡Cuán lamentable sería que esta "tradición familiar" se interrumpiera con nosotros! Siempre debemos llevar a la iglesia de regreso a su senda original.

VIII. NO SE PUEDE SERVIR A DIOS Y A LAS RIQUEZAS AL MISMO TIEMPO

Leamos Mateo 6. En este capítulo se nos muestra que nuestro corazón debe ser puro a fin de servir al Señor. No podemos servir a Dios y a las riquezas al mismo tiempo.

A. Las riquezas son un ídolo

Las riquezas son un ídolo. Un ídolo al cual hemos servido por muchos años. Este ídolo ha tenido preso a nuestro corazón por muchos años. Hoy en día, si deseamos servir al Señor, tenemos que optar por uno de los dos. No podemos servir a Dios y a las riquezas. El Señor dijo: "Porque donde esté tu tesoro, allí estará también tu corazón" (v. 21). Un hermano me dijo en cierta ocasión: "Mis tesoros están en la tierra, pero mi corazón está en los cielos". Yo le respondí: "Ciertamente eres una pieza de colección, pero no una pieza del "Museo de Londres", sino una pieza del "Museo cristiano". El Señor dijo que nadie podía hacer esto; sin embargo, a usted se le ha ocurrido algo que es mucho más milagroso que cualquier milagro". El Señor dijo que donde esté nuestro tesoro, allí estará nuestro corazón. El corazón siempre va en pos del tesoro. No podemos alterar esto. No importa qué es lo que digamos, nuestro corazón siempre estará donde esté nuestro tesoro.

B. Aprendamos a servir únicamente a Dios

Si nos hacemos de tesoros en esta tierra, siempre estaremos

sirviendo a las riquezas y no a Dios. Es cierto que podemos tener ciertas ocupaciones e involucrarnos en trabajos productivos, mas todo cuanto tenemos debe ser ofrecido a Dios. Nuestro estilo de vida tiene que ser el más austero posible. No podemos servir a Dios y a las riquezas. A quién preferimos, ¿a Dios o a las riquezas? Tenemos que elegir entre los dos. El Señor dijo que no era sabio escoger a las riquezas, porque las riquezas se corroen y son consumidas por las polillas (v. 19). Es posible que nuestra cuenta bancaria aumente cada vez más, pero los ladrones vendrán y nos la hurtarán. Tenemos que aprender a servir únicamente a Dios y aprender a acumular tesoros en los cielos.

CÓMO IDENTIFICAR LAS HEREJÍAS

Lectura bíblica: 2 Co. 11:13-15; 1 Ti. 6:20-21; 2 Ti. 4:3-4; 2 P. 2:1; Jud. 3; Is. 8:20

(El siguiente mensaje fue dado por Watchman Nee en Kuling el 28 de septiembre de 1948 como parte de la serie de mensajes titulada: "Nuevos creyentes". Posteriormente fue excluido de la publicación que contenía esta serie de mensajes.)

I. INTRODUCCIÓN

El tema de las herejías es un tema muy importante. Debemos comunicarles a los nuevos creyentes la comprensión apropiada de este tema, de tal modo que puedan estar preparados para defenderse apropiadamente. Debemos leerles a los nuevos creyentes todos los versículos antes mencionados, uno por uno, y luego debemos decirles que estos versículos muestran que surgirán muchos herejes en los últimos tiempos, los cuales emergen del seno de la iglesia. Debido a que algunos usarán el nombre de Cristo para propagar sus enseñanzas heréticas, todos los cristianos deben ser advertidos con respecto al asunto de las herejías. Judas 3 nos dice que tenemos que contender "ardientemente por la fe que ha sido trasmitida a los santos una vez para siempre". Tenemos que ser ortodoxos en nuestra fe. Y tenemos que ayudar a los nuevos creyentes a elegir la senda apropiada. Debemos advertirles en contra de las herejías. En un capítulo anterior, ya abordamos el tema de la senda que la iglesia ha de seguir. Dijimos entonces que, en los últimos tiempos, solamente una iglesia habría de guardar la palabra del Señor y el nombre del Señor: la iglesia en

Filadelfia. Nuestros ojos tienen que ser abiertos a fin de que podamos encontrar esta iglesia.

II. NO SEAMOS CURIOSOS

Muchas personas, por ser curiosas, les gusta probar diversidad de cosas. Al final, tales personas acaban siendo envenenadas por aquello que prueban. La curiosidad no hace sino envenenar a quien la padece. No es necesario que los hijos de Dios se involucren en herejías, únicamente para descubrir más tarde que se trataba de una herejía y que debían haberla condenado. No tenemos que involucrarnos con una herejía tras otra para luego poder condenarlas una por una. En cuanto escuchamos algo extraño, debemos alejarnos de ello. Algunas personas gustan de probar diversidad de cosas, y al final sucumben ante aquello que estaban probando. Dichas personas tropiezan a causa de tales cosas y después ya no pueden superar tal estado. Esto es muy peligroso. Jamás debiéramos ser curiosos, no vaya a ser que seamos atrapados por herejías de las cuales no podamos salir. Ninguna herejía es cien por ciento herejía; toda herejía, es una mezcla de herejías y verdades. Satanás no sería tan necio de dar origen a algo que sea completamente herético. Casi siempre, las herejías están mezcladas con verdades destacadas; cuando una persona recibe tales verdades, también recibe las herejías. No es fácil para los nuevos creyentes discernir tales herejías. Debemos aprender a no tener nada que ver con las herejías. Debemos huir de ellas y rechazarlas. Únicamente quienes poseen tal dominio propio y seriedad, podrán ser salvos del peligro: quienes sean curiosos siempre terminarán sufriendo la picadura venenosa.

III. LAS NORMAS ESTABLECIDAS PARA IDENTIFICAR LAS HEREJÍAS

Ningún nuevo creyente está capacitado para enfrentarse a las herejías. Lo mejor que puede hacer un nuevo creyente es alejarse lo más que pueda de las herejías. Pero si usted se encuentra en un lugar en el que no hay iglesia o se encuentra solo, he aquí diez pautas que nos darán el criterio necesario para determinar si una enseñanza constituye una herejía o no. Si al describir una determinada enseñanza, detectamos que se cumple alguna de estas pautas, o si una persona enseña cualquiera de estas diez cosas, entonces se trata de una herejía. Lo que determina si un grupo es herético, no es la cantidad de enseñanzas que imparte, sino la presencia o la ausencia de herejías. En cuanto haya una herejía, ese grupo ha errado. Es preferible escuchar un mensaje con un poquito de verdad pero sin herejías, que escuchar a alguien que conoce muchas verdades, pero las mezcla con un poquito de herejías. Un poco de veneno basta para aniquilar a una persona. Del mismo modo, un poco de levadura leuda toda la masa. Algunas de estas herejías únicamente pueden ser identificadas por personas que poseen dones especiales. Puede parecer muy sencillo identificar estas herejías, pero, en realidad, no es tan sencillo. Tenemos que preguntarnos si tal o cual enseñanza esconde algo de herejía en ella. De ser así, tenemos que rechazarla aun cuando el resto sea muy bueno.

Existen muchas clases de herejías. Algunas niegan completamente al Señor. Otras toman como base los milagros, las obras maravillosas y la adivinación. Algunas de ellas se relacionan con las profecías, otras con cuestiones relacionadas con el juicio después de la muerte, e incluso hay otras que se relacionan con la mortificación de los deseos de la carne. Aún más, cada una de estas clases de herejías son propagadas por muchos grupos distintos. Existe una gran variedad de herejías y todas ellas difieren en cuanto a sus errores. Pero basta con que yerren en un solo aspecto para que se conviertan en herejías. Sin embargo, debemos tener evidencias concretas antes de designar a alguna enseñanza como herejía. Herejía es una palabra muy fuerte, y debemos ser muy cuidadosos y serios al condenar a alguien como hereje. Ahora procedamos a examinar aquellas diez pautas que nos sirven de criterio para reconocer una herejía.

A. La autoridad de la Biblia

La primera clase de herejía está relacionada con la autoridad de la Biblia. En 2 Timoteo 3:16 se nos dice: "Toda la Escritura es dada por el aliento de Dios". La fe y la conducta cristianas están basadas completa y absolutamente en la Biblia. En Isaías 8:20 se nos dice: "¡A la ley y al testimonio! Si no dijeren conforme a esto, es porque no les ha amanecido". La ley y el testimonio a los que se hace referencia en este versículo son las Escrituras. Todo tiene que ser evaluado con la Biblia como norma. Cualquiera que evalúe algo conforme a una norma distinta, estará predicando herejías. Las herejías más populares de nuestros días, no adoptan la Biblia como norma. Por ejemplo, algunos afirman que la iglesia es la norma. Otros afirman que la Biblia es la norma general, pero que es la iglesia la que establece las normas específicas. Así ellos establecen muchas normas además de las que establece la Biblia. Nosotros no podemos tener comunión con ningún grupo que base su enseñanza o su juicio en persona u organización alguna. Añadirle cualquier cosa a lo que dicen las Escrituras constituye herejía. Algunos han dicho que la Biblia está en lo cierto, pero que ellos han recibido inspiración adicional. Esto ciertamente constituye herejía. Por ejemplo, en Shanghái un grupo de estudiantes de la Biblia afirma que una persona tiene que leer sus "Estudios de las Escrituras" para poder conocer la Biblia. Estos son los russellianos, también conocidos como "Testigos de Jehová". Ellos asumen otras autoridades además de la Palabra de Dios. Esto es erróneo. Consideremos a los Cientistas Cristianos, ellos alegan que sus palabras valen tanto como las palabras de la Biblia. Cualquiera que pone sus propias palabras en el mismo nivel que las palabras de la Biblia, ciertamente es un hereje. Nadie puede tener otra autoridad aparte de la Biblia. También están aquellos que creen en fenómenos sobrenaturales y afirman que el Espíritu Santo, por un lado, habla por medio de la Biblia, pero que además, el Espíritu Santo habla de manera independiente a través de ellos. Ellos no se dan cuenta que la revelación de Dios es una entidad completa en sí misma. Todas las revelaciones se complementan mutuamente y no existe conflicto entre ellas. Cualquier hablar nuevo debe complementar las revelaciones establecidas tal como aparecen en la Biblia. Por lo tanto, todo cuanto se aparta de la Biblia o se coloca en una posición de autoridad, constituye una herejía.

B. Con respecto a la persona de Cristo

La segunda clase de herejía está relacionada con la persona

de Cristo. El objetivo primordial que tiene Satanás al introducir herejías es el de atacar a la persona de Cristo. Las Escrituras nos muestran que el Señor Jesús es Dios (Jn. 1:1-3). Sin embargo, Satanás quiere que los hombres nieguen que Él es Dios. Con respecto a la persona de Cristo, la Biblia nos muestra lo siguiente: (1) que Jesús es Dios, (2) que Él es el Hijo de Dios, (3) que Él es el Cristo de Dios, (4) que Él es un hombre perfecto y (5) que después de Su resurrección, Él es tanto Dios como hombre en los cielos. En ese tiempo, Dios lo hizo Señor y Cristo. Algunos quizás se pregunten, ¿cómo es posible que Él sea tanto hombre como Dios y, a la vez, el Hijo de Dios? A ellos les parece que esto es demasiado confuso y que, en realidad, nadie sabe quién es Cristo. En realidad, basta con que ustedes les digan que eso es lo que dice la Biblia. Además, Cristo mismo dijo que ningún hombre puede conocer al Hijo si no es por medio de la revelación que procede del Padre (Mt. 16:17). El Señor admitió que no era fácil conocer Su persona. Los herejes únicamente tienen en cuenta uno de los aspectos de la persona del Señor, ellos no reconocen todos Sus aspectos. Pero negar sólo uno de los aspectos de Su persona es suficiente para que una enseñanza sea una herejía. A lo largo de los siglos, muchas herejías han concentrado sus ataques en uno o más aspectos de la persona del Señor Jesús. Basta con anular uno de los aspectos de Su persona para anular toda la obra realizada por el Señor. Por ejemplo, algunas personas afirman que el Señor Jesús no era un hombre. Esto haría nula la obra de redención que Él efectuó por medio de Su sangre. Otros dicen que Él no es Dios. Esto anularía el poder y la eficacia de Su obra en lo concerniente a la remisión de pecados. Aquellos que atacan a la persona de Cristo no tienen que atacar todos los aspectos de Su persona, lo único que tienen que hacer es anular uno de tales aspectos y esto es más que suficiente para que sean calificados de herejes.

Hoy en día circulan muchas clases de malentendidos acerca de la Biblia. Algunos de esos malentendidos son perdonables, mientras que otros no tienen excusa. Con respecto a la persona de Cristo, tenemos que ser muy estrictos cuando se trata de respetar y defender su integridad. Aun cuando usted quizás no comprenda muchas de las enseñanzas acerca de la persona

de Cristo, ni tampoco sea capaz de explicarlas satisfactoria-
mente, usted tiene que admitir los hechos. La mayoría de
las herejías concentran sus ataques en ciertos aspectos de la
persona de Cristo. Esta es la meta final de Satanás. El apóstol
Juan indicó esto cuando ya era muy anciano. Cualquiera que
diga que Cristo es una persona y que Jesús es otra, está predicando una herejía. Cualquiera que afirma que después de la
muerte y resurrección de Cristo únicamente existe el Espíritu,
y que Cristo ha dejado de existir, también está predicando una
herejía. Cualquiera que afirma que Dios primero creó al "Verbo",
que tal Verbo fue la primera creación de Dios, después de lo cual
el Verbo creó los cielos, la tierra y toda criatura viviente, está
predicando una herejía. Cualquiera que diga que Cristo es un
Espíritu subordinado a Dios y superior a los ángeles, el cual
vino a la tierra para ser un hombre, está predicando una herejía. Algunos separan al Hijo de Dios, del hombre Jesús, el cual
vivió en esta tierra. Otros separan al hombre Jesús que vivió
sobre la tierra, del Cristo resucitado y ascendido. Algunos
niegan que Jesús de Nazaret esté ahora en los cielos. Los hombres usan dos cuchillos, uno para cortar al Hijo de Dios de
Jesús de Nazaret, y el otro para cortar al hombre Jesús del
Cristo ascendido y resucitado. Aquellos que hacen esto están
predicando herejías. A Satanás le encanta sembrar confusión
con respecto a la persona de Cristo. En 1 Juan 3 se nos dice
que el Hijo de Dios se manifestó para destruir las obras del
diablo (v. 8). Si una persona no reconoce que Jesús el Hijo de
Dios ha venido en la carne, esto quiere decir que tal persona
no reconoce la obra realizada por el Señor para destruir al
diablo. Por tanto, todos aquellos que destruyen la persona de
Cristo, están destruyendo el plan de Dios.

En 2 Juan 7 se nos dice que aquellos "que no confiesan que
Jesucristo ha venido en carne" son engañadores. Una persona
puede creer que el Jesús terrenal era un hombre y, aun así, no
creer que Él fue Dios encarnado. Esto separa al Hijo de Dios
del hombre terrenal. El versículo 10 constituye una palabra
muy seria y fue dicha por una persona que estaba llena de
amor: "Si alguno viene a vosotros, y no trae esta enseñanza, no
lo recibáis en casa, ni le digáis: ¡Regocíjate!". El versículo 11
continúa: "Porque el que le dice: ¡Regocíjate! participa en sus

malas obras". Aquellos que aman al Señor tienen que amar y proteger Su persona. En 1 Juan 4:1 dice: "Amados, no creáis a todo espíritu, sino probad los espíritus si son de Dios; porque muchos falsos profetas han salido por el mundo". El versículo 2 es igual al versículo 7 de 2 Juan, sólo que afirma lo mismo de otra manera. En 1 Juan 4:3 dice lo mismo que en 1 Corintios 12:3: "Y todo espíritu que no confiesa a Jesús, no es de Dios". Aquí, no confesar a Jesús significa no reconocerlo como Señor. El hecho de que Jesucristo viniera en la carne implica toda Su historia en la tierra, mientras que el hecho de que Él fuera hecho Señor implica Su historia en gloria. Dios lo proclamó Señor, el día de Pentecostés. Los Testigos de Jehová alegan que Jesús murió y jamás resucitó. Ellos dicen que después de tres días que Jesús fue crucificado, "Cristo Jesús el divino" nació. Esto es una herejía. No crean que es sólo una simple diferencia en la interpretación de la Biblia. Todos aquellos que dividen a la persona del Señor Jesús en diversas entidades, son herejes. Los herejes siempre dividen la persona única del Señor Jesús, separándola en diversas personas. Muchas herejías tienen como objetivo anular la persona de nuestro Señor Jesús.

C. Con respecto
al pecado del hombre

Algunas herejías procuran negar completamente la cuestión del pecado. La Biblia nos dice claramente que el hombre ha pecado. Al afirmar esto, la Biblia quiere decir dos cosas: en primer lugar, que el hombre ha pecado con respecto a su conducta; en segundo lugar, que el hombre ha a pecado en contra de Dios. Esto es lo que constituye pecado delante de Dios. Ambos constituyen pecado según la Biblia y ambos son hechos innegables. Algunas personas poseen un carácter más dócil que otras, pero siguen siendo pecadores delante de Dios. Cualquier enseñanza que niega estos dos puntos acerca del pecado, es una herejía. Algunos, por medio de la filosofía, han intentado demostrar que el hombre no tiene pecado; y otros hacen lo mismo, basándose en la composición fisiológica de los seres humanos. Los cientistas cristianos y los rusellianos, o Testigos de Jehová, pertenecen a esta categoría de personas.

Ellos son herejes. Afirmar que el hombre no ha pecado anula la obra de redención y la necesidad de un Salvador. Afirmar esto es lo mismo que decir que el evangelio que nosotros predicamos es una mentira. Todos aquellos que niegan la pecaminosidad del hombre, lo cual es un hecho, son herejes.

D. Con respecto a la redención efectuada por Cristo

La Biblia claramente afirma que nuestros pecados son lavados por la sangre del Señor Jesús. La redención efectuada por Cristo es una verdad bíblica. El evangelio de Cristo tiene dos aspectos de cardinal importancia. El primero está relacionado con la persona de Cristo y el segundo con Su obra. Por medio de Su obra, Él redimió al hombre mediante el derramamiento de Su sangre. Así pues, negar cualquiera de estos dos aspectos equivale a negar el evangelio de Cristo. Con respecto a la redención efectuada por Cristo, la mente de los hombres ha sido engañada por Satanás al ser inducida a formular muchas enseñanzas extrañas y obscuras que han tenido resultados inimaginables. Los hombres han procurado anular la obra efectuada por el Señor. Algunos tratan de hacerlo por medio de anular la realidad del pecado. Ellos niegan el hecho de que el pecado es inherente al hombre, lo que anula la necesidad de que Cristo efectuara la redención. Otros tratan de anular el papel que cumple la sangre de Cristo. Ellos no reconocen la naturaleza redentora de la sangre de Cristo. Esto también anula la obra de redención efectuada por Cristo. En 2 Pedro 2:1 se nos habla de aquellos que niegan al Amo que los compró. Esto ciertamente es una herejía.

E. Con respecto al juicio eterno

Algunas personas creen en la persona y en la obra del Señor Jesús, creen en la pecaminosidad del hombre y en la redención efectuada por Cristo, pero derrocan el hecho de que habrá un juicio eterno. Ellas niegan esto al proclamar dos clases de enseñanza con respecto a la muerte. En primer lugar, ellos dicen que una persona simplemente está durmiendo cuando muere. Su cuerpo y su alma están durmiendo, y estos no estarán conscientes de nada a partir de la muerte. Cuando el Señor resucite a tal persona, ella despertará una vez más. Su muerte no es sino un paréntesis temporal. Sin embargo, el Señor nos dice que después que una persona muere, todavía tiene consciencia de muchas cosas. En la cruz, Él le dijo a uno de los criminales que lo acompañaba que, ese mismo día, él estaría en el paraíso con el Señor. En Lucas 16 el Señor nos cuenta la historia de Lázaro y del hombre rico; ambos fueron llevados al Hades después de morir. Es obvio que ellos tenían consciencia de muchas cosas. Es cierto que la Biblia hace referencia a la muerte como a una especie de sueño, pero esto solamente se refiere al cuerpo de la persona, pues el alma de dicha persona no está durmiendo. A los hombres se les ocurrió esta teoría porque deseaban minimizar las consecuencias del pecado. Esto es herejía. En segundo lugar, existen quienes afirman que la segunda muerte no es el juicio eterno, sino la aniquilación o la perdición total, mediante la cual las personas cesarán por completo de existir. Aun así, la palabra que la Biblia usó fue "destruir" (Mt. 10:28); esta palabra es la misma que se tradujo "estropear" al referirse a los odres viejos que se revientan (9:17). Los odres se revientan y se estropean, pero todavía existen; no han cesado de existir. Cristo dijo que hay quienes matan el cuerpo, mas el alma no pueden matar (10:28). Él también dijo que en la Gehena, el gusano de ellos no muere, y el fuego no se apaga (Mr. 9:48). Un hombre que se pierde es un hombre que sufre eternamente en el lago de fuego. Esta es la palabra de Dios. Esto prueba que después de la muerte el hombre no cesa de existir. Cualquier persona que hace nula la segunda muerte, está predicando herejías. Tal predicación no honra la obra de redención efectuada por Cristo.

F. Con respecto a los milagros y las sanidades

La Biblia registra muchos milagros y prodigios. Muchos de esos milagros se relacionan con la sanidad de algunas enfermedades. Estas son señales que Dios usa. Pero muchas de las herejías que circulan en este mundo ganan adeptos entre los hombres por medio de milagros y prodigios. El Señor profetizó que antes de Su retorno, se harían muchos milagros con el propósito de engañar a los hombres (Mt. 24:24). Una gran parte de las enseñanzas heréticas está constituida por la sanidad de enfermedades. Tales herejías ganan adeptos entre los hombres valiéndose de su poder para lograr sanidades. Tenemos que ser cuidadosos con respecto a toda forma de sanidad y fenómenos sobrenaturales. Los milagros y eventos sobrenaturales detallados en la Biblia fueron iniciados por el Espíritu Santo por medio de las manos de los hombres. El Espíritu Santo reconoce a Jesús como el Señor; Él da testimonio del Señor. No hay nada de malo en que una persona que tiene fe, que ha recibido una palabra de parte de Dios, y que cree en dicha palabra, unja a los enfermos y los sane en el nombre del Señor. Pero algunos hacedores de milagros que pertenecen a grupos heréticos, no creen en las enfermedades ni en la muerte. Ellos dicen que tanto las enfermedades como la muerte son mentiras. Es interesante, sin embargo, que estas personas también mueren. Los Cientistas Cristianos no creen en el envejecimiento, las enfermedades o la muerte. Después que Mary Baker Eddy murió, surgió un escándalo. En su testamento, ella dispuso que cierta cantidad de dinero fuese dada a sus seguidores. Aun así, sus seguidores insistían ante el juez que ella no había muerto. El juez consideró que eso era absurdo, porque si ella no estaba muerta, su testamento no podía entrar en vigor y, por tanto, la iglesia no podría reclamar su herencia. Mas si ellos aceptaban que ella había muerto, eso sería una refutación a sus enseñanzas con respecto a la ausencia de enfermedades, dolores, pecado y muerte. Nosotros no debiéramos obsesionarnos con las sanidades ni los milagros. La enfermedad es un hecho. Algunas enfermedades responden a las leyes naturales; otras son resultado de los ataques de Satanás. Y algunas otras enfermedades pueden ser el resultado del pecado. Por un lado, creemos en la existencia de las enfermedades y la muerte; por otro, también creemos en actos sobrenaturales que constituyen una libre manifestación de la obra que realiza el Espíritu Santo, quien siempre reconoce a Cristo Jesús como Señor. Pero también debemos darnos cuenta de que al mundo le gusta creer en cosas inexplicables y extrañas. Tenemos que esforzarnos por ser cuidadosos en discernir estas cosas.

G. Con respecto a las profecías

Muchas personas creen que el Señor vendrá nuevamente. Pero el Señor nos dijo que nadie sabía el día ni la hora, ni siquiera los ángeles o el propio Hijo del Hombre. Este es un principio básico en lo que concierne al día de la venida de Cristo. Los Testigos de Jehová creen que Cristo vino en 1874, pues el fundador de ese grupo, Charles T. Russell, predicó esto y su seguidor, John Rutherford, le dio continuación a tal creencia. Lo extraño es que si bien ellos alegan haber visto la venida del Señor, nosotros no lo vemos. Ellos afirman que ya estamos en el milenio, y que esta es la razón por la que se han producido inventos tan maravillosos como la máquina de escribir, el teléfono y el automóvil. Algunos incluso creen que en 1844 el Señor Jesús ingresó al Lugar Santísimo en los cielos. Otros afirman que Cristo vino en 1918. Hay dos pasajes bíblicos que dicen que un día es como un año: Números 14:34 y Ezequiel 4:6. Algunos basan sus argumentos en estos versículos, y su postulado es que un día significa un año para todas las profecías. Pero Dios dijo que, para ciertas cosas, un día es como un año. Él no dijo que esto era cierto para todos los casos. Es erróneo tratar de calcular el día de la venida de Cristo según la teoría de "un día equivale a un año". Es probable que las setenta semanas mencionadas en el libro de Daniel coincidan con la teoría de "un día equivale a un año", pero aparte de ello, todos los otros días deben ser considerados simplemente como días. Si alguno afirma que un día siempre representa un año, entonces el milenio sería un período de trescientos sesenta mil años. Algunos, entonces, argüirán que un día, por ser breve, puede ser interpretado como un año, el cual es prolongado; pero que un año, por ser tan prolongado, no requiere de mayor interpretación. Argüir acerca de estas cosas es una tarea tediosa y no necesitamos tomarnos la molestia de hacerlo. Todos aquellos que predicen el día del regreso de Cristo basándose en la teoría de "un día equivale a un año", corren el riesgo de ser herejes.

H. Con respecto a la comunicación entre los vivos y los muertos

Según Deuteronomio 18:9-14 y Levítico 20:6, Dios estrictamente prohíbe que los vivos se comuniquen con los muertos. En el Evangelio de Lucas, el Señor habló acerca del hombre rico que estaba en el Hades y le imploró al Señor que enviara a Lázaro a la tierra de los que estaban vivos, pero el Señor no quiso hacer esto por ningún motivo. Los muertos están en el Hades o en el Paraíso y no pueden retornar a la tierra de los vivos. El que una persona muerta retorne a la tierra de los vivos o que los vivos se comuniquen con los muertos, equivale a involucrarse en ritos de adivinación. La Biblia estrictamente prohíbe estas cosas.

Un adivino o una bruja es una mujer que se comunica con los demonios. Una adivina puede conocer a un solo demonio. Esa mujer está familiarizada con los espíritus malignos. En los ritos de adivinación, un demonio actúa como si fuera el espíritu de muchas personas muertas. Aquel con quien la médium o adivina se comunica, en realidad no es el espíritu de la persona que ha muerto, sino el demonio mismo. En la Biblia, únicamente en 1 Samuel se nos habla de que un espíritu vino desde el Hades. Después que Samuel murió, su espíritu fue llamado a la tierra y vino a reprender a Saúl (1 S. 28). El único lugar en el que se nos habla del motivo por el cual Saúl murió, es 1 Crónicas 10:13-14, el cual afirma que Saúl murió debido a que aceptó consejos de una adivina. Las leyes de Moisés prohíben que una mujer se comunique con los espíritus, y aquellas que lo hacían eran apedreadas hasta morir. Cualquier persona que se involucre en la adivinación, es un hereje.

I. Con respecto a que las mujeres enseñen

En 1 Timoteo 2, en 1 Corintios 14 y en Apocalipsis 2 se nos muestra que Dios prohíbe que una mujer enseñe. Cualquier secta que haya sido iniciada por una mujer, dirigida por una mujer, así como cualquier grupo en el cual las mujeres ocupan el mismo lugar que los varones, son grupos que despiertan muchas sospechas. Más de la mitad de las herejías, en este mundo que circulen han sido iniciadas por mujeres. Por ejemplo, la fundadora de Ciencia Cristiana fue Mary Baker Eddy, y la fundadora de los Adventistas del Séptimo Día fue la señora White. Cuando la Biblia se refiere al catolicismo romano, también se refiere a la enseñanza de Jezabel.

J. Con respecto a la venida del Señor

El principio de la herejía es el de ser una imitación satánica de lo que el Señor hace. Por ejemplo, el Señor sana a los enfermos, y Satanás también sana a los enfermos. Con respecto a la venida del Señor, las herejías procuran confundir a los hombres. Por ejemplo, algunos alegan que el Señor vendrá en cierto día y lugar. Cuando el Señor no viene como se había vaticinado, los hombres comienzan a ignorar o menospreciar la verdad concerniente a la segunda venida del Señor. A Satanás le gusta desprestigiar la verdad concerniente a la segunda venida de Cristo por medio de tales incidentes. Es verdad que el Señor viene pronto y, en el futuro, mucha gente se interesará por las profecías. Por este motivo, encontraremos más y más herejías en el área de las profecías. Si cualquier secta o grupo afirma esperar el regreso del Señor para cierta fecha en cierto lugar, ustedes pueden determinar de inmediato que ese es un grupo herético. No debemos creer a nadie que diga que él es uno de los dos testigos o uno de los tres ángeles. Tampoco debemos confiar en alguien que afirme ser algún personaje descrito en la Biblia. El Señor dice que un día los hombres exclamarán: "¡Mirad, aquí está el Cristo! o ¡acá!" (Mt. 24:23). No debemos creerles. Todas estas son mentiras.

No debemos depositar nuestra confianza en nada. Lo único que debemos hacer es esforzarnos en llegar a ser la iglesia en Filadelfia mencionada en el capítulo 3 de Apocalipsis. Otros quizás digan que son ciertas personas descritas en el libro de Apocalipsis o el libro de Daniel. Ellos son herejes y no debemos recibirlos. En los últimos tiempos aumentarán las herejías; por eso tenemos que saber discernir. No traten de probarlos por curiosidad. Tal curiosidad siempre dañará a nuestro espíritu. Si tratamos de probar, estaremos probando veneno. Cualquiera que no pase una sola de las diez pruebas mencionadas, es un hereje y no debemos tener comunión alguna con él. Esta clase

de enseñanzas siguen aumentando cada día más en China y
tenemos que permanecer siempre alertas en contra de ellas.

OTROS LIBROS PUBLICADOS POR
Living Stream Ministry

Títulos por Witness Lee:

La experiencia de vida	0-87083-632-3
El conocimiento de la vida	0-87083-917-9
El árbol de la vida	1-57593-813-8
La economía de Dios	0-87083-536-X
La economía divina	0-87083-443-6
La economía neotestamentaria de Dios	0-87083-252-2
Cristo es contrario a la religión	0-7363-1012-6
El Cristo todo-inclusivo	0-87083-626-9
La revelación básica contenida en las santas Escrituras	1-57593-323-3
La revelación crucial de la vida hallada en las Escrituras	1-57593-811-1
El Espíritu con nuestro espíritu	0-7363-0259-X
La expresión práctica de la iglesia	0-87083-905-5
La especialidad, la generalidad y el sentido práctico de la vida de iglesia	0-87083-123-2
La carne y el espíritu	0-87083-793-1
Nuestro espíritu humano	0-87083-259-X
La autobiografía de una persona que vive en el espíritu	0-7263-1126-2
La preciosa sangre de Cristo (folleto)	0-7363-0228-X
La certeza, seguridad y gozo de la salvación (folleto)	0-7363-0991-8
Los vencedores	0-87083-724-9

Títulos por Watchman Nee:

Cómo estudiar la Biblia	0-7363-0539-4
Los vencedores que Dios busca	0-7363-0651-X
El nuevo pacto	0-7363-0064-3
El hombre espiritual	0-7363-0699-4
La autoridad y la sumisión	0-7363-0987-X
La vida que vence	1-57593-909-6
La iglesia gloriosa	0-87083-971-3
El ministerio de oración de la iglesia	1-57593-908-8
El quebrantamiento del hombre exterior y la liberación del espíritu	1-57593-380-2
El misterio de Cristo	1-57593-395-0
El Dios de Abraham, de Isaac y de Jacob	1-57593-377-2
El cantar de los cantares	1-57593-956-8
El evangelio de Dios (2 tomos)	1-57593-940-1
La vida cristiana normal de la iglesia	0-87083-495-9
El carácter del obrero del Señor	1-57593-449-3
La fe cristiana normal	0-87083-779-6

Disponibles en
librerías cristianas o en Living Stream Ministry
2431 W. La Palma Ave. • Anaheim CA 92801
1-800-549-5164 • www.livingstream.com